工商管理案例丛书

财务管理案例精选精析

刘淑茹　赵明晓等　编著

中国社会科学出版社

图书在版编目（CIP）数据

财务管理案例精选精析/刘淑茹，赵明晓等编著．
—北京：中国社会科学出版社，2008.7
ISBN 978 - 7 - 5004 - 7041 - 0

Ⅰ．财⋯　Ⅱ．①刘⋯②赵⋯　Ⅲ．财务管理—案例—分析　Ⅳ．F275

中国版本图书馆 CIP 数据核字（2008）第 095684 号

选题策划	卢小生（E - mail：georgelu@ vip. sina. com/georgelu99@ yahoo. cn）
责任编辑	卢小生
责任校对	郭　娟
封面设计	高丽琴
技术编辑	李　建

出版发行	中国社会科学出版社			
社　　址	北京鼓楼西大街甲 158 号	邮　编	100720	
电　　话	010 - 84029450（邮购）			
网　　址	http：// www. csspw. cn			
经　　销	新华书店			
印　　刷	北京新魏印刷厂	装　订	丰华装订厂	
版　　次	2008 年 7 月第 1 版	印　次	2008 年 7 月第 1 次印刷	
开　　本	787×960　1/16	插　页	2	
印　　张	21	印　数	1—6000 册	
字　　数	386 千字			
定　　价	30.00 元			

凡购买中国社会科学出版社图书，如有质量问题请与本社发行部联系调换
版权所有　侵权必究

《工商管理案例丛书》主编、副主编及编委人名单

主　编：张岩松
副主编：栾永斌　刘淑茹　周瑜弘
编　委（按姓氏笔画为序）：
　　　　王　萍　王海鉴　包红军　刘　霖　刘淑茹
　　　　李　岩　赵　霞　张岩松　辛宪章　赵明晓
　　　　周瑜弘　姜雪梅　栾永斌　滕人轶

目 录

总序 / 1

前言 / 1

绪论 / 1

第一章　财务管理基础知识 / 49

　　案例 1-1　荣事达的成功之路 / 54
　　案例 1-2　青鸟天桥的财务管理目标 / 57
　　案例 1-3　利洁公司的债务偿还 / 65
　　案例 1-4　拿破仑带给法兰西的尴尬 / 66
　　案例 1-5　学培有限公司风险投资案 / 67
　　案例 1-6　北方公司拟开发新产品决策 / 69

第二章　筹资管理 / 71

　　案例 2-1　中国移动(香港)公司筹资案例 / 77
　　案例 2-2　宁向股东伸手,不要银行贷款 / 79
　　案例 2-3　龙天公司短期资金筹资案 / 83
　　案例 2-4　洪城水业 IPO / 84
　　案例 2-5　2001年中国长江三峡工程开发总公司企业债券发行 / 92
　　案例 2-6　山东日照电力公司:锁定风险,跨国融资 / 106
　　案例 2-7　北江公司资本成本分析 / 110

第三章　投资管理 / 113

　　案例 3-1　鲍德温公司的彩色保龄球投资案 / 118
　　案例 3-2　红光照相机厂的投资决策案 / 120
　　案例 3-3　Day-Pro 化学公司的两难困境 / 124
　　案例 3-4　万利公司分散证券投资风险的策略与方法 / 127
　　案例 3-5　四通集团多元化投资的反思 / 130

案例3-6　深圳金蝶风险投资案 / 133
案例3-7　兰岛啤酒集团的购并与扩张 / 144

第四章　流动资产管理 / 156

案例4-1　华胜有限责任公司现金日常管理审计 / 160
案例4-2　富达有限公司最佳货币资金持有量的确定 / 162
案例4-3　国泰颜料的现金控制术 / 163
案例4-4　中美上海施贵宝制药有限公司应收账款管理 / 166
案例4-5　华宇服装厂：笑里藏刀，催账有术 / 170
案例4-6　联想的存货管理 / 173
案例4-7　润达轮胎厂存货ABC管理法的应用 / 189

第五章　成本与费用管理 / 193

案例5-1　内蒙古农业大学机械厂的成本控制 / 195
案例5-2　邯钢——项目成本逆向分解 / 198
案例5-3　美心——厂商协同降低采购成本 / 201
案例5-4　"沃尔玛"降低运输成本的学问 / 203
案例5-5　东南亚地区纸箱厂的生产成本控制 / 205
案例5-6　TCL项目研发的成本控制 / 209
案例5-7　青岛啤酒股份有限公司实施战略成本管理 / 212
案例5-8　数字化管理的成本控制 / 218

第六章　股利政策 / 223

案例6-1　带给股东惊喜的"盐湖钾肥"股利政策 / 226
案例6-2　南方公司股利分配的困惑 / 229
案例6-3　沉寂十年的四川长虹 / 231
案例6-4　花旗集团的股利决策 / 235

第七章　财务预算与财务分析 / 238

案例7-1　苏州新苏纶纺织有限公司预算管理模式分析 / 243
案例7-2　山东新华集团全面预算管理 / 246
案例7-3　青岛海尔集团偿债能力分析 / 275
案例7-4　某汽车公司盈利能力和财务状况分析 / 279

案例 7-5　朝阳公司杜邦分析体系应用 / 282

　　案例 7-6　三高发展的透视 / 286

　　案例 7-7　东方航空财务分析与价值估算 / 289

第八章　个人财务管理 / 312

　　案例 8-1　君子爱财,取之有道;君子爱财,更当治之有道 / 315

　　案例 8-2　刘德华卖红山半岛,亏损 470 万元 / 318

　　案例 8-3　别再追问房价的高低 / 320

参考文献 / 322

总　序

作为与传统理论教学模式完全不同的管理类案例教学，在我国，是改革开放之后才迅速传播开来的。在传统的理论教学模式中，教师凭借粉笔和黑板做系统的讲解，通过教师的口头表达、板书、手势及身体语言等完成教学活动，这带有很大的局限性。这种教学模式缺乏师生f之间、学生之间的交流，教师是这类活动的中心和主动的传授者，学生被要求认真倾听、详细记录和领会有关意图，是被动的接受者。因此，这种传统的教学模式应用于能力的培养上难以奏效，对独立思考能力日趋完善的新时代大学生来说，是很难激发其学习兴趣的，因此也难以更好地实现培养目标。

案例教学则完全不同，教学活动主要是在学生自学、争辩和讨论的氛围中完成，教师只是启迪和帮助学生相互联系，担当类似导演或教练的角色，引导学生自己或集体做分析和判断，经过讨论后形成共识。教师不再是这类教学活动的中心，仅仅提供学习要求，或做背景介绍，最后进行概括总结，绝大部分时间和内容交由学生自己主动地进行和完成。

不难看出，案例教学的首要功能，在于使学生通过个人和集体的讨论与分析，从案例情景中归纳出问题，找寻解决问题的方案及择优处理，最终领悟出适合自己个人特点的思维方法和逻辑推理，使得在今后的实践活动中，可以有效地运用这种逐步培育起来的思维方法和逻辑推理，来观察、分析和解决实际问题，从而使学生的相关能力得以培养和确立，并随今后工作实践的持续进行而日趋成熟和完善。

由张岩松等一批年轻教师新近编写的"工商管理案例丛书"——《战略管理案例精选精析》、《危机管理案例精选精析》、《企业文化案例精选精析》、《组织行为学案例精选精析》、《财务管理案例精选精析》、《国际贸易案例精选精析》和《经济法案例精选精析》，加上此前已经出版的《企业管理案例精选精析》、《市场营销案例精选精析》、《人力资源管理案例精选精析》和《公共关系案例精选精析》，这套丛书基本上涵盖了管理类专业主干课程的内容。这套丛书结合国内外企业管理的实践，从方便高校各层次工商企业管理类课程教学的角度出发选编案例，整套丛书的近800个案例涵盖了大量最新的企业信息，每个案例都具有很强的可读性、操作性、代表性和新颖性，真正做到了"精选"。

"工商管理案例丛书"每本书的绪论对案例的含义、类型、功能，特别是对案例教学的特点、过程及案例教学的组织等都做了各有侧重的分析和阐述。具体案例注重结合各管理学科通行的内容分章组织编写，在每章前先对本章的学科内容做了简要的阐述，帮助使用者把握基本管理原理和规律。在对每个案例进行分析和点评时，力求画龙点睛，对读者有所启迪，并在此基础上提出若干思考·讨论·训练题，供读者思考和作为教学之用，真正做到了"精析"。

这套丛书既可以作为管理类专业相应课程的教材单独使用，也可作为相应课程的教学参考书使用。我相信，这套"工商管理案例丛书"必将会推动我国高校管理案例教学的开展，对从事企业管理工作、企业管理教学和研究的人士也会有所裨益，有所启发。

武春友
2008 年 3 月 30 日

前　言

美国著名经济学家路易斯·加潘斯基在谈及财务管理时曾这样说过："良好的财务管理对一个工商企业、一个国家乃至整个世界经济状况都至关重要。财务管理是一件较为复杂多变的事情，因此颇具刺激性，使人为之着迷和兴奋，同时也给人以挑战，令人困惑。"

财务管理的好坏，直接决定着企业的成败。作为一个管理者，你会面临如何要求财务人员？如何改善财务结构？如何设计预算制度？如何掌握公司利润等诸多棘手问题。财务管理贯穿于企业经营的各个方面、各个环节，它对企业的重要性是不言而喻的。在现实生活中，财务管理始终追随着企业和个人，任何组织都面临着财务管理的问题，财务管理成为各类企业乃至社会、个人的必修课。

本书荟萃了国内外企业和投资人在财务管理活动中的典型案例，涵盖了财务管理基础知识、筹资管理、投资管理、流动资产管理、股利分配、成本管理与控制、财务预算、财务分析、个人理财等管理类型，以大量翔实生动的资料为读者展示了多幅精彩的实践画面，使读者举一反三，触类旁通。同时，注意在每一章案例前对财务管理的基本原理和规律进行重点阐述，并为使读者对每个案例所阐述的问题有重点的了解，我们特地为每个案例配写了"案例分析"，并以"思考·讨论·训练"的形式，引导读者对案例进行进一步的分析。为了增强读者对财务管理的重视，本书也专设了个人理财管理一章，并精选了最新案例。

本书适合财务管理课程的教材使用，同时也可作为提高管理人员财务管理与投资理财的岗位培训教材和广大的企业管理者自学使用。本书既是大中专院校学生的良师益友，也是广大企业领导者、管理者和企业员工以及个人颇有价值的参考读物。

本书由刘淑茹、赵明晓等编著，刘淑茹编写了第一章，并负责全书的总纂及审订；赵明晓编写了第二、三、四章和第七章，李岩编写了第六章和第八章，姜雪梅编写了第五章。

在编写本书过程中，参阅了不少有关著作和报刊，对案例和资料的原作者，在此深表感谢。本书在成书过程中，得到了张岩松教授的指导，也得到中国社会科学出版社卢小生编审的大力支持，亦致以深深的谢意。

由于时间、条件、水平等的限制，书中不足之处，恳请读者批评指正。

我们相信，本书一定能够帮助企业和个人防患于未然，取得财务管理的最佳效果，使其不断迈向成功。

作　者

2008年3月10日

绪　　论

管理案例是在企业管理实践过程中发生的真实事实材料，这些事实材料由环境、条件、人员、时间、数据等要素所构成，把这些事实材料加工成供课堂教学和学生分析讨论所用的书面文字材料，就成为了管理案例。它是为了某种既定的教学目的，围绕一定的管理问题而对某一真实的管理情景所做的客观描述或介绍。管理案例教学既是对管理问题进行研究的一种手段，也是现代管理教育的一种方法，目前国内外已经有广泛的研究和运用。为了更好地实施案例教学，充分运用本套丛书，我们在此对管理案例教学的组织开展进行较全面的论述，希望对读者有所助益。

一、管理教学案例概述

（一）管理教学案例的由来

"案例"译自英文单词 Case，医学上译作"病历"；法学上译作"案例"或"判例"；在商业或企业管理学中，往往译作"案例"、"实例"、"个案"等。

案例教学法是指以案例为教学媒介，在教师的指导下，运用多种方式启发学生独立思考，对案例提供的客观事实和问题分析研究，提出见解，做出判断和决策，从而提高学生分析问题和解决问题能力的一种理论联系实际的启发式教学方法。

案例教学法的产生，可以追溯到古代的希腊和罗马。希腊哲学家、教育家苏格拉底，在教学中曾采用过"问答式"教学法，这可以被看作是案例教学的雏形。之后，希腊哲学家柏拉图继承了苏格拉底的教育思想，将"问答"积累的内容编辑成书，在书中附加了许多日常生活的小例子，一个例子说明一个原理，那些日常生活的小故事，就可被看作是案例。

在管理教学中采用案例教学法是 20 世纪初的事情。现代工商管理实务的出现呼唤着正规的学校管理教育。19 世纪 80 年代，首批商学院在北美出现，哈佛商学院是其中之一。1908 年，哈佛大学创立企业管理研究院，由经济学者盖伊担任首任院长。他认为，企业管理教学应尽可能仿效哈佛法学院的教学法。他称这种方法为"问题方法"（Problem Method）。在盖伊的策划下，邀请了15位商人参加哈佛"企业政策"一课，每位商人在上第一次课时，报告他们自己所遇到的问题，并解答学生们所提出的询问。在第二次上课时，每个学生须携带分析这些问题及解决这些问题的书面报告。在第三次上课时，由商人和学生一同讨论这些报告。这些报告，便是哈佛企业管理研究院最早的真实案例。1920年，哈佛企业管理研究院第二任院长董翰姆向企业管理界募集到5000美元，请欧普兰德教授从事收集和整理制作案例的工作，这是哈佛企业管理研究院第一次由专人从事案例开发工作。这应当说是案例教学的雏形。同年，哈佛成立案例开发中心，次年出版了第一本案例集，开始正式推行案例教学。

到20世纪40年代中期，哈佛开始大力向外推广案例法。在洛克菲勒基金会赞助下，从1946年起连续9年，先后请来287位外校的高级学者参加他们的"人际关系"课的案例讨论，开始争鸣辩论。1954年，编写出版了《哈佛商学院的案例教学法》一书，并出版了《哈佛案例目录总览》，建立了"校际案例交流中心"，对澄清有关概念、统一术语、就案例法的意义与功能达成共识，起了良好的作用。1955年起，在福特基金会资助下，哈佛连续11年，每年举办为期8周的"访问教授暑期案例讲习班"，前后有119所院校的227位院长、系主任和资深教授参加，大大促进了案例教学在全美管理院校的普及。由此可以看出，案例教学在美国普及经历了近半个世纪的艰苦历程。首先在少数院校"开花"，再向四周逐步扩散；在有战略远见的团体的大力支持下，通过出书、编案例集、建立交流所、举办研讨班等措施，尤其是首先提高院系领导的认识，终于瓜熟蒂落，水到渠成。

从20世纪50年代开始，案例教学法传出了美国，加拿大、英国、法国、德国、意大利、日本以及东南亚国家都引进了案例教学法。50年来，哈佛案例教学法被各大学接受，闻名全球，它设立"校际案例交换所"，从事国内以及世界各大学所制作的案例交换工作，每年投入巨额资金开发案例，同时案例的交流也使它每年获得2000多万美元的收入。

我国管理教育与培训界开始接触到案例教学起自20世纪80年代。1980年，由美国商务部与中国大陆教育部、经贸委合作，举办"袖珍MBA"培训班，并将中美合作培养MBA的项目执行基地设在大连理工大学，称为"中国工业科技管理大连培训中心"，由中美双方教师组成案例开发小组，到若干个中国企业，并编写了首批用于教学的中国案例，如编写了《案例教学法介绍》一书和首批83篇自编的中国管理案例。此后数年，部分高校及管理干部培训机构开始陆续试用案例教学，全国厂长统考也开始有了案例题。

1986年春，在国家经委支持下，大连培训中心首次举办了为期两周的案例培训班，这种新型教学方法与思想引起几十位参加者的极大兴趣。在大家倡议及国家经委的支持下，同年底在太原成立了第一个国内民间的专门学术团体"管理案例研究会"，次年开始办起了"管理案例教学研究"的学术刊物，余凯成教授任会长和刊物主编，他主持和出版多部案例教学法的译著与专著。

中国台湾地区较之大陆地区更早地开展工商管理教育，自20世纪70年代起，先后有司徒达贤、陈万淇、刘常勇等学者，力主和推荐个案教学法，并编写出版了《企业个案集》（熊祥林主编）、《台湾本土企业个案集》（刘常勇主编）供教师学生使用。此外，要学好案例，对师生的要求都很高，学生得认真准备，积极参加小组和班级讨论，查阅参考文献，构思和拟写发言提纲，这当然比带上笔记本就去听课要难多了；对教师来说更是如此，案例的课堂讨论中将会发生什么情况，很难预计，这次班上出现这种情况，下一次虽讨论同一案例，却可能出现另一情况。冷场了怎么办？出现僵局怎么办？……有点防不胜防，所以，教师备好一堂案例课所花工夫，常远胜于准备一堂讲授课。

总之，案例教学确实是适合管理教育与培训特点的一种十分有效而独特的管理教学方法。

（二）管理教学案例的特征

1. 鲜明的目的性。这里所说的目的是教学目的，它有两层含义：一是狭义的目的，是指通过对案例的分析，让学生验证、操习和运用管理的某些概念和方法，以达到学生能深刻领会、掌握、提高这些知识和技能的目的；二是广义的目的，这与工商管理教育的基本目标——重在能力培养是密切联系的。这包括未来管理者应具备学习能力（快速阅读、做笔记、抓重点、列提纲、查资料、演绎和归纳等）、人际交往能力（口头和书面表达、陈述见解与听取意见、小组交流沟通等）、解决问题能力（发现和抓住问题、分清轻重主次、分析原因、拟订各种解决问题的措施等）。

2. 高度的仿真性。教学案例是在实地调查的基础上编写出来的实际案例，这种实际案例具有典型性、代表性、非偶发性，这是案例的关键特征。在案例设计中，其问题往往若隐若现，提供信息并非一目了然，有关数据需要进行一定的计算、加工、推导，才能直接用案例进行分析。案例通过模拟显示社会经济生活纷繁复杂的"迷宫"以及"陷阱"，目的是训练学生通过对信息的收集、加工、整理，最终获得符合实际的决策。

3. 灵活的启发性。教学案例必须设计一定的问题，即思考题。其中有的问题比较外露，有的比较含蓄，但通常是显而不露，留待学生去挖掘。案例中设计的问题并不在多，关键是能启发学生的思考。案例提供的情况越是有虚有实，越能够诱人深入，从而给学生留下充分的思维空间，达到最佳的学习效果。

4. 相当的随机性。管理教学案例的侧重点是介绍真实的管理情形，这种情形中包含了许多对解决问题的思路、途径和办法所做的评论；或者案例对问题的解决只字不提，由学生去观察、挖掘、分析，提出自己认为合适的、满意的解决办法和方案。

(三) 管理教学案例的类型

案例可以按不同的角度划分类型。如按篇幅长短，可分为短、中、长、超长四类。短篇案例，通常指2 500字以下的；中篇案例指在2 500～5 000字之间的；长篇案例指超过5 000字的；除此以外，将超过万字的案例称为超长型案例。以传载形式看，可以分为书写案例、影像案例、情景仿真案例以及网络上使用的用于远程教育或其他形式的案例。若按编写方式，则可分为自编、翻译、缩删、改编等类。从案例的专业综合程度看，则可分为单一职能性的（如生产、财务、营销等）与跨职能综合性两类。按案例间关系，又可分为单篇独立型与连续系列型两类等。应当指出，这些分类方法都不可能划分得很明确，其中必有些中间性混合过渡的情况。比较有用的分类法，是按案例编写方式和学习功能的不同，将管理案例分为描述性管理案例和分析判断性管理案例。

1. 描述性管理案例。它是指通过调研工商企业经营管理的整体问题或某一部分问题（包括成功的经历和经验与失败的过程和教训），具体地、生动地加以归纳描述，这类案例的最大特点是运用管理实践的事实来印证管理基本理论与方法，人们通过这类案例的分析能够获得某种经验性的思维方式。最为典型的是，中国管理科学院采取"企政研"三位一体相结合的方式撰写的《中国企业管理案例库》。现实中，人们常常把描述性案例与实例混为一谈，实际上，它们之间既有联系又有区别。案例必须是实例，不是实例就不是案例，但实例又不等于案例，而这之间主要区别在于两方面：一是描述性管理案例是管理实践的一个全过程，而实例可以是管理实践过程中的某一个侧面或一个环节；二是描述性案例通常有解决某一问题（决策、计划、组织等）的所有基本事实（人、财、物、时间、环境、背景等）和分析过程，而实例往往仅是表达某一问题的解决方法和运用某种方式的效果。描述性案例更多的是写拟订好的方案，很少叙述执行结果，一般也不进行总结和评价，以给读者留下更多的思考空间。很显然，描述性案例应属于管理教学案例法的范畴，而实例只能属于课堂讲授教学法范畴。

2. 分析判断性管理案例。这类案例是通过描述企业面临的情况（人、财、物、时间、环境等）和提供必要的数据，把企业决策所面临的各种环境、因素问题及意义写成书面材料，使学生身临其境。现在翻译出版的西方管理案例书中，许多都是这类判断性案例。这种案例的编写像录像机一样将企业面临的全部景况从不同侧面实录下来，然后整理成文字数据资料，搬到课堂，供学生分析研究，帮助企业决策。这类案例最接近企业实际，它往往是主次方面交叉，表面现象与实质问题混淆，数据不完整，环境不确定，人们观察与思考具有多维性。由于判断性案例存在着描述企业实际状况方面的非完整性、解决问题途径的多元性和环境因素模糊以及未来发展的不确定性等问题，所以这都给在传统学习模式熏陶下的学生分析研究和在传统教学思维惯性中的教师用管理理论方法来组织引导学生对案例进行分析讲解带来了较大困难。但是，如果我们跳出传统思维方式的窠臼，把案例教学作为培养学生的感觉能力、反应能力和思维能力，以及对案例中企业面临的问题或机遇的敏感程度，对企业内外环境因素所发生变化的对策思路，的确是很有好处的，因为它能增强学生独立判断企业问题或机遇的能力。通过这类案例分析和讨论，还能增强教师和学生的思维、逻辑、组织和归纳能力，并摆脱对权威教科书理论或标准答案的心理上的依赖。而这一切对学生今后迈向真正的企业经营管理实践是大有裨益的。因此这种案例无疑是最典型的，它是国外案例教学的主流。

（四）管理案例教学的作用

管理案例教学的过程具有极为丰富的内容，它是一个学知识、研究问题和进行读、写、说综合训练的过程，这一过程有着重要的作用。

1. 帮助学生建立起知识总体，深化课堂理论教学。一个管理专业的学生按其专业培养计划要求，需要学习的课程较多，除管理专业课外，还要学习诸如会计、统计、财务、金融、经济法学、经济学和哲学等课程。正是这众多的课程构成了学生必要的知识结构，形成一个知识的总体。但是，在教学过程中，分门别类地开出这些课程，出于种种原因，仅依靠课堂讲授，学生总难以把握各门课程之间的内在联系，因而难以形成自己的知识总体。知识的总体建立不起来，也就表明一个学生所获得的知识还是零散的、死板的，是解决不了现实问题的一些知识碎片。在现实社会生活中，书呆子正是这种情况及其危害的生动说明。管理案例分析在帮助学生建立知识的总体结构方面，具有特殊的功能。因为要对一个现实的、活生生的管理案例进行分析，势必要运用各学科的知识，使其相互渗透，融会贯通，否则，就难以分析说明任何一个问题。而且，正是在这种案例的分析说明中，使得分析者头脑中原来处于分割状态、零散状态的知识，逐渐实现了有机结合，形成了知识的总体，表现分析和解决问题的一种能力。很显然，管理案例分析不是理论学习的中断，而是学习的深入，只是这种学习具有很强的针对性，它致力于实际问题的分析和解决。因此，对深化课堂理论教学起着十分重要的作用。

2. 增强学生对专业知识的感性认识，加速知识向技能的转化。管理是一种特殊的复杂劳动，一个管理者仅仅会背诵几条管理理论，而没有判断实际事物的能力是不能解决问题的。正是出于这一原因，作为一个管理者就要特别注意对实际问题的研究，把握事物的个性特征。所以，在管理专业知识的教学中，增强学生对专业知识的感性认识，努力促使学生所学知识向技能转化十分重要。由于管理案例中一些典型素材源于管理实践，提供了大量的具体、明确、生动的感性知识，因此，管理案例的分析过程在丰富学生对专业知识的感性认识，培养学生洞察问题、发现问题和根据实际情况分析问题的实际技能等方面有着重要作用。

3. 推进"启发式"教学，提高教学质量。多年来，在教学上，我们都主张废除灌输式，提倡启发式的教学方法，而且，我们为此也做出了巨大的努力，获得了不少成功的经验。但是，我们过去的不少探索多是在课堂理论教学的范围内进行的，多是强调教师的努力，较少注意到发挥学生在这方面的积极作用。而管理案例分析的独到之处在于，它的教学阵地大大突破了课堂的狭小范围，并一改单纯由教师进行课堂讲授知识的传统形式，要求学生对一个个活生生的管理案例进行分析研究，并以高度的积极性和主动性在理论知识和实例的相互碰撞过程中受到启发，在把握事物内在的必然联系中萌生创见。很明显，案例分析的这种教学方式，对提高教学质量是大有好处的，它在教学领域里，对推动理论与实际的紧密结合和正确运用启发式教学等方面，将产生深远影响，发挥重要作用。

4. 培养学生分析和解决问题的能力，提高决策水平。在一定的意义上说，管理就是决策，而决策就是分析和解决问题的过程。所有案例都隐含着现实管理中的问题，案例将纷繁复杂的管理情景加以描述，以使管理者调动形象思维和逻辑思维，对其中的有关信息进行分类组合、排列分析，完成去粗取精、由表及里的加工过程，理出头绪，揭示问题的症结，寻求解决问题的有效方法。通过对案例情景中所包含的矛盾和问题的分析与处理，可以有效地锻炼和提高学生运用理论解决实际问题的能力。由于在解决案例有关管理问题的过程里，学生唱的是"主角",而教师只起辅助和支持的作用,因此,学生没有依靠,必须开动自己的脑筋,独立地走完解决问题的全过程。这样,经过一定数量的案例分析,能使学生摸索到解决问题过程中的规律,帮助他们逐步形成自己独特的分析和解决问题的方式方法,提高他们决策的质量和效率。

5. 提高学生处理人际关系的能力,与人和谐相处。管理是一种社会性活动,因此,管理的效果不仅取决于管理者自身的办事效率,而且还取决于管理者与人相处和集体工作的能力。案例教学在注重提高学生解决问题能力的同时,把提高处理人际关系和集体工作的能力也放在重要的位置上。要解决问题就必须与别人合作。在案例教学过程中,有许多群体活动,通过群体的互动,取长补短,集思广益,形成较为完善的方案。同时,同样重要的是,在讨论过程中,学生可以通过学习与沟通,体会如何去听取别人的见解,如何坚持自己的观点,如何去说服别人,如何自我指导与自我控制,如何与人相处。人们的思想方法不尽相同,思维方式各异,价值观念也不尽一致,在认识和处理问题上自然会存在分歧,正是在遭遇和处理分歧及人际冲突过程中,学生才能体会到如何理解和包容想法不同、观点各异的同伴,才能心平气和地与人合作,向他人学习并携手朝着共同的目标努力。

6. 开发学生的智能和创造性,增强学习能力。案例独具特色的地方,是有利于开发人的智能和创造性,增强人的学习能力。人的学习能力是分层次的,接受知识和经验是一个层次,消化和整合知识经验是另一个层次,应变与创新是更高层次。学习能力的强弱不仅体现在对理论知识的死记硬背和被动接受上,更为重要的是体现在整合知识和经验的能力上,以及适应不断变化创新的能力上。只有真正善于学习的管理者,才会知道自己需要什么样的知识和窍门,懂得更新哪些方面的知识,知道如何利用知识解决问题,达到既定的目标。

二、管理案例教学的组织引导

管理案例教学的组织引导,是教师在案例教学的课堂上自始至终地与学生进行交流互动,催促学生学习的过程。管理案例教学的组织引导是主持案例教学的重点和难点,它似一只看不见的手,对案例教学产生一种无形的推动作用,是教学成败的关键,作为实施管理案例教学的教师必须高度重视管理案例教学的组织引导。

(一) 明确教师角色

在案例分析中,教师与学生的角色关系有所转换,这具体是指在传统的课堂上，从讲授的角度来看，教师的活动似乎减少了。其实，就和演戏一样，这是前台上的表面现象，这并不能否定教师在教学中的重要作用。恰恰相反，在案例分析中，教师的作用非常重要，为了使案例分析课获得好的效果，教师总要煞费苦心、精心设计，这里我们不妨转摘一段一个学生有趣的谈话，来看看教师所耗费的苦心：

我头一回碰上大型综合性管理案例，是在上一门叫做"政策制定"课的时候。在这以前，我连什么叫政策也不清楚，跟大多数同学一样，头一回去上这课，可真有点紧张，生怕老师点到我。

一开始老师就正巧把坐在我身边的一位同学叫起来提问，我如释重负，松了一口气，暗暗地说：老天爷，真是福星高照，差点没叫到我！其实，那案例早就布置下来了。我也曾细细读过两遍，而且想尽量把分析准备好。可是说实话，我仍然不知从何下手，心中实在无底。

我身边那位同学胸有成竹，很快地解释起他所建议的方案来。讲了5分钟，他还滔滔不绝，看来信心十足。我们绝大多数同学都听得目瞪口呆，他真有一套！

又过了5分钟以后，他居然像魔术师似地拿出几张幻灯片，上台去用投影仪放给大家看，上面全是支持他论点的数据演算和分析，足足花了10分钟才介绍完。

老师既无惊讶之感，也没夸他，只是礼貌地向他略表谢意，然后马上叫起另一位同学："李××同学，请你谈谈你对王×同学的分析有什么看法？"我心想：真见鬼，难道老师真想让我们也干得跟王×一样好？

不用说，以后每来上课，同学们全把案例准备得十分充分。原来这种案例就该这样分析，我也能学会！大约一周以后，我可真有点想念王×来了。可是，自打头一课露过面以后，他再没露面。这是怎么一回事？

原来是老师耍的"花招"，他让一位高年级班上的尖子生来放头一炮，向我们提供了一个案例分析发言的样板。我们知道后都叫了起来："咳，我说呢，他咋那棒！老师真鬼。"可是，老师的目的达到了，他已清楚地向我们表明了他眼里杰出的案例分析发言该是什么样子。虽然最后我们班没有谁攀上王×的水平，但我们心里已有了一个奋斗方向，用不着老师老来督促我们去向某种看不见、摸不着的目标努力了。

从学生的话中，我们可以看到，这个老师为了设计案例分析发言的"第一炮",他做了多么精巧的安排,费了何等的苦心,而正是这番苦心,使学生获得了具体的真实的楷模,有了可仿效的范例。不难看出,教师在这里扮演的是一个导演的角色,所起的是一个导演的作用,教师没有直接告诉学生应该怎样进行案例分析的发言,可是,他通过精心安排,使"第一炮"获得成功,让同学们明白了应该如何去做,这比直接讲授,效果要好得多,正如这个学生所说的,这是他们看得见、摸得着的目标。

在管理案例分析中,还有许多重要工作需要教师去做,比如,教学进度的确定,规范性案例的选择等。学生在案例分析过程中理论指导和能力的诱发,以及学生分析成果表述的评估和最后的讲评等,都离不开教师的辛勤劳动。具体来说,教师在案例教学中要承担如下角色:

1. 主持人。在案例教学过程中,教师首要的任务是向学生明确教学的内容以及把握教学行进的程序,并在整个课堂教学的过程中维持课堂秩序。具体来说,在教学的开始阶段,教师要像主持人那样引导学生进入学习状态,帮助学生明确教学目的,了解学习的程序、规范和操作方法。同时,还要提出明确的教学要求,编制教学计划和进度表,使学生心中有数,尽早进入学习状态。没有课堂秩序,就不可能进行真正的案例讨论,因此,教师还必须发挥主持人的角色作用,在教学过程中,控制发言顺序和学习进度,使讨论总是围绕一个问题或一定范围的问题进行,使课堂的发言在每一时刻只能由一人主讲,形成热烈而有秩序的讨论气氛。在讨论终结时,教师要发挥主持人的作用,无论对讨论的内容做不做评价,但有必要对讨论的全过程进行总结,使案例教学有头有尾,为学生的学习画上一个完满的句号。

2. 发言人。如果说教师对教学有控制作用,那就是对教学程序和学习大方向的控制,这是通过主持人角色实现的。在教学的具体内容上,教师发挥一定的"控制"作用。但这种"控制"完全不同于课堂讲授上教师发挥的作用。在讲授中的教师可以自己决定讲什么内容,讲多少内容,如何安排这些内容,不需要考虑学生的所思所想。而案例教学中教师的控制作用是通过发言人的角色发挥出来的。"发言人"是一个代表性人物,他的发言不能只代表自己,而要代表一个群体。教师的发言,需要反映学生群体的整体意见,也就是既不能是教师自己的,也不能是学生中个别人的,而是包括全体学生集体成果的思想和意见。当然,发言人不能有言必发,原样照抄,也不能任意取舍,随意剪裁,而是对学生的思想"原料"进行加工简化,对学生的发言做简要的总结和整理归类,有时还要从意思到言语上稍加修正,以求更准确、更科学地反映学生的思想。当学生不能形成统一的意见和共识时,教师还要综合各种不同的看法和决策，向学生做一个既有共性又包含特性的结论性交代。能否扮好这个角色，取决于教师的综合分析能力，以及思想整合能力。

3. 导演者。案例的课堂讨论虽然以学生为主体，但这并不等于完全放任自流，它实际上一直处于教师紧密而又巧妙的监控与指导之下。教师就像那未曾出现在舞台或屏幕之上但却无所不在的导演那样，发挥着潜在的影响力。教师通过导演的角色，使学生知道什么时候陈述自己的见解，什么时候评论他人的观点；教师通过导演的角色，无形规定着哪些学生发言，哪些学生不发言，哪些学生多说，哪些学生少说；教师通过导演的角色，影响全班的联动，同时也影响个人，对其进行个别辅导。导演角色的灵活度很大，同时难度也很大，扮演好这个角色，对教师的群体互动能力和临场应变能力要求很高。

4. 催化剂。催化剂是化学反应中帮助和加速物质变化过程的中间媒体，它本身不发生变化，但在物质的变化过程中却又离不开它。案例课堂上的教师像催化剂一样，促进着学生的讨论学习过程，否则就难以深入，难以取得预期效果。教师催化剂角色的发挥，就是帮助、启发学生，通过一个又一个的提问向学生提出挑战，促使他们思考，将问题由表面引向纵深，一步步地朝着解决问题的方向发展。为达到这个目的，教师会不断地提出这类问题：这些方案的优点和缺点是什么？如果选择了这个方案将产生什么样的影响？会有什么反作用？有多大风险？必要时，教师还会主持一场表决，迫使学生做出自己的决策。同时，教师催化剂角色的发挥，还体现在促进学生相互交流沟通过程中。在学生交流过程中，发挥桥梁和穿针引线的作用，使各种思想相互撞击和融合，丰富教学的内容。要发挥好催化剂的作用，是很不容易的，需要悉心体会，不断摸索，长期积累，才可功到自然成。

5. 信息库。这不是教师的主要角色，但在某些情况下，特别是在进行"活案例"的教学过程中，这个角色的作用是必不可少的，甚至是非常重要的。在许多情况下，教师需要向学生适当地补充一些必要的信息，当作"提问"和"参考数据库"。在学生主动提出补充有关信息的要求时，教师就应该满足他们的要求。要发挥好这个角色，教师必须在备课时做好充分的材料和信息准备。

教师要自觉抵制诱惑，不能角色错位，充当自己不该扮演的角色：一是不当讲演者。高明的案例教学教师在课堂上往往少露面、少讲话，他们只铺路搭桥，穿针引线，最忌讳经常插话，长篇大论，形成喧宾夺主之势。二是不当评论家。教师不要频繁地、急急忙忙地对学生的见解和活动横加指责和干涉，不要吹毛求疵，评头论足，只能适当地诱导和提醒。教师应当更精心备课，对将要做研讨的案例有深刻的认识,就案例中隐含问题的分析和处理对策有自己的见解。在课堂上,教师也应当在必要时为学生释疑解惑以及在展开讨论的基础上适当予以归纳、评论。然而,不应忘却和违背"导引而非替代"的宗旨,切忌讲解过度。要致力于引导学生多想、多说,以收到激发思考,集思广益之效。古人说:"君子引而不发,跃如也"(《孟子·尽心上》),这对于成功的案例研讨是极为重要的。三是不当仲裁者。当学生之间产生争论时,不要马上出来评判是非,充当裁判员,教师见解未见得总是正确、全面的,不能总以"权威"自居,教师若妄下断语,实际上就终止了讨论。

(二)做好教学准备

案例的教学准备是指在选择确定了具体案例之后,根据教学目标,就案例的内容、重点以及教学的实施方法等问题的酝酿筹划。

这些准备工作并不一定按照固定的顺序进行,通常应首先考虑教学目标,其次是案例内容,最后是实施方法,然后再回到内容和实施方法,如此不断地反复。对多数教师来说,课前的准备是不断地试验和纠正错误的过程,直到找出一种最适合自己的办法。

1. 案例内容的准备。以案例内容为主的准备工作包括了解案例的事实和对有关信息的透彻分析。教师对案例事实和数据越熟悉,在教学中就越主动。要避免出现在课堂上胡乱翻找关键的信息和统计数据的现象,所有重要信息都要做到信手拈来。不能因为以前教过了某些案例就认为掌握了这些案例,即使是教了十多遍的案例,也应该不断地翻翻这些案例,重视一下有关人物的姓名和职务,重温一下各种数据并记住在哪儿可以找得到。

除了对案例的情境有把握,教师还应对超出案例情节的相关情形进行了解,掌握更多的背景情况,争取对案例的内容有所扩展。这就要求教师不仅要研读案例,同时,还要阅读报纸杂志上的相关资料,并通过与相关人员谈话,积累丰富的相关的信息。

在案例内容的准备上,教学说明书或教学指导书有时会起更大的作用。通常,公开发表的案例教科书都伴有教学指导书或说明书。指导书的目的是为了帮助教师为课堂教学做准备,其主要内容一般包括识别案例问题、确定教学目标、建议的学生作业、在课堂讨论中可以提出的问题等。不同作者写的教学指导书都是为了某一特定的课程编写的。所以,每个教师在考虑使用一份教学指导书时,要看他的课程是否具备类似的条件。把某一环境中某一门课的一个案例搬到另一环境中的另一门课中往往很难取得理想的效果,需要教师认真把握。

2. 教学重点、难点的准备。由于教学的时间有限，因此，应该对案例中的重要议题做优先安排，根据教学的目标不同，教学重点也应有不同的侧重。有时，可以将重点放在传授知识、理解概念上，在这方面，其他教学形式也许更容易做到。案例教学特有的重点是对问题的识别与分析，对资料与数据进行分类与说明以及制定备选方案和决策。既可以是内容性的，也可以是过程性的，完全根据具体的需要进行选择和确定。在教学重点的准备过程中，必须考虑教学目标与学生特点等因素，避免凭教师的主观想象来确定教学重点，造成学生需要的没有作为重点，学生掌握不了的或已经掌握的，却被作为重点强调和发挥这样的局面。

3. 教学实施方法的准备。根据教学目标和教学重点，教师通常需要制定教学实施计划，明确一系列方法步骤。比如：教师希望课堂上发生什么？如何使其发生？讨论按什么顺序进行？是先做决策然后再分析，还是先分析再决策？案例的每一部分需要讨论多长时间？是对讨论进行控制，还是任其自由发展？以上所有问题都应在教学实施计划中做出回答。教学实施计划通常涉及预习思考题、课堂时间分配、板书计划及拟定提问学生名单等方面的问题。不同教师的课堂计划所包含的组成部分和具体内容不尽相同，其详细的程度也不一样，有的将其写在纸上，有的则存在脑子里。下面就以上几个方面的具体准备内容做一般性介绍。

(1) 布置预习作业。由于案例教学的特殊形式和作用，在案例教学前让学生进行课前预习非常必要。因此，给学生布置预习作业就成为案例教学的重要一环，也是教学实施准备的基础工作。在案例教学中，学生的预习作业主要包括：阅读案例及其参考资料和针对具体案例的思考题。为了促进学生的课前准备，教师可以要求学生就自己准备的案例写一份书面分析。预习作业中的思考题，通常隐含教师的教学意图，对学生的分析起着导向的作用，是非常重要的一个环节，它可以作为"引子"，是值得认真琢磨和探讨的问题。案例教学中没有一定要遵循的布置预习作业的准则，由于教学风格的不同和教学目标的特殊需要，教师可以灵活安排，随时调整。

(2) 课堂时间分配计划。为使教学时间得到有效利用，制定课堂时间分配计划是必要的，特别是对那些教学经验少的教师更是如此。课堂时间的分配计划不仅规定课堂上各种活动各占多长时间，而且还包括将讨论问题的顺序。从教学经验来看，时间计划既不能规定太死，也不能毫无限制，时间计划性太弱，可能使教学发生任意性，容易使教学偏离目标。

(3) 板书计划。课堂上的板书往往不为一般教师所重视，特别是在案例教学过程中，板书的书写更容易被当作可有可无、可多可少的，是一件较为随意的事情。然而，一些对教学有丰富经验的教师，则尤为重视板书的作用，他们在教学之前，刻意做板书计划，对那些重要问题和重要内容常做一些强调，加强对学生的引导。有的教师甚至会对哪些问题写在黑板上的什么部位都做预先的规定，比如，将分析的内容写在左边，将建议的内容写在右边。许多包含重要内容和重要问题的板书，往往会从头到尾地保留在黑板上。这些板书，无疑会对学生有着非常重要的提示和指导作用，教师根据教学的需要，可随时将这些"要点"展示在学生面前，学生从这些"要点"中受到提醒，使其思考得以连贯，学到的概念得以进一步的强化。

(4) 拟定提问名单。为了提高课堂讨论质量，创造良好的教学气氛，在事先对学生有所了解的前提下，拟定一个提问名单，不失为一种好方法。提问名单没有固定的模式，一般可以包括如下一些思路：一是确保班上每一个人在课堂里至少有机会依次发言；二是找到那些与该案例特定情境有相关的技能和经验的学生，并予以重点考虑；三是当分析案例遇有较大困难时，要确保选几个，至少是一个合适的学生来打破僵局；四是当课堂上没有人举手发言时，教师能有一个名单可用。制定提问名单同鼓励学生积极发言并不矛盾，即使名单上列出了某个学生，教师仍希望他们自己举手发言。关于教师应否使用提问名单，可以根据教学需要，自行处理。

(5) 课堂的课题引入与结束。如何使学生在案例教学中快速进入正题，如何使学生在讨论结束后有一个整合，这与课堂的开始和结束有很大的关系。好的开始是成功的一半。因此，教师需要就如何推动课堂讨论做认真的准备。好的教学需要找到合适的切入点，比如，如何引入案例，如何谈到所布置的阅读材料，如何就已布置给学生的思考题让其发挥。可供切入的点有许多，关键是要做到自然巧妙，能抓住学生的兴趣和注意力。同开始一样，一堂案例课的结束虽不是教学的主体，但却有独特的作用，是不可缺少的教学组成部分，形象一点地理解，可将课堂教学的结束看作"点睛"之笔，通过结束过程突出重点，使之显得有生气，这在很大程度上决定于如何去"点睛"，有的教师会对学生的活动进行总结，同时指出课堂讨论的优缺点；有的教师会既不总结也不评论，而把总结的任务留给学生独立完成。很难说哪种方法好，应根据实际情况而定。

4. 物质准备。在案例教学的准备过程中，往往容易被忽视，而又非常重要的是教学场地等物质设施的安排。物质性设施的准备是案例教学中的重要一环。教学之前，教师必须检查教室的布局是否有利于学员参与学习，必须提供必要的条件，使教师能够迅速认识学员并使学员相互彼此认识，并保证和促进其交流与沟通。因此，明智的教师有必要在教室的物质性设施上动一番脑筋，下一番工夫。

理想的教室布局需要根据场地的形状、面积和学员人数进行灵活调整。因此，案例教学是不可能有固定教室布局的，但没有固定的布局并不意味着可以随意安排，而要遵循一定的原则。案例教学教室布局的原则主要有四条：一是要满足听与看的条件，即学员可以在任何位置上听到教师和其他学员的发言，不需移动位置就可以看到教师、写字板以及教室内设置的其他视听设备；二是要保证教师不受限制，可以走到每一个学员的位置前进行对话和指导；三是每个学员可以很便利地离开座位走到讲台前或其他学员的面前，进行面向全班的交流和学员之间面对面的交流；四是根据学员人数的多少，扩大或缩小课堂的沟通半径。

实际上，大多数大学和教育培训机构中的传统式教室（或许还应算上一些公共设施如酒店等的会议室）都是一个长方形的房间，室内一端放置有一个讲坛或讲桌，条桌和坐椅一排排地放置，布满全室。对于讲课这类单向沟通来说，学员的主要任务是聆听教师的讲解，这种布置方式是实用的。不过，这可能并不算是最佳的布局，因为后排的人往往很难看得见讲演者。但这是一种常规的布局方式。从案例教学的角度看，这种布局带来了不少困难。案例讨论要求的是双向沟通，这种布局方式使坐在后排的人发言时，只能面对前面各排同学的后脑勺，这很难实现流畅的双向沟通。对于坐在前面的学员来说，要他们扭过头去看着后排正在发表的同学，同样也非易事。从使用案例来考虑，这种布局对教师强调过多而对学员重视不够。

对于小组，使用案例教学的理想布局是一张完整的圆桌，坐椅呈环状布置。环状意味着全体参加者地位均等，平起平坐，大家的视线可以顾及每一个人，使组员得以面对面地沟通。环形布局有一些其他变化形式。例如，可以利用正方形或矩形布局，也可以采用六边形或八边形布局，在参加讨论的人数不多的情况下，六边形和八边形或矩形更可取，因为这两者都能改善学员的视野，但随着学员人数的增加，以上这些布局开始显现出不足。桌子的尺寸总是有限的，人数增加，参加者之间的距离就会随之迅速增加，桌子中央的无用空间不但被浪费，而且还成了沟通的障碍。对于较大的组，就不能像小组那样安排，而需要采用其他布局方案。以半环形、好似台阶式的方式，用成排的坐椅布置出的各种形式，是较为理想的方案。坐椅最好是可移动的，或至少是可转动的，以便前排的学员可以轻易地转过身来，看见他们身后的学员。放在每位学员前面的课桌或条桌的大小，应不但能使人舒适，还能放置案例和参考材料，其尺寸不必太大，比正常的打印案例尺寸宽一点即可，大约30厘米是较适当的尺寸。

(三) 积极组织引导

课堂组织和引导的效果是否理想，课堂引导的原则是否得到较好的体现，教师的角色和作用能否得到较好的发挥，不仅取决于教师主观刻意的追求，更紧要的是要具备较厚实的功夫，掌握并善于运用课堂组织引导的技能技巧。掌握了多种引导技能技巧，教师就能在课堂上进退自如，四两拨千斤；缺乏引导的技能技巧，就会面对复杂的教学环境，束手无策，难以驾驭课堂。课堂组织引导的技能技巧难以穷尽，何时何处在何种情况下采用何种技巧更难以在纸面上准确叙述，而是需要教师经过一段时间的教学实践，不断地探索和积累，才能有所把握。

1. 善于把握教学节奏。课堂引导就如同带一支队伍，教师要尽力做到出发时有多少人，到达目的地时还有多少人，也就是说，当学习的过程完成后，所有学生都能达到预期的学习目的。由于案例教学前后延伸的时间长，经历的环节多，特别是始终处在较开放的教学条件下，因此，不可能像讲座那样可以由教师直接操纵和控制，教学行进速度和节奏可以不受其他因素的影响，完全由教师一人决定。在案例教学过程中，难免会遇到节外生枝、偏离主题的情况，如不能及时予以处理，就会影响和分散一些学生的注意力，渐渐地会使有的学生"落伍"和"掉队"。因此，在总揽全局、整体把握的前提下，教师必须根据教学的具体进展情况，不断地进行"微调"。其中，合理地把握教学的节奏就是进行微调的一个关键技能，值得教师去细心体会和认真掌握。进度的跳跃，会破坏连贯思维，使学生产生困惑；进度缓慢，会淡化学习的兴趣，使学生产生懈怠情绪。所谓合理的节奏，就是快慢适度，松紧自如。调整进度，把握节奏，可以采取以下方法和技能：

(1) 具备善于澄清学生意见和见解的能力。具备善于澄清学生意见和见解的能力才能及时避免观点混淆和学生间的误解。课堂交流的效果是好还是不好，首先体现在发言人是否准确地表达了自己的意见，听取发言的人是否完整地理解了发言人的意思，两者中有一方出了问题，误解就在所难免。因此，要使教学能有效地进行，教师就要从最初较容易出现差错的地方着手，帮助学生表达和理解。为此，教师可以运用一些操作性、实用性较强的问句去引导和澄清学生发言中需展开和完善的概念，或请发言的学生进一步解释说明自己的意见，或通过教师表述其意思，然后征询发言学生意见。澄清概念和观点，不仅可以及时增进师生以及学生之间在语言含义上的理解，提高教学效率，同时，还常常可以避免许多无意义的争论。当然，案例教学适度争论是必要的、有益的。但一旦争论超出了一定的限度，就会造成无意义的纠缠，甚至攻击。一旦达到了这种程度，争论双方都会置初始的概念和见解于不顾，掺杂许多个人情绪，不是为了辨明是非，而是为了争胜负。这时，通过澄清概念，可以把学生拉回到最初探讨问题的状态中去，从紧张和对立的情绪中摆脱出来。同时，在概念澄清过程中，往往还可以发现许多共同点，进一步增进理解。

（2）要检查认同程度、把握学习进度。由于学生在思维方式、表达习惯、理解能力、经验积累等方面存在着差异，对教学中遇到的问题和探讨的道理，有的学生可能理解和接受得快一些，有的学生则慢一些，要保持全体学生相对同步，教师有必要适时检查学生思想进度及对问题的认同程度，进而适度控制进展节奏，以免学生学习进度的差距拉得太大，妨碍广泛的思想交流，影响课堂的讨论交流效果以及学生的参与程度。因此，教师在课堂上要注意首尾相接，不断提出问题，了解学生是否将注意力放在了问题的主线上，并了解学生是否对有关问题有了相应的理解。一旦发现有学生走得太快，及时引导，使其适当地放慢进度；对跟不上的学生，则集中力量加以引导，使其加快步伐，同全班保持同步。在检查学生对问题的认同程度、学习进度的过程中，还有另一个问题值得注意，由于学生研究问题的兴趣不同，一些学生往往被枝节的问题所吸引，而分散了注意力。因此，教师要善于体察学生的思想动态和心理过程，及时发现偏离主题的情况并加以引导，把其注意力集中到关键的问题上来。

（3）要善于做好阶段性小结和总结。在课堂引导中，教学节奏的明确标志体现在阶段性的小结和最后的总结上。当教学的一项内容或一个过程完成时，往往需要进行小结，归纳阶段性的成果和收获，使学生对全班的学习成果有一个概要性的认识，并进行条理化、结构化，明确要点和重点，为进行下一步的学习和研究打下基础。因为案例教学是一个分析问题和解决问题的过程，只有一环扣一环地探索和铺垫，循序渐进地向前推进，才能形成有说服力的方案和解决问题的方法。值得教师注意的是，阶段性小结和最后总结的内容不是教师自己对问题的认识、分析和看法，而是就学生对问题的分析和看法的重点进行归纳。总结也不一定需要太长时间，5分钟可以，15分钟也行，只要把握住重点，提纲挈领地理出几条，即能达到目的，切忌在总结中大发议论，喧宾夺主，影响学生学习的主动性和积极性。

2. 进行课堂有效沟通。管理案例的课堂教学是师生之间、学生之间进行沟通，实现思想交流、达成共识、取长补短、相互学习的过程。课堂上教师的发言总量的多少、沟通时机的把握、沟通方式的运用等种种因素,都直接影响课堂引导的质量和教学效果。因此,课堂上的沟通能否有效,在很大程度上取决于教师的沟通技能与技巧。

(1) 要给出明确的指导语。教师的主持人角色和发言人角色,具体体现在他对课堂活动所做的总体性和阶段性的安排及组织上。要发挥好这个作用,教师就要善于明确地、简要地将教学的目的、程序、方式、方法等向学生交代清楚,使学生能够尽早地在教师确定的规则下形成自组织状态。所谓自组织状态就是学生不需要教师的介入,自行组织进行教学活动的状态。指导语在案例教学中,是教师向学生进行授权,帮助学生达到自组织状态的关键。如果处理不好,就可能出现暂时失控的情况。因此,给出明确的指导语,是把握课堂教学的重要技能。指导语要恰当明了、突出重点,添枝加叶、反复解释会冲淡重要的信息,使学生难得要领。对关键的信息,重要的内容和程序,适当加以强调,有时还有必要适当举例和示范加以说明解释,引起学生的注意。

(2) 对学生在课堂上的表现和发言予以及时反馈。反馈是激励学习的重要手段,因为反馈是教师对学生发言内容的理解验证。要理解学生就必须真诚、精心地去听。除此之外,反馈是教师引导把握教学方向的有力工具。在课堂讨论中,教师可以通过反馈,讨论学习中的重点内容、观点,把有独到见解的发言提纲反映出来,使有价值的闪光点得到突出和放大,使学生能够朝着正确的学习线路进行思考和研究问题。反馈可以采取不同方式,比如,可采取言语表述方式,也可采取写板书的方式,必要时,还可以与个别学生进行课外的交流并予以适当指导。有时,写板书的方式比只用言语表述的反馈效果会更好些。一是因为这样的反馈更直观明了,二是学生可能会受到更强的激励。值得探讨的还有一点,就是在对待学生所提出的尖锐问题和棘手难题时,教师不能回避,必须做出合情合理的解释和响应。来不及在课堂上说明的,可以采取课后单独交流的方式来完成。因为,学生提出的许多尖锐问题往往是其最关注的问题,非常希望得到教师的重视和认可,如果这时教师予以回避,势必会影响学生的学习积极性。

(3) 善于打破冷场。所谓冷场指的是当需要学生发表意见和看法时,课堂保持较长时间的沉默。冷场是教师和学生都不愿看到的事,但在整个教学过程中偶尔出现冷场的情况也在情理之中。重要的是,当出现冷场时,教师能否采取灵活的方式方法,运用恰当的技能技巧,及时有效地启发引导,打破沉默,使课堂气氛热烈起来。冷场的现象可能由不同的原因造成,因此要解决冷场问题,必须针对不同的原因,采取不同的方法。分析起来,冷场多是发生在以下几种情况之下，一种是在教学开始阶段，可能由于不熟悉，学生带有一些防备心理，慎于开口，这时教师可以采取一些"破冰"或称"热身"的方法，激励学生。所谓"破冰"、"热身"就是创造某种环境，使学生心情放松，在不自觉中参与培训的教学技能，就像体育运动所称的"热身运动"一样，教学开始阶段的"热身"和"破冰"，对帮助学生进入状态很有意义。在学生相互不熟悉的情况下，还可以通过点名的办法或者"顺序发言"办法，打破冷场，这对保持学生在以后的时间里继续发言也是非常重要的。研究发现，在集体讨论中，已经发了言的人往往再发言的可能性更大，而没有开口的人，则往往倾向于保持沉默。发言和不发言都犹如带着惯性。因此，在教学阶段教师就应尽力想办法让每一个学生都发言。另外，还有一种可能带来冷场的情况，当课堂中由几位擅长发言的学生主宰时，一旦他们不发言，冷场就出现。这时，既要引导擅长发言的学生继续发言，又要引导不开口的学生对面前的发言谈看法，逐步让缺乏自信和羞怯心理较重的学生适应讨论和交流的环境。为了避免冷场，教师还需讲究一下提问的方法和角度，尽量避免过空过大。过于抽象的问题，往往会使学生难以准确地把握问题的含义，无从开口。当教师提出问题后，没有得到响应，就回头来想想提的问题是否不够具体，指向是否够明确，一旦发现是这种情况，就应及时地将问题细化，做进一步解释和说明。

(4) 出现背离正题，及时引回。许多人在一起讨论，很难避免出现海阔天空、离题万里的偏差，这时不必焦躁，也不妨静观一下，很可能会有学生主动出来纠偏。如果走得过远，时间宝贵，不容再等，也可由教师干预，但切忌粗暴，口气要委婉些。如能培养学生自治，集体控制讨论，那当然是上策了。

(5) 做好讨论的收尾。收尾并没有什么固定的格式。有的老师喜欢做一个简要的结论性小结，或做一番讲评收尾。学生这时喜欢围绕着教师问这类问题："老师，您说谁的说法对？""要是换了您，会怎么办？""什么才是正确答案？"明智一点，最好别正面直接回答。一是有违学生自学与自治原则；二是管理问题，本无所谓"唯一正确"或"最佳"答案，何况学生中很可能更有见解，所以，有的教师是让学生集体做总结，比如问："大家觉得今天有哪些主要收获和心得？"也可以让一位学生带头小结，再让大家补充。因为既无所谓"标准答案"，因此，重要的是使每个人去总结自己的体会。在这个案例的具体情况下，问题及其原因已经找出了，你到底打算怎么办？当然还该知道，别人有不同意见吗？为什么？这些才是要紧的。

(6) 课堂发言的掌握。在案例讨论的各个阶段，教师都面临着掌握课堂发言过程的问题。课堂发言是全班信息共享、形成共识的过程，利用好有限的时间，集中学生高质量的见解和解决问题的思路、办法，创造良好的交流氛围，也是教师掌握课堂发言的关注点和主导方向，这是教师引导教学的难点和重点，对教师的角色发挥和教学技能的发挥提出了很高的要求，其基本任务便是妥善处理四类常见的问题。

其一，发言过少。每次在讨论时总有一些人发言很少或完全不发言。两小时左右的讨论，很难使30个以上的学生都有效地参与讨论。因此，班级规模超过这个数，很多学生显然不可能发言，问题是要防止同一批学生每次讨论都不发言。因此，教师要尽力避免这种情况的发生，采取多种办法帮助那些发言过少或根本不发言的学生。要做好这一点，前提就是要了解学生。人与人之间有很大的差别，人们对不同事物的敏感度也不一样，教师应在教学过程中，注意发现学生的个性特点，对"症"下药。对那些要面子的学生则可以客气的方式，劝导其发言，对于过于腼腆的学生还可以私下与之交流，个别提供指导，给他们鼓励，帮助他们战胜怯场的弱点。同时，教师要注意搜寻那些新举手的人，及时给他们创造发言机会，注意观察经常不发言者的兴趣，从他们的兴趣入手，引导他们发言，还可提一些简单的是非判断题请不善发言的人作答，由少到多地引导他们发言，有时还可以要求学生每人至少要说一句话，但不能重复别人已经说过的，或仅仅复述案例内容而没有个人见解或解决措施。总之，这些办法的真正作用，在于强调参与发言本身的重要性，对创造良好的交流氛围大有好处，至于采取哪些具体办法，可以根据教师的喜好和学生的特点灵活处置。

其二，发言过差。虽然学生都发言了，但其发言的态度与质量却不能令人满意，这种事情也是有可能发生的。偶尔放过一些水平不高的发言是可以的，也是正常的，但是，经常容忍学生低水平发言，最后会使整个学习班趋于平庸，所以有时必须要采取一些措施，改善发言过差的情况。首先要分析其原因，看是教师方面的原因，还是学生方面的原因？不同的原因，应采取不同的对策和方法。是教师的问题，就要注意总结经过，分析是教师提出的要求和标准太高，学生无法达到，还是阅读时间的余地太小，难以深入解析案例，等等。发现问题，及时纠正。如果是学生的原因，属于能力等客观问题，可以原谅，属主观努力程度不够，没有很好地预习案例，课堂讨论得不好，可以要求学生重新再来，促使其认真对待。总之，解决发言过差的问题是为了提高讨论质量，带动全班学习的整体水平，教师要认真对待，慎重处理。

其三，发言过多。正像有些学生发言过少一样，也可能有些学生在课堂讨论中发言过多，这往往会影响其他学生的参与程度，破坏讨论的发言气氛。因此，适当对发言过多的学生加以限制是必要的。在院校学生的案例课上，那些口若悬河的人成不了太大的问题，因为，在一个大家彼此相处了较长时间的班级里，群体压力会迫使那些讲话滔滔不绝而又空洞无物的发言者有所限制，"自我矫正"。但在具有丰富经验的管理者的培训班上，教师所面对的是一批彼此相处不久的学生，如果讨论的题目撞在了他们的兴奋点上，很有可能一发而不可收拾，教师要特别注意观察，必要时，可以有意识地限制他们发言，或者以诙谐的办法打断他们的长篇大论，限制他们发言的次数。有时，一堂课上，多数学生争相发言，都颇有见地，只是时间不够，不可能每个人都尽兴，那就只好限制每个人的发言时间。制定一个规矩，一个大家都必须共同遵守的规矩，比如，规定每个人就每个问题的发言最多不可超过 5 分钟。在这个规定前提下，教师再进行"协调"和"平衡"，则显得容易些了。

其四，发言过当。发言过当主要是指讨论中出现空洞无物、关系不太大或不得要领的发言。发言过当是影响讨论效果的原因之一，需要教师及时引导，及时纠偏。解决发言过当的问题，首先要由教师明确具体的讨论题目，要求学生将注意力集中到某一问题上或某一范围内。如果遇到与确定的问题有关但暂时还未涉及时，教师可以说：让我们把这个问题放一放。必要时，还可以把学生引出的这些问题记录在写字板上，这样，既可以调动发言学生的积极性，又可以将这些将要涉及的问题存下来，留做话题。当遇到那些空洞无物的发言时，可以适当地打断发言者，请他结合一些数据加以说明，有哪些证据支持他的观点？通过这些问题，可以引起发言者的思考，帮助学生学会分析问题的方法。当然，处理发言过当的情况还应该注意因人而异，不要采取一种方法对待所有学生。比如，一个从不发言的学生第一次发了言，即使没有讲出什么内容，也可以鼓励他，而对一个经常喋喋不休的学生，教师可以果断地打断他的发言。

到底采取什么样的发言引导办法，掌握讨论发言的过程，需要一个系统的考虑，必须从教学目标、课堂讨论的整体进程和学生的具体情况出发，不能"灵机一动"，随意处置，否则会迷失方向，丧失重点。为实现总体意图，采用的方法可以千差万别，但需要遵循的一个基本原则是：在任何情况下，都不能伤害学生的感情，至少不能从主观上面打击学生的积极性。有时，极个别学生的冷漠和不参与态度不能改变，那就让他去保持自我，其实教师不可能解决所有学生的所有问题。

三、管理案例的学习过程

学生是案例教学中的主体，案例教学的过程基本上是学生通过自己努力来逐步领悟的过程。换句话说，案例教学的过程，对学生来讲，既是一种收集分辨信息、分析查找问题、拟订备选方案和做出最后决策的纵深演进的过程，同时也是个人阅读分析到小组学习讨论，再到全班交流，形成共识的过程。学生在案例教学过程中要做好以下工作：

（一）重视课前阅读

阅读案例是进行案例分析的基础，没有一定数量和一定质量的阅读，要做好案例分析是不可能的，实质上它是将纸上的情况变为脑中的情况的转换加工过程，能否既全面、客观又突出重点地接受案例的信息，首先取决于对案例的阅读质量，为了达到有效的阅读，可以从以下方面着手考虑：

1. 案例阅读的目的与时间安排。阅读的目的，不仅是为了了解案例的内容和所提供的情况，而且要能以尽可能高的效率做到这一点，因为学习负担总是那么重，谁能以最短时间读完并理解它，谁就能占优势。不过所说最短时间，不是指到了次日进行课堂讨论了，当晚才急匆匆翻阅、囫囵吞枣，不花工夫是无法理解、分析和消化案例的，大多数案例至少要读两次，若要分析深透，两次也不够，要知道教师们可能已经把案例反复读得很熟，甚至能背诵了，学生当然不必下这么大工夫去阅读，但要准备至少读两遍。

记住这一要求，便可以预做时间安排了。一般来说，一个大型综合案例，约2小时30分至3小时精读一遍，外文案例当然要更长些。如果同时有几门课，全有案例分析，合并专门时间（比如一整天或两个下午等）集中阅读效果较好。有经验的学生，总是安排在每周五、六和周日，先把下周要学习的案例阅读一遍，以便能有充足的时间深思，有备无患，万一下周出了应急情况，使你无法再读，但由于你已知道大概，不至于进课堂脑内空空、仓促应战。

2. 案例阅读的步骤与方法。不要一开始就精读，而应分两步走：先粗读，待知其概貌再精读，究其细节。粗读是浏览式的，而且要掌握诀窍，这就是先细看第1、2页，其中往往交代了背景情况及主要人物所面临的关键问题。有时候如果开始没有介绍背景，赶快先翻至末页，因为背景在最后介绍也是常见的。如果还没有读到，就只好从头读下去，直到找到为止。背景介绍找到后，要反复看，不可浮光掠影，要透彻了解，到能用自己的语言描述出来为止；了解了背景后，应快速浏览正文中余下的部分，注意小标题，先看每一节的头一段的头几句，不必齐头并进，同样下工夫，因为粗读的目的，是做到心中有数。很快翻完正文，就要迅速翻阅正文后面所附的图表，先注意是些什么类型的图表，有资产负债表和损益表，有组织结构系统图，有主要人物的简历列在表中，是否已列出一些现成的财务经营表，搞清这些可以帮你节省不少分析时间，否则你若盲目地读，做了许多分析，最后再看附图，其实已经提供了这些分析，岂不白花了你的宝贵时间与力气。图表分为两大类，一类是多数案例都常有的，比如：一般财务报表、组织结构图等；另一类是某案例独有的。对于前者，要注意有什么不同于一般的奇特之处，如财务报表里有一笔你没见过的特殊账目，就得标出来留待以后来细加探究，你若能在这些常被人忽略的地方有发现，则在全班讨论时就可能有独到之处。

对正文与附图有了大体了解后，就可以从容地从头到尾再仔细读之，如记点眉批和备注，但不要重复文中所述，应点出要害，引进你自己的观察结果、发现、体会与心得，记住与下一步分析有关的概念。如果是外文案例，做点摘要是有好处的。一边读正文，一边要对照有关附图，找出两者关联。对于技术、组织方面的复杂描述不要不求甚解，一定要搞清楚。要把事实和观点分开，还要分清人物说的和他们实际做的，看两者是否一致。不但要注意他们说过和做过什么，还要注意他们有什么没说和没做的以及为什么这样。千万不要对文中人物所说的看法和结论都照单全收，信以为真，而要想一想，真是这样吗？正文全看完，要再细看附图，搞清其中每个主要组成部分。全班讨论前夕，最好挤出一点时间把案例重读一遍，温习一下。不过，步骤可不全同于上次。虽然先看背景情况，但接着先不要读正文，而是先看图表，顺序最好倒着看，即先从最后一幅看起，弄清细节，特别留心反常的图表或项目。这样做的原因是，因为粗读时，往往越读越累、越厌烦，也就越马虎，结果虎头蛇尾，对后面的理解不如前面的深入，尤其时间紧迫时，倒读更为保险。

（二）做好分析准备

个人分析与准备是管理案例学习的关键环节，其目的是完成信息的取舍，找到有效信息的因果关系，是学生创造性学习的过程。这个环节的基础打好了，不但可以为个人的决策提供可靠的根基，而且可以将全班的讨论交流朝着高质量、高水平推进。同样，做好个人分析和准备有其内在的规律，需要学生认真琢磨、体会。

1. 案例分析的基本角度。案例分析应注意从两种基本角度出发：一是当事者的角度。案例分析需进入角色，站到案例中主角的立场上去观察与思考，设身处地地去体验，才能忧其所忧，与主角共命运，才能有真实感、压力感与紧迫感，才能真正达到预期的学习目的。二是总经理或总负责人的角度。这当然是对综合型案例而言。高级课程就是为了培养学生掌握由专业（职能）工作者转变为高级管理者所必需的能力。因此，这种课程所选用的案例，要求学生从全面综合的角度去分析与决策，这是不言而喻的。

2. 案例分析的基本技巧。这种技巧包括两种互相关联和依赖的方面。第一，就是要对所指定的将供集体讨论的案例，做出深刻而有意义的分析。包括找出案例所描述的情景中存在的问题与机会，找出问题产生的原因及各问题间的主次关系，拟订各种针对性备选行动方案，提供它们各自的支持性论据，进行权衡对比后，从中做出抉择，制定最后决策，并作为建议供集体讨论。第二，被人们所忽视的就是以严密的逻辑、清晰而有条理的口述方式，把自己的观点表达出来。没有这方面的技巧，前面分析的质量即使很高，也很难反映在你参与讨论所获得的成绩里。

3. 案例分析的一般过程。究竟采用哪种分析方法，分析到何种深度，在很大程度上要取决于分析者对整个课程所采取的战略和在本课中所打算扮演的角色。但不论你的具体战略如何，这里向你提供一个适用性很广、既简单又有效的一般分析过程，它包括 5 个主要步骤：①确定本案例在整个课程中的地位，找出此案例中的关键问题；②确定是否还有与已找出的关键问题有关但却未予布置的重要问题；③选定适合分析此案例所需采取的一般分析方法；④明确分析的系统与主次关系，并找出构成自己分析逻辑的依据；⑤确定所要采取的分析类型和拟扮演的角色。

4. 关键问题的确定。有些教师喜欢在布置案例作业时，附上若干启发性思考题。多数学生总是一开始就按所布置的思考题去分析，实际上变成逐题作答，题答完了，分析就算做好了。作为学习案例分析的入门途径，此法未尝不可一试，但不宜成为长久和唯一的办法。老师出思考题，确实往往能够成为一个相当不错的分析提纲，一条思路，但那是他的，不是你的，不是经过你独立思考拟订的分析系统。按题作答不可能是一套综合性分析，多半只是一道道孤立的问题回答。最好是在初次浏览过案例，开始再次精读前，先向自己提几个基本问题，并仔细反复地思索它们：案例的关键问题，即主要矛盾是什么？为什么老师在此时此刻布置这一案例？它是什么类型的？在整个课程中处于什么地位？它跟哪些课程有关？它的教学目的是什么？除了已布置的思考题外，此案例还有没有其他重要问题？若有，是哪些？这些问题的答案往往不那么明显、那么有把握，不妨在小组里跟同学们讨论一下。这些问题要互相联系起来考虑，不要孤立地去想。最好一直抓住这些基本问题不放，记在心里，不断地试图回答它们，哪怕已经开始课堂讨论了。一旦想通了此案例的基本目的与关键问题，你的分析自然纲举目张，命中要害。要是全班讨论后你还没搞清，可以再去请教老师和同学。

5. 找出未布置的重要问题。真正很好地把握住案例的实质与要点，这是必须做的一步。一般凭自己的常识去找就行，但要围绕本案例的主题并联系本课程的性质去发掘。找出这些问题的一个办法，就是试着去设想，假如你是教师，会向同学们提出一些什么问题？有些教师根本不布置思考题，或讨论时脱离那些思考题，不按思考题的思路和方向去引导，却随着大家讨论的自然发展而揭示出问题，画龙点睛地提示一下，启发大家提出有价值的见解。你还得想想，在全班讨论此案例时可能会提出什么问题？总之，要能想出一两个问题，做好准备，一旦老师或同学提出类似问题，你已胸有成竹，便可沉着应战。

6. 案例分析的一般方法。案例的分析方法，当然取决于分析者个人的偏好与案例的具体情况。这里想介绍三种可供选用的分析方法。所谓一般方法，也就是分析的主要着眼点，着重考察和探索方面，或者是分析时的思路：

（1）系统分析法。把所分析的组织看成是处于不断地把各种投入因素转化成产出因素的过程中的一个系统，了解该系统各组成部分及其在转化过程中的相互联系，就能更深刻地理解有关的行动和更清楚地看出问题。有时，用图来表明整个系统很有用，因为图能帮助你了解系统的有关过程及案例中的各种人物在系统中的地位与相互作用。管理中常用的流程图就是系统法常用的形式之一。投入—产出转化过程一般可分为若干基本类型：流程型、大规模生产型（或叫装配型）、批量生产型与项目生产型等。生产流程的类型与特点和组织中的各种职能都有关联。

（2）行为分析法。分析着眼于组织中各种人员的行为与人际关系。注视人的行为，是因为组织本身的存在，它的思考与行动都离不开具体的人，都要由其成员们的行为来体现，把投入变为产出，也是通过人来实现的。人的感知、认识、信念、态度、个性等各种心理因素，人在群体中的表现，人与人之间的交往、沟通、冲突与协调，组织中的人与外界环境的关系，他们的价值观、行为规范与社交结构，有关的组织因素与技术因素，都是行为分析法所关注的。

（3）决策分析法。这不仅限于"决策树"或"决策论"，而且指的是使用任何一种规范化、程序化的模型或工具，来评价并确定各种备选方案。要记住，单单知道有多种备选方案是不够的，还要看这些方案间的相互关系，要看某一方案实现前，可能会发生什么事件以及此事件出现的可能性的大小如何。

7. 明确分析的系统与主次。这就是通常说的"梳辫子"，即把案例提供的大量而紊乱的信息，归纳出条理与顺序，搞清它们间的关系是主从还是并列，是叠加还是平行，等等。在此基础上分清轻重缓急。不论是你的观点还是建议，都要有充分的论据来支持，它们可以是案例中提供的信息，也可以是从其他可靠来源得来的事实，还可以是自己的经历。但是，案例中的信息往往过量、过详，若一一予以详细考虑，会消耗大量的精力与时间，所以要筛选出重要的事实和有关的数据。最好先想一下，采用了选中的分析方法分析某种特定问题，究竟需要哪些事实与数据？然后再回过头去寻找它们，这可以节省不少时间。此外，并不是所需的每一个事实都能找到，有经验的分析者总是想，若此案例未提供这些材料，我该做什么样的假设？换句话说，他们已对某一方面的情况做出恰当的、创造性的假设准备。分析的新手总以为用假设就不现实、不可靠，殊不知，在现实生活中，信息总难以完备精确，时间与经费都往往不足以取得所需要的全部信息，这就需要用假设、估计与判断去补充。既然是决策，就不可能有完全的把握，总是有一定的风险。最后还应提醒一点，能搞出一定定量分析来支持你的立场，便可以大大加强你的分析与建议的说服力。能创造性地运用一些简单的定量分析技术来支持自己的论点，正是学生在案例学习中所能学到的最宝贵的技巧之一。这种技巧一旦成为习惯或反射性行为，就能使你成为一个出类拔萃的管理人才。

8. 案例分析的类型与水平。案例分析的类型，可以说是不胜枚举，每一种都对应有一事实上的分析深度与广度（或称分析水平），不能认为在任何情况下都力求分析得越全面、越深入才好。有时你还有别的要紧事要做，时间与精力方面都制约着你。所以，究竟采取何种类型的分析为宜，这要取决于你具体的战略与战术方面的考虑。这里举出五种最常见的分析类型：

（1）综合型分析。即对案例中所有关键问题都进行深入分析，列举有力的定性与定量论据，提出重要的解决方案和建议。

（2）专题型分析。不是全线出击，而只着重分析某一个或数个专门的问题。所选的当然是你最内行、最富经验，掌握情况最多、最有把握的、可以充分扬长避短的问题。这样你就可以相对其他同学分析得更深刻、细致、透彻，提出独到的创见。讨论中你只要把一个方面的问题分析透了，就是对全班的重要贡献。

（3）先锋型分析。这种分析是你认为教师可能首先提出的问题。这似乎也可以算是一种专题的分析，但毕竟有所不同。开始时往往容易冷场，要有人带头破冰"放响第一炮"。所以这种一马当先式的分析，可能不一定要求太详尽，还要具体视问题的要求和教师的个人特点而定。这种分析，因为是第一个，所以还常有引方向、搭架子的作用，即先把主要问题和备选方案大体摊出来，供大家进一步深入剖析、补充、讨论。然而，这点做好了，是功不可没的。

（4）蜻蜓点水式或曰"打了就跑"式的分析。这种分析多半是一般性的、表面的、肤浅的。这种分析，只是个人因故毫无准备，仓促上场时采用，是一种以攻为守性战术，目的是摆脱困境，指望收瞬间曝光之效。这当然只能在万不得已时而偶尔为之，仅表示你积极参与的态度。

（5）信息型分析。这种分析的形式很多，但都是提供从案例本身之外其他来源获得的有关信息，如从期刊、技术文献、企业公布的年报表乃至个人或亲友的经历中得来的信息。这种信息对某一特定问题做深入分析是很可贵的，分析虽不能记头功，但功劳簿上仍要记上一笔的，因为你为全班提供了额外的资源。

9. 案例分析的陈述与表达。完成了上述分析，还有很重要的一步，就是把你的分析变成有利于课堂陈述的形式。学生分析做得颇为出色，可惜不能流畅表达，无法将高见传播得让别人明白。表达与说服他人是一种专门的技巧，它是管理者终身都要提高的技巧。关于这方面的一般要点，在此只想提出三点以供参考：一是要设法把你所说的东西形象化、直观化。例如，能不能把你的发言要点用提纲方式简明而系统地列出来？能不能用一幅"决策树"或"方案权衡四分图"表明备选方案的利弊，使比较与取舍一目了然？能否列表表明其方案的强弱长短？学生为课堂讨论预制挂图、幻灯片或课件应当受到鼓励并提供方便，因为这可以大大提高讨论的质量和效率。二是可以把你的分析同班上过去分析某一案例时大家都共有的某种经历联系起来，以利用联想与对比，方便大家接受与理解。三是不必事先把想讲的一切细节全写下来，那不但浪费精力，而且到时反不易找到要点，还是列一个提纲为好。要保持灵活，不要把思想约束在一条窄巷里，否则教师或同学有一个简单问题请你澄清，便会使你茫然不知所措。

（三）参与小组学习

以学习小组的形式，组织同学进行讨论和其他集体学习活动，是案例教学中重要的、不可缺少的一环。这是因为，许多复杂案例，没有小组的集体努力，没有组内的相互启发、补充、分工合作、鼓励支持，个人很难分析得好，或者根本就干不了。而且，有些人在全班发言时顾虑甚多，小组中则活跃，充分做出了贡献并得到锻炼。此外，案例学习小组总是高度自治的，尤其在院校的高年级与干部培训班,小组本身的管理能使学生学到很有用的人际关系技巧与组织能力。

1. 案例学习小组的建立。小组建立的方式对它今后的成败是个重要因素。这种小组应由学生自行酝酿,自愿组合为好,使其成为高度自治的群体。但小组能否成功地发挥应有的作用,却取决于下述五个条件:

(1) 建组的及时性。这指的是建组的时机问题。据有的院校对上百位管理学生所做的调查,搞得好的小组多半是建立得较早的,有些在开学之前就建立专业了。组建早的好处是,对组员的选择面宽些,组员间多半早就相识,对彼此的能力与态度已有所了解,学习活动起步也早些。

(2) 规模的适中性。调查表明:最能满足学习要求的小组规模都不大,一般4~6人,过大和过小都会出现一些额外的问题。小组超过6人(调查中发现有的组多达10人),首先集体活动时间难安排,不易协调。当然,人数多达7~8人的组办得好的也有,但都符合下列条件:一是建组早,彼此又了解在各自工作与学习方面的表现。二是时间、地点安排上矛盾不大,可以解决。三是第7、8位组员有某些方面的特长、专门知识或有利条件,还有的是组员们知道有1~2位同学确实勤奋,但因某种原因需要特别额外辅导、帮助,再就是有个别组员因某种正当理由(半脱产学习等),事先就说明不可能每会必到,但小组又希望每次学习人数不少于5~6人时,就不妨多接纳1~2人。

(3) 自觉性与责任感。这是指组员们对小组的负责态度与纪律修养,尤其指对预定的集体学习活动不迟到、不缺勤。否则,常有人不打招呼任意缺席,小组的积极作用就不能充分发挥。你可能会问:干脆每组只要2~3人,组小精干,机动灵活,有什么不好?也许确实没什么不好,避免了大组的那些麻烦,但却可能因知识的多样性与经验不足,虽收到取长补短之效,却不能满足优质案例分析的需要,同时,也难造成小组讨论的气氛。而且与大组相比,分工的好处不能充分显现,每人分配的工作量偏多。很明显,小组规模的大小应因课程的不同而异,课程较易,对分析的综合性要求较低,且并不强调与重视小组学习形式的利用,则规模宜小,2~3人即可;反之,则至少应有4人,但增到6人以上就得慎重了。

(4) 互容性。如果组员间脾气不相投,个性有对立,话不投机,互容性低,就不会有良好的沟通,易生隔阂。调查中就有学生反映,尖子生不见得是好组员,要是大家被他趾高气扬、咄咄逼人的优越感镇住了,就不能畅所欲言。当然,强调互容性并不是认为一团和气就好,不同观点之间的交锋也是有必要的,关键是要保持平和、平等的态度。

(5) 互补性。指相互间感到有所短长,需要互助互补。可惜的是,希望组内气氛轻松随和,就自然去选私交较好的朋友入组,以为亲密无间,利于沟通,却忽略了互补性。调查中有人说,我悔不该参加了由清一色密友们组成的学习小组,我们之间在社交场合已结交了很久,相处得一直不错,但却从未一起学习、工作过,结果证明不行,遗憾的是,学习没搞好,友谊也受了影响。这不是说非要拒绝好友参加不可,最好是根据课程性质和对个人特长的了解来建组,以收集思广益之效。

2. 案例学习小组集体活动的管理。根据经验,要建设并维持一个有效能的小组,在管理方面应该注意下列事项:

(1) 明确对组员的期望与要求。如果你有幸成为组长,你首先要让大家知道,一个组员究竟该做什么?所以,必须在小组会上从开始就预先向大家交代清楚这些要求:一是小组开会前,每人必须将案例从头到尾读一遍,并做好适当的分析。二是人人尽量每会必到,如与其他活动冲突,小组活动应享受优先。三是要给予每人在小组会上发言的机会,人人都必须有所贡献,不允许有人垄断发言的机会。四是个人做出了有益贡献,应受到组内的尊敬与鼓励,首先让他(或他们)代表小组在全班发言。五是组内若有人屡屡缺席,到会也不做准备,无所作为,毫无贡献,就不能让他分享集体成果,严重的要采取纪律措施直到请他退组。有时小组为了程序方面的琐事(如定开会时间、地点、讨论顺序等)而争吵,或因为性格冲突,话不投机,拂袖而去,甚至为争夺影响与控制权而对立,也是有的。但关键是要看小组是否能出成果,对大家学习是否确有帮助,如时间花了,却没有收获,小组对大家没有凝聚力,各种矛盾就会出现。

(2) 建立合理的程序与规则。所谓合理即指有利于出成果。一是要选好会址。这是第一个程序问题,会址除了要尽量照顾大家,使人人方便外,最要紧的是清静无干扰。最好有可以坐和写字的桌椅,能有块小黑板更好。二是要定好开会时间。一经商定,就要使之制度化、正规化。这可以节省每次协调开会或因变化而通知的时间,也不致因通知未到而使有的人错过了出席机会。不但要定好开会时间,也要定好结束时间,这更为要紧。每一案例讨论 2 小时,最多 3 小时就足够了,时间定了,大家就会注意效率。三是要开门见山,有什么说什么,节省时间。四是要早确定和发挥小组领导功能,可以用协商或表决的方式公推出组长,以主持会议和作业分派,也可以轮流执政,使每个人都有机会表现和锻炼组织领导能力。五是要尽早确定每个案例的分工。这种分工是允许的,甚至是受到鼓励的。多数老师允许同小组的同学,在各自书面报告中使用集体搞出的相同图表（报告分析正文必须自己写，不得雷同），有的组为了发扬每个人的特长，把分工固定下来（如某某总是管财务分析等）。但由于案例各不相同，若每次小组会能根据案例具体特点，酌情分工，可能会更有利于出成果。但由谁来分工好，较多情况下是授权组长负责，他得先行一步，早把案例看过，拟出分工方案。六是要在整个学期中，使每个人都有机会承担不同类型的分工，以便弥补弱点与不足。人们的长处常与主要兴趣一致，或是本来主修的专业，或是自己的工作经历等。通常开始总是靠每人发挥所长，才能取得最佳集体成效。但长此以往，人们的弱点依然故我，难有长进。因此，组长得考虑安排适当机会，使每个人在弱项上能得到锻炼。事实上，个人弱项进步了，全组总成绩也水涨船高。好的组长会巧妙地安排不善演算的组员有时也去弄一下数字，而让长于财会的同学适当分析一下敏感的行为与人际关系问题。至少学会在自己的弱项上能提出较好的问题，并观察在这方面擅长的同学是怎么分析的，对已在管理岗位上当领导者的同学更需如此。

（3）学习小组的改组。有时会发现，由于各种无法控制的原因，小组不能做出富有成果的集体分析，这时可以考虑与另一个较小的组完全或部分合并。后者是指仅在分析特难案例时才合到一起讨论，可先试验几次，再正式合并。较大的组可能体验到相反的情况，指挥不灵，配合不良。这时，可以试行把它进一步分解为两个小组以增加灵活性，不是指彻底分解，而是有分有合，有时分开活动，有时则集中合开全体会议。

（4）争取实现"精神合作"。从行为学的角度看，小组也像个人那样，要经历若干发展阶段，才会趋于成熟，变成效能高、团结紧密、合作良好的工作单元。但有的小组成长迅速，有的要经历缓慢痛苦的过程，有的永远不能成熟。成长迅速的小组，表面看来没下什么工夫，其实他们为了发展群体，是做出了个人牺牲的。他们注意倾听同伙的意见和批评，仲裁和调解他们中的冲突，互相鼓励与支持、尊重并信任本组的领导。组员只有做出了这种努力，才能使小组完成既定的集体学习任务，满足各位组员个人的心理需要，成为团结高效的集体。这里的心理需要指的是集体的接受、温暖、友谊、合作与帮助。案例学习小组的成熟过程，一般包括五个阶段：一是互相认识；二是确定目标与任务；三是冲突与内部竞争；四是有效的分工合作；五是精神上的合作。小组若是能具备适当的构成条件，又制定出合理的工作程序与规范，就易于较快越过发展的头三个阶段而达到第四个阶段，并有可能发展到最高境界即精神上的合作默契成熟阶段。那时，小组的成果就更多，水平更高，学习兴趣更浓，组员们也就更满意了。

（四）置身课堂讨论

课堂讨论，对于教师来说是整个案例教学过程的中心环节，对于学生来说则是整个案例学习过程中的高潮与"重头戏"。因为学生在个人及小组的分析准备中所做的工作要靠课堂讨论表现出来，这也是教师对学生整个课程中成绩评定的重要依据。事实上，课堂讨论的表现也决定了随后书面报告质量的高低，并已为大量实践所证明，但不少教师不太重视书面报告评分。

1. 注意聆听他人发言。就是注意倾听别人（教师与同学们）的发言。许多人认为，参加讨论就是自己要很好地发言，这的确很重要，但听好别人的发言也同等重要。课堂讨论是学习的极好机会，而"听"正是讨论中学习的最重要的方式。有人还以为，只有自己"讲"，才是做贡献，殊不知，听也同样是做贡献，听之所以重要，是因为课堂讨论的好坏不仅决定于每一个人的努力，而且也取决于全班的整体表现。集体的分析能力是因全班而定的，它的提高不仅依靠个人经验积累，也要靠全班整体的提高。重要的是要使全班学会自己管理好自己，自己掌握好讨论，不离题万里，陷入歧途。初学案例的班常会发生离题现象，原因就在于许多人从未经过要强制自己听别人发言的训练，只想自己打算讲什么和如何讲，而不注意听别人正在讲什么，并对此做出反应。监控好全班讨论的进程，掌握好讨论的方向，从而履行好你对提高全班讨论能力的职责，这也是重要的贡献。只会讲的学生不见得就是案例讨论中的优等生，抢先发言，频频出击，滔滔不绝，口若悬河，还不如关键时刻三言两语，击中要害，力挽狂澜。如能在每一冷场、一停顿就插话、发言，使得讨论马上又活跃起来，那才可谓是位高手。许多人在讨论刚一开始，总是走神，不是紧张地翻看案例或笔记，就是默诵发言提纲，或沉浸在检查自己发言准备的沉思里。其实，正是一开头教师的开场白和当头一问，以及所选定的第一个回答者的发言最重要，是定方向、搭架子，你得注意听教师说什么，你是否同意教师的观点，有什么补充和评论，并准备做出反应。

2. 具备主动进取精神。前面提到有人总想多讲，但对多数人来说，却不是什么克制自己想讲的冲动问题，而是怎样打破樊篱，消除顾虑，投身到讨论中去的问题。这一点，教师必须尽力做好说服教育工作。就像生活本身那样，案例的课堂讨论可能是很有趣的，也可能是很乏味的；可能使人茅塞顿开，心明眼亮，也可能使人心如乱麻，越来越糊涂；可能收获寥寥，令人泄气，也可能硕果累累，激动人心。不过，追根到底，从一堂案例讨论课里究竟能得到多少教益，还是取决于你自己。为什么？因为案例讨论是铁面无私的，既不会偏祖谁，也不会歧视谁。正如谚语所云："种瓜得瓜，种豆得豆。"你参加讨论并成为其中佼佼者的能力如何？你在讨论中所取得的收获大小怎样？决定因素是你有没有一种积极参与、主动进取的精神。足球界有句名言："一次良好的进攻就是最佳的防守。"这话对案例讨论完全适用。反之，最糟糕的情况就是畏缩不前，端坐不语，紧张地等着教师点名叫你发言。这种精神状态，完全是被动的，怎么会有多少收获？你不敢发言，无非怕出了差错，丢了面子。你总想等到万无一失，绝对有把握时再参加讨论。可惜这种机会极为罕见或根本没有。你若有七八成把握就说，那发言的机会就很多。积极参与的精神能使你勇于承担风险，而做好管理工作是不能不承担风险的，这种精神正是优秀管理者最重要的品质之一。指望每次发言都绝无差错，这是不现实的，无论分析推理或提出建议，总难免有错，但这正是学习的一种有效方式。人的知识至少有一部分来自于教训，教师或同学指出你的某项错误，切不要为争面子而强辩，为了满足自己"一贯正确"的感情需要而拒不承认明摆的事实。这正是蹩脚管理者的特征。要知道，案例讨论中说错了，只要诚恳认识，不算成绩不佳、表现不佳；无所作为，一句不讲才是成绩不佳、表现不佳。其实，怕在案例讨论中发言不当，根本谈不上是什么风险。因为即使你讲得不全面、不正确，对你将来的工作、生活、职业生涯与命运，都无损于丝毫，倒是你的分析与决策能力以及口头表达与说服能力得不到锻炼与提高，反会影响你的前途与命运。既然如此，你又何妨一试呢？

（五）记录学习心得

参加案例课堂讨论的过程，是一个学习和锻炼的过程，也是一个积极进行思考从事复杂智力劳动的过程，在这过程中萌发一些心得体会和发现一些自己原来未曾想到的问题是常有的事，这正是在案例学习中已经意识到的点滴形态的收获，为了不使这些收获遗忘或丢失，有必要做好记录。

做心得和发现的记录，要讲究方法。有的同学过于认真，从讨论一开始就从头记录，结果记录一大篇，不知精华之所在，这就是方法不妥。正确的方法是，在认真听的基础上记重点，记新的信息。有的学生采取"事实、概念、通则"一览表的格式，颇有参考价值。这里不妨引一实例以作借鉴：

春季学期：××××年×月××日课堂讨论"兴办新事业"。

事实：①在美国的所有零售业企业中，50%以上营业两年就垮台了。②美国企业的平均寿命是6年。③在经营企业时想花钱去买时间，是根本办不到的。④美国在2000年有235万个食品杂货店。

概念:"空当",各大公司经营领域之间,总有两不管的空当存在。大公司不屑一顾,小企业却游刃有余,有所作为。例如,给大型电缆制造商生产木质卷轴,就是个空当。

通则:①开创一家企业所需的资源是人、财、物,还有主意。②新企业开创者的基本目标是维持生存。

记录要精确、简明,对素材要有所取舍、选择。在课堂上,主要注意力要放在听和看上,确有重要新发现、新体会,提纲挈领,只记要点。此外,最佳的笔记心得整理时机是在案例讨论结束的当天。

(六) 撰写分析报告

管理案例书面分析报告,是整个案例学习过程中的最后一个环节,是教师在结束课堂讨论后,让学生把自己的分析以简明的书面形式呈上来供批阅的一份文字材料,一般由 2 500 字以下,最多不到 3 000 字的正文和若干附图组成。但并不是每门课程所布置的案例都必须撰写书面报告,有些案例教师可能要求只做口头分析就够了。有些报告可能完全布置给个人去单独完成。书面报告是在全班及小组讨论后才完成,本身已包括了集体智慧的成分,是指教师允许同一小组的成员使用小组共同准备的同样图表,但报告正文照例要由个人撰写,禁止互相抄袭。还有的案例教师要求学生在全班讨论前呈交个人书面报告或案例分析提纲。这主要是为了掌握学生的分析水平,也便于在下次全班讨论前进行小结讲评。一般来说,要求写书面报告的案例比起要求口头讨论的案例要长些、复杂些、困难些,也就是教师希望在这些案例的阅读与分析上花的时间和工夫要更多些。其实,在书面报告上下点力气是值得的,书面报告的撰写是一种极有益的学习经历,这是在学习管理专业的整段时期内,在本专业领域检验并锻炼书面表达技巧的极少而又十分宝贵的机会之一。多数学生在如何精确而简洁地把自己的分析转化为书面形式方面,往往都不怎么高明和内行。这种转化确实并非易事,尤其篇幅与字数的限制又很紧,所以花点时间去锻炼提高这种可贵的技巧是必要的。

1. 做好撰写准备与时间安排。写书面报告,先要认真地考虑一下计划,尤其要把时间安排好,这不单指报告本身,要把阅读与个人分析以及小组会议(一般是开两次)统一起来考虑。一般的计划是,在两三天内共抽出 12~15 个小时来完成一篇案例分析报告(包括上述其他环节,但课堂讨论不在内)是较恰当的。如果案例特难,也许总共得花 20~25 个小时以上。但是,如果长达 25 个小时以上,就会使人疲乏而烦躁,洞察力与思维能力会下降。不能满足于抽出整段总的时间，还得仔细划分给每项活动的时间，这种安排是否恰当将影响整个工作和效率。下面是一种典型的时间计划安排，共分六项或六个步骤，分析的作业是一篇较长的、具有相当难度的典型综合性案例，书面报告要求 2 500 字以下，图表最多 8 幅：

(1) 初读案例并做个人分析：4~5 个小时。
(2) 第一次小组会（分析事实与情况，找出问题及组内任务分工安排）：2~3 个小时。
(3) 重读案例并完成分析：4~5 个小时。
(4) 第二次小组会（交流见解及讨论难点）：2~3 个小时。
(5) 着手组织报告撰写（确定关键信息，列出提纲，完成初稿）：5~7 个小时。
(6) 修改、重写、定稿、打字、校核：2~3 个小时。

上述六项活动可分别归入"分析"与"撰写"这两大类活动。根据对 3000 多份案例报告的调查，无论是得分高低，大多数学生花在写稿方面的时间普遍不足，而花在分析上，尤其是小组会上的时间过多。要知道，既然总时数已经限定，则多分析一小时，写稿就少了一小时，而且又多出来一批需要筛选和处理的信息，会加重写稿的工作量，这种连锁反应式的影响，将使一些同学无法细致地利用、消化、吸收他们的分析成果，难以准确表达、陈述、综合归纳成一份有说服力的文件，很难使阅读他们分析报告的人信服和接受他们的见解。

下面是一段典型的对话：

学生：我花了那么些时间，没想到只得到这么点分数！不过，我把自己的报告又读了一遍，是看出不少问题。我怎么在写稿的时候竟然一点没意识到它会这么糟呢？

教师：怎么会没意识到呢？仔细谈谈你是怎么写的？

学生：报告是星期二早上上课时交的，我们小组是上星期五下午开的第一次会，开了好长时间，第二次会是星期一下午开的，会开完，已经很晚了。当晚我就动手组织材料，拟提纲，动笔写初稿，搞到凌晨两点多才写完，但来不及推敲修改誊正，就交卷了。

很明显,这位同学根本没时间修改,初稿就直接誊正,也没留足够时间消化、吸收和组织好他个人和小组分析的结果。遗憾的是,这种现象十分典型,是经常出现的。有人说:"根本不会有高质量的初稿,只可能有高质量的定稿。"这就是说,要写好分析报告,在报告的构思上得肯花时间,并安排足够时间用在修改和重写上。

2. 书面报告的正确形式与文风。要写好报告,当然要以正确的分析作为基础,问题还在于怎样才能把最好的分析转化为书面报告,由于受篇幅、字数的限制,这就自然引出对文风的要求,那就是简明扼要。写案例报告可不是搞文学创作,不需要任何花哨的堆砌修饰,但要做到一针见血,开门见山,却非易事。不许你多于 2 500 字,你就只能把代表你分析的精髓的那一两点关键信息说出来,并给予有力的辩护和支持。

一般来说,2 500 字加图表的一份报告,教师评改得花 15~20 分钟,一位老师通常每班带 50 位学生,每一班他就要批阅 50 份报告,每份 20 分钟,就要花 17 个小时才批得完,若同时教两班,每班平均每周两次案例作业……算算就知道,一份报告最多能占 20 分钟,所以,一定要干净利落,把你的主要见解及分析论据写得一目了然。手头有了分析与讨论所得的大量素材,可别忙于动笔,要先花点时间好好想想,怎样才能有效而清晰地把你的意见表达出来,到这一步为止,你就已经花了不少时间在案例阅读、分析和讨论上。一般是按照自己分析时的思路,一步步地把报告写出来,可是,教师和读者要知道的是你分析的结果,所以你的报告若不以你的分析为起点,而是以分析的终点入手,会显得明智得多。试考虑一下,能不能用一句话概括出你所做的分析的主要成果和精华所在?这应该成为报告的主体,并应在几段中就明确陈述出来,报告的其余部分,则可用来说明三个方面的内容:一是为什么选中这一点来作为主要信息。二是没选中的其他方案是什么及其未能入选的理由。三是支持你的表现及其所建议方案的证据。慎重的方法是,把报告剩下这部分中的每一段落,都先以提纲的形式各列出一条关键信息来,最好每一段落只涉及一条重要信息,一个段落若超过 700 个字,就一定包含有几条不同见解,这会使读者抓不到要领。报告定稿后,正式打字前,最好要自己读一遍,以便发现问题,及时修改,打字后还应校阅一遍,看有无错别字和漏句、漏字等。老师批阅发回报告后要重读一遍,记下写作方面的问题,以免下次再犯。

3. 图表的准备。把数据以图表方式恰当地安排与表达出来,有效地介绍出你的许多支持性论证,但一定要使图表与正文融为一体,配合无间,让读者能看出图表的作用,还要使每张图能独立存在,即使不参阅正文,也看得懂,每幅图表应有明确标题,正文中要交代每幅图表的主要内容,图表应按报告正文中相应的顺序来编号。

四、管理案例教学范例

(一) 管理案例讨论提纲实例

案例:中日合资洁丽日用化工公司

十几年前,洁丽公司与日本丽斯公司技术合作,向国内引进该公司丽斯牌的化妆品,双方各投资40%,另有20%由建厂当地乡镇的个体户出资建成。日本丽斯牌化妆品在其本国并不出名,由于中国当时开放不久,日用化工和化妆品缺乏,大家也不在乎名牌。十几年来,合资生产的丽斯牌,在江南一带颇具知名度,有数百个专柜遍布城乡各地的小百货商店,并有几百位化妆师(销售与推广)和美容店。近两三年来人们消费水平提高的缘故,以及不少欧美品牌进入中国市场,丽斯牌在人们心目中的地位下降,销路萎缩,此时那几个占20%份额的小股东希望让出股份、撤资。假使你是洁丽公司的负责人,你有哪些应对策略和方案?

中日合资洁丽日用化工公司案例课堂讨论提纲

1. 有三种可能的方案
(1) 品牌重新定位。
(2) 收购散户小股东的股份,使洁丽公司控股超过50%,然后找一流的厂商技术合作或代理一流产品。
(3) 寻找机会,脱售持股。
2. 方案分析
方案1
利:可利用原来已建立的销售渠道、服务人员以及与经销商的良好关系、化妆品本身的价值、较难衡量的较高附加值,重新定位锁住目标市场。
弊:因为市场变化快,进口关税逐渐降低,会使整个企业转型有较高的风险。
方案2
利:可利用原有的销售渠道与服务人员,除可重新定位外,还可与其他知名品牌厂商合作,进入其他市场;控股权扩大,经营方式较有弹性。

弊:投资金额较大;日方态度不易掌握。

方案3

利:避免激烈竞争,可将资金转做他用。

弊:原有的渠道和人员、队伍全部放弃相当可惜。

3. 建议:采用方案2,接受小股东的退股建议。

本题的关键点是:想要放弃原有的市场或产品,而进入全新的陌生领域,只想创造新产品,放弃原有产品有改善的可能,都可能使事业受到更大的损伤。

但是,产品创新或多角化经营,也有可能为公司创造更好的将来,成败的关键在于信息的收集是否齐全、利弊评估是否准确。

(二)管理案例分析报告实例

案例:威廉美食苑的创业

赵威大学毕业后,没有去政府分配的工作单位上班,而在省城里的一家肯德基快餐店当上了副经理,原来他曾在大学四年级时,利用假期和社会实践的机会在肯德基店里打工,这次是他第一次告诉家里,没想到当乡镇企业经理的父亲还是理解他的,一年后他很快升为经理,再后来又升为地区督导等职。最近,他发现省城商业街有一店面要出售,这个地点位于商业闹市区附近的主要街道,交通流量大,写字楼也很多。赵威认为,这是一个很难得的快餐店地点,于是他决心自己创业。这是他由来已久的事业生涯规划,并与父亲商量请求财务支持,声明是借贷的,日后一定归还。家里表示可以支持他,但要求他认真规划,不要盲目蛮干,多几个方案才好,有备无患。

赵威自己创业的愿景是一个属于自己独立经营的快餐连锁店,它不是肯德基、麦当劳或其他快餐店的加盟连锁店。他很顺利地注册,资金到位也很快,房子的产权也办理了过户。不久,赵威很快就发现成立自己的店和当初在肯德基看到人家成立连锁店有很大的不同,他必须自己动手,从无到有地办理任何事情。比如,要亲自参与店面装潢设计及摆设布置,自己设计菜单与口味,寻找供货商,面试挑选雇用员工、自己开发作业流程,以及操作系统管理。他觉得需要找来在工商管理专业学习的同学好友帮忙一起创业,假如赵威选择的就是你。请你帮他搞一个创业的战略规划,试试看。

以下是摘要分析报告内容的主要部分:

创业的战略规划分以下五个步骤:①设定目标。②界定经营使命、愿景与经营范围。③进行内在资源分析。④进行外在环境分析。⑤可行性方案。

于是针对这五个步骤,分别说明:

1. 设定新目标。①提供更符合消费者口味、适度差异化的食品;②满足不喜欢西方快餐口味的顾客为最重要的目标。

2. 界定经营使命、愿景与经营范围。①提供消费者不同于西式文化、新的健康饮食概念。②提供融合中国人饮食口味与西式餐饮风格的新快餐。③塑造洁净、便利、快速、舒适、健康的企业形象。

3. 进行内在资源分析。可以就人力、财力等方面进行强弱势分析。

(1) 相对优势方面。①曾经在著名的西式快餐店工作,有相当的经验,对于西式快餐店的经营模式、生产方式及管理方法都有相当的了解。②经营的地点有很大的交通流量,是一个理想的快餐店设立地点。③财务有来自于家庭的支持。

(2) 相对弱势方面。①对于菜单的设计、分析消费者对于快餐的需求、生产流程规划,可能无法有相对的经验与优势。②在原料供货商方面,也无法像大型竞争者那样节省大量的进货成本。

4. 外在环境分析。

(1) 在威胁方面有以下方面要考虑:①在竞争者方面,目前市场中的主要竞争者众多。②就替代品方面,快餐产品也纷纷进驻便利商店,如烤香肠等。③就整体市场而言,传统的快餐产品竞争者众多,他们所提供的产品,同构性也很高,他们之间的竞争优势,多是建构在附加服务或是媒体的塑造,所以对于非连锁性的自创性商店,可能无法在广告上与其相抗衡。④就垂直整合程度与经济规模而言,这些竞争者的连锁店众多,也因此他们在原料的进货上可以借助量大而压低成本,在媒体广告上,更可以收到较大的效果。再者,这些竞争者也不断借助媒体塑造,有些快餐店在假日已经成为家庭休闲或是举办聚会的场所,这种社区关系的维系,也是新进入者需要考量的。⑤在竞争手段方面,由于这些竞争者的市场占有率高,也因此会和其他商品进行联合营销,如麦当劳在电影《泰山》上映时,同步推出玩偶,更吸引许多只为喜好赠品而来店消费的顾客,如此更加提高他们的竞争优势。

(2) 在相对机会方面。①由于快餐文化追求效率,使得他们在产品上无法做到顾客饮食差异化的满足。②就产品的广度与深度而言,这是目前竞争者较为缺乏的，不过，要达较佳广度与深度的境遇，可能与快餐追求快速有所抵触，这是一个值得考虑之处。③目前竞争者喜好推出的套餐组合，对于某些食品并不可以替换，例如，不喜欢吃薯条的人就不能要求换等值的产品，这是一个在无法提供大众差异化口味产品的前提下，另一种借助消费者产品组合满足需求的一种方法。④国内目前对于健康的重视，而西式的快餐又具有常被以为热量太高、被称为垃圾食物等问题，这也是一个在从事新式快餐店设立时确定产品种类的考量点。

5. 可行性方案。由以上的分析可以知道，自行创业从事快餐店，可能会遭遇的最大困难就是缺乏广告效果以及无法在生产原料上有规模成本的优势。但是，可以从产品的差异化来满足顾客的需求，于是可以提出下列几个可行性方案：

（1）发展中式口味，但又能兼顾生产效率的产品，如米食。

（2）借助大量顾客差异化的观点，提供较能满足顾客差异化需求的产品。

（3）提供顾客在产品套餐选择时有较大的自主性。

（4）先建立地区性的口碑，再从事跨区域经营。

（5）提供健康食品的概念，如可以卖素食、蔬果类素食以及有机饮料。

（6）不要放弃西式快餐店的经营模式，如整洁的饮食环境、明亮舒适的饮食空间、亲切充满活力的店员，但要导入中式口味、健康概念的食品。

（7）以食物作为竞争差异化优势，也就是强化食品的健康性、快速性，以及符合中国人的饮食口味。

由于这种产品的差异化，在快餐产业中，推介中式口味、健康概念的新快餐或许是一个缺乏媒体广告与附加商品支持的快餐创业者可以走的方向。

（三）哈佛案例教学实录

其一，哈佛拍"案"惊奇。以下是哈佛大学公共管理硕士孙玉红女士在其译著《直面危机：世界经典案例剖析》一书中有关哈佛案例教学的文章，希望对读者有所启发。

提起哈佛商学院，人们自然想起案例教学。

案例教学（Case Study）是哈佛教学的一大特色。不管是商学院、法学院，还是肯尼迪政府学院。对于商学院来说，所有课程，只用案例教学，全世界独此一家，可以说是很极端的。包括"公司财务"等看起来技术性很强，似乎不存在多大讨论余地的课，也用案例教学。为什么？

我们常说，学以致用。对于 MBA 和 MPA 来说，教学目的很明确。他们培养的学生不是搞研究的，而是解决问题的。在哈佛培养的是一种解决问题的思维方法，不是对一个理论有多深的研究（那是博士要做的事），而是做决定的水平。

虽然对于案例教学我并不陌生（我 1999 年写的《风雨爱多》被国内一些大学 MBA 用做教学案例，而正在应哈佛商学院之邀修改应用），但是对于只用案例教学我一直心存疑惑。

"如果我对一些课程基本知识都不懂怎么办呢？"有一天，我问一位教授。他说："有两种可能：第一种是我们招错了人，第二种是该读的书你没有读。"

半年下来，我才明白了其中的含义。第一，两个学院招生基本要求有 4~5 年以上的工作经验；对肯尼迪学院高级班学员来说，是 10 年左右工作经验。所以，不大可能对一个领域完全不懂。第二，更重要的是，2 小时的课堂时间，课余平均要花 8~10 小时的时间进行准备。包括阅读案例、建议阅读的书和材料。如果有困难，助教随时恭候，教授有固定的工作时间。你可以预约请教。这种设计的前提是你有足够的能力自学一门知识。课堂只是讨论它的应用问题。这既是对学生自学能力的挑战，也是一种锻炼。联想到为什么像麦肯锡这样的咨询公司喜欢哈佛商学院的人，是因为学生有这种能力与自信，面对陌生的行业和比自己大几十岁的客户，敢于高价出售自己的看法。想象一下郭士纳 23 岁离开哈佛商学院时那种自信的感觉。

还有一个妙处是最大限度地利用学生的时间和能力。将所有该学的知识部分压缩到课堂以外，难怪哈佛学生要自学的第一门课是"求生本领"。

哈佛所有的案例几乎全为自行撰写，均取自真实发生的事，姓名、地点偶尔做些改动。案例要经该公司认可，保证所有数字和细节的真实性。MPA 的案例有一半是肯尼迪政府学院自己编写的，有一半是商学院的。均明确注明，版权保护，不得随便使用。当然，这些案例也对外公开，用于教学的价格是一个学生一次性 5 美元。也就是说，如果有 100 个学生的课堂上使用这个案例的话，你需要付 500 美元的版权费。

案例有长有短，长的 30~40 页，像南美某国的财政危机；短的只有一页纸。我印象最深的是公共管理第一堂课的案例，短小精悍型，题目是：宪法应该被修改吗？(Should the Constitution be amended?)

事情是这样的：参议员胡安遇到了他政治生涯中最令他头疼的事：他要在 24 小时之内做出决定，是否投票赞成修改宪法。12 年前，该国人民推翻了军人独裁统治，并颁布了宪法。宪法规定总统一届 6 年，不得连任。现在该国总统弗洛里斯已经干了 5 年，并且在这 5 年中使国家经济取得了巨大成就，深受人民爱戴。要求修改宪法，使总统连任的呼声很高。胡安本人是不赞成修改宪法的，因为他知道民主政治在本国还很脆弱。但是面对民意调查多数人支持的结果，面对他自己明年也要进行连任竞选。如果你是他，你该做出什么决定？

在这个案例中，描述了一个两难的困境，需要胡安做决定。没有分析，只有事实。如果你是胡安，你会怎么做？

班上 50 多位同学，职业各异，信仰各异，知识结构各异。有的本身就是参议员、外交官，有的是效益至上的跨国企业的首席执行官，有的是社会观察者。有的深信民主政治体制，有的心存怀疑。一开始就分成两派，争论不休。支持修改宪法的基本观点是，既然现任总统受人民欢迎就应该支持他干下去，换新总统对国家的风险很大；支持胡安同意修改宪法的理由被汇总成 1、2、3、4、5 写在黑板上；反对总统连任的观点认为，随意变动国家体制对国家未来的风险更大。理由也被汇总，写在黑板上，1、2、3、4、5。有的说决策所需要的资料不全，无法做出决定。最后大家等着教授总结，给出答案。教授说：“你们已有了自己的答案。没有做出决定的同学需要立即做决定：下课！”

大家面面相觑。到哈佛是学什么来了？数星期之后，终于理清了案例教学法的基本思路：

分析案例围绕着四个方面的问题：

（1）问题是什么？

（2）要做出什么决定？

（3）有什么可行方案（所有的）？

（4）现在要采取的行动是什么？

通过案例教学，训练一种系统的思考问题的方法和采取行动的决心和勇气。它的价值在于：

（1）领导就是做决定。案例取自真实生活的片断，通常是让决策者处于一种两难的困境。这是所有领导者经常面临的困境：没有绝对的对与错，没有人告诉你答案。案例教学的目的，就是让参与者置身于决策者的角色中，面对大量的信息，区分重要和次要，做出自己的决定。案例教学没有正确答案。

（2）领导在于采取行动。案例不只是研究问题，是在分析的基础上采取行动。一切分析是行动的向导。在案例教学中，你就是参议员，你就是企业的技术主管，你就是阿根廷的总统，你就是主角。这是案例教学与传统教学的最大不同。

（3）找出所有的可能性。所有人的积极参与，可以让你惊讶于这么多不同的选择。每个人想两个方案，50个人就有100个方案。其中许多是你从来没想到的，或者从来不敢去想的。你能从同学那里学到很多，你能否从中收获，取决于你的参与程度。提出自己的观点，支持它；倾听别人的观点，评价它；敞开思想，随时准备改变自己的观点；做决定，避免模棱两可。

案例教学并不神秘，为什么哈佛案例独行天下？我想原因有几个：

第一，哈佛案例均为自行采写。哈佛的资源使它可以拥有全世界最有价值的案例，从南美国家改革的真实数字到跨国公司的财务情况，从中国北京旧城改造的难题到《华盛顿邮报》的家族危机，均拥有第一手材料。学生经常需要为跨国公司，为一个国家的大事做决定，不知是否在无形中培养了他们做大事的感觉和准备？

第二，凭借哈佛的名声，可以请到总统、总裁们到课堂上亲自"主理"。到哈佛商学院演讲的总裁们通常会出现在一节相关的案例课上。在肯尼迪学院，我记得在学宏观经济学的时候，美国农业部部长专门来讲过美国农产品出口问题；学演讲沟通的时候，不仅有好莱坞演技派明星专门来过，还有四届美国总统顾问亲自上课……这些都是哈佛案例的附加价值。

第三，哈佛拥有最好的学生。他们的观点、他们的眼界，常常使你受益最多。

最后，哈佛案例教学并不仅仅是就案例论案例，一个案例课过后，通常会开出一个书单，从这些书中你会找到分析此案例可能需要的理论支持，掌握一套科学的思考方式，建筑你自己的思考习惯。

写到这里，我已经在担心哈佛要起诉我侵犯知识产权了。但是，好在你我都知道：哈佛是无法复制的。如果你想了解更多，欢迎你到哈佛来。

其二，哈佛案例教学经历自述。

……第二天所用的案例，是我们在哈佛商学院要用的总共大约800个案例中的第一个，正躺在我的书桌上等着我去阅读、分析和讨论，我看了一眼题目："美国电报电话公司和墨西哥"，内容并不太长，大约有15页，实际上内容之长短并不很重要，因为哈佛商学院教学案例的挑战性不在于阅读过程之中，而在于准备在课堂上就案例发表自己的见解。在课堂上，每个案例是通过以教授和全班同学对话讨论的形式来完成的，学生们必须在课前阅读和分析每个案例，在课堂讨论时说出自己对案例的分析和看法，课堂讨论的进程由教授掌握，使全班同学的想法达到某种程度的一致，或者至少得出案例本身所能阐明的几个结论。

我拿起案例资料开始阅读，内容引人入胜，我不知不觉地就读完了，中心议题是美国电报电话公司的一位经理要决定是否在墨西哥建立一个答录机生产厂。该案例所涉及的伦理问题包括：使一些美国人失去工作机会；剥削第三世界廉价劳动力；在一个充满贿赂和腐败的环境中如何定义行为的适当性。我认为前两项不成问题，在第三世界国家投资建厂，给那儿的工人提供比当地平均水平较高的工资和较好的工作条件没有什么不对。只是对第三点，即如何应付当地的腐败的做法，我没有清楚的具体想法。

我又将案例资料阅读了两遍，并在旁边空白处及白纸上做了详细的笔记，花费大约半个小时考虑所附的三个思考题。有一个问题是这样的：该经理选择在墨西哥建厂，他应该就工资水平、工人福利、废料管理、童工问题、雇用工人时性别上的要求以及贿赂问题做出什么样的决定？这使我忽然想到一个问题：如果教授让我做开场发言怎么办？尽管可能性并不大，精确地讲被叫的概率是1/92，但是我并没有冒险的心情，我早就听说过被叫起做开场发言是商学院生活中带有传奇色彩的一个事实。如果说毕业后能拿到高薪工作的前景是吸引数千名学生在商学院拼搏两年的胡萝卜，那么被教授选做开场发言的潜在威胁就是那大棒。有人告诉我，大部分课是由任课教授叫起一名同学做开场发言而开始的，这位同学要做5~10分钟的发言，总结案例中的几个要点，为理解案例提供一个分析框架，还要为解决案例所描述的问题提出行动方案。

接下来，他可能不得不对其他同学对他发言的指责进行反驳。他发言得分的情况在很大程度上取决于其他同学的反应。我想起两种对付被教授叫起发言的方法：一是每天晚上都认真准备每个案例；二是偶尔认真准备一下，抱着侥幸的心理，希望教授不叫到自己。鉴于是第一堂课，我决定认真准备，制定一个详细的发言提纲，半小时后我才将提纲列出，准备输入电脑。

学习小组在哈佛商学院也是一个很重要的传统。学习小组的成员通常是在深夜或者早晨上课前的时间聚在一起进行讨论。在这种讨论会上大家互相启发，确保案例中的要点不被遗漏，并且可以在一个比较安全的环境中发表自己的见解。参加过学习小组讨论，大家对于明天的案例做了几乎过于充分的准备。第二天，走进教室，环顾四周，发现每个人的座位前都摆放着一个白色姓名卡，整个教室看起来像联合国的一间大会议室。

8点30分整，我们的教授迈进教室，他站在教室前部的中央，扫视了一眼，全场鸦雀无声，突然他吼叫道："让冒险历程开始吧！从今天起我们有许多事情要干，但在我们开始之前，我要求在座诸君为自己热烈鼓掌，因为你们大家都做了十分出色的事情,今天才能坐在这里,你们应该得到鼓掌欢迎!"这句话打破了大家的沉默,教室响起了雷鸣般的掌声。

教授接着向我们介绍了他的背景、课程的有关情况以及哈佛商学院的一些情况,他风度极佳,讲话极富感染力,然后,他开始谈论我们的情况,时而引用一些同学们填写在调查问卷上的内容。"你们中有一名同学,"他说道,"在调查问卷上写了一句妙语,现在我愿意与在座各位一同欣赏它。"他开始引用原话:"我喜欢挑战、成长和激励。"他一边说一边迈步登上台阶,走向"警示线"。"请推动我——"教授做了一个戏剧性的停顿,才接着说道:"使我发挥自己最大的潜力。"他停在一位坐在"警示线"中间的同学面前,"克拉克先生,"教授问道,"MBA生涯中第一堂课由你做开场发言算不算是一个足够的挑战?"可怜的克拉克同学几乎要昏过去了,此时大家哄堂大笑。教授的讲话完美无缺,就像CBS电视台大腕主持人大卫·莱特曼主持晚间电视节目一样,真是棒极了。

克拉克努力使自己镇静下来,结果做出一个很不错的案例分析发言。他得出的结论是:在墨西哥建厂是正确的,条件是美国电报电话公司要确保那些墨西哥工人的工作条件和该公司在美国的工厂工作情况大体一致。教授对他的模范发言表示感谢,然后问大家有什么要补充。至少有7名同学举起手,争先恐后地要求发言。两位同学曾告诉我,一旦开场发言结束,当那个做开场发言的同学在角落里颤抖的时候,其他同学争夺发言机会的战斗就开始了。不管发言内容是多么中肯贴切或者是纯粹的迂腐空话,只要发言就能得到课堂参与分。尽管教授一再言明课堂参与分不是根据发言次数而定,每个人仍然是极力争取尽可能多的课堂发言机会,以使自己能在同伴中脱颖而出。

同学们争夺课堂发言机会的表现因人而异。有的人审时度势,制定了一套什么时候发言、怎样发言以及发言频度的策略。有的人在发言时首先肯定其他同学的正确见解,然后指出不足,提出自己的意见。有的人采取"鲨鱼战术",如果有的同学发言不妥或显得可笑,他就唇枪舌剑,将对方批驳得体无完肤,用打击别人的方法来为自己得分。最终,每位同学的名誉和彼此之间的关系将在很大程度上取决于课堂讨论时的表现,问题的关键是课堂参与情况在每门功课的最后得分中占多达50%的比例。

教授对几个关键问题讨论的进展把握得游刃有余。这个案例产生不一致的原因相对较少,在墨西哥建厂实际上对美国人的工作并不构成威胁,它能给所在国带来的好处也是不言自明的,唯一产生争执之处是当地的腐败问题。一个拉美同学说:"当地腐败盛行,如果公司想在当地建厂,就不得不入乡随俗。"

另一名同学援引《国外腐败行为法案》说："如果公司在当地有任何失检行为，它将在美国陷入麻烦。"这个问题把同学分为两个阵营：实用主义者认为，小规模的行贿是可以接受的，只要通过它能实现建厂的目的；理想主义者认为，任何行贿行为都是不可忍受的；还有几个人从实用主义角度支持理想主义者，认为一旦有向当地官员行贿的行为，那么将来就面临更多被敲诈的可能。

课堂讨论一直持续了将近4个小时，每个人都发过言，我本人持实用主义和理想主义相结合的态度，做了几次不太重要的发言。最后，教授通过告诉我们实际发生的事情结束了当天的案例分析。美国电报电话公司在墨西哥建一个厂，极大地推动了当地经济的发展，向所有有关当地官员表明了该工厂绝对不会行贿的立场。这一原则得到坚持，腐败问题从来也没有成为一个问题。教授最后说，我们大家做得很好，我们用鼓掌的方式结束了第一堂伦理课，并且大家对第一个做开场发言的同学也表示了祝贺。

其三，哈佛商学院案例课堂讨论实录。下面是哈佛商学院的一次案例课堂讨论课的写实，内容是关于新日铁公司面临的人力资源管理问题。

戴着一副深度眼镜的乔克第一个被教授叫起来发言："我不清楚这里的问题究竟是什么。看起来很明显是新日铁公司无力将员工的退休年龄从55岁延长到60岁，但这是日本政府已经宣布在全国企业中推行的，而且工会也要求公司这么做。"

以定量分析擅长的乔克在这次有关人力资源管理的案例课堂讨论中，说了这样一句话作为开场白。他接着说："根据我的计算，由于钢铁市场需求减少，这家公司已经有3 000名富余员工，这些人占了员工总数的10%。这种局面正在吞噬着企业的盈利。如果延长员工的退休年龄，那么，公司在今后五年时间内，还要承担7 000多名富余人员。"

刹那间，所有的人都沉默了。要是在往常，"开局者"总会受到许多人的围攻，他们都试图对其逻辑中的漏洞予以曝光。而领头发言的学生，常常畏畏缩缩地回到座位上等待着一场哄堂大笑。接着，教授请第二个学生起来，对这个问题增加一些定性的分析。

"我们应该回顾一下过去，在做出草率判断之前，应该先考察一下这种情况的动态变化过程。首先，我们要看一看当时做出这项决策的条件。国际市场对日本钢铁的需求一般很大，只是在过去的两年时间里才开始减少。在这种环境下，新日本制铁公司采取了降低劳动力成本的经营战略，所以使它成为世界钢铁生产的领先者。这个战略的具体实施办法就是,当旧的工作岗位被撤销后,公司把现有的工人调换到新工作岗位上去,这样就同时解决了辞退和新招工人的矛盾,而且没有花太大的代价。

另外,社会上普遍认为这家公司有一个开明的雇主。这种认识对行业的发展很重要。因为这是一个重群体甚于个体的社会。尽管日本政府现在开始减少干预,但在历史上,政府一直在资助这家公司和钢铁行业的发展。劳资关系一直很融洽,工人们没有进行过罢工,但却得到了较好的福利。日本银行也一直与这家公司密切合作,银行实际上给该公司的经营提供了100%的资金。现在的退休年龄虽说是55岁,但人的寿命在不断延长,工人们已经不能再接受这么早就退休的现实了。

我们再看看公司目前的人力资源政策。这些政策适用于钢铁行业的环境,并且相互之间妥当配合,与社会价值观保持一致。有许多利益群体牵涉进来,他们参与子公司的决策。管理人员希望与劳动者保持和平共处,同时也希望能减少劳动力规模,并且对钢铁行业中出现的衰退现象进行负责任的管理,以便维持在本行业中的领先地位和取得长期的利润。管理人员和工人们与工会紧密联手,共同建造对各方都有利的工作环境。管理人员总是将决策问题摆在员工面前,而且向他们提供所有有关的材料,决策过程还是相当透明的。

工会希望把退休的年龄延长到60岁,同时希望避免罢工和维持一个全面有效的人力资源计划。工会领导者还希望继续保持他们的中立立场,以便工人们既得到应有的福利,又不致发生罢工现象。

工人们通过自主管理小组,对企业中各项工作如何开展,具有相当程度的发言权。他们希望保持他们的工作,并有一个良好的工作条件,同时也希望延长退休年龄。

政府也希望延长退休年龄,这样做的好处是可以减少社会的福利保障。政府还认为,钢铁是日本工业发展的一大关键行业。

公司人力资源流动方面的政策和程序。到目前为止,也还适应环境条件的要求。比如说公司实行了员工终身雇用制。这项对员工的投资,使得这家公司可以实行缓慢的晋升政策。这种缓慢的晋升与强有力的培训和发展机会相配合,才确保了在组织的各个层次中,有知识的人都能够轻易地在水平方向上移动。尤其是在工作堆积、需要加班的时候,员工的调动就更加普遍。公司对员工进行了投资,反过来,员工也对公司给予了相应的回报。

公司的奖酬系统很好地支持了人员流动政策,公司按资历计付报酬,这样也就为员工忠诚于公司提供了激励。而且外在的激励也不仅仅是公司提供的唯一奖酬。

　　这家日本公司的工作系统设计，反映出公司对工作的内在激励极为看重，比如，工作职责说明一直是灵活的、不那么正规的，只设置少数几个职务层级。决策总是在尽可能低的组织层次中做出。第三层次的管理人员负责开发和考评工人；第一层次和第二层次的管理人员则负责制定经营战略并与银行和政府部门打交道。

　　从案例中我们还可以看出，由于决策权的适当下放，蓝领工人组成的自主管理小组，能在几个小时之内开发出一个程序来改进工作中的安全保障问题。

　　最后，我们再来看看这些管理政策到目前为止所产生的效果。公司由于实行了一整套人力资源政策，在降低成本、提高员工对公司的忠诚度等方面取得了良好的效果。公司中有才干的员工数量正在增加，他们只要求中等水平的工资，并通过自主管理小组活动，使公司的年度成本开支节约了相当于雇用成本20%的水平。公司的员工也获得了自尊和安全的感觉。对于整个社会来说，这样一种企业正在成为经济发展的一大推动力量。

　　依我看来，这里的管理者们正在进行一件有益的事。社会人文因素的变化，使得劳动力队伍和社会逐渐老年化，加之市场对钢铁需求的减少，这些因素都促使公司的人力资源政策必须做出相应的改变。的确，人员配备过多会造成成本上升，但鉴于该公司有银行提供财务资助，所以利润并不么紧要。如果公司与劳方发生对抗，可能对所有各方的利益都没有好处。

　　为了保持公司在世界范围内成本水平的领先地位，关键的是要在维持生产率水平的同时，尽可能降低劳动力成本。也许他们应该延长退休的年龄，忍受人员富余可能造成的成本增加，然后再努力寻找办法削减未来的员工。这样做是与公司的战略和行业传统的成功因素相吻合的。"

　　当这第二位发言者的长篇大论刚结束，坐在教室另一角的一位焦虑不安的女同学急忙抢着说："我原则上同意你的意见，尽管我到现在才终于搞清楚你的意见是什么。如果他们想赢得时间产生创造性解决问题的方案，那么有一个现成的办法就是，先不要执行新的退休年龄计划，而应该等到一年以后。"

　　坐在她左边的一位男同学反对说："你这个办法仍然不能解决这种长远性的问题，也就是对劳动力队伍的中期影响问题，它会使劳动力结构向老年化倾斜，而且在年功序列工资制下，还会使公司的工资支出增加。另外，减少招聘新员工，是不是就没什么新主意了？"

　　坐在教室中间的一位"高瞻远瞩者"认为，不管采用什么方案，都必须对利弊得失做出衡量。他补充说："所选定方案的执行方式，对于成功有着至关重要的影响。我认为,决策应该按他们传统的自下而上方式和惯用的程序来做出。然后,像往常一样,还要在所有有关情况都充分介绍的基础上,才能提出最终的决策。而劳资双方的密切合作,是一项很重要的财富,不能轻易破坏。"

尽管已经进行了近100分钟激烈的课堂讨论,教授和同学们心里都很清楚,案例中仍有许多问题尚待解决,许多事实需要明确交代。下课时间快到了,教授在做了简短的总结后宣布这堂讨论课就此结束。同学们边离开教室边带着意犹未尽的劲头争论着。像其他案例讨论课一样,有些同学离开教室时仍然遗憾课堂的讨论没有取得更一致的意见,心中纳闷最好的解决方案应是什么。另一些同学不以为然地反驳说:"我们在这么短的讨论时间内就触到了这么多的问题,想到了这么多的好主意,该知足了吧?"有人甚至引用教授前些日子曾说过的话来这样开导学友:"现实中的管理问题本来就没有一个唯一正确的答案嘛!关键是把握分析问题的角度,学会怎样去分析问题和解决问题。过程是第一位的,结果是第二位的。教授不是说了嘛,技能的锻炼才是最重要的,问题的解决方案可能因时、因地甚至因人而异!"

其四,海尔案例在哈佛。

1998年3月25日,美国哈佛大学迎来了一位特殊的客人。他就是来自中国海尔集团的总裁张瑞敏。海尔集团以海尔文化使被兼并企业扭亏为盈的成功实践,引起了美国工商管理界与学术界的极大关注。哈佛商学院搜集到有关信息后,认为"这简直是奇迹"。经过缜密研究,决定把海尔兼并原青岛红星电器厂并迅速使其发展壮大的事实编写成案例,作为哈佛商学院的正式教材。

这一天,《海尔文化激活休克鱼》的案例正式进入课堂与学生见面。张瑞敏总裁应哈佛商学院邀请前去参加案例的研讨,并当堂指导学生。上午9点,教授林·佩恩——一位精干的女士——高兴地见到了海尔案例的主角张瑞敏先生。下午3点,上课时间到了,学生们陆续走进教室。

张瑞敏总裁步入课堂,U形教室里座无虚席,讨论开始了。"请大家发挥想象力,回到1984年,那时,张瑞敏先生面临的挑战是什么?"佩恩教授意在启发每个学生研究企业时首先研究其文化背景,包括民族文化、企业文化。

学生们主要来自美国、日本、拉美国家以及中国台湾、香港特别行政区。其中有2/3的人举手表示曾到过中国大陆。

"铁饭碗,没有压力。"来自中国台湾的一位学生首先发言。

"没有动力,每个人缺乏想把事情做好的动力。"

发言一个接一个,学生们从各个角度理解这个对他们在思想观点上来说是遥远的中国。

教授及时把讨论引向深入:"请大家把讨论推进一步,什么是海尔成功的因素?你若是处在张先生的位置,你怎么决策?"

"张先生注重管理,抓了质量与服务,他认为人最重要,他用不同方法来建立危机感,砸毁了不合格的库存品,我可能不会做得这么好。"一位美国学生的发言使大家笑了。

"张能改变公司文化,干得好奖励,干得不好要反省。"香港的陈小姐说。"张先生不在西方生活,在中国长大,他却有这样先进的观点,引用西方先进的管理来改变职工的思想。如果让我把东方文化中的精华传播到西方,我不知道我能否做到、做好,但张先生做好了,这是他成功的原因。"另一位美国学生说。

发言从一开始就十分激烈,一个人话音刚落,一片手臂便齐刷刷地举起来,有的同学连举几次手也没有得到教授的点名,急得直挥手。佩恩教授抓紧时间,把这堂课的"伏笔"亮了出来:"我们荣幸地邀请到了海尔总裁张瑞敏先生。现在,由他来讲解案例中的有关情况并回答大家的问题。"

张瑞敏总裁走上讲台。

"作为一个管理者看哈佛,哈佛是神秘的。今天听了案例的讨论,我的感觉不像是上课,而是在海尔召开一次干部会议。"学生们听了这风趣的语言都开心地笑了。来自中国的这位企业家也像西方人一样幽默,他们开始被张瑞敏吸引了,"大家能在不同的文化背景下对海尔的决策有这样的理解,我认为很深刻,要把一条休克鱼激活,在中国的环境下,关键是要给每一个人创造一个可以发挥个人能力的舞台。这样,就永远能在市场上比对手快一步……"

学生们开始提问,从原红星电器厂干部的削减办法、效果谈到如何解决两个品牌,从扭转人的观念谈到改变公司文化的措施。问得尖锐,答得精彩,以至于下课时间到了,教授不得不让学生停止提问。

"我非常高兴地通知张先生,海尔这个案例今天第一次进入课堂讨论后,我们将要做进一步修订、核对,然后放在我们学院更多的课堂使用。定稿后,由我来签字认可,把案例交到学校案例库,作为正式教材出版。哈佛的案例教材是全美商学院通用的。美国以外的国家选用哈佛的案例做教材也相当多,因为哈佛始终是以严谨的治学态度对待每一个案例的编采、写作。这样,将会有更多的MBA学生和经理们看到海尔的文化,我相信他们一定会从中受益的。"佩恩教授真诚地说。

第一章 财务管理基础知识

企业生产经营活动的复杂性决定了企业经营管理包括了多方面的内容，如生产管理、人力资源管理、销售管理、财务管理等，其中财务管理是企业经营管理的重要组成部分。

财务管理可看成是理财的简称，是基于企业再生产过程中客观存在的有关财务活动和财务关系而产生的，是有关资金的获得和有效使用的管理工作。财务管理的特点在于它是一种价值管理，利用价值法规和货币关系配置经济资源，通过对企业各项资金的筹集、使用、收入和分配进行预测、决策、控制、核算、分析与考核，以提高资源配置效率，促使企业以尽可能小的资源占用和消耗，取得尽可能大的经济效果。

一、财务管理的内容

财务管理是有关资金的筹集、使用、分配的管理工作。财务管理的对象是资金的循环、流转及其产生的财务关系。根据资金筹集、资金的投放和使用及资金的回收和分配的资金循环流转过程，相应的财务管理内容为筹资、投资、资金营运和股利分配。

1. 筹资管理

企业生产经营必须有一定的资金保证，要按照国家法律和政策的要求，以不同的渠道、方式筹集，实现既在数量上满足生产经营的需要，又降低资金成本、减少财务风险、提高筹资效益的目标。资金筹集是企业财务管理中最基本的管理内容。筹资管理要预测资金的需要量，计算筹资额；要选择筹资渠道、筹资方式、资本结构，合理地筹集到符合实际需要的资金；要确定资金成本和资金风险，使企业获得最佳收益；要保持一定的举债余地和偿债能力，为企业稳定发展创造条件。

2. 投资管理

企业在激烈的市场竞争中要获得良好的经济效益，必须选择合适的项目，运作、耗费、收回资金。投资管理要建立严密的投资管理程序，论证投资在技术上的可行性和经济上的合理性；选择合理的投资规模，符合企业需求和偿债能力；确定投资方式和投资结构，提高资产流动性；分析投资环境，正确选择投资机会；评价投资收益、控制投资风险，进行不同的投资组合。

3. 资金营运管理

企业在一定时期内若资金周转快，可以利用相同数量的资金，生产出更多的产品，取得更多的报酬。营运资金管理要加速资金周转，提高资金利用效果，合理配置资金，妥善安排流动资产与流动负债的比例关系，使企业有足够的偿债能力，防止营运资金的闲置。

4. 股利分配管理

企业通过资金的投放和使用，取得收入、形成利润，要合理地进行分配。收益分配要做好销售预测和销售决策，做好利润预测和利润计划，扩大销售，确保企业利润最大化；确定合理合法的分配政策，保证企业的长远利益和股东的收益；要研究市场环境，分析企业盈利发展情况，处理好收益分配过程中国家、企业、股东等各方利益的关系。

上述四项基本内容并不是孤立的，而是有机地联系在一起的。一般而言，筹资是财务管理的最基本的环节，在公司理财中，企业首先要采用适当的方式，以较低的成本和较小的风险筹集到所需的资金，为投资和股利分配做好准备。企业的筹资成本低、风险小，就有可能找到更多有利的机会取得盈利，也可以将更多的股利分配给股东。反之，如果筹资成本高，资本来源有限，就限制了企业的投资机会，也限制了企业股利发放的数额。同样，投资也会影响到资金的筹集和股利的分配。如果企业有较多的有利可图的投资机会，对筹集资金的数量要求就较多，筹集资金的归还就有了保证，在股利分配和保留盈余之间，股东更愿意选择将资金留在企业进行进一步的内部投资。反之，如果企业有利可图的投资机会较少，筹资也就不重要了，股东更愿意选择将资金发放股利。

二、财务管理的特点

1. 财务管理是价值管理

财务管理主要是对财务活动进行管理，财务活动反映企业价值的形成、实现和分配的内容；财务管理使用资金、成本、收入、利润等价值指标，运用财务预测、财务决策、财务预算、财务控制、财务分析等手段，处理价值运动中的经济关系。通过价值形式把企业的物质条件、经营过程和经营成果合理地规划和控制起来，达到提高经济效益、增加企业财富的目的。价值管理这一特点是财务管理最基本的特点。

2. 财务管理具有广泛性

企业在生产经营中，每一项活动都要涉及资金的收支，每一个部门都要通过资金的使用与财务部门发生关系，每一个部门都要在合理使用资金、节约资金等方面受到财务制度的约束，接受财务部门的指导，同时也需要财务部门与这些部门密切配合。财务管理涉及筹资管理，金融市场作为筹资的场所，使财务活动融入金融市场体系，也使财务活动由企业内部扩展到企业外部。企业管理的任何内容都要在资金运动和价值的变化上反映出来。这些都决定了财务管理具有广泛性。

3. 财务管理具有综合性

企业财务管理是围绕资金运动展开的，而企业生产经营活动各方面的质量和效果，多数可以通过资金运动过程和结果反映出来，资金运动具有综合性，这就决定了财务管理具有综合性。财务管理所使用的指标是以价值形式综合反映企业经营能力、成果、状态；及时组织资金供应，合理使用资金，严格控制生产费用，增加收入，合理分配收益，会对企业产生综合影响。

三、财务管理的目标

企业是营利性组织，其出发点和归宿是获利。在企业的不同发展阶段，管理目标可概括为生存、发展和获利。

财务管理目标，取决于企业的总目标，并受财务管理自身特点的制约。财务管理目标是在特定的理财环境下，企业财务活动所要达到的目的。它为企业财务管理指明了方向。根据现代企业财务管理理论和实践，最具有代表性的财务管理目标有以下几种：

1. 利润最大化

这种观点认为，利润代表了企业新创造的财富，利润越多，说明企业的财富增加得越多，越接近企业的目标。

以利润最大化作为财务管理的目标，有其合理的一面。企业追求利润最大化，就必须讲求经济核算，加强管理，提高劳动生产率，降低成本。这些措施有利于资源的合理配置，有利于经济效益的提高。

这种观点的缺陷：一是没有考虑利润的取得时间。二是没有考虑所获利润和投入资本额的关系。三是没有考虑获取利润和所承担风险的关系。四是片面追求利润最大化会导致财务决策者的短期行为，只为实现当前的最大利润，而忽视了企业的长远发展。

2. 每股盈余最大化

这种观点认为，应当把企业的利润和股东投入的资本联系起来考察，用每股盈余（或权益资本净利率）来概括企业的财务目标，以避免"利润最大化目标"的缺点。

这种观点的缺陷：一是仍然没有考虑每股盈余取得的时间性。二是仍然没有考虑每股盈余的风险性。三是仍然无法避免财务决策者的短期行为。

3. 股东财富最大化

这种观点认为，股东创办企业的目的是扩大财富，他们是企业的所有者，股东财富最大化是企业财务管理的目标。股东财富最大化在于企业能给所有者带来未来报酬，包括获得股利和出售其股权换取现金。如同商品的价值一样，企业的价值只有投入市场才能通过价格表现出来。

"股东财富最大化"较"利润最大化"的进步之处主要在于：

（1）"利润最大化"考虑的是利润的绝对额，未把取得利润与投入资金量相联系，而"股东财富最大化"考虑的是利润的相对额，即单位投资所实现的平均增值额。

（2）"利润最大化"考虑投资收益时，注重的是期间利润，而"股东财富最大化"则要区分不同时期的报酬，即要考虑资金的时间价值因素和风险因素。

（3）在"股东财富最大化"目标指导下，企业关心的不仅仅是投资问题，而且也关心筹资和股利政策。

这种观点的缺陷：一是只适于上市公司，对非上市公司则很难适用。二是它只强调股东的利益，而对企业其他关系人的利益重视不够。三是股票价格受多种因素影响，并非都是公司所能控制的，把不可控因素引入理财目标是不合理的。

4. 企业价值最大化

现代企业是多边契约关系的总和。股东当然要承担风险，但债权人和职工承担的风险也很大，政府也承担了相当大的风险。所以，财务管理目标应与企业多个利益集团有关，是多个利益集团共同作用和相互妥协的结果，只强调某一集团的利益是不妥的。因此，以取得企业长期稳定发展和企业总价值不断增长的企业价值最大化为理财目标，比股东财富最大化目标更为科学。

四、资金的时间价值观念

资金的时间价值，是指资金经历一定时间的投资和再投资所增加的价值，也称为货币的时间价值。资金作为一种必需的生产要素，在投入生产经营过程中会带来价值的增值，所增加的价值即资金的时间价值，它构成了资金作为一种生产要素在投资过程中所应得到的报酬。

从量的规定性来看，资金的时间价值是没有风险和没有通货膨胀条件下的社会平均资金利润率。用绝对数表示，为资金价值的绝对增加额；习惯用相对数表示，即为资金的收益率。

资金时间价值的计算包括单利、复利和年金的计算。

单利是指在规定的期限内只就本金计算利息，每期的利息收入在下一期不作为本金，不产生新的利息收入。复利，又称利滚利，是指每期的利息收入在下一期转化为本金，产生新的利息收入。年金是指连续期限内一系列等额的收支行为。年金根据其在每期收支时间的不同，可分为不同形式。收支出现在每期期末的年金，称为普通年金或后付年金；收支出现在每期期初的年金，称为预付年金或即付年金；收支出现在第一期以后的某一期间的年金，称为递延年金；无限期支付的年金，称为永续年金。

每一种形式的货币时间价值的计算都涉及现值和终值两种情况。所谓现值，是指未来一定时间的特定资金按复利计算的现在价值，或者说是为取得将来一定本利和现在所需要的本金。终值，又指本利和，是资金经过若干年后，包括本金和时间价值在内的未来价值。

五、风险的价值观念

风险是指在一定条件下和一定时期内可能发生的各种结果的变动程度。风险包括经营风险、财务风险和市场风险。经营风险是指由于企业经营情况的不确定性而导致盈利能力的变化，从而造成投资者收入或本金减少或损失的可能性。它主要是指企业在不使用债务时的资产风险。财务风险是指企业由于使用负债融资而引起的企业盈余变动。市场风险是指由于一些非企业自身能力可以控制的并同时会影响到所有企业的因素而产生的投资结果的不确定性或变异性，投资者可能遭受的风险，就是市场风险。

企业冒风险就要求得到额外的收益，否则就不值得冒风险。风险价值就是指投资者由于冒风险进行投资而得到的超过时间价值的额外收益。

风险价值的衡量，通常用概率和统计方法。

1. 预期值

随机变量的各个取值，以相应的概率为权数的加权平均数，称为随机变量的预期值（期望值）。

预期值：$\overline{K} = \sum_{i=1}^{N} P_i K_i$

式中：$\overline{K}$ 表示预期值；P_i 表示随机变量第 i 种取值出现的概率；K_i 表示随机变量第 i 种取值。

2. 标准离差

标准离差是用来表示随机变量与期望值之间离散程度的一个量，它是一个绝对值，一般用来比较期望值相同的各项投资的风险程度。概率分布越密集，标准离差越小，风险程度越小。

标准差：$\delta = \sqrt{\sum_{i=1}^{N} (K_i - \overline{K})^2 \times P_i}$

3. 标准离差率

标准离差虽然能表明风险大小，但不能用来比较期望值不相同的各项投资的风险程度。标准离差率是标准离差同期望值的比值，它是一个相对量，可以用来比较期望值不相同的各项投资的风险程度。标准离差率越小，风险程度越小。

标准离差率：$V = \dfrac{\sigma}{\overline{K}} \times 100\%$

风险价值通常用风险报酬率表示，是风险报酬系数与标准离差率的乘积。风险报酬系数的大小，是由投资者根据经验，并结合其他因素加以确定的。一项投资方案的应得报酬率是无风险报酬率与风险报酬率的和。

要判断某一项投资方案的优劣，可将预期报酬率同应得报酬率进行比较，如果预期报酬率大于应得报酬率，则该方案较优。

对多个投资方案进行选择的原则是，投资收益率越高越好，风险程度越小越好。

案例 1-1 荣事达的成功之路

一、案例介绍

荣事达集团在一次又一次的合资中，不断壮大了自身的实力，从 1992 年的 1 亿元到 1999 年的 33 亿元，他们的总资产规模完成了令人惊叹的"核裂变"。

资产在买卖中增值。以固定资产 306 万元抵押借贷 2 700 万元是需要勇气的。荣事达在起步阶段就是这样冒着巨大风险积累了原始资本。用这些钱，他们引进当时最先进的日本三洋洗衣机的技术、设备，改善了企业的"硬件"。在企业赢得一定市场份额后，如果不把这种无形资产拿到市场上去交换，它就一文不值，这是荣事达人的观点。他们正是在自身资产获利能力最强的时候把股份的 49% 主动让给港商詹培忠，从而获得资金 1.04 亿元，"卖"的价钱比最初的"企业市值"翻了将近 4 倍。回过头，荣事达拿这 1.04 亿元与日本三洋等 4 家企业合资建立了合肥三洋荣事达电器有限公司，引来日方 1 个多亿的资金，使公司资本在 1993、1994 两年内翻了两番，实现了二变四、四变八的几何级数扩张。

小富不能即安。荣事达 1996 年使的一招"怪棋"令许多人不解，但事后证明这是个聪明的决断。他们以 1.55 亿元的高价收购了先前出让给港商的 49% 的股权，让对方赚了一笔，自己拿回来股份后又与美国美泰克公司、香港爱瑞公司以 49%、49.5% 的比例合资，成立了 6 个企业，此举引进外资 8 200 万美元，总注册资本 13.4 亿元人民币。在评估中，荣事达资本翻了一番，仅购回股份即获净收益 7 900 万元。荣事达的发展也吸引了民间资本的注意力，1998 年，合肥民营企业家姜茹把自己的 2 000 万元投给荣事达集团，此事在企业界引起极大反响。荣事达以信誉资本（占 20% 股权）、设备、土地、厂房等投入 2 040 万元占 51% 股权与姜茹合资组建了荣事达电工有限责任公司。这 2 000 万元不仅给荣事达带来了资金，更提高了其信誉度，许多民营企业找上门来要求合资合作，荣事达融资面更宽了。荣事达董事长陈荣珍谈资本运营时有句话很中肯：我们卖股份是为了更好地买，买又是为了更好地卖，资产在买卖的流动中才能不断增值。那么，荣事达为什么要马不停蹄地买卖自己的信誉资本、实际资本，把负债率迅速降到 30% 呢？

不能在一棵树上吊死。国有企业老板在概括国有企业困难时最时髦的一句话是：资金短缺。许多破产企业最后都是跟银行赖账，为什么国有企业投资主体只能是银行，大家都得吊死在银行一棵树上呢？荣事达之所以搞资本运营，就是在寻求多元化的融资渠道。他们在不同时期，根据社会的资金大环境选择合资对象，解决发展中最紧迫的问题。第一次抵押借贷是 1986 年，当时市场处于短缺经济时代，只要项目选得准，迅速形成规模，产品获利能力强，就可迅速完成原始积累，实践证明，他们做到了。后来的三次合资主要是为了提高产品科技含量，扩大生产和市场规模，以自己的存量资产去吸引外商的增量资产，不仅吸引资本，也吸引国外的先进技术和管理经验。另外，荣事达在资本运营中将存量资产货币化,把股权卖给别人,把可能的风险转移,把资产以货币形态兑现,也是为了体现企业活力,通过买卖把企业的有形资产、无形资产组合到最佳状态。正如老总陈荣珍说的:"港商买我的股份是因企业经营得好,能赚钱,后来我买回去,他又可以赚一笔,而我再和美国人合资,是因为这样我赚的钱会更多。投资不是算计别人,而是'各算各的账,各赚各的钱'。"

必须具有国际领先的技术水平。荣事达在合资中有一条重要原则,就是要求外方生产企业必须具有国际领先的技术水平。

资本运营的高风险促使荣事达不断提高企业的管理水平。在荣事达内部,中美合资、中日合资、中方资产呈三足鼎立之势,合资公司、中方企业都是独立法人实体,是规范的股份制公司,平等获利、风险共担。集团董事长陈荣珍说:"如果你管不好,人家就管。不管谁的资金,送到我们手里,就要让它增值、获利,做不到这一点,股权结构就会改变。"目前改制后的荣事达已明确了集体资产归属权,并按《公司法》明确了劳资、人事、财务关系,初步建立起现代企业制度。

(资料来源:《中国财经报》2000年8月29日)

二、案例分析

在现代企业发展的过程中,财务管理扮演着非常重要的角色,它在应变资金筹集、投放和资产管理等方面的能力将影响公司的成败,最终还会影响整个经济的兴衰。

案例中,荣事达集团在一次又一次的财务管理中,不断壮大自身的实力,从1992年的1亿元到1999年的33亿元,它们的总资产规模完成了令人惊叹的"核裂变",充分体现了财务管理在企业发展中的重要作用。

财务管理是管理资金的学问。资金的运动过程——筹集、投放和使用及回收和分配,决定了财务管理内容为筹资、投资、资金营运和股利分配四个方面的内容。一般而言,筹资是财务管理的最基本的环节,在公司理财中,企业首先要采用适当的方式,以较低的成本和较小的风险筹集到所需要的资金,为投资和股利分配做好准备。企业的筹资成本低、风险小,就有可能找到更多有利的机会取得盈利,也可以将更多的股利分配给股东。反之,如果筹资成本高,资本来源有限,就限制了企业的投资机会,也限制了企业股利发放的数额。同样,投资也会影响到资金的筹集和股利的分配。如果企业有较多的有利可图的投资机会,对筹集资金的数量要求就较多,筹集资金的归还就有了保证,在股利分配和保留盈余之间,股东更愿意选择将资金留在企业进行进一步的内部投资。反之,如果企业有利可图的投资机会较少,筹资也就不重要了,股东更愿意选择将资金发放股利。

案例中,荣事达较好地解决了筹资和投资的关系。荣事达在资金短缺时,先是以固定资产 306 万元抵押借贷 2 700 万元,后又在自身资产获利能力最强的时候把股份的 49% 主动让给港商詹培忠,从而获得资金 1.04 亿元,荣事达采取多元化的融资渠道,在不同时期,根据社会的资金大环境选择融资对象,解决发展中最紧迫的资金短缺问题,使资产在买卖中得到增值。荣事达企业通过筹资为经营发展做好了准备,又通过有效的投资和资金营运将筹集的资金不断增值,保证了筹集资金的归还和升值。荣事达成功的财务管理经验值得许多处于困境中的企业借鉴。

三、思考·讨论·训练

1. 怎样认识财务管理是企业管理的中心?
2. 企业财务管理的对象是什么?
3. 企业财务管理的内容包括哪些方面?案例中重点介绍荣事达在提高自身综合竞争实力中,进行了哪些内容的财务管理?

案例 1-2 青鸟天桥的财务管理目标

一、案例介绍

1999 年 11 月 18 日下午,北京天桥商场里面闹哄哄的,商场大门也挂上了"停止营业"的牌子。11 月 19 日,很多顾客惊讶地发现,天桥商场在大周末居然没开门。据一位售货员模样的人说:"商场管理层年底要和我们终止合同,我们就不给他们干活儿了。"员工们不仅不让商场开门营业,还把货场变成了论坛。

1999 年 11 月 18 日至 12 月 2 日,对北京天桥北大青鸟科技股份有限公司的管理层和广大员工来说,是黑色的 15 天!

在这 15 天里,天桥商场经历了 46 年来第一次大规模裁员;
在这 15 天里,283 名天桥员工采取了静坐等非常手段;
在这 15 天里,天桥商场破天荒被迫停业 8 天之久;

在这 15 天里,公司管理层经受了职业道德与人道主义的考验,做出了在改革的道路上是前进还是后退的抉择……

这场风波引起了市场各方面的高度关注,折射了中国经济社会在 20 世纪末新旧体制交迭过程中不可避免的大冲撞。

1. 起因

(1) 天桥商场的历史。天桥商场是一家老字号商业企业,成立于 1953 年。20 世纪 50 年代,天桥商场是全国第一面"商业红旗"。80 年代初,天桥商场第一个打破中国 30 年工资制,将商业 11 级改为新 8 级。1984 年 7 月 25 日,北京天桥百货股份有限公司正式成立,发行股票 300 万股。1988 年,天桥商场兴建起了营业面积为 8 000 平方米的新楼,发行了第二期 700 万股股票。1993 年 5 月,天桥商场股票在上海证券交易所上市。经济学家万典武概括"天桥"的三个"独占鳌头"之举:全国第一家正式注册的股份制企业、第一批规范化股份制企业、第一批异地上市的股份制企业……

(2) 北大青鸟借壳。1998 年 12 月 25 日,北京天桥百货股份有限公司董事会发布公告,宣布进入高科技领域,收购北大青鸟商用信息系统有限公司 98% 的股权,同时收购北大青鸟软件系统公司的两项知识产权。

1998 年 12 月 30 日,北大青鸟有限责任公司和北京天桥百货股份有限公司发布公告,宣布北大青鸟通过协议受让方式受让北京天桥部分法人股股权。北大青鸟出资 6 000 多万元,受让天桥商场法人股,拥有了天桥市场 16.76% 的股份,股权转让后,该公司持有北京天桥股份 1524.987 万股,前者借壳上市,成为北京天桥第一大股东。此举表明北大青鸟正式进入北京天桥,后者也顺利进军 IT 产业。同时,北京天桥百货商场更名为"北京天桥北大青鸟科技股份有限公司(股票代码 600657,简称'青鸟天桥')"。

天桥员工闻知,欢欣鼓舞,寄厚望于新进入的大股东,盼望高科技给他们带来新转机。然而,天桥商场的经营并不令人放心,几个月后,滑落到了盈亏临界点,并从此疲态不改。面对严峻的经营形势,1999 年 11 月 2 日,公司董事会下决心实行减员增效,谋求商场的长远发展。

(3) 裁员风波。青鸟天桥有员工 1 122 人,其中有 664 人就业合同于 1999 年 12 月 26 日到期。考虑到减员行动的合法性和稳妥性,也考虑到员工的承受能力,董事会做出了从这 664 人入手,先部分减员的选择。具体有四个条件:一是年老的和年轻的之间,留用老的,女 40 岁、男 45 岁以上的员工可续签合同。二是夫妻两个都在商场工作的留一个。三是军嫂留用。四是专业技术和经营管理骨干留用。

根据上述原则，有226人可续签合同，438人则成为减员的对象。

为确保这一行动的顺利实施，公司做了两方面的工作：一方面，舆论先行，在天桥商场通过板报、咨询等形式，加紧宣传《劳动法》等有关政策法规；另一方面，与有关部门和企业联系，把需要招工的企业直接引进商场，方便员工再就业。

经过两周的紧张准备后，1999年11月18日，商场广播正式播送了董事会的决定：1999年12月26日，有664名员工合同到期，其中的438人商场决定不再续签合同，请全体员工到各部门经理处查阅自己的合同；到期的员工到会计室领取12月份工资、奖金；档案关系商场近期给予转出；目前有8家企业正在楼上招工，有200个就业机会。

决定刚一播完，商场员工哗然，数百名合同到期的员工不约而同涌向商场领导办公室。商场工作顿时陷于瘫痪，挂出了停业招牌。备受关注的天桥商场裁员风波由此开始。

2. 交锋

当晚，未能续签合同的438名员工在一层营业大厅静坐，要求与企业法人对话，其理由是：我们没有一点思想准备，不理解企业为什么要这样做。

11月20日，公司董事会秘书、来自北大青鸟的侯琦博士和北大青鸟的另一位代表一起来到现场，阐明了裁员决定的合法性，他们以北大方正新近就裁掉了500人等实例，强调在市场经济条件下，企业控制成本、减员增效、追求利润最大化，是符合市场规则的，当然也符合国家有关的政策制度。

"我们不懂什么市场规则，我们只知道生存，明天没有饭吃，"员工们针锋相对，"我们怎么也想不通，商场经理常说，'谁砸天桥的饭碗，我就砸谁的饭碗'。可现在，没有人砸天桥的饭碗，我们的饭碗却被砸了"。他们有一种被出卖、被抛弃的感觉。

一边是焦头烂额的上市公司代表，一边是伤心、愤懑的静坐员工，双方激烈辩论，最初的现场气氛让人深感不安。但好在双方都把对方的意图、处境弄清楚之后，思想开始拉近。前者更深刻地体会到了员工们生活的困难情况，后者对管理层的决策也多了些理解。

到11月25日，也就是静坐的第8天晚上，公司管理层答应考虑员工们提出的给予补助的要求，但反复说明青鸟天桥是上市公司，公司每支付一笔钱都必须经董事会和股东大会投票通过，必须按照法律程序办事。对峙气氛明显有了缓和。

11月26日，静坐的员工们在管理层代表们的劝说下，从一楼货场营业大厅撤离到七层会议室。当天，北京天桥北大青鸟科技股份有限公司在指定报刊上发表公告，宣布持续6天的被迫停业的僵局已有所缓解，商场已恢复部分营业，但劳资纠纷的解决还没有实质性进展。

当晚6时，北大青鸟代表和天桥商场领导来到充满焦躁气氛的七层会议室，整整等了一天的员工们立即兴奋起来。青鸟代表以学者的口吻谦和而审慎地对让大家等了一天表示歉意，然后通报了他们在这一天里的工作日程：

（1）应中国证监会的要求，上市公司商场不正常停业一周，必须做出交代，为此今天上午举行了新闻发布会。

（2）中午赶回公司，起草申请召开紧急董事会及拟订相关经济补助方案，报给董事长。

（3）下午向北大学校党委汇报天桥商场裁员工作情况，4时左右往这边赶。

说完这些，他们正式报告大家，董事会将于11月29日讨论，29日晚给大家一个答复。

员工们的情绪再次激动了。这么多天为什么不开董事会？9天了，总是说研究再研究，讨论再讨论，到底在研究什么？讨论什么？到现在问题还没有解决，到底要等到什么时候？一个个问题连珠炮似的向青鸟代表发出。

"我们是上市公司，不仅接受证监会和新闻媒体的监督，还要对全体股东负责，形成的任何一项决议都要有法律依据，不能引起法律纠纷，这不是谁拍脑袋就能定的。董事会召开的规则是要在十天前通知董事，即使召开紧急董事会也要找到依据。我们也想给大家经济补助，但形成的决议是要进入法律程序，我们必须依法办事……"青鸟的代表耐着性子对大家解释，以求得对方的理解。

28日，员工们递交了一封给董事会的信件，信中写道：在目前的改革形势下，国有企业面临新的体制改革，青鸟天桥董事会做出了裁员增效的决策，对此我们表示理解和支持。但是我们这些人必然将面临一个更严峻的问题，就是重新被社会选择。而我们这些人基本不具备高学历、高技能，让我们走向市场，谁要我们？旧的体制不要我们，新的体制我们又进不去，因此，我们要求，作为工龄补助、养老保险、再就业劳动技能培训、精神伤害等项补助，公司补助每人总计47500元。

29日上午，董事会如期召开。下午，北大青鸟代表、天桥商场领导与崇文区政府领导研究处理方案。晚8时，董事会在7楼会议室宣布，原则上同意员工提出的关于工龄补助的要求，但关于养老保险补助的要求，董事会有不同意见，其他补助不予考虑。另外，劳动技能培训今后由北大青鸟免费解决，不再另给经济补助。并说，如不同意这个方案，可派两名职工代表参加12月2日的董事会，详细说明要求。

董事会的这一补助方案被员工认为与自己提出的要求相差甚远，再加上听说还要再等，紧张的气氛立即升温。从11月30日上午到12月1日凌晨6时，静坐了14天的员工情绪急剧恶化。有18人晕倒被送往医院抢救，有12人一天一夜滴水未进，还有一名女工欲从会议室跳楼自杀，幸亏被及时抱住。

面对这种状况，公司管理层代表沉重地说，我们实在不愿意看到情况继续恶化下去。我们只有两个选择，要么退步，与这些员工续签合同或采取其他退让措施，这将意味着改革的失败；要么坚持往前走，实行减员增效的改革，但这可能会付出血的代价。

3. 结局

天桥裁员风波惊动了中央和北京市领导，市委、市政府高度重视，12月1日召开紧急会议进行研究，决定由市委常委、崇文区委书记和北京市劳动局局长组成领导小组，妥善做好部分终止劳动合同员工的思想工作和生活困难补助事宜。12月2日，公司董事会经过投票，通过了对终止劳动合同的职工给予一次性生活困难补助的方案。与此同时，商场发挥各部门负责人的作用，由部门经理出面，对原部门职工进行思想说服教育工作，晓之以理，动之以情。劳动部门也亲临现场设立咨询台，讲解《劳动法》等相关政策法规。公安部门现场维持秩序。崇文区副区长、北大青鸟代表和天桥商场领导，还亲自登门拜访部分生活困难的员工，讲明政策，为他们指明出路。大量深入细致的工作，使得员工们的思想发生了转变，他们开始面对现实，依法办理了终止合同手续，裁员风波得以平息。

对面临失业职工的安抚终于有了最为实际的举措。公司董事会开会决定，同意给予终止合同的职工适当的经济补助，并同意对照解除劳动合同的相关规定，对438名终止劳动合同的职工给予人均1万元，共计440万元左右一次性经济补助。这次董事会同时决定，在未经股东大会批准之前，鉴于实际情况，决定由公司先行预支，并责成天桥百货商场执行。据悉，这次补助方案将在下次召开的股东大会上再行表决。

由不满于下岗解聘的部分员工占据商场楼面而引发的这场劳资纠纷，看来总算找到了一个较为可行的解决方案。事发以后青鸟天桥有关负责人就曾向媒体表示，公司将给面临失业职工再就业问题给予帮助，包括想方设法帮助寻找就业岗位、拨款资助职工参加再就业培训、对部分生活确实困难的职工给予资助等。此次通过的经济补助方案，从文字上看似乎已经跳出了原先"对部分职工给予资助"的框框。

在这次董事会上，公司决策层也再次对天桥百货商场领导班子在终止（续签）劳动合同工作中制定的减员增效实施方案做了肯定，并称此举符合《劳动法》及相关法律法规的规定。公司董事会同时责成商场领导班子，要求做好职工的思想工作、劝导工作。

原先占据天桥百货商场的部分职工早已经全部撤离了现场，商场全面恢复营业，停业期间没有一件商品丢失，没有任何设施受到破坏。董事会当时即表示，这场争执不会对青鸟天桥业绩造成大的影响。

15个不同寻常的日夜，带给我们的反思是深刻的。人们透过这场风波看到新旧体制、新老观念的较量；现代企业运行与传统企业桎梏的交锋；改革、发展、稳定三者关系的内在联系。

15个不同寻常的日夜，传递给我们的信息是深沉的。改革之路并非坦途；企业改革需要政府依法支持；改革过程中涉及人们的利益调整，领导要高度重视，方案要周全，工作要细致；员工的政策法规教育应加强，专业技能培训应强化，思想观念应转变；社会保障体系应尽快建立和健全……

（资料来源：黄财勇：《浅析企业财务管理的目标》，《财会月刊》2001年第14期；严成根、李传双：《财务管理教程》，清华大学出版社、北京大学出版社2006年版；吕宝军、张远录：《财务管理》，清华大学出版社2006年版）

二、案例分析

财务管理是企业管理的重要组成部分，它是企业资金的获得和有效使用的管理工作，企业财务管理的目标取决于企业的总目标。企业的生产经营活动都是处在具体的特定环境中的，不同环境中的企业，其财务管理目标会有很大的差异。企业所处的社会环境、文化背景、政治法律情况、企业的内部治理结构等因素变动都会引起企业财务管理目标的变化。

对企业财务管理目标的说法有很多，目前人们对企业财务管理目标的认识主要表述为"企业利润最大化"、"股东财富最大化"和"企业价值最大化"。

利润最大化这种观点认为，利润代表了企业新创造的财富，利润越多企业的财富增加越多，越接近于企业的目标。

股东财富最大化认为，创办企业的目的是为了扩大股东财富，企业的价值在于它能给投资者带来未来报酬。

企业价值最大化又称"相关者利益最大化"，它认为，企业的目的是在不断提高企业价值的基础上，满足各利益相关者的要求，使财富不断增长。这些利益相关者主要包括股东、债权人、企业员工和政府等。

青鸟天桥在企业改革发展中，内部治理结构等因素变动引起了企业财务管理目标的变化，是正常现象。

青鸟公司决策层认为，减员增效作为深化改革迈出的第一步，今天不迈，明天还是要迈，明天会比今天更难。这是激烈的市场竞争的必然趋势。

此次停业，使天桥商场丢掉了400万元的销售额和60万元的利润。不过，北大青鸟认为，天桥商场是公司很小的一部分，不足以影响公司的利益，但是，事件给社会所带来的警示意义却是深远的。

在风波开始的初期，青鸟天桥追求的是利润与股东财富的最大化，而风波是在"企业价值最大化"为目标的指导下才得以平息的。

这次风波的起因就是天桥商场的经营不佳，利润滑落到了盈亏的临界点，并从此疲态不改。面对严峻的经营形势，公司董事会下决心实行减员增效。公司董事会秘书、来自北大青鸟的侯琦博士在对员工解释时，阐明了裁员决定的合法性，公司以北大方正新近就裁掉了500人等实例，强调在市场经济条件下，企业控制成本、减员增效、追求利润最大化，是十分正常的，是符合市场规则的。也就是说，裁员风波是基于企业利润最大化的目标而开始的。当然，在正常情况下，利润的增加，可以增加股东的财富。

但是，当员工们的抵触情绪如此之强，事情已经发展到管理者们难以控制的局面时，就已经处于一个企业发展的非常阶段，此时就不能再以利润最大化来衡量企业的行为，而是必须考虑出现这种特殊情况后企业的应对措施。如果一味地追求利润最大化——在这里就是坚决对员工提出的意见不予理睬——谁都无法想象会出现什么后果。

此时，为了企业的长远利益，首要的任务就是平息这场风波，安抚职工的情绪，所以，适当的利润上的牺牲是必要的，此时的牺牲才会换来更长远的发展。别的不说，单是员工们静坐在大厅时商场不能营业的损失就是巨大的。

所以，企业的财务管理目标要根据具体情况来决定，而且这个目标也不可能是一成不变的，对财务管理目标的适当调整是必要的，只有这样，才能在不断变化的内、外环境中处于比较有利的竞争地位。

本案例也折射出一系列其他问题。

（1）社会保障体系不健全。这是根本原因，也是短期难以消除的因素。虽几经努力，但目前的社会保障体系依旧残缺不全。一旦员工下岗甚至失业，社会根本无力接纳、消化。在这种改革环境不够宽松的情况下进行大规模裁员，一旦员工意识到工作岗位丧失、生计没有着落，就必然出现集体上访等群体抗议活动。

（2）公司立法不到位。我国现行《公司法》第15条、第120条虽有"公司必须保护职工的合法权益"之类的条款，但该法在规范公司治理结构等方面是以股东价值为导向。被股东控制的董事会自然更多地或者首先是考虑股东（尤其是大股东）的回报，而不是职工合法权益的被保护，也压根不会出现在做出重大决策前要听取职工意见的民主之举。在新老三会难以衔接融合的公司治理机制下，董事会听取了职代会或工会的意见却不采纳，至少从表面程序上看，董事会的上述行为是无瑕疵的，也是职工无可奈何的。

（3）借壳方指导思想不端正。太多的新兴高科技企业想上市却因"额度制"政策限制难圆其梦。一旦过关斩将有幸出巨资购买国有股或法人股借壳间接上市，则急于在短期内获取高额回报。由于介入证券市场的指导思想从一开始就步入误区，因而在企业整合上就存在考察不细、准备不足、筹划不周、急于求成、犯常识性错误等致命缺陷。

（4）企业文化不兼容。高就业、低流动、分配均衡化是国有企业人力资源配置的基本特征。尽管企业经营不佳、平均收入不高，但只要干部与员工能够同甘共苦，大家都有个单位和岗位，员工的情绪就比较平和，至少表面上相安无事。而新兴高科技企业要求员工数量尽可能少、素质尽可能高、收入差距尽可能大，且新兴高科技企业人才跳槽频繁，人员流动率高。一旦新兴高科技企业进入国有企业改制的上市公司，两种截然不同的企业文化必然发生摩擦甚至撞击。因为重组是借用外力实现的重新组合，不可避免地引用或注入外来文化，并由此产生企业内部对外来文化的消极抵触情绪。在新兴高科技企业老板及员工看来像人呼吸空气一样再平常不过的调整岗位、裁减冗员，在国有企业却几乎寸步难行。一旦原有的平衡被打破，双方的对立激化到不可调和的地步，冲突就不可避免。

三、思考·讨论·训练

1. 不同财务管理目标的优缺点？
2. 青鸟天桥财务管理目标为什么发生了变化？发生了怎样的变化？
3. 青鸟天桥最初的决策是否合理？随后的让步是否合适？如果你是公司的高级管理人员，你会采取什么措施？

案例1-3 利洁公司的债务偿还

一、案例介绍

利洁公司是辽宁省一家大型物业保洁公司,在近六年的发展中,处于同行业领先发展的优势,连续三年利润增长率在10%以上。2006年,企业拟扩大经营项目,引进先进的生产设备。该设备的引进不仅可以提高保洁员工的工作效率,同时也为承揽技术含量高的保洁业务做准备。该设备价款100万元,公司计划从银行获取贷款,贷款的年利率为10%,贷款期限10年;银行提出以下四种还款方式让公司自行选定,以便签订借款合同。

这四种贷款偿还方式为:
(1) 每年只付利息,债务期末一次付清本金;
(2) 全部本息到债务期末一次付清;
(3) 在债务期间每年均匀偿还本利和;
(4) 在债期过半后,每年再均匀偿还本利和。

(资料来源:根据祝锡萍《财务管理基础》,人民邮电出版社2005年版改编)

二、案例分析

对于任何一个企业或个人,都有贷款偿还方式选择问题,很多银行也通常会在还款方式上"做文章"。例如,购房贷款的偿还,很多还款人就经常有这样的疑问,"怎么还了这么多钱,大部分都是利息,偿还的本金并没减少多少","等银行贷款还完,总偿还金额都要达到当初借款本金的两倍了"。这是为什么呢?从表面看,这些不同还款方式,还款金额都是本金加上以相同年利率计算的利息,区别只是在还款时间上。可是因为货币时间价值的存在,它们并不是真的相等。货币时间价值的存在,使等量的货币在不同时间价值不等,即不同时间点的货币价值不可比。所以,不同时间收支的货币不宜简单的进行比较,而需要把它们换算到相同的时间基础上,这就运用到货币时间价值的计算方法。通过计算,就会发现这些方案相差的金额不是个小数字。债务偿还,企业总是希望选择价值最小的偿付方案,这就要选择一个相同的时间计算它们的真实价值。

懂得货币时间价值的意义,就不会产生错误的认识,以为无论何种偿还方式，只要总偿还金额相等，就没什么区别。

三、思考·讨论·训练

1. 假如你是公司的总经理，你将选用哪种还款方式来偿还贷款？为什么？
2. 该案例的结论会给企业理财带来什么启示？
3. 在何种情况下企业的负债经营才是有利的？

案例 1-4 拿破仑带给法兰西的尴尬

一、案例介绍

拿破仑 1797 年 3 月在卢森堡第一国立小学演讲时说了这样一番话："为了答谢贵校对我，尤其是对我夫人约瑟芬的盛情款待，我不仅今天呈上一束玫瑰花，并且在未来的日子里，只要我们法兰西存在一天，每年的今天我将亲自派人送给贵校一束价值相等的玫瑰花，作为法兰西与卢森堡友谊的象征。"时过境迁，拿破仑穷于应付连绵的战争和此起彼伏的政治事件，最终惨败而流放到圣赫勒拿岛，把在卢森堡的诺言忘得一干二净。可卢森堡这个小国对这位"欧洲巨人与卢森堡孩子亲切、和谐相处的一刻"念念不忘，并载入他们的史册。1984 年年底，卢森堡旧事重提，向法国提出"违背赠送玫瑰花"诺言案的索赔；要么从 1797 年起，用 3 路易作为一束玫瑰花的本金，以 5 厘复利（即利滚利）计息全部清偿这笔玫瑰案；要么法国政府在法国各大报刊上公开承认拿破仑是个言而无信的小人。起初，法国政府准备不惜重金赎回拿破仑的声誉，但却又被电脑算出的数字惊呆了；原本 3 路易的许诺，本息竟高达 1 375 596 法郎。经冥思苦想，法国政府斟词酌句的答复是："以后，无论在精神上还是物质上，法国将始终不渝地对卢森堡大公国的中小学教育事业予以支持与赞助，来兑现我们的拿破仑将军那一诺千金的玫瑰花信誉。"这一措辞最终得到了卢森堡人民的谅解。

（资料来源：《读者》2000 年第 17 期，第 49 页）

二、案例分析

单利和复利的计算中，现金流量只在某一年发生。实际上企业的现金流量每年都会产生，形成收入或支付序列。这些等额、系列的收支就是年金。年金在日常生活中常见，如分期付款购货、储蓄中的零存整取、养老金的发放等，都属于年金收付形式。所以，掌握年金的计算，具有十分重要的意义。案例中拿破仑的承诺"我不仅今天呈上一束玫瑰花，并且在未来的日子里，只要我们法兰西存在一天，每年的今天我将亲自派人送给贵校一束价值相等的玫瑰花"，是一项长期的年金支付。截至1984年，以3路易为年金，5厘为复利息，计息次数近200年的年金终值当然会使法国政府惊呆。可见，不可小看3路易的价值，积少成多的道理在此案例得到了更好的体现。

三、思考·讨论·训练

1. 何为年金？共有几种类型？
2. 年金的支付有何特点？
3. 法国政府是如何得出 1 375 596 法郎这个结论的，它的理论依据是什么？

案例 1-5 学培有限公司风险投资案

一、案例介绍

学培有限公司是一家致力于发展全民学习的培训机构。该公司创始人看准全民学习需求这一市场商机，依托当地的新闻媒体广告和高质量的培训效果，在短短几年的发展中，已经迅速成长为当地最具培训实力的一家培训公司。公司规模不断扩大，培训项目不断拓展，从幼儿早期教育、学生各科目补习到成人继续教育，三大类40多个小项目。公司现有一般的工作人员50人，专兼职教师500多人。2006年年初，公司董事长召开股东大会，提出新增老年大学培训项目的提案，请股东予以讨论。

股东张某说："公司最近几年发展很好，已经在本地小有名气，老百姓认我们的品牌。现在生活条件好了，很多老年人年轻时没机会学习，现在清闲在家，确实有学习的需要。另外社会老龄化，老年人越来越多，市场空间还是很大的，我看这个方案可行。"

股东陈某不同意张股东的观点，尽管现在生活条件好了，但多数老人还是老观点，不会舍得拿钱去学习。他们会认为，都这么大岁数了，学习还有什么用？另外，现在很多社区也有老年人活动室，在那读书、活动也是一种学习。

股东李某说:"这个培训项目到底是否可行,得看我们的培训内容和培训宣传。另外老年人的培训需求程度也不是我们在这儿估计出来的,得做个市场调查。所以在讨论之前,还得请市场和财务部门共同做个市场风险与收益的预测方案。"

股东李某的发言得到了众股东的认同,股东大会最后决定由市场部做该项目的市场需求调查,财务部门根据调查结果,编写该投资项目的市场风险与收益预测方案。以下是该公司经过近一个月的市场问卷调查,得出的该项目的市场风险与收益预测情况,如表1-1所示。

表1-1 市场风险与收益预测情况表

项目市场需求	概率(P_i)	预期收益率(X_i)(%)
好	0.3	30
一般	0.5	10
差	0.2	0

资料来源:公司内部资料。

二、案例分析

企业在未来市场上进行投资时,投资结果可能是不确定的。如果未来市场情况较好,预期的收益就高一些;如果未来市场情况一般,预期的收益就略低一些;当然,如果未来市场情况较差,预期的收益也可能出现亏损的情况。这种未来结果是不确定的,且已知每一种结果的发生概率,就是我们通常说的风险投资。学培有限公司提出新增老年大学培训项目的提案,就是一项风险投资。风险意味着危险和机遇并存。

在进行风险投资决策时,不能简单盲目地下结论。决策项目的好与坏,应该建立在一系列市场预测的基础上,保证决策的科学性。学培有限公司在决策之前,请市场和财务部门做市场风险与收益预测,是正确的。通过该预测数据,可以科学的测算出,该投资项目的预期收益率。预期收益率同应得报酬率进行比较,如果预期报酬率大于应得报酬率,则可选择该方案。

那么,什么是应得报酬率?应得报酬率由两部分组成。一部分是企业无论进行何种投资都会取得的基本报酬率,称为无风险报酬率即货币时间价值;另一部分就是与特定投资项目相关的风险报酬率,投资项目的风险越大,所应得的风险报酬就越多。正是收益与风险的并存性,使人们愿意去从事各种风险活动。应得报酬率是以上两部分的和。因无风险报酬率是已知的,则风险报酬率的计算就成为投资决策的关键,要用到调查预测的数据,利用概率和统计的方法,需要财务部门进一步测算,才可得出结论。

三、思考·讨论·训练

假如你是该公司的财务主管,需要提出如下结论,以便为董事会的决策提出参考建议。

1. 该项目的预期收益率是多少?
2. 如果公司通常项目的风险为 50%（用标准离差率表示),该项目的风险较大还是较小?
3. 假设相同项目的风险报酬系数为 8%,社会的无风险报酬率为 6%,该投资项目可行否?

案例 1-6 北方公司拟开发新产品决策

一、案例介绍

北方公司 1998 年陷入经营困境,原有柠檬饮料因市场竞争激烈,消费者喜好产生变化等开始滞销。为改变产品结构,开拓新市场,拟开发两种新产品。

1. 开发纯净水

面对全国范围内的节水运动及限制供应,尤其是北方十年九旱的特殊环境,开发部认为纯净水将进入百姓的日常生活,市场前景看好,有关预测资料如表 1-2 所示。

表 1-2

市场销路	概率（%）	预计年利润（万元）
好	60	150
一般	20	60
差	20	-10

注:经过专家测定该项目的风险报酬系数为 0.5。

2. 开发消渴啤酒

北方人有豪爽、好客、畅饮的性格，亲朋好友聚会的机会日益增多；北方气温大幅度升高，并且气候干燥；北方人的收入明显增多，生活水平日益提高。开发部据此提出开发消渴啤酒方案，有关市场预测资料如表 1-3 所示。

表 1-3

市场销路	概率（%）	预计年利润（万元）
好	50	180
一般	20	85
差	30	-25

注：据专家测算该项目的风险报酬系数为 0.7。

（资料来源：根据吕宝军、张远录《财务管理》，清华大学出版社 2006 年版改编）

二、案例分析

企业在陷入困境时，往往希望通过新增投资项目，带来机遇，扭转艰苦的局面。所以，投资项目的成败对于企业的进一步发展显得格外重要。

北方公司的两个备选的投资方案，都是风险投资，具有较大的不确定性，我们需要分别计算它们的预期收益率，确定风险大小。企业在对多个投资方案进行选择的原则是，投资收益率越高越好，风险程度越小越好。具体分为以下几种情况：

（1）如果两个投资方案的预期报酬率相同，应选择风险较小的一个。

（2）如果两个投资方案的风险相同，应选择预期报酬率较大的一个。

（3）如果两个投资方案中风险较大的一个，其预期报酬率也较大，则不应一概而论，要取决于投资者对风险的态度。

（4）如果两个投资方案中风险较小的一个，其预期报酬率较大，则应选择它。

三、思考·讨论·训练

1. 对两个产品开发方案的收益与风险予以计量？
2. 请进行方案评价。
3. 风险收益均衡原理是什么？

第二章　筹资管理

筹资管理是企业的理财之基，企业财务活动的首要工作就是要筹集足够的资金满足生产经营的需要。企业筹资的主要方式包括发行股票、吸收直接投资、留存收益、借款、发行债券、商业信用、融资租赁等。随着全球经济化进程的加速，跨国融资也为企业筹集资本拓展了更多的途径。每一种筹资方式都各有利弊，企业在筹资决策中应慎重选择，综合利用。

一、股票筹资

股票是股份公司签发，为筹集自有资金而发行的有价证券，来证明其股东按所持股份享有权益并承担义务的凭证。

1. 股票种类

按股票有无记名，可分为记名股票和不记名股票。

按股票票面有无金额，可分为面值股票和无面值股票。

按发行对象和上市地区不同，可分为 A 股、B 股、H 股和 N 股等。

按股东享受权利和承担义务不同，可分为普通股和优先股。

2. 普通股

筹资的优点：

（1）发行普通股筹措资本具有永久性，无到期日，不需归还。

（2）发行普通股筹措资本没有固定股利负担。普通股股利的发放视公司的盈利和经营需要而定，对公司不会造成财务负担，所以筹资风险较小。

（3）发行普通股筹措资本是公司最基本的资金来源，反映了公司的实力，可作为其他筹资方式的基础，尤其可为债权人提供保障，增强公司的举债能力。

（4）由于普通股的预期收益较高并可一定程度上抵消通货膨胀的影响（通常在通货膨胀期间，股票会随不动产升值而升值），因此普通股筹资容易吸收资金。

筹资的缺点：

（1）普通股的资本成本较高。对投资者来讲，投资于普通股风险高，相应地要求有较高的投资报酬率。对筹资公司讲，普通股股利从税后利润中支付，不具有抵税作用。此外，普通股的发行费用一般也高于其他证券。

（2）以普通股筹资会增加新股东，这可能会分散公司的控制权，削弱原有股东对公司的控制。

二、长期借款筹资

长期借款筹资是指企业向银行或其他非银行金融机构借入的使用期限超过一年的借款。主要用于购建固定资产和满足长期流动资金占用的需要。长期借款与其他长期筹资相比具有如下特点：

1. 筹资速度快

长期借款的手续比发行债券、股票简单得多，得到借款所花费的时间较短。

2. 借款弹性较大

借款时企业与银行直接交涉，有关条件可谈判确定；用款期间发生变动，也可与银行再协商。而债券筹资所面对的是社会广大投资者，协商改善筹资条件的可能性很小。

3. 借款成本较低

长期借款利率一般低于债券利率，且由于借款属于直接筹资，筹资费用也较少。长期借款利息在税前支付，和股利相比具有抵税作用。

4. 长期借款的限制性条款较多

长期借款的限制性条款较多，这制约了企业生产经营和借款的作用。

5. 长期借款筹资数量有限

向银行借款，筹资的数额不会很大，一般不如股票、债券那样可以得到大笔资金。

6. 长期借款的风险较高

长期借款需要企业定期支付利息，到期归还本金，与股票筹资相比，会给企业带来一定的风险。

三、债券筹资

1. 债券的种类

公司债券有很多形式，按是否记有持券人的姓名或名称，债券可分为记名债券和无记名债券；按能否转换为公司股票，债券可分为可转换债券和不可转换债券；按有无特定的财产担保，债券可分为抵押债券和信用债券；按是否参加公司盈余分配，债券可分为参加公司债券和不参加公司债券；按利率的不同，债券可分为固定利率债券和浮动利率债券；按能否上市，债券可分为上市债券和非上市债券；按偿还方式的不同，债券可分为到期一次债券和分期债券。

2. 债券的发行资格和条件

企业发行债券，必须具备一定的资格和条件。我国《公司法》规定：股份有限公司、国有独资公司和两个以上的国有企业或者其他两个以上的国有投资主体投资设立的有限责任公司，为筹集生产经营资金，并且符合下列具体要求：

①股份有限公司的净资产额不低于人民币3 000万元，有限责任公司的净资产额不低于人民币6 000万元；

②累计债券总额不超过公司净资产额的40%；

③最近三年平均可分配利润足以支付公司债券一年的利息；

④筹集的资金投向符合国家产业政策；

⑤债券的利率不得超过国务院限定的利率水平；

⑥国务院规定的其他条件。

发行公司债券筹集的资金，必须用于审批机关批准的用途，不得用于弥补亏损和非生产性支出。

此外，我国《公司法》还规定，有下列情形之一的，不得再次发行公司债券：

①前一次发行的公司债券尚未募足的；

②对已发行的公司债券或者其债务有违约或者延迟支付本息的事实，且仍处于继续状态的。

3. 债券的发行价格

债券同股票一样，也有面值和发行价格。债券的发行价格是债券投资者认购新发行的债券时实际支付的价格，可以有平价、溢价和折价三种。债券的发行价格主要受票面利率和市场利率关系的影响。当票面利率高于市场利率时，以溢价发行债券；当票面利率低于市场利率时，以折价发行债券；当票面利率等于市场利率时，以平价发行债券。

4. 债券的发行方式

债券的发行方式包括直接发行和间接发行。

5. 债券筹资的特点

与长期借款方式相比，债券筹资具有筹资对象广、市场大的优点；但其成本高、风险大、限制性条件较多是其不利的一面。

6. 债券的信用等级

公司公开发行债券通常需要由债券评信机构评定等级。债券的信用等级对发行公司和购买人都有重要影响。

国际上流行的债券等级是三等九级。AAA级为最高级、AA级为高级、A级为上中级、BBB级为中级、BB级为中下级、B级为投机级、CCC级为安全投机级、CC级为最大投机级、C级为最低级。

四、商业信用筹资

商业信用是指在商品交易中由于延期付款或预收货款所形成的企业间的借贷关系。商业信用产生于商品交换之中，是一种"自发性筹资"，使用方便，在短期筹资中占有相当大的比重。

商业信用的主要形式有应付账款、应付票据和预收账款等。

应付账款是由赊购商品形成、以记账方法表达的商业信用。赊购商品是一种最典型、最常见的商业信用形式。卖方利用这种方式促销，而对买方来说延期付款则等于向卖方借用资金购进商品，可以满足短期资金需要。为了促使买方及早付款，卖方通常会提供一定的现金折扣。如果买方放弃现金折扣，就会承担一定的筹资成本。

商业信用筹资的特点：首先，它是一种持续性的信贷形式，且无须办理正式筹资手续。其次，如没有现金折扣或使用不带息票据，该筹资不负担成本。缺点是期限较短，在放弃现金折扣时所负担的成本较高。

五、国际筹资

1. 国际贸易信贷

国际贸易信贷也称国际企业进出口信贷，是指一国为支持和扩大本国商品出口，增强国际竞争能力，以对本国的出口给予利息贴补或提供信贷担保的方法，鼓励本国的银行对本国出口商或外国进口商（或其银行）提供利率较低的贷款，以解决本国出口商资金周转的困难，或满足国外进口商对本国出口商支付贷款需要的一种信贷方式。其中，卖方信贷和买方信贷是较为重要的两种中长期贷款的形式。

卖方信贷是指在大型机械或成套设备贸易中，出口公司所在国银行向出口公司（卖方）提供的信贷。在这种信贷方式下，出口公司所付给银行的利息和费用，一般转嫁给国外的进口公司。对进口商来说，采用卖方信贷贷款手续简单，使用方便。但信贷进口机器设备的成本和费用较高。

买方信贷是指在大型机械或成套设备贸易中，由出口公司所在国银行向进口公司（买方）或进口公司所在国银行提供的用以支付货款的信贷。有关的利息和费用不包括在货款之中。这种信贷方式可使进出口贸易即期现汇成交，有利于出口公司及时收回货款，也使进口公司担负的费用和利息较少。但其手续较为复杂，贷款限定用途，条件较为严格。

2. 国际项目融资

国际项目融资是针对项目所安排的无追索或有限追索的融资活动。项目融资具有以下特点：

（1）融资主体。项目融资是以项目为主体，根据项目本身的收益安排的融资，项目借款人对项目所承担的责任与其本身所拥有的其他资产和所承担的其他义务在一定程度上是分离的。

（2）有限追索。贷款人对项目融资的追索是有限的，无论项目出现任何问题，贷款人均不可追索到项目借款人该项目资产和现金流量之外的任何形式的财产。

（3）风险分担。项目融资的风险需要在项目投资人（借款人）、贷款人以及与项目开发有利益关系的其他参与者之间进行合理分担。

（4）非公司负债型融资。项目融资是一种非公司负债型融资，项目负债不表现在公司资产负债表内，或只反映在公司资产负债表的注释中。

（5）资金来源多元化。项目资金主要来源有：国内外商业银行贷款、在国内发行债券和商业票据借款、政府贷款、国际金融组织贷款、当地区域性开发银行贷款、出口信贷、混合贷款、租赁融资、供应商允许项目工程延期支付货款、股本资金等。

六、筹资成本

每一种筹资方式，在筹资过程中都会发生筹资成本，即资金成本。资金成本是指企业为筹集和使用资金而付出的代价，也称资本成本，包括使用费用和筹资费用两部分。

1. 个别资金成本的计算

个别资金成本是指各种筹资方式的成本，主要包括债券成本、银行借款成本、优先股成本、普通股成本和留存收益成本，前两者可统称为负债资金成本，后三者统称为权益资金成本。

（1）银行借款成本。其计算公式为：

$$K_i = \frac{I(1-T)}{L(1-f)} = \frac{i \cdot L \cdot (1-T)}{L(1-f)} = \frac{i(1-T)}{1-f}$$

式中：K_i 为银行借款成本；I 为银行借款年利息；L 为银行借款筹资总额；T 为所得税税率；i 为银行借款利息率；f 为银行借款筹资费率。

（2）债券成本。其计算公式为：

$$K_b = \frac{l(l-T)}{B_0(l-f)} = \frac{B \cdot i(1-T)}{B_0(1-f)}$$

式中：K_b 为债券成本；l 为债券每年支付的利息；T 为所得税税率；B 为债券面值；f 为债券筹资费率；B_0 为债券筹资额，按发行价格确定；i 为债券票面利息率。

（3）优先股成本。其计算公式为：

$$K_p = \frac{D}{P_0(1-f)}$$

式中：K_p 为优先股成本；D 为优先股每年的股利；P_0 为发行优先股总额；f 为优先股筹资费率。

（4）普通股成本。许多公司的股利都是不断增加的，则普通股成本的计算公式为：

$$K_s = \frac{D_1}{V_0(1-f)} + g$$

式中：K_s 为普通股成本；D_1 为第1年的股利；V_0 为普通股金额，按发行价计算；f 为普通股筹资费率；g 为普通股股利每年的增长率。

（5）留存收益成本。其计算公式为：

$$K_e = \frac{D_1}{V_0} + g$$

式中：K_e 为留存收益成本；其他符号含义与普通股成本计算公式相同。

2. 综合资金成本

综合资金成本是以各种资金所占的比重为权数，对各种资金成本进行加权平均计算出来的，故也称为加权平均资金成本。综合资金成本的计算公式为：

$$K_w = \sum_{j=1}^{n} W_j K_j$$

式中：K_w 为综合资金成本；W_j 为第 j 种资金占总资金的比重；K_j 为第 j 种资金的资金成本。

3. 每股利润分析法

每股利润分析法是利用每股利润无差别点来进行资本结构决策的方法。每股利润无差别点是指两种筹资方式下普通股每股利润相等时的息税前利润点,即息税前利润平衡点,或筹资无差别点。根据每股利润无差别点,可以分析判断在什么情况下运用债务筹资来安排和调整资本结构。

七、财务杠杆

财务杠杆又称筹资杠杆,是指企业在制定资金结构决策时对债务筹资的利用。不论企业营业利润是多少,债务的利息和优先股的股利通常都是固定不变的。当息税前利润增大时,每1元盈余所负担的固定财务费用就会相对减少,这给普通股股东带来额外的收益;反之,当息税前利润降低时,每1元盈余所负担的固定财务费用就会相对增加,这就会大幅度减少普通股盈余。这种债务对投资者收益的影响,称做财务杠杆。

财务杠杆作用的大小通常用财务杠杆系数表示。财务杠杆系数越大,表明财务杠杆作用越强,财务风险也就越大;财务杠杆系数越小,表明财务杠杆作用越弱,财务风险也就越小。

案例 2-1 中国移动(香港)公司筹资案例

一、案例介绍

在 2003 年中央电视台的一期对话节目中,应邀嘉宾——中国移动(香港)公司的董事长兼总经理王晓初曾说,中国移动(香港)公司自成立以来,每年都采取了大规模的融资计划,利用多种多样的融资方式,为公司的业务发展和资本运作提供了充足的资金来源。

中国移动(香港)公司是中国移动通讯集团下属的全资子公司,1997 年成立,注册地为香港。在 1997 年 10 月,中国移动(香港)公司在香港和纽约上市,融资 42.2 亿美元;在 1999 年 11 月,公司增发新股,又融资 20 亿美元。

2000 年 10 月 7 日,中国移动(香港)公司通过其全资子公司中国移动(深圳)有限公司,与由中国建设银行和中国银行联合牵头的 8 家国内外银行签署了 125 亿元人民币的银团贷款协议,用于中国移动(香港)有限公司向其控股母公司中国移动通信集团公司收购内地 7 个省份移动通信资产的部分资金需要。此次银团贷款是迄今中国最大规模的人民币银团贷款,也是中国移动

（香港）有限公司首次尝试国内融资。采用这种融资方式，主要是考虑到通过人民币融资不仅能降低资金综合成本，进一步优化公司资本结构，也能有效地规避外汇风险，同时也借此加强与国内金融机构的合作。

2000年11月，中国移动（香港）公司在中国香港、纽约增发新股并发行可转换债券，筹集资金75.6亿美元。

2001年，中国移动（香港）公司通过其全资内地子公司中国移动（广东）公司发行50亿元人民币的十年期的浮动利率公司债券，创下了当时企业债券发行规模新纪录。董事会认为，本期债券的发行能使中国移动（香港）公司拓宽融资渠道及投资者基础，有助于优化融资结构，减低资金成本及规避风险。

2002年，又通过中国移动（广东）公司发行80亿元人民币、期限分别为五年和十五年的公司债券，在不到3个月时间内，中国移动（香港）公司就顺利完成了从债券发行到上市的过程，并受到投资者追捧。此次80亿元的中国移动债券是国内最大规模的一次发债行动，它具有双重担保，中国移动（香港）公司担保发行人广东移动，中国移动集团公司再担保中国移动（香港）公司，这种方式在国内尚不多见。

（资料来源：博客网 www.bokee.com）

二、案例分析

任何一个企业，为了保证其生产经营的正常进行，必须持有一定数量资金。资金筹集既是企业生产经营活动的前提，又是企业再生产顺利进行的保证。同时，筹资也为投资提供了基础和前提，没有资金的筹集，就无法进行资金的投放。资金是企业的血液，为公司及时筹集足够的资金是财务人员工作中首先应解决的问题。案例中，中国移动（香港）公司自成立以来，每年通过大规模的融资计划，为公司的业务发展和资本运作提供了充足的资金来源。

企业在生产运营中所需资金是通过多种方式筹得的。具体包括发行股票、吸收直接投资、留存收益、长期借款、债券筹资、商业信用、融资租赁和国际融资等。其中，发行股票、吸收直接投资和留存收益属于权益筹资方式；长期借款、债券筹资、商业信用和融资租赁等属于负债筹资。每种筹资方式都有其自身的特点，企业在筹资中应慎重选择。中国移动（香港）公司利用多种多样的融资方式，充分发挥这些筹资方式的优势，以达到筹资方式的优化组合。

有效的筹集资金必须遵循一些原则：一是量力而行。企业在筹资过程中，筹资过多会造成浪费，增加成本，且可能因负债过多到期无法偿还，增加中小企业经营风险；筹资不足又会影响计划中的正常业务发展。因此，企业在筹资过程中，必须考虑需要与可能，做到量力而行。二是筹资成本低。企业筹资成本是决定企业筹资效益的决定性因素，对于选择评价企业筹资方式有着重要意义。因此，企业筹资时，就要充分考虑降低筹资成本的问题。三是以用途决定筹资方式和数量。企业将要筹措的资金有着不同用途。因此，筹措资金时，应根据预定用途正确选择是运用长期筹资方式还是运用短期筹资方式。如果筹集到的资金是用于流动资产的，根据流动资产周转快、易于变现、经营中所需补充的数额较小、占用时间较短等特点，可选择各种短期筹资方式，如商业信用、短期贷款等；如果筹集到的资金，是用于长期投资或购买固定资产的，由于这些运用方式要求数额大，占用时间长，应选择各种长期筹资方式，如发行债券、股票，企业内部积累，长期贷款，信托筹资，租赁筹资等。四是保持对企业的控制权。企业为筹资而部分让出企业原有资产的所有权、控制权，常常会影响企业生产经营活动的独立性，引起企业利润外流，对企业近期和长期效益都有较大影响。如就发行债券和股票两种方式来说，增发股票将会对企业的控制权产生冲击。五是筹资风险低。企业在筹资中，要权衡各种筹资方式的筹资风险，以减少风险损失。

三、思考·讨论·训练

1. 中国移动（香港）公司成功运用了哪些筹资方式？这些筹资方式分别属于债权性筹资、股权性筹资还是混合性筹资？
2. 中国移动（香港）公司灵活运用各种筹资方式的意义何在？
3. 中国移动（香港）公司分别在哪几个地方筹集了资金？地域的不同对公司筹资有何影响？
4. 中国移动（香港）公司的筹资体现了哪些筹资原则？

案例 2-2　宁向股东伸手，不要银行贷款

一、案例介绍

负债经营有利也有弊。正常的负债是企业为股东利益最大化的措施之一。但是，资料表明，中国上市公司历年来的负债比例都低于正常水平，但又频频申请配股。人们不禁要问：我国上市公司累积那么多募股资金，闲置不用，为

什么又要向股东配股"收钱"？有人说上市公司不懂得投资；有人说上市公司在"圈钱"。我国上市公司1999年的年度财务报表显示，929家A股上市公司中，236家的负债比例低于30%，占25%强。有些公司的负债比例如此之低，令人难以置信！在20家负债比例最低的企业中，汕电力（000543）的负债比例最低，仅为1.84%；凌桥股份（600834）最高，也只有10.22%。详见表2-1。

表2-1

公司	负债比例（%）			EPS（元/股）			每股净资产（元/股）			ROE（%）			NCFPS
汕电力	1.84	3.18	5.37	0.018	0.165	0.220	2.63	2.87	2.97	0.678	5.79	7.3	-0.0154
东方宾馆	2.11	7.22	18.4	0.09	0.16	0.26	2.80	2.76	2.60	3.14	5.91	10.0	0.16
龙发股份	2.27	2.32	1.84	0.14	0.31	0.24	2.19	2.51	2.21	6.39	12.2	11.0	0.178
浙江东日	3.50	12.9	8.64	0.20	0.35	0.35	3.09	2.96	2.96	6.39	11.9	11.7	0.653
燕京啤酒	4.41	8.28	29.5	0.53	0.51	0.60	4.30	3.97	3.58	12.3	12.8	17.0	0.33
虹桥机场	5.55	5.55	15.0	0.44	0.41	0.54	2.90	2.46	1.50	15.2	16.6	35.9	0.473
通化东宝	6.20	21.2	7.39	0.21	0.45	0.44	4.23	4.34	3.90	4.93	10.3	11.2	-0.293
乐凯胶片	6.29	19.8	—	0.84	0.37	—	4.41	3.62	—	19.1	10.2	28.8	1.356
北京中意	6.44	8.49	6.36	0.10	-.19	.003	1.4	1.31	1.51	7.4	-.15	0.23	0.13
四通高科	7.32	8.71	5.09	-0.11	0.02	0.20	1.42	1.68	2.52	-7.6	1.18	7.87	-0.05
耀皮玻璃	8.36	15.2	21.5	0.19	0.07	0.14	3.20	3.11	3.07	6.03	2.28	4.67	0.36
宁城老窖	8.49	13.3	—	0.30	0.43	—	2.88	3.50	—	10.5	12.3	54	0.35
升华拜克	8.60	—	57.3	0.31	—	0.44	3.63	—	1.54	8.59	46.8	25.8	0.262
云维股份	8.68	16.9	14.5	0.03	-0.20	0.21	2.91	3.03	3.23	1.02	-6.7	6.49	0.117
岳阳长兴	9.12	10.3	6.3	0.22	0.51	0.55	1.85	2.00	1.63	12.0	25.5	33.8	0.355
保定天鹅	9.15	8.77	23.3	0.30	0.33	0.42	3.42	3.14	3.18	8.70	10.7	13.2	0.559
燕化高新	9.40	17.9	23.3	0.29	0.32	0.45	3.05	2.81	1.95	9.37	11.5	22.2	0.580
粤华电	9.43	6.78	11.8	0.009	-0.68	0.03	2.46	2.72	3.47	0.39	-25	0.86	0.12
万杰实业	9.52	—	—	0.33	—	—	3.89	—	—	8.48	—	—	0.145
凌桥股份	10.2	20.9	17.8	0.19	0.20	0.19	1.84	1.81	1.76	10.3	11.1	10.9	0.22

位于1998年低负债比例前20名的燕京啤酒和虹桥机场，今年仍居榜首。但是，二者采取截然不同的融资方式。盈利能力较强的燕京啤酒和虹桥机场分别采取配股和可转换债券融资。燕京啤酒董事会秘书李颖娟说：公司上市后将银行长期贷款还清，因此资信良好，目前采取短期贷款融资。2000年，配股所获资金10亿多元将投入啤酒和相关行业（矿泉水、饮料）及生化。虹桥机场现金流量充裕，此次发行13.5亿元可转换债券，投入浦东机场优质资产。虹桥机场发行可转换债券的原因是：发行可转换债券的利息（票面利率0.8%，年利息1 080万元）比向银行贷款的利息（五年期贷款利率6.03%，年利息8 140.5万元）少。此外，发行可转换债券不会导致股本扩张，稀释每股利润，造成经营压力。

关于我国上市公司负债比例如此之低的原因，决不是企业经济效益像微软或3M公司那样很好而不需要负债，即使是微软公司，近年来，最低负债比例也约在15%以上，最低净资产收益率在35%以上。而汕电力1999年的EPS为1分多，净资产收益率为0.67%。如何解释我国上市公司这种低负债现象呢？以下是几种常见的说法：

(1) 股东的钱为零成本，可以不还本付息。
(2) 没有资本结构政策的意识。
(3) 配股和增发新股被视为"经济效益高"或"经营、财务、管理状况良好"的嘉奖。
(4) 不懂得使用合适的融资工具，造成配股成为"唯一的"融资工具。
(5) 对高负债怀有"恐惧症"，实行稳健的财务政策。
(6) 募股和配股的投资计划形同虚设，无法落实，造成资金闲置。
(7) 利用募股和配股资金，转还银行贷款。
(8) 主业发展受限，一时难以寻找到高效益的投资项目。
(9) 上市公司的收益率低于银行贷款利息率（6个月为5.58%；1年为5.85%）。

（资料来源：企业管理学习网站：www.5ixue.com）

二、案例分析

权益资本是企业自有资本，其数量的多少，反映了公司的实力，可作为其他筹资方式的基础，尤其可为债权人提供保障，增强公司的举债能力。自有资本具有永久性，无到期日，不需归还，没有固定股利负担等优点。所以，企业所有者通常认为它是一项风险很小的筹资方式，而倾向于该方式的选择。尽管权益筹资方式有以上优点，但筹资成本较高。特别是普通股筹资会增加新股东，这可能会分散公司的控制权，削弱原有股东对公司的控制是其显著的缺点。同时我国对股票筹资有严格的条件限制。在利用股票筹资时，为了达到目标，需注意一些原则：

（1）稳定性原则。当经营需长期、稳定的资金来源时，则采取股票融资。

（2）流动性原则。当经营达到一定规模，内部积累增大，发展速度降慢时，过量的所有者权益资金会带走大量的企业盈利。

（3）低风险原则。股票具有经营控制权分散的风险。从企业经营控制权考虑，应适当调整企业所持普通股，发行在外普通股和优先股的比例。

负债筹资尽管具有使用时间的限制，不管经营效益如何，都需按期付息到期还本。但其筹资成本低、途径广泛，同时筹资的发生相对容易。考虑到资本成本问题，负债筹资也是优化企业筹资必不可少的途径。

负债筹资会产生巨大的杠杆效益，特别是在企业经营效益持续上涨时。但很多企业认为负债融资风险大，一旦经营不好，不但"借鸡未生蛋"，又"搭一把米"。所以，企业在负债筹资前，要有良好的投资项目，保证该投资的未来收益大于负债筹资的成本，这样才能保证负债经营的优势。

本案例中，上市公司偏向于低负债经营，不愿向银行贷款，宁愿发行股票和债券融资，造成这种情况的客观原因是发行股票的风险要低于向银行贷款。但多数企业负债率较低，存在着以下主观原因：

（1）企业的经营意识陈旧，认为负债高就意味着企业经营不好。

（2）企业经营管理不善，缺乏实际投资计划、可行性项目，趁现在股市不健全投机，向股民"圈钱"，漠视股民利益。

（3）企业不愿承担长期负债。

（4）有的企业对资金的需求量不大。

尽管我国上市公司的负债率都偏低，但也因为公司经营状况不同，原因也不尽相同。有些企业经营的是传统垄断产业，项目单一，发展不需要更多成本，也有国家的资金投入，所以，它根本无须额外的资金，也不必承担过高的负债。另一些企业是盈利能力较强，为了更快扩大生产经营规模，它通过配股能获得更多资金，在将长期贷款还清后，得到很好资信，就可以采取短期贷款融资，使现金流量充裕，加速资金流动，对它的发展有较大好处。

三、思考·讨论·训练

1. 权益资本和负债筹资各有何利弊？

2. 你认为我国上市公司的负债比例偏低的主要原因是什么？

3. 造成负债比例偏低的原因是否因公司而异？请选择两家不同公司进行比较分析。

4. 负债比例偏低会对企业盈利目标的实现有何影响？

案例 2-3　龙天公司短期资金筹资案

一、案例介绍

长期以来，龙天公司与龙海公司一直保持着业务关系，龙天公司一直向龙海公司购买原材料，龙海公司开出的付款条件为"4/10，n/30"。一天，龙天公司的财务经理刘星翻阅公司账目，发现会计人员对此项交易的处理方式是，总是在收到货物 15 天支付款项。当刘星问会计人员为何不取得现金折扣，该名会计人员说：这个交易的成本只有 4%，而银行贷款成本却为 12%，因此没有接受现金折扣。

（资料来源：李梦玉、代桂霞：《公司理财》，北京大学出版社 2005 年版）

二、案例分析

商业信用是指在商品交易中由于延期付款或预收货款所形成的企业间的借贷关系。商业信用产生于商品交换之中，是一种"自发性筹资"，使用方便，在短期筹资中占有相当大的比重。商业信用筹资容易，尽管金额较少、时间较短，但因其是一种持续性的信贷形式，可以有效地解决企业在业务往来中的短期资金短缺问题。如果没有现金折扣或使用不带息票据，该筹资不负担成本，但在放弃现金折扣时所负担的成本较高。

案例中，会计人员将 10 天付款给予的现金折扣 4%，当作是信用成本，这是错误的理解。4% 的损失是企业为多利用该笔商业信用 5 天所承担的代价，要折算为筹资成本，数字是巨大的，远远高于 12%。正确理解筹资成本的概念是财务人员应具备的基本财务管理知识，只有这样，才不会犯龙天公司会计人员这样的错误，才能在商业信用发生时，做出正确的决策。

三、思考·讨论·训练

1. 该会计人员的理由正确吗？

2. 如果放弃现金折扣，公司实际的短期融资成本是多少？

3. 如果公司无法获得银行贷款，不得不使用商业信用资金，为降低年利息成本，公司应注意哪些事项？

案例 2-4 洪城水业 IPO

一、案例介绍

(一) 公司基本情况

洪城水业股份有限公司是以南昌水业集团有限责任公司作为主发起人，联合北京市自来水集团有限责任公司、江西清华泰豪信息技术有限公司（2004年2月6日更名为泰豪软件股份有限公司）、南昌市煤气公司、南昌市公用信息技术有限公司四家公司，以发起方式设立的股份公司。

根据江西省财政厅赣财国字 [2000] 45 号文《关于组建江西洪城水业股份有限公司资产重组方案的批复》，集团公司以其下属的青云水厂、朝阳水厂、下正街水厂的经营性资产投入股份公司；北京市自来水集团有限责任公司、南昌市煤气公司、泰豪软件股份有限公司、南昌市公用信息技术有限公司以现金方式出资。

南昌水业集团有限责任公司持有该公司 8 637.88 万股股权，持股比例为 95.97%，为该公司的实质控制人。南昌水业集团有限责任公司的性质为国有独资公司，它和北京市自来水集团有限责任公司及南昌市煤气公司持有的股份为国有法人股，泰豪软件股份有限公司和南昌市公用信息技术有限公司所持股份为法人股，其他股份均为向社会公开发行的流通股。南昌水业集团有限责任公司持有南昌市公用信息技术有限公司 10% 的股权；南昌市公用信息技术有限公司是泰豪软件股份有限公司持股 33.33% 的控股子公司；南昌市公用信息技术有限公司的法定代表人涂彦彬为泰豪软件股份有限公司的股东，持有该公司股权比例为 3%。

该公司的主要产品是自来水，目前生产能力为 90 万立方米/日，占南昌市区供水量的 86.54%，属国家大型供水企业，公司生产的自来水主要用于满足南昌市城区内的生活用水、工商业用水及其他用水的需要。

截至 2003 年末，公司资产总额 287 989 156.56 元，无形资产 604 461.02 元，净资产 170 587 275.33 元，总股本 9 000 万股，每股收益 0.283 元。

（二）为扩大生产能力，发行 A 股融资

该公司拟以本次发行所募集资金投入以下项目：投资 15 298.00 万元建设青云水厂三期工程 20 万立方米/日供水项目；投资 8 156.29 万元建设牛行水厂一期工程 10 万立方米/日供水项目；投资 2 165.90 万元建设下正街水厂技术改造项目，共需资金 25 620.19 万元。

除以上项目所需资金外，公司将多募集的 755.56 万元用于补充公司流动资金。此外，投资项目的分期分批投入也将使资金有阶段性的闲置，为保证资金的安全和投资项目的资金使用，公司将采取较为稳健的措施合理使用阶段性闲置资金。

（三）首次公开发行股票（IPO）

1. 股票上市前 IPO 的情况。2002 年 3 月 9 日，公司股东大会通过决议，宣布将发行 5 000 万股 A 股。经中国证监会证监发行字［2004］52 号批准，该公司于 2004 年 5 月 17 日采取全部向二级市场投资者定价配售的方式成功发行了 5 000 万股人民币普通股，每股面值 1.00 元，发行价格为每股 5.50 元，募集资金净额为 26 375.75 万元，其中新增股本 5 000 万元、资本公积 21 375.75 万元。本次发行后，公司总股本变更为 14 000 万股人民币普通股，其中发起人股份 9 000 万股，占总股本的 64.29%；社会公众股 5 000 万股，占总股本的 35.71%。

（1）发行条款。

①发行数量：5000 万股，占发行后总股本的 35.71%。

②发行价格：5.50 元/股。

③募股资金总额：本次发行募集资金总额为 27 500.00 万元，扣除发行费用 1 124.25 万元后，募集资金净额为 26 375.75 万元。

④发行方式：全部向二级市场投资者定价配售。

⑤配售对象：于该公司招股说明书刊登日 2004 年 5 月 12 日收盘时，持有上海证券交易所或深圳证券交易所已上市流通人民币普通股（A 股）股票的收盘市值总和（包括可流通但暂时锁定的市值）不少于 1 万元的投资者。

⑥发行费用总额及项目：本次公开发行股票发行费用总计 1 124.25 万元，每股发行费用 0.225 元，项目包括：承销费、申报会计师费用、评估费、律师费、审核费、上网发行费用等。

⑦本次向二级市场投资者定价配售发行的 5 000 万股社会公众股的配号总数 82 685 552 个，中签率为 0.060 470 06%。其中，二级市场投资者认购 49 570 140 股，其中 429 860 股由主承销商组织的承销团包销。

⑧全面摊薄市盈率:19.43倍(按2003年税后利润计算);发行前每股净资产1元;发行后预计每股净资产3.10元;市净率(发行价/发行后每股净资产)1.77。

⑨发行日程:2004年5月13日本次发行上市的重要日期,发行公告刊登日;17日申购;18日摇号;19日中签号码公布;20日向投资者收缴股款。

(2)发行后上市前,股权结构及前十大股东持股情况(见表2-2和表2-3)。

表2-2

股份类别	股本(万股)	占总股本的比例(%)
一、发起人股	9 000.00	64.29
国有法人股	8 835.40	63.11
发起法人股	164.60	1.18
二、普通股	5 000.00	35.71
总股本	14 000.00	100

表2-3

序号	股东名称	持股数量(股)	持股比例(%)
1	南昌水业集团有限责任公司	86 378 800	61.70
2	北京市自来水集团有限责任公司	987 600	0.71
3	南昌市煤气公司	987 600	0.71
4	泰豪软件股份有限公司	987 600	0.71
5	南昌市公用信息技术有限公司	658 400	0.47
6	汉唐证券有限责任公司	429 860	0.31
7	南方证券股份有限公司	393 000	0.28
8	银丰证券投资基金	137 000	0.10
9	德盛小盘证券投资基金	116 000	0.08
10	德盛稳健证券投资基金	81 000	0.06

(3)股利分配。

①股利分配政策。该公司的股利分配采取同股同利的原则。股利分配采用派发现金和送红股两种方式,具体分配方案由公司董事会依据有关法律、法规

及"公司章程"的规定，并视公司经营状况和发展需要提出方案，经股东大会批准后两个月内实施。

②公司最近三年股利分配情况。2001年度股东大会审议通过2001年度股利分配方案：向股东每股分配现金红利0.213 699 44元，共计分配现金红利19 232 949.57元。

2002年度股东大会审议通过了2002年度股利分配方案：将提取法定公积金和法定公益金后可供分配的利润21 530 672.04元全部用于分配，向股东每股分配现金股利0.239 229 689元。

2003年度股东大会审议通过了2003年度股利分配方案：将提取法定公积金和法定公益金后可供分配的利润21 648 338.67元全部用于分配，向股东每股分配现金股利0.240 537 096元。

③本次发行前滚存利润的分配政策。2002年3月9日，经2001年度股东大会审议通过，公司发行上市当年形成的利润由本次股票发行后的新老股东共享。

2. 股票上市。根据上海证券交易所《关于江西洪城水业股份有限公司人民币普通股股票上市交易的通知》（上证上字〔2004〕69号），该公司5 000万股社会公众股于2004年6月1日起在上海证券交易所挂牌交易，股票简称"洪城水业"，沪市股票代码"600461"、深市代理股票代码"003461"。

（1）基本条款。

①股本总额：14 000万股。

②可流通股本：5 000万股。

③上市流通股本：5 000万股。

④发行价格：5.50元/股。

⑤上市地点：上海证券交易所。

⑥上市时间：2004年6月1日。

⑦股票登记机构：中国证券登记结算有限责任公司上海分公司。

⑧保荐机构（上市推荐人）：汉唐证券有限责任公司。

⑨对该公司首次公开发行股票前股东所持股份的流通限制：根据有关法律、法规规定和中国证监会《关于核准江西洪城水业股份有限公司公开发行股票的通知》（证监发行字〔2004〕52号），该公司的国有法人股和法人股暂不上市流通。

⑩公司第一大股东对所持股份自愿锁定的承诺：公司公开发行股票前第一大股东南昌水业集团有限责任公司向上海证券交易所承诺，自公司股票上市之日起12个月内，不转让其所持有该公司的股份，也不由该公司回购其持有的

公司股份。

（2）发行前后公司的股本结构见表2-4。

表2-4　　　　　　　　　　　公司的股本结构

股份类型	股东名称	发行前 数量（万股）	发行前 比例（%）	发行后 数量（万股）	发行后 比例（%）
未上市流通股份： 发起人股份 国家持有股份	南昌水业集团有限责任公司、北京市自来水集团有限责任公司、南昌市煤气公司	8 835.4	98.17	8 835.4	63.11
境内法人持有股份	泰豪软件股份有限公司、南昌市公用信息技术有限公司	164.6	1.83	164.6	1.18
流通股份： 社会公众股				5 000	35.71
合计		9 000	100	14 000	100

补充资料：近三年财务状况和经营成果分析。

1. 公司2001~2003年简要资产负债表见表2-5。

表2-5　　　　　　公司2001~2003年简要资产负债表　　　　　　　　单位：元

日期 项目	2003年12月31日	2002年12月31日	2001年12月31日
流动资产	39 365 306.66	26 195 791.41	46 935 382.08
固定资产	248 019 388.88	230 597 808.47	193 382 490.00
无形资产及其他资产	604 461.02	1 562 675.53	593 225.91
资产总额	287 989 156.56	258 356 275.41	240 911 097.99
流动负债	21 191 796.25	14 931 880.79	16 410 800.01
长期负债	96 210 084.98	77 359 080.98	65 182 237.17
负债总额	117 401 881.23	113 821 633.81	100 825 986.75
股东权益	170 587 275.33	144 534 641.60	140 085 111.24
负债及股东权益	287 989 156.56	258 356 275.41	240 911 097.99

2. 公司 2001~2003 年简要利润表见表 2-6。

表 2-6　　　　　　　公司 2001~2003 年简要利润表　　　　　　单位：元

项　目	2003 年	2002 年	2001 年
主营业务收入	127 944 130.45	117 056 262.42	109 026 325.66
主营业务利润	54 086 853.12	52 491 467.92	50 449 925.40
利润总额	38 161 700.08	37 827 457.93	36 890 368.93
净利润	25 468 633.73	25 330 202.40	24 539 006.50

3. 公司 2003 年简要现金流量表见表 2-7。

表 2-7　　　　　　　公司 2003 年简要现金流量表　　　　　　单位：元

项　目	2003 年
经营活动产生的现金流量净额	55 062 948.39
投资活动产生的现金流量净额	-40 135 331.15
筹资活动产生的现金流量小计	-1 801 077.50
现金及现金等价物净增加额	13 126 539.74

4. 公司 2001~2003 年主要财务指标见表 2-8。

表 2-8　　　　　　　公司 2001~2003 年主要财务指标

项　目	2003 年	2002 年	2001 年
流动比率	1.86	1.75	2.86
速动比率	1.83	1.72	2.84
应收账款周转率（次/年）	12.36	12.42	5.07
存货周转率（次/年）	135.62	153.22	186.88
资产负债率（%）	40.77	44.06	41.85
每股收益（元）	0.2830	0.2814	0.2514
净资产收益率（%）	15.32	16.07	16.15
扣除非经常性损益后净资产收益率（%）	15.58	16.22	16.21
每股经营活动的现金流量（元）	0.6181	0.4882	0.72
每股净现金流量（元）	0.1459	-0.2487	0.25

资料来源：朱清贞．《财务管理案例教程》，清华大学出版社 2006 年版；证券之星：http://www.stockstar.com；洪城水业股份有限公司：http://www.jxhcsy.com。

二、案例分析

股票是股份公司筹集自有资金的主要形式。我国对公司发行股票有严格的规定，这些规定包括股票发行和上市的条件、股票的发行与销售方式、股票发行程序和发行价格等。企业发行股票还要接受国务院证券监督机构的管理和监督。通过分析案例资料，我们可以了解到洪城水业股份有限公司的财务状况和经营成果，完全符合我国对股份公司发行条件的要求。

（1）资产质量和偿债能力分析。截至 2003 年 12 月 31 日，公司总资产 287 989 156.56 元，其中，流动资产 39 365 306.66 元，固定资产净值 248 019 388.88元。固定资产全部为生产经营性资产，不存在不良资产和闲置性情况。流动资产中 69.41% 为货币资金，应收账款账龄也全部在一年以内，流动资产的流动性强。公司资产质量综合状况较好。资产负债率为 40.77%，流动比率和速动比率分别为 1.86 和 1.83，流动比率和速动比率相比 2002 年有所上升。公司除货币资金外的流动资产、流动负债科目变化不大，流动比率和速动比率上升的主要原因在于会计制度的调整使公司流动负债有较大程度的减少，同时公司货币资金相比 2002 年有一定程度的增加，公司流动比率和速动比率相应上升。

截至 2003 年 12 月 31 日，负债总计 117 401 881.23 元，流动负债21 191 796.25 元，其中主要包括短期借款 12 000 000.00 元、应缴税金 3 269 629.26元等；长期负债 96 210 084.98 元。由于公司具有良好的业绩并且在银行也具有良好的信用，公司在保持一定资产负债率水平的前提下，在以上长期借款到期后，可继续向银行申请贷款，不存在长期偿债风险。

2003 年经营活动产生的现金流量净额为 55 062 948.39 元，每股经营活动产生的现金流为 0.6181 元。该公司具有良好的经营性现金流，公司的投资也将对正常的生产经营活动起到良好的促进作用。

（2）资产负债结构和股权结构分析。截至 2003 年 12 月 31 日，公司的资产负债率为 40.77%。目前负债管理较好，可在有限度的范围内增加债务，以有效地利用财务杠杆。

股票发行前的股本全部为发起人持有，其中控股股东南昌水业集团有限责任公司持股 95.97%，比例较高。公司股权结构通过本次股票发行成功后，将更加合理化。

（3）现金流量分析。该公司经营活动产生的现金流较好。2003 年经营活动产生的现金流量净额为 55 062 948.39 元，每股经营活动产生的现金流为

0.6181元。每股收益含金量较高，公司经营活动的现金增值能力强。现金及现金等价物净增加额为 13 126 539.74 元。

（4）公司经营成果、盈利能力和未来前景分析。由于该公司属于城市供水行业，市场需求稳中有升，公司收入和盈利能力具有相当的稳定性、连续性和一定的增长性。

该公司主业突出，自来水业务收入占公司销售收入的100%，在南昌市城市供水市场占有举足轻重的地位，市场占有率达到85%以上。该公司生产的自来水于2002年8月起销售给南昌供水有限责任公司，销售价格严格按公式测算，并签订了自来水销售合同在水量、付款期限等方面的规定，销售回款压力小，能够保证现金流和销售收入的稳定增长。

自该公司成立以来，2001年销售自来水22 266.4万立方米，销售平均价格为0.55元/立方米；2002年销售自来水23 163万立方米，销售平均价格为0.553元/立方米；2003年销售自来水24 499万立方米，销售平均价格为0.553元/立方米。从上述数字可以看出，该公司成立以来受生产能力的制约，收入和盈利能力增长较慢。但随着募股资金投资项目的投产，公司供水能力将由目前的90万立方米/日增至120万立方米/日；公司还将通过对省内、国内、国际市场循序渐进的开发，不断扩大自来水业务的服务区域和服务客户，使得收入和净利润实现持续稳步增长。此外，根据发展规划，公司会尽快进入利润率更高的污水处理产业，最终形成包括原水收集与制造、存储、输送、制水、售水、污水收集与处理、排污和回用全方位水务服务的内容，大幅度提高毛利率和净资产收益率，提升公司的盈利能力。

案例中，洪城水业股份有限公司通过汉唐证券有限责任公司，公开间接发行股票。股票销售业务是通过委托给汉唐证券有限责任公司代理，对社会认购后的剩余部分，由主承销商组织的承销团包销。股票发行价格5.5元/股，高于面值。

洪城水业的股票经中国证监会证监发行字［2004］52号批准已向社会公开发行；公司股本9 000万元，高于3 000万元的规定标准；社会公众股5 000万股，占总股本的35.71%，远超过25%的规定标准；公司在最近三年内无重大违法行为，财务会计报告无虚假记载。

综上所述，洪城水业IPO及股票上市，符合《公司法》、《证券法》、《企业债券管理条例》所规定的法定条件和国家有关主管部门以及政府审批机关的要求，洪城水业发行方案没有法律障碍。

三、思考·讨论·训练

1. 对于像江西洪城水业股份有限公司这样的非上市公司，IPO 需要经过哪些程序？

2. 我国对股份有限公司股票发行有哪些条件要求，请说明洪城水业股份有限公司具备上述条件要求。

3. 我国股票的发行方式有几种？洪城水业股份有限公司采用的是哪种？

4. 我国股票的发行销售方式有几种？洪城水业股份有限公司采用的是哪种？

5. 我国《公司法》对股票的发行价格有哪些规定？洪城水业股份有限公司采用的是哪种发行价格？

6. 我国对股票上市有哪些条件要求？请说明洪城水业股份有限公司具备上述条件要求。

案例 2-5 2001 年中国长江三峡工程开发总公司企业债券发行

一、案例介绍

（一）公司基本情况介绍

中国长江三峡工程开发总公司（以下简称"三峡总公司"）是经国务院批准成立的，自主经营、独立核算、自负盈亏的特大型国有企业，是三峡工程的项目法人，全面负责三峡工程的建设、资金的筹集以及项目建成后的经营管理。三峡总公司拥有全国特大型的水力发电厂——葛洲坝水力发电厂，今后还将按照国家的要求，从事和参与长江中上游流域水力资源的滚动开发。三峡总公司实行总经理负责制，5 名副总经理及总工程师、总经济师、总会计师协助总经理工作，并设立由国内著名工程专家组成的技术委员会负责重大技术问题的研究和审查。按 1993 年 5 月末的价格水平计算，三峡工程静态总投资为 900.9 亿元，预计动态总投资为 2 039 亿元。三峡工程装机容量 1 820 万千瓦，超过了目前世界上已建成的最大的依泰普水电站。26 台 70 万千瓦的水轮发电机组，交流 500 千伏、直流 500 千伏超高压、大电流电气设备，提升高度 113 米、通航能力达 3 000 吨的升船机，电站控制设备以及 25 万余吨的金属结构等，都具有世界先进水平。

三峡总公司下属企业除葛洲坝水力发电厂外，还有宜昌三峡工程多能公司、长江三峡技术经济发展有限公司等；下属控股公司有三峡财务有限责任公司、三峡国际招标有限责任公司、宜昌三峡工程设备有限公司等。三峡工程竣工后，公司将拥有世界级的特大型水电站——三峡水电站和葛洲坝电厂，发电总装机容量 2 090 万千瓦，年发电量达 1 000 多亿度。届时，公司将实现长江水利资源的滚动开发，并逐步发展成为以水利水电开发为主业、多种生产经营并重的大型企业集团。

公司目前的生产经营以葛洲坝水力发电厂为主，该厂总装机容量为 271.5 万千瓦，设计年发电量 153.7 亿千瓦时。自 1981 年第一台机组并网发电至 2000 年 12 月底止，已累计实现利润 43 亿余元。除葛洲坝电厂以外，公司还有部分子公司从事与水利水电建设相关的生产经营业务。

表 2-9　　　　　发行人最近三年的财务状况　　　　　单位：万元

主要财务数据及指标	1998 年	1999 年	2000 年
（1）资产总计	4 733 969	5 813 585	6 927 482
其中：流动资产	417 224	378 685	328 436
固定资产	4 215 964	5 302 279	6 481 791
（2）负债合计	2 147 997	2 795 588	3 421 012
其中：流动负债	270 719	230 199	144 642
长期负债	1 877 277	2 565 389	3 276 370
（3）所有者权益	2 584 828	3 016 816	3 503 873
（4）产品销售收入	104 086	134 179	156 484
（5）利润总额	30 869	56 278	74 413
（6）净利润	20 828	38 105	50 130
（7）资产负债率（%）	45.37	48.08	49.38

（二）发行人公开发行企业债券的历史

1997 年三峡总公司发行总额为 10 亿元人民币的企业债券（简称"96 三峡债"），期限为三年，于 2000 年 2 月 28 日到期，已如期足额兑付。1999 年三峡总公司发行总额为 20 亿元人民币的企业债券（简称"98 三峡债"），分三年期和八年期两个品种（发行额各为 10 亿元人民币），其中三年期品种将于 2002 年 1 月 18 日到期，八年期品种将于 2007 年 1 月 18 日到期。最近一次利息已如期足额支付。2000 年三峡总公司发行总额为 30 亿元人民币的企业债券（简称"99 三峡债"），为十年期浮动利率附息债券，每年 7 月 25 日付息，2010 年 7 月 25 日到期。最近的一次利息已如期足额支付。三峡总公司无逾期未兑付的债券。

（三）本期债券发行的具体事项

1. 发行批文。2001 年，中国长江三峡工程开发总公司企业债券经国家发展计划委员会的计经调 [2001] 1806 号文核准发行额度，并经国家发展计划委员会的计经调 [2001] 2095 号文批准公开发行。

2. 本期债券的基本事项。

（1）债券名称：2001 年中国长江三峡工程开发总公司企业债券（简称"01 三峡债"，以下简称"本期债券"）。

（2）发行规模：人民币 50 亿元整。

（3）债券期限：按债券品种不同分为十年和十五年。其中十年期浮动利率品种 20 亿元，十五年期固定利率品种 30 亿元。

（4）发行价格：平价发行，以 1 000 元人民币为一个认购单位。

（5）债券形式：实名制记账式企业债券，使用中央国债登记结算有限责任公司统一印制的企业债券托管凭证。

（6）债券利率：本期债券分为十年期和十五年期两个品种。十年期品种采用浮动利率的定价方式，利率自起息日起按年浮动，债券票面利率等于基准利率与基本利差之和。债券第一计息年度票面利率为发行首日中国人民银行规定的一年期定期储蓄存款利率与基本利差之和；债券期限内其他各年度债券票面利率为该年度起息日（利率调整基准日）中国人民银行规定的一年期定期储蓄存款利率（基准利率）与基本利差之和。

（7）基准利率：中国人民银行规定的银行一年期定期储蓄存款利率（整存整取）。

（8）基本利差：175bp（1bp = 0.01%），在债券期限内固定不变。

（9）发行首年利率：4.00%，即发行首日中国人民银行一年期定期储蓄存款利率（整存整取）与基本利差之和（2.25% + 175bp = 4%）；十五年期品种采用固定利率方式，票面利率 5.21%。

（10）调整基准日：债券期限内每年的 11 月 8 日为十年期浮动利率品种计息年度的利率调整基准日。

（11）还本付息方式：按年付息，到期一次还本。

（12）计息期限：十年期品种从 2001 年 11 月 8 日起至 2011 年 11 月 8 日止；十五年期品种从 2001 年 11 月 8 日起至 2016 年 11 月 8 日止。

（13）起息日：债券期限内每年的 11 月 8 日为该计息年度的起息日。

（14）公开发售期限：15 个工作日，从 2001 年 11 月 8 日起至 2001 年 11 月 28 日止。

（15）本息兑付方式：债券上市部分通过上海证券交易所或深圳证券交易所系统兑付，债券未上市部分通过中央国债登记结算有限责任公司系统兑付。

（16）付息首日：每年的 11 月 8 日（遇节假日顺延至其后的第一个工作日）为该计息年度的付息首日，年度付息款项不另计利息付息期限：每年付息首日起的 20 个工作日，年度付息款项自当年付息首日起不另计利息。

（17）兑付首日：十年期浮动利率品种的兑付首日为 2011 年 11 月 8 日（遇节假日顺延至其后的第一个工作日），十五年期固定利率品种的兑付首日为 2016 年 11 月 8 日（遇节假日顺延至其后的第一个工作日），本期债券的兑付款项不另计利息。

（18）兑付期限：自兑付首日起的 20 个工作日，兑付款项自兑付首日起不计利息。

（19）发行范围及对象：本期债券通过承销团在北京市、上海市、江苏省、浙江省、湖北省、四川省设置的营业网点公开发行，持有中华人民共和国居民身份证的公民及境内法人（国家法律、法规禁止购买者除外）均可购买。

（20）主承销商：中信证券股份有限公司。

（21）副主承销商：国家开发银行、三峡财务有限责任公司、国泰君安证券股份有限公司、长江证券有限责任公司和申银万国证券股份有限公司。

（22）分销商：华夏证券有限责任公司、大鹏证券有限责任公司、光大证券有限责任公司和华西证券有限责任公司。

（23）承销方式：余额包销。

（四）本期债券的担保

经财政部财办企［2001］881 号文同意，三峡工程建设基金为本期债券提供不可撤销的全额担保。担保人为三峡工程建设基金。

三峡工程建设基金包括葛洲坝水力发电厂上缴利润和全国用电加价收入。经测算，在三峡工程建设期（1993～2009 年）内电力加价约可征收 1 034 亿元人民币，葛洲坝电厂为三峡工程建设提供约 100 亿元资金。以上两项共计约 1 134 亿元人民币。

（五）本期债券的信用评级：AAA 级

本期债券信用评级由中诚信国际信用评级有限责任公司评定，并由信评委函字［2001］014 号文评定为 AAA 级。

（六）认购与兑付

1. 本期债券的公开发售期限为 2001 年 11 月 8 日起至 2001 年 11 月 28 日止。

2. 认购人持个人身份证（军人持军人证件）或机构的介绍信、营业执照复印件及经办人的身份证、现金或支票前往公开发售的零售或批发机构的销售网点认购。

3. 本期债券的一级托管人为中央国债登记结算有限责任公司，各承销商为本期债券的二级托管人，将为债券认购人设立债券托管账户。

4. 本期债券发行结束后，债券认购人可按照有关主管机关的规定进行债券的转让、挂失和抵押。

5. 本期债券各计息年度付息首日与到期兑付首日前，发行人将在《中国证券报》上刊登"付息公告"及"兑付公告"。相关事宜将在"付息公告"及"兑付公告"中披露。

6. 根据国家有关的法律、法规，本期债券的利息收入所得税由投资者承担。

（七）挂牌交易

三峡总公司已分别取得上海证券交易所和深圳证券交易所的书面承诺，在本期债券发行结束并经有关主管部门批准后将尽快安排在上海证券交易所和深圳证券交易所挂牌上市。

（八）募集资金的用途

本期债券所募集的资金将全部用于 2001 年度三峡水利枢纽工程的建设。1992 年 4 月 3 日第七届全国人大第五次会议通过了《关于兴建长江三峡工程的决议》，批准将兴建长江三峡工程列入国民经济和社会发展十年规划。三峡工程位于湖北宜昌三斗坪，由拦河大坝、左右岸发电厂、通航设施等组成，具有巨大的防洪、发电、航运等综合效益。三峡大坝为混凝土重力坝，水库正常蓄水位 175 米，水库总库容 393 亿立方米，其中防洪库容 221.5 亿立方米。

三峡工程采用"一级开发、一次建成、分期蓄水、连续移民"的建设方案。工程分三期施工，总工期 17 年，其中：1993～1997 年为施工准备和一期工程，以实现长江截流为标志；1998～2003 年为二期工程，以第一批机组投产发电、永久船闸通航为标志；2004～2009 年为三期工程，26 台机组全部投产发电，枢纽工程竣工。

根据 1994 年国家批准的三峡工程总体筹资方案，三峡工程建设资金来源主要包括三峡工程建设基金、国家开发银行贷款、三峡工程建设期发电收入。

预计工程建设资金在 2005 年之前约有 308 亿元缺口。公司按照"间接融资与直接融资相结合、内资与外资相结合、长期资金与短期资金相结合"的原则，采用多种方式筹集建设资金。经过科学认真的分析研究，三峡总公司认为发行中长期企业债券是解决工程建设资金缺口的重要融资手段之一。

2001 年是三峡工程建设进入高强度浇筑混凝土的第三年，金属结构、机电安装均进入高峰期，对实现 2003 年首批机组投产发电至关重要。2001 年三峡工程资金总需求为 165.20 亿元，除三峡工程建设基金、开发银行贷款、出口信贷、商业银行贷款等已落实的资金来源 115 亿元外，尚有部分资金缺口，计划发行 50 亿元企业债券解决资金欠缺。

(九) 风险提示与发行人的对策

1. 风险因素

(1) 项目建设风险：①自然灾害对工程建设的影响。如果遭遇超过设计标准的特大洪水，可能会对工程建设进度产生影响。②项目本身特点对工程建设的影响。三峡工程建设是一项复杂的系统工程，建设规模大、施工强度高、工期长，对施工的组织管理和物资设备的技术性能要求严。如果在工程建设的管理中出现重大失误，则可能会对整个工程建设进度产生影响。

(2) 电力市场和电价政策风险。售电收入是三峡工程主要收入。从总体看，我国电力行业仍存在供需矛盾，在相当长的时期内，我国仍需发展电力工业，这对三峡工程是积极有利的因素。但是，三峡电站作为未来全国电力联网的中心电源，电价机制和电能消纳方案国家计委已上报国务院，售电协议未最终明确，从而使三峡总公司未来售电收入存在一定的不确定性。

(3) 利率风险。受国民经济总体运行状况和国家宏观政策的直接影响，利率存在波动的可能性。由于本期债券期限较长，可能跨越多个经济周期，利率的波动将给投资者的收益水平带来一定的不确定性。

(4) 债券兑付风险。如果上述某项或多项风险同时发生并足够严重，则本项目的未来现金流可能与预测发生较大偏差，可能影响本次债券的兑付，产生兑付风险。

2. 风险对策

(1) 项目建设风险对策。国务院及所属国家发展计划委员会、国家科学技术委员会组织了 412 位专家（分 14 个专家组），对项目可行性进行了数十年的全面论证和系统研究。三峡总公司本着严谨的态度，设立了由国内著名工程专家组成的技术委员会，该委员会负责重大技术问题的研究和审查。三峡总公司高度重视三峡工程质量，始终把质量放在工程建设的首位，正确处理质量、进度与效益的关系，健全机构，规范标准，依靠科技，强化监理，在九年的工程建设实践中，探索并建立了一套从原材料到现场施工直到形成最终建筑物和设备的较为完整的质量保证体系。近两年来，三峡总公司又采取了一系列的有效措施，比如，选聘若干国内外确有专长的专家担任专业质量总监，把好每个单元工程质量关，明确"零质量事故"的质量管理目标，质量一票否决制，设立三峡工程建设质量特别奖等，进一步强化了三峡工程的质量管理。国务院三峡建设委员会三峡枢纽工程质量检查专家组，每年两次对三峡工程质量进行检查评价和咨询，促进了三峡工程的质量管理。

三峡总公司对工程的投资实行"静态控制、动态管理"的原则。在工程建设中，坚持以项目法人责任制为中心的建设管理模式，实行招标承包制，通过公开招标、公平竞争、公正决标的方式，选择国内优秀的施工企业参与工程建设；坚持建设监理制，严格控制工程的质量、进度和投资；坚持合同管理制，确保建设单位和施工单位职责分明，严格履行各自的合同义务。

从项目进展情况看，一期工程的建设实现了长江大江截流的预定目标；二期工程进展顺利，主要的施工合同和设备采购合同均已签订并顺利执行，工程建设施工和管理水平不断提高，工程进度和工程形象按计划顺利实施，工程质量满足设计要求，工程投资控制在国家批准的概算范围内。

（2）电力市场和电价政策风险的对策。目前，国务院授权国家发展计划委员会牵头组织，国务院三峡工程建设委员会、国家电力公司、三峡总公司及受电地区的十省市政府共同研究，三峡电站的电能消纳方案和售电价格，已上报国务院。此外，公司将在继续争取国家对三峡工程的政策支持的同时，通过采用科学的管理模式，尽量降低项目建设成本，以提高公司的市场竞争能力。

（3）利率风险对策。利率处于近二十年的历史低位。本期债券十年期品种采用浮动利率的定价方式，能够有效规避利率上升阶段的利率风险；而十五年期固定利率品种虽然在利率上升阶段存在一定的利率风险，但由于其票面利率较高，因此在该品种完整的存续期内，利率风险也得到了较好的规避，从而确保投资者的合理收益。

（4）债券兑付风险对策。本期债券兑付期为2011年以后，届时三峡电站已全部建成投产，现金流量巨大，兑付风险极小。即便如此，三峡总公司仍将通过采取各项措施，争取将兑付风险降低到最低程度。同时，三峡工程建设基金为本期债券提供不可撤销的全额担保，更增加了债券到期按时兑付的可靠性。

（案例来源：《2001年中国长江三峡工程开发总公司企业债券发行公告》，《中国证券报》2001年11月8日；汤谷良：《财务管理案例研究》，中国广播电视大学出版社2002年版）

二、案例分析

债券融资是公司的一种主导的融资方式，与股权融资相比，筹资成本较低，且可以锁定成本，特别是在预期利率上浮时期，效果明显。从控制权来分析，债券融资不会削弱公司现有股东的相对平衡的权力结构，且能产生"杠杆效应"。与银行贷款比，债券融资的资金运用相对灵活，融资成本相对较低，还可以避免银行对公司财务安排的限制与监督。因为债券具有以上优点，所以债券融资受到广大筹资企业的欢迎。

1. 债券筹资规模决策分析

企业在采取债券筹资时，首先应对债券筹资的数量做出科学判断和规划。由于资金的短缺性和资金的成本、风险性，必然要求债券筹资规模既合理又经济。因为，如果债券筹资规模过小，筹集资金不足，必然达不到债券筹资目的，影响企业正常经营和项目进展；而债券筹资规模过大，使资金闲置与浪费，不仅增加公司的利息支出，加重债务负担，也必然会影响资金使用效果。然而，确定发行债券的合理数量是个较为复杂的问题。

案例中，企业首先是以企业合理的资金占用量和投资项目的资金需要量为前提，在此基础上对企业的扩大再生产进行规划，对投资项目进行可行性研究。三峡工程是目前在建的世界上最大的水电工程，具有世界先进水平。三峡工程是经专家们反复论证后由全国人大批准通过，并由国家各级部门全力支持的具有巨大经济、社会、环境效益的工程。2001年三峡债券的发行人中国长江三峡工程开发总公司是三峡工程的项目法人，全面负责三峡工程的建设、资金筹集以及项目建成后的经营管理，公司拥有三峡电厂和葛洲坝电厂两座世界级的特大型水电站。根据案例资料分析，三峡工程竣工后将为三峡总公司带来良好的经济效益。

其次，企业分析其财务状况，尤其是获利能力和偿债能力的大小。三峡工程所承担的防洪等巨大的社会、经济效益使国家对三峡工程给予了高度重视，在资金筹措方面出台了三项扶持政策：第一，将中国目前最大的水电站——葛洲坝水力发电厂划归三峡总公司，规定其发电利润用于三峡工程建设。此外，还适当提高了葛洲坝电厂的上网电价。第二，在全国范围内，按不同地区不同标准，通过对用户用电适当加价的方法，征收三峡工程建设基金。以上两项在三峡工程建设期内可筹集资金约1 100亿元人民币，占三峡工程总投资的50%以上。而且这两项资金作为国家投入的资本金，意味着三峡工程一半以上的资金来源在建设期内不需要还本付息。第三，国家开发银行贷款。作为中国三大政策性银行之一，国家开发银行已承诺在1994～2003年每年向三峡工程提供贷款30亿元，共300亿元人民币。以上三项政策共可为工程筹集建设资金1 400多亿元，约占工程投资的70%。这是三峡工程稳定可靠的资金来源，对整个工程建设起着重要的资金支撑作用。除此之外，三峡工程从2003年起，机组将相继投产，从而为三峡工程增加新的现金流入，这部分迅速增长的资金将满足后期投资的需要。总之，三峡总公司未来将有巨大而稳定的现金流入，本期总额为50亿元的债券相对而言只是个较小的数目，因此到期本息的偿付有足够的保障。

再次，从公司现有财务结构的定量比例来考虑。目前常用的资产负债结构指标有两种：第一种为负债比率，即负债总额与资产总额之比，它用来分析负债筹资程度和财务风险的大小，对债权人来说，用来表明债权的安全可靠程度。国际上一般认为30%左右比较合适，但在发达国家和地区通常要高一些，美国企业为40%左右，中国台湾为50%～60%，日本达到70%～80%。第二种为流动比率或营运资金比率，即企业流动资产与流动负债之比。它用于分析企业短期债务到期前的变现偿还能力。一般认为，企业流动资产（包括现金、应收款项、有价证券、产成品、发出商品等）应是其流动债券的两倍以上，比率越高，企业的短期偿债能力一般越强。从案例资料分析看，三峡总公司目前资产负债率较低，且以长期负债为主，财务结构较为合理。截至2000年年底，公司总资产692.74亿元，净资产350.39亿元，负债342.10亿元，其中长期负债327.64亿元，占总负债的95.8%，资产负债率为49.38%。2000年，公司实现销售收入15.65亿元，实现利润总额7.44亿元，实现净利润5.01亿元。从三峡总公司的资产构成看，2000年末流动资产和固定资产占资产总额的比重分别为4.7%和95.3%，固定资产中在建工程占绝对比例，这正反映出公司目前总体处于在建期的客观情况。从公司的资本构成情况看，自有资本比率较大，自有资本充足，资本实力雄厚；债务主要由长期债务构成。从今后的发展情况看，由于资本金有稳定的增长来源，建设期还将持续八年，因此，上述资产结构、资本结构及债务结构将不会发生根本性变化。由于三峡工程属于在建项目，所以，我们在分析三峡总公司财务状况时，不宜只以各项财务指标为依据，尤其是公司利润部分。三峡总公司目前利润主要来自葛洲坝电厂，由于其上网电价偏低，有较大的提价空间，并且目前公司正在与国家有关主管部门协商提价事宜，因此未来这部分现金流入预期会有较大幅度的提高。

最后，应比较各种筹资方式的资金成本和方便程度。筹资方式多种多样，但每一种方式都要付出一定的代价即资金成本，各种资金来源的资金成本不相同，而且取得资金的难易程度也不一样。为此就要选择最经济、最方便的资金来源。

2. 债券筹资期限的策略

即决策一个恰当而有利的债券还本期限，具体规定偿还期的月度数或年度数。公司在债券筹资期限方面，存在着债券成本与债券风险的矛盾，债券期限长短各有利有弊。决策者应该加以权衡后做出决策。比如，短期债券成本低，但风险大，长期债券的成本高，但风险小。如何决策债券期限还取决于决策者在考虑上述因素的基础上对风险与成本的态度，需要决策者具备见识、眼力、经验和创新能力。解决债券偿还期的确定问题时，应注意综合考虑以下各种因素：

（1）投资项目的性质。不同投资项目是考虑偿债期的主要依据，一个企业为某项生产性投资建设项目筹集资金而发行债券时，期限要长一些，因为一般只有在该项目投产获利之后才有偿债能力；如果是设备更新改造筹资，则期限可相对短一些；如果是为了满足暂时流动资金的需要而发行债券，则期限可安排为几个月。总之，债券期限要与筹资用途或者投资项目的性质相适应，目的是付出最小的代价，最大限度地利用发行债券筹措到的资金。三峡总公司筹集资金是为了弥补其建设后期资金缺口，该项目计划的竣工年份短于债券期十年与十五年的还本期。

（2）有利于公司债务还本付息在年度间均匀分布。这是一个债务偿还的期限结构设计，应当使公司债务还本付息在年度间均匀分布，预防债务偿还集中在某些年限、月份。比如，公司以前的债务在本年或随后几年还本付息会使公司财务状况显得紧张，这时要避免出现过多的新的流动负债，而应实行长期债券筹资，实现债券筹资的良性循环。这批50亿债券采用十年期浮动利率和十五年期固定利率两个品种发行。从我国公司债券发行情况来看，这是第一次发行超过十五年期的超长期公司债券。中长期债券的增多，不同利率水平债券组合的使用丰富了债券品种，增加了市场选择，也平缓了还债压力与风险。

（3）有利于降低债券利息成本。在市场利率形成机制比较健全的情况下，债券利息成本与期限有关。一般来说，短期举债成本要比长期举债成本低。

（4）债券交易的方便程度。即证券市场是否完善发达，如果证券市场十分完善，债券流通顺畅，交易很方便，那么债券购买者便有勇气购买长期债券，因为必要时，他能很方便地将其持有的债券变换成现金；反之，如果证券市场不发达，债券难以流通、转让和推销，债券发行者就只能在其他方面补偿，如缩短债券期限。作为盘子大、资信好的中央级企业债券，三峡债券的上市应该不是问题。本期三峡债券早在发行前，就获得了上海证券交易所和深圳证券交易所的上市承诺。从以往三峡债券的上市历史看，一般从发行到上市只需要4~5个月的时间。债券上市后，投资者既可以进行长期投资，也可以在需要套现的时候，选择较好的时机，以适当的价格卖出，并获得一定的投资收益。从本期债券的特点看，由于是按年付息品种，且在利率风险规避、满足投资者的短期投资偏好和长期投资回报要求等方面均有相应的保障。另外，理论研究和市场分析表明，本期债券所设计的品种其价格与收益率的弹性均较大，流动性会更好。本期债券十年期品种按年付息，采用浮动利率的定价方式。十年期浮动利率品种曾由三峡总公司于2000年7月率先发行，属成熟品种，其重要特点是能够有效规避利率上升风险，属企业债券市场上的成熟品种。而十五年期品种则是三峡债券的又一次大胆创新。该品种具备三方面特点：一是能够在一定程度上规避利率风险；二是能够满足投资者当前对于长期固定利率品种的投资偏好；三是新的长期固定利率品种的推出，能够完善市场的收益率曲线，为投资者提供较好的市场参照，所以相信在上市后会受到投资者的欢迎。

3. 债券筹资利率策略

企业债券的发行成功与否，利率的设计是核心。债券利率策略问题综合性强，十分复杂，确定债券筹资的利率总的原则是既在发行公司的承受能力之内，尽量降低利率，又能对投资者具有吸引力。根据我国目前的实际情况，确定债券利率应主要考虑以下因素：

（1）现行银行同期储蓄存款利率水平和国债收益水平。银行储蓄和债券是可供投资者、居民选择的两种形式，一般都从收益高、风险小两个方面去考虑，由于公司债券筹资的资信不如储蓄，所以，一般来说，债券筹资的利率应高于同期储蓄存款利率水平。现行银行同期储蓄存款利率是公司债券筹资利率的下限。当然，若未来银行利息走低，发债公司将因依照银行同期储蓄存款利率而承担较高的资金成本。

确定企业债券利率大小的原则是依资金供求的真实变动和发债企业的风险差异，在基准利率上再上浮一定的幅度。常用的基准利率是某种金融指数，如货币市场利率、银行存款利率或国债利率。在发达市场上，主要的依据是信用级别最高的国债收益率。非国债利率与国债利率之间存在着一定的利差，例如，如果五年期国债的利率为4%，而同一期限的公司债券的利率为5%，其利差为100个基本点（1%）。利差反映了投资者购买非国债利率而面临的额外风险。

非国债利率 = 基础利率（国债利率）+ 利差

本期三峡债券的浮动利率品种基本利差为在中国人民银行规定的一年期银行储蓄存款利率为基础上浮175个基本点，比今年发行的浮动利率国债和金融债券要高出很多。如十年期国债的浮动利差平均为54.5个基本点，十年期政策性金融债券的浮动利差平均为64.925个基本点。由此可以推算，不考虑税收因素，本期债券高出同等条件国债和政策性金融债券的利差分别为120.5和110.075个基本点（见表2-10）。而由于本期债券采取钉住中国人民银行规定的一年期银行存款利率浮动的办法，因此，无论未来十年银行存款年利率上调的幅度有多大，本期债券的利率都高出1.4个百分点（考虑个人利息所得税因素）。

表2-10　　　2001年发行的浮动利率国债和政策性金融债券一览表

	发行日期	期限	计息方式	付息方式	票面利率（%）	发行额（亿元）	基本利差（BP）
010001	3月21日	10年	浮动	按年付息	2.82	200	57
010009	8月31日	10年	浮动	按年付息	2.77	200	52
010203	4月11日	10年	浮动	按年付息	2.898	100	64.8
010205	5月16日	10年	浮动	按年付息	2.898	100	64.8
010210	9月12日	10年	浮动	按年付息	2.903	100	65.3
010303	5月23日	10年	浮动	按年付息	2.898	80	64.8

本期三峡债券十五年期固定利率品种的票面利率为5.21%，按年付息。该品种均高出年内发行的国债和金融债较多。对于个人投资者而言，在扣除20%的利息所得税后，所得利息为4.168%。因此，投资者投资本期债券，能够获得较高的利息收入。

作为债券价格的一种形式，现实利率是债券供给与需求的某种均衡。一般地，利率区间的下限由需求方决定，上限由供给方决定，除非法律另有规定，如《企业债券管理条例》规定，企业债券的利率不得高于银行同期居民储蓄定期存款利率的40%（计为R_3）。从投资者来说，企业债券利率应不小于国债利率（计为R_0）与实纳税率之和（计为R_1），否则，投资者将选择国债，因为目前国债收益是免税的。从发行人来说，企业债券利率应不大于银行同期贷款利率与发行成本（含代缴税款）费率之差（计为R_2），否则，发行人将向银行直接举债而非发行债券。这样，企业债券利率的合理区间的上限便为

R_2 与 R_3 中较小者。在宽松的税收政策下或发行人代缴利息所得税时，区间的下限为利率 R_0；在严格的税收政策下，区间的下限为 R_1。由于机构与个人的所得税率不同，因此，投资者的结构将影响到 R_1 的大小，进而影响到利率区间的宽窄甚至存在。实际上，在利率最终确定时，人民银行往往会考虑国债的发售因素。为使企业债券不对国债发行造成冲击，现实利率可能与 R_1 比较接近。

目前，三年期国债利率（R_0）为7.11%，银行存款利率为6.21%，贷款利率为9%。这样，R_3 为8.6%。若发行成本费率按较常见的1%计，则 R_2 为8%。若个人认购比例按50%、所得税率按20%计算（因机构投资者的所得税无法具体分摊到认购某债券一项业务上，暂时只考虑个人所得税），则 R_1 为7.821%。据此，若不考虑税收因素，目前三年期企业债券利率的合理区间应是（7.11%，8%）。若考虑税收因素，利率的合理区间为（7.8%，8%）。经测算，当个人认购比例大于63%时，R_1 将超过 R_2，即利率区间将没有交集。换言之，发行人将无法也不会做出发债的决定。

需要说明的是，随着债券市场的日益发展，债券利息决定方式的创新将越来越市场化，比如，我国已有采用国际上通行的"路演询价"方式，即由投资者直接向主承销商报盘，确定自己在不同利率档次的购债数额，最后主承销商根据认购的倍数和利率，确定债券利率。

（2）国家关于债券筹资利率的规定。在我国，由于实行比较严格的利率管制，企业债券发行受宏观调控影响较大。依企业的不同隶属关系，债券利率由中国人民银行总行或省级分行以行政方式确定。如现行企业债券管理办法规定，企业债券的利率不得高于银行相同期限居民储蓄定期存款利率的40%。这是企业债券利率的上限。企业债券利率既不直接反映供求关系和信用程度，也未与国债利率形成稳定的基准依据关系。而且，由于国有企业的所有制性质导致了企业信用风险差别上的模糊，政府在确定债券利率时，往往搞"一刀切"。但是，随着市场体制的逐步完善和企业融资重心的逐渐转移，这种情况将会得到改善。所以说，把利率定位在"不高于40%"的限度时，利率既不能真实反映公司债券的内含价值，又使利率脱离了市场行情和发行公司的资信状况。

（3）发行公司的承受能力。为了保证债务能到期还本付息和公司的筹资资信，需要测算投资项目的经济效益，量入为出。投资项目的预计投资报酬率是债券筹资利率的基本决策因素。本期债券的发行人三峡总公司的财务状况良好。截至2000年年底，三峡总公司的资产总额为692.74亿元，负债总额为342.10亿元（其中长期负债为327.64亿元），净资产为350.39亿元，资产负债率为49.38%，流动比率为2.27，速动比率为2.25。表明公司对长期和短期债务都有较强的偿付能力。到目前为止，三峡工程的施工进度和质量都达到或超过了预期水平，而且施工成本较原先计划的为低，工程进展十分顺利。三峡总公司的资本实力雄厚，债务结构合理。本期三峡债券的本息偿付有足够的保障。

(4) 市场利率水平与走势。对利率的未来走势做出判断是分析债券投资价值的重要基础。利率是由市场的资金供求状况决定的。作为货币政策的重要工具之一，利率调整通常需要在经济增长、物价稳定、就业和国际收支四大经济政策目标之间进行平衡，并兼顾存款人、企业、银行和财政利益。利率调整决策（或评价利率政策的效果）主要有财务成本法、市场判断法与计量模型分析法三种方法。目前，中国调整利率的主要依据是财务成本法。但不论采取哪种办法，都需要参照经济增长、物价水平、资金供求情况、银行经营成本、平均利润率、国家经济政策、国际利率水平等主要指标，现实是这些因素均使我国利率上升的压力大大减轻，或者说短期内人民币利率将保持稳定；但从中、长期来看，人民币利率仍然存在上升预期。

考虑债券的利率风险，利率变动的时点判断固然重要，但也不能忽视对利率周期的分析。当然，因债券品种的不同，分析的侧重点会有所区别。利率周期一般与经济周期同步运动，经济形势有好有差，利率走势也有升有降。根据我们的判断，我国利率短期内会保持相对稳定，中期（未来五至十年）会走过一个利率周期的上升段，长期（未来十至十五年）则会经过利率周期的下降过程。所以，五至十年期债券品种的发行，从规避利率风险的角度，浮动利率债券是最佳选择（因为正赶上利率周期的上升段）。而十五年期以上品种虽然在利率上升阶段会承担一定的利率风险，但却能够得到相应的补偿：在利率相对稳定时期，只要市场的再投资收益率低于债券票面利率，投资者总能够获得较高的当期收益（该阶段持续时间越长，对投资者越有利）；在利率下降阶段，固定利率债券的价格必然上升，而期限越长，上升幅度越大。正因为如此，十五年期固定利率债券也能够在一定程度上规避利率风险。本期债券品种的上述特点，便于投资者有效规避利率风险，并使其资产与负债的期限结构和流动性要求互相匹配。由于满足了投资者的现实需求，相信会有助于进一步树立三峡债券在市场上的创新领先地位，并得到市场的充分认可和高度评价，从而在上市后也会有良好的市场表现。

(5) 债券筹资的其他条件。如果发行的债券附有抵押、担保等保证条款，利率可适当降低；反之，则应适当提高。三峡债券的风险很低。从信用级别看，经中诚信国际信用评级有限责任公司评定，2001年三峡债券的信用级别为AAA级，是企业债券中的"金边债券"。从担保的情况来看，经中华人民共和国财政部财办企〔2001〕881号文批准，三峡工程建设基金为本期债券提供全额、不可撤销的担保，因此具有准国债的性质，信用风险很小。可以看出，三峡工程建设基金每年都将给三峡总公司带来巨大而稳定的现金流入，而且从2003年开始，三峡电厂开始发电，随着发电量的逐年增加，其每年的现金流入增长很快。因此，本期债券的偿付有很好的保障。

4. 清偿方式的选择

清偿方式就是指清偿债务所采用的具体形式。如清偿时间的间隔安排，即本息是一次累计偿还，逐次平均偿还，还是本金一次偿还，利息逐年偿还？另外是采用现金方式支付，还是用其他别的方式支付呢？这些都是公司债务策略的重要内容。

一般来说，清偿方式的选择主要依据对成本的考虑。就清偿的时间间隔安排来说，对于一笔借入资金，采用不同的还款方式，会有不同的利息支出。因此，有必要对不同的还款方式进行分析测算，为最终选择提供可靠的依据。三峡债券选择的还本付息方式是按年付息，到期一次还本。尽管本金一次偿还在一定程度上有损财务稳健，但相对于其他方式，该方式现值最低。

三、思考·讨论·训练

1. 中国长江三峡工程开发总公司发行的债券属于何种类别的企业债券？
2. 按现行法律规定，在公司内部，债券发行必须经过股东大会审议批准，试分析其理由。
3. 如何确定公司债券发行的规模？
4. 公司债券利率的影响因素有哪些？
5. 公司债券的信用级别有多少级？分别是什么级？

案例2-6　山东日照电力公司：锁定风险，跨国融资

一、案例介绍

20世纪90年代以来，经济的高速发展给山东的基础设施建设提出了迫切的要求。为缓解电力不足的压力，山东省政府经过认真勘查、反复科学论证，

决定在沿海新兴城市日照市兴建一个热电厂。电厂一期工程投资49亿元人民币，由于项目投资较大，国内资金无法保证项目开工。于是，山东省决定利用国际资金市场，走国际融资之路。1993年10月，山东省电力公司代表中方，与以色列著名财团——国际联合开发财团（以下简称"UDI公司"）签署了《中外合作经营山东日照发电有限公司协议》。UDI是以色列国内实力超群的大财团，在国际资本市场有丰富的经验和良好的资信。这对于解决国外资金以及提交项目的资信具有重要作用。特别是后来德国西门子公司的加入，使项目很容易地获得了德国出口信贷，西门子公司作为设备供应商的加入又进一步提高了项目的资信。

参与该项目的共有七方。外方参与单位两家，即以色列的UDI和德国的西门子公司，各占总股本的12.5%，外方合计占25%。中方参与单位共有五家：最大股东是中国电力投资公司（简称"中电公司"），占总股本的27%，第二大股东是山东华能公司，占总股本的25.5%，山东电力公司占总股本的7.5%，是该项目的承建商，另两家股东分别是山东省国际信托投资公司和日照经济发展公司，各占总股本的7.5%。中方五家合计占总股本的75%。

经过中方与外方多次研讨，讨论了各种融资办法，如发行债券、辛迪加贷款、使用出口信贷等，最后于1994年7月决定采用项目融资，以德国和西班牙银行的出口信贷为主。利用出口信贷就意味着设备必须从德国和西班牙购买。利用项目融资则必须有复杂的合同设计和艰苦的资金成本（利率）谈判。同时邀请了中国建设银行担任了中方财务顾问。

按项目融资安排的国际惯例，项目合作经营公司需要承担所需资金的25%作为股本金，其余资金则在国外筹措。日照项目中，项目公司总股本额为1.5亿美元，占所需资金的30%，其余70%即3.5亿美元则需通过融资渠道来解决，其中85%为德国和西班牙的出口信贷，其余为商业银行贷款。

融资利率谈判开始时，是以浮动利率为基础进行的，而美元长期贷款利率当时已升至年利率8.6%~9%。由于资本成本上升，使电价上升到了电网无法接受程度。后在中电公司主持下，经过艰苦谈判和多方努力，终于将贷款利率确定为经济合作与发展组织（OECD）规定的优惠利率（SDR利率）。在德国和西班牙的贷款利率分别为6.6%和5.95%，综合利率为6.27%，期限为12~16年。其余商业银行贷款利率按照国际惯例实行浮动制。

因为项目融资将贷款风险系于项目自身，贷款银行必须以项目本身作为还本付息的保证。所以，融资成败的关键是整个合同结构的设计安排。只有签订一套能够确保电厂顺利建成、良好运作、获得足够电费收入，并且可以兑换成外汇汇出的有效合同，才能使贷款方放心地将巨额贷款交给借款方——项目公司。

不过，虽然项目总风险高，但通过风险分散和管理，各方的风险大为降低。在日照电厂项目中，通过保险及相互交叉的合同保证实现了风险的有效分散。

首先，山东省政府和电力部给予项目公司及两家贷款银行的安慰函，即支持保证，这是应该项目公司及贷款银行的要求做出的。从政府角度对项目表示支持，并且对未来电价实行"新电新价"做了承诺，对外汇汇出等有关情况做出了解释。这实际上消除了贷款方的政策风险。

其次，合作公司与作为承包商的山东电力公司签署供煤、运行、维护和购电合同以及电厂发展合同和电厂发展的合同风险，消除了电厂项目中的收入风险、完工风险、经营风险和燃料供应及运输风险。

再次，由山东电力公司为一方，由项目公司、外国两家贷款银行以及贷款保证人——中国建设银行组成另一方签署"山东电力协议"。内容重申了山东电力公司在运行购电合同中的关键条款，特别是支付电费的义务。这样山东电力公司与贷款方有了关于未来收益的直接协议，一旦项目有意外，贷款方有权向山东电力公司追索相应债务。所以日照电厂是典型的"有限追索的项目融资"，这样进一步降低了贷款方的风险，当然也增加了山东电力公司责任和义务。

最后，由贷款方、中国建设银行为一方，合作公司为另一方签署"保证协议"。协议规定：今后项目的全部现金收入必须进入建设银行监管下的专门账户，并确定国外贷款为优先债务；贷款银行还为此设计了一套严格的资金使用的监督办法。

（资料来源：张向青：《企业卓越理财》，中国广播电视出版社2003年版）

二、案例分析

建设新企业，改造原有企业，发展生产经营，需要大量资金。首先要充分利用国内资金，靠企业内部积累，同时还须利用国外资金。国际经验证明，合理利用外资是加快技术进步和经济发展的有效手段，世界上经济发达国家在其经济发展过程中，几乎没有一个不曾利用国外资金，也没有一个完全不利用外资而实现了经济高速发展的。企业的国际经济业务越发展，资金的筹措和运用必然会随之更趋国际化。

国际筹资与国内筹资相比，筹资渠道更广泛，资金供应量也更大。但同时，筹资的各种相关因素的相互影响更为复杂，这既给企业带来了更多的风险，也提供了更多的机遇。

日照电厂在项目建设过程中，主要面临的问题是资金问题，当然其中涉及资金来源、资金使用成本、资金投入方向，等等。日照电厂项目无疑是个成功的项目融资案例。它实现了资金来源的多元化，克服了传统的基础建设靠国家贷款或社会集资的做法，对准国际金融市场，以未来电价收入为担保，筹措到了使项目开工完成的资金。当然，之所以能做到这一点，关键在于项目设计与管理过程中，层层锁定风险、化解风险，从而大大提高了资信水平。也正是如此，才使我方在外方出口信贷的谈判中处于相对有利的地位，争取到经常优惠的利率，降低了融资成本，减轻了财务负担和经营风险。

项目融资与传统公司融资最大的不同，是其以项目本身为融资主体，根据项目本身的收益安排的融资，项目借款人对项目所承担的责任与其本身所拥有的其他资产和所承担的其他义务在一定程度上是分离的。贷款人对项目融资的追索是有限的，无论项目出现任何问题，贷款人均不可追索到项目借款人该项目资产和现金流量之外的任何形式的财产。项目融资是一种非公司负债型融资，项目负债不表现在公司资产负债表内，或只反映在公司资产负债表的注释中。

金融资本的运行历来注重流动性、盈利性、安全性的配合。安全性与盈利性成反比。安全性越差，要求盈利性越高，以示补偿。因此，风险大的项目获取贷款的利率必须很高。日照电厂项目的成功说明降低风险对出资人来说是至关重要的。因为它关系到项目投资者的贷款能否按时足额收回，并获取利润，能否实现资产的流动性。只有降低了风险，使贷款的安全性有了保证，才能获取资金；反之，一切枉然。

三、思考·讨论·训练

1. 国际筹资与国内筹资相比，有何特点？
2. 国际筹资常用的融资方式有哪些？
3. 出口信贷融资对企业有何条件要求？
4. 项目融资最大的优势是什么？
5. 请解释案例中提到的"有限追索的项目融资"。

案例 2-7 北江公司资本成本分析

一、案例介绍

北江公司是由大量地区性旅游连锁店合并而成的股份有限公司，它希望与国家等级的酒店相竞争。现在公司总经理、财务经理与投资银行及有关人员正在讨论公司的资本成本问题，以便为筹措资金、确定资本结构提供依据。公司的资产负债表如表 2-11 所示。

表 2-11 公司的资产负债表 单位：万元

资产		负债和股东权益	
现金	1 000	应付账款	1 000
应收账款	2 000	其他应付款	1 000
存货	2 000	短期借款	500
流动资产合计	5 000	流动负债合计	2 500
固定资产净值	5 000	长期债券	3 000
		优先股	500
		普通股	1 000
		留存收益	3 000
资产总计	10 000	负债和股东权益总额	10 000

下面是问题的条件：

（1）短期负债由银行贷款构成，本期成本率为 10%，按季度支付利息。这些贷款主要用于补偿营业旺季在应收款和存货方面的资金不足，但在淡季无须银行贷款。

（2）期限二十年，并以 8% 的息票利率每半年付息一次的抵押债券构成公司长期负债。债券投资者要求的收益率为 12%，若新发行债券，收益率仍为 12%，但有 5% 的发行成本。

（3）该公司的永久性优先股票面额为 100 元，按季支付股利 2 元，投资者要求的收益率为 11%。若新发行优先股，仍产生同样的收益率，但公司需支付 5% 的发行成本。

（4）公司流通在外的普通股为 400 股，$P_0 = 20$ 元，每股发行价格在 17～23 元之间，$D_0 = 1$ 元，$EPS_0 = 2$ 元；以普通股平均值为基础的股本收益率在 1996 年是 24%，但管理者期望提高到 30%，然而，证券分析人员并没有意识到管理者的这一要求。

（5）由证券分析人员估算的 β 系数在 1.3～1.7 范围变动，政府长期公债收益率是 10%，由各种经纪服务机构所估算的 R_m 取值范围在 14.5%～15.5% 之间，所预测的期望增长率范围在 10%～15% 之间。然而，有些分析人员并没有提出明确的增长率估算数据，但他们曾向代理人暗示，该公司的历史增长率仍将保持与过去相同。

（6）根据最近消息，北江公司的财务经理对某些热衷于退休基金投资的管理者进行了一次民意测验，测验结果表明，即使该公司的股本收益率处于最低水平，投资者仍愿意购买北江公司的普通股票而不愿意购买收益率为 12% 的债券。所以，最后的分析建议是，相对北江公司债务的股票风险报酬率范围应在 4%～6% 之间。

（7）北江公司的所得税率为 40%，但其控股股东的上缴税率为 28%。

（8）新发行的普通股票有 10% 的发行成本。

（9）尽管北江公司的主要投资银行认为预期通货膨胀将导致公司有关比率提高，但他们仍指出北江公司的债券利息率将呈下降趋势，其 K_d 将下降到 10%，政府长期公债收益率下降到 8%。

（资料来源：北理工 99MBA 主页，www.99mba.bitmba.com）

二、案例分析

企业无论从何种渠道取得资金，都需要付出相应的代价。资本成本就是企业筹集和使用资本而付出的代价。资本成本是在商品经济条件下，资金所有权与资金使用权分离的产物。资本成本是资本使用者对资本所有者转让资本使用权利的价值补偿。

资金成本的作用主要表现在几个方面：一是企业筹资决策的主要依据；二是评价投资项目的重要标准；三是作为衡量企业经营成果的尺度。所以，不论是筹资还是投资，企业都要计算企业的资本成本。资本成本的计算包括个别资本成本和加权平均资本成本。

个别资本成本会因资金来源不同而有差异，即使来源相同，也会因使用期的不同而不同。在计算债务性筹资资金成本时需要注意两个问题：一是债务的抵税作用，且只有盈利时才能发挥这种作用；二是债券筹资费用增加筹资成本。普通股的未来盈利模式不同,在计算其成本时,要根据具体情况选择。案例涉及长、短期借款、债券、普通股和优先股资金成本的计算,关键是各成本计算公式的正确选择。

加权平均资本成本是企业的综合资本成本,是企业现有的各资本项目的加权平均资本成本。综合资本成本代表了企业的资本结构和筹资代价;在新筹资决策中,综合资本成本可作为筹资决策的依据。加权平均资本成本一般是以各种资本占全部资本的比重为权数,对个别资本成本进行加权平均确定的。加权平均资本成本的计算难点在权重的确定。权重确定的最简单的方法是使用公司当前的账面价值,但账面价值常常不能反映当前市场价值,特别是股票和债券的市场价格波动较大,计算结果会与实际有较大的差距,从而贻误筹资决策。为了克服这一缺陷,计算加权平均资本成本要采用市场价值或目标价值确定,这种方法计算较复杂。案例中,北江公司要讨论公司的资本成本问题,以便为筹措资金、确定资本结构提供依据。给出的企业资本构成中,债券和股票的市场价值都波动较大,需要计算其市场价值。

三、思考·讨论·训练

假设您最近刚刚被招聘为公司副总经理,您的上司要求您根据上述资料估算该公司加权平均资本成本。注意:在每一给定条件下您所获得的资本成本数据应该适于评价与公司的资产具有同等风险的项目。在您的分析报告中应该包括以下内容:

1. 根据证券评估的基本公式,计算长期负债市场价值、优先股市场价值和普通股市场价值,并以此确定公司的资本结构。
2. 计算长期负债税后成本 $K_b(1-T)$ 和优先股成本率。
3. 根据资本资产定价模式计算普通股成本,其中 R_m 和 β 系数取中间值计算。
4. 根据公式 $g =$ 留存收益比率 × 期望股本收益率,计算股利增长率;或根据分析人员预测的增长率取值范围计算。
5. 根据(4)的计算结果,计算股利收益率。
6. 根据债券收益率加风险报酬率模式计算普通股成本。
7. 计算新发行普通股成本率。
8. 计算加权平均资本成本率。

第三章 投资管理

一、对内固定资产的长期投资

估计固定资产投资项目的预期现金流量是投资决策的首要环节，也是分析投资方案最重要的步骤。

(一)现金流量的构成

现金流量是指一个项目引起的企业现金支出和现金收入增加的数量。它包括现金流出量、现金流入量和现金净流量三个具体概念。现金流出量是该项目引起的企业现金支出的增加额。现金流入量是该项目引起的企业现金收入的增加额。现金净流量是现金流入量与现金流出量的差值。

现金净流量是指一定期间现金流入量与现金流出量的差额。这里的"一定期间"，有时指一年，有时指投资项目持续的整个年限内。流入量大于流出量时，净流量为正值；反之，净流量为负值。

(二)长期投资项目评价的方法

长期投资项目评价的方法分为两类：一类是贴现的分析评价方法，即考虑货币时间价值的分析评价方法，包括净现值、现值指数和内含报酬率等方法；另一类是非贴现的分析评价方法，即不考虑货币时间价值的分析评价方法，主要是回收期法和会计收益率法。

1. 贴现的分析评价方法

(1)净现值法。净现值(NPV)是指特定方案未来现金流入的现值与未来现金流出的现值之间的差额。如净现值为正数，则贴现后的现金流入大于贴现后的现金流出，该投资项目的报酬率大于预定的贴现率；如净现值为负数，则贴现后的现金流入小于贴现后的现金流出，该投资项目的报酬率小于预定的贴现率。如净现值为零，则贴现后的现金流入等于贴现后的现金流出，该投资项目的报酬率等于预定的贴现率。

净现值法考虑了货币的时间价值，能够反映各种投资方案的净收益，具有广泛的适用性，在理论上也比其他方法更完善。但净现值并不能揭示各个方案本身可能达到的实际报酬率。净现值法应用的主要问题是如何确定贴现率，一种方法是根据资金成本来确定，另一种方法是根据企业要求的最低资金利润率来确定。后一种方法由于根据资金的机会成本，即一般情况下可以获得的报酬来确定，比较容易解决。

（2）现值指数法。现值指数（PI）是使用现值指数作为评价方案的指标。所谓现值指数，是指未来现金流入现值与现金流出现值的比率，亦称现值比率、获利指数等。在单一方案的可否决策中，现值指数大于或等于1则采纳，否则放弃。在多个方案的择优决策中，应采用现值指数超过1最多的方案。

现值指数法考虑了货币的时间价值，有利于在初始投资额不同的投资方案之间进行对比，可以进行独立投资机会获利能力的比较。

（3）内含报酬率。内含报酬率（IRR）是方案本身的报酬率，是使未来现金流入量现值等于未来现金流出量现值的贴现率，即是使投资方案净现值为零的贴现率。

净现值法和现值指数法虽然考虑了货币的时间价值，可以说明投资方案高于或低于某一特定的投资报酬率，但没有揭示方案本身可以达到的具体的报酬率。内含报酬率是根据方案的现金流量计算的，是方案本身的投资报酬率。

内含报酬率法要先定出一个最低可以接受的报酬率（也称最低利率、极限利率或跳栏利率）。如果这个方案的内含报酬率超过或等于企业的最低利率，这个方案就可以采用，否则就否决。如果 n 个方案都超过最低利率，应选择其报酬率最高的方案。

2. 非贴现的分析评价方法

非贴现的分析评价方法不考虑货币的时间价值，把不同时间的货币收支看成是等效的。这些方法在选择方案时只起辅助作用。

（1）回收期法。回收期是指投资引起的现金流入累计到与投资额相等所需要的时间。它代表收回投资所需要的年限。回收年限短，可及早收回投资，承担的风险就少，方案越有利。

回收期法计算简便，并且容易为决策人所正确理解。它的缺点在于不仅忽视货币的时间价值，而且没有考虑回收期以后的收益。事实上，有战略意义的长期投资往往早期收益较低，而中后期收益较高。回收期法优先考虑急功近利的项目，可能导致放弃长期成功的方案。

（2）会计收益率法。会计收益率是指投资项目达产期间的平均收益或平均利润与投资项目投资额之间的比率。这种方法计算简便，应用范围很广。

二、对外直接投资

1. 对外直接投资的程序

对外直接投资就是企业根据投资协议以货币资金、实物资产、无形资产对其他企业进行直接投资，以取得投资收益或者实现对被投资企业控股的目的。通常是一种战略性投资，具有投资期限较长、耗资多、不经常发生、变现能力较差等特点。

对外直接投资应考虑的因素有：企业当前的财务状况、企业整体的经营目标和投资对象的收益与风险。

对外直接投资的决策程序一般是：第一，投资方案的提出；第二，对投资方案进行分析、评价，选出最优投资方案；第三，拟订投资计划，选择合理的出资方式和时间；第四，投资方案的实施；第五，对投资效果进行评价。对外直接投资项目评价方法可以参照固定资产的投资项目评价方法。

2. 对外直接投资的方式

对外直接投资的方式主要有合资经营方式、合作经营方式和并购控股方式。

（1）合资经营方式。合资投资是指企业与其他单位按照章程或协议条款，共同出资，组建合资经营企业的对外投资活动。在投资各方组建联营企业时，联营各方应本着"平等互利、共担风险、共同经营"的原则，享有权利和承担义务。由于联营企业审批程序简单，且具有跨行业、跨所有制甚至跨国界等特点，因而发展迅速，已成为企业对外投资的重要部分。

（2）合作经营方式。合作经营是指企业之间依据相关法律，通过签订合作经营合同而设立的合作经济组织。合作经营企业一般有法人式和非法人式两种形式。合同是合作经营企业的重要文件，合作经营企业双方的责、权、利都是由共同签订的合同加以规定的。合作经营企业的管理可以由合作各方派出代表组成联合管理机构，也可以委托一方或聘请第三方进行管理。

（3）并购投资。并购投资是在市场机制作用下企业为了获得其他企业的控制权而进行的产权交易活动。并购投资按行为方式，可分为吸收并购和新设并购；按并购双方产品与产业的联系，可分为横向并购、纵向并购和多角并购；按并购涉及被并购企业的范围，可分为整体并购和部分并购；按企业并购双方是否友好协商，可分为善意并购和敌意并购；按并购交易是否通过证券交易所，可分为要约收购和协议收购；按并购的实现方式，可分为承担债务式并购、现金购买式并购和股份交易式并购。

制定并购决策要进行并购成本效益分析，即只要满足并购净收益（并购收益是并购溢价与并购费用的差额，也就是并购后新公司的价值减去并购完全成本以及实施并购前并购公司价值的差额）为正数即可。

3. 企业价值评估

目标企业的价值评估指买卖双方对标的（股权或资产）购入或出售做出的价值判断。通常有三种方法进行判断：

（1）市盈率模型法。即根据目标企业的收益和市盈率确定其价值的方法。

（2）股息收益贴现模式。即以企业未来特定时期内派发的股息为基础，按一定的折现比率计算现值，借以评估企业价值的方法。

（3）贴现现金流量法。即把估计由并购引起的期望的增量现金流量，通过贴现率折算成现值，以确定最高可接受的并购价格的方法。

三、对外证券投资

证券投资有各种不同的交易方式。证券投资的种类包括债券、股票和投资基金。短期证券投资与长期证券投资各有不同的目的。进行证券投资必须遵循特定的程序。短期证券投资是企业利用正常经营中暂时闲置多余的资金购买股票或其他有价证券，以获取一定利益。它作为现金的替代品，出于投机的目的，满足企业未来的财务需要。长期证券投资的目的在于未来获取较高的投资收益或对被投资企业取得控制权。

1. 债券投资

债券投资存在着一定的风险，主要包括以下几个方面的风险：

（1）违约风险。即证券发行人无法按期支付利息或者偿还本金的风险。违约风险程度由信用评级机构评定。

（2）利率风险。即由于利率变动而使投资者遭受损失的风险。由于债券价格会随利率变动，即使是没有违约风险的国库券，也会有利率风险。债券的到期时间越长，则利率风险越大；长期债券的利率一般比短期债券的利率高。减少利率风险的办法是分散债券的到期日。

（3）购买力风险。即由于通货膨胀而使证券到期或出售所获取的货币实际购买力下降的风险。变动收益证券比固定收益证券更能减少购买力风险。

（4）变现力风险。投资者不能在短期内以合理的价格出售证券的风险。

（5）报酬率风险。首先考虑的是安全性和流动性；其次再考虑收益水平。一般来说，政府和信誉很高的企业发行的证券是短期证券投资的首选。

为降低债券投资的风险，对债券投资的选择主要考虑收益率的测算与比较、信用情况的调查评价和到期日的可变现力等因素。而债券内含价值、到期收益率和持有期间的收益率是用来评价债券投资收益水平的指标。

2. 股票投资

股票投资具有股权性、风险大、收益不稳定、价格波动性大的特点。普通股的账面价值就是净值，可由财务报表计算而得，即普通股股东所享有的权益价值。普通股的市价是经由市场买卖双方决定的。股票评价模式主要有以下几种：

(1) 基本评价模式。普通股为一种以股利发放为主要现金流量来源的金融资产，股价也可由这些股利的折现值来决定。

(2) 以现值总和为理论价值或预期价值模式。以股利折现评估普通股价值共有零成长股利模式、固定成长股利模式、非固定成长股利模式三种。

股票投资决策分析包括基本分析和技术分析，主要考虑因素有：①投资股票的报酬，股利收入与股票发行的股利政策相关，资本利得则取决于股票买卖之间的差价。②行业特点。③财务状况和经营能力。④股利发放政策及股票市价走势。

3. 证券投资组合

证券投资组合策略，是指根据市场上各种证券的具体情况以及投资者对风险的偏好与承受能力，选择相应的证券组合方式。

证券投资组合的收益与风险有单个证券的收益与风险、双证券组合的收益与风险和 n 个证券组合的收益与风险。

常见的证券投资组合类型有保守型、进取型和收入型。

四、风险投资

风险投资是以投资者、风险投资机构、风险企业"三位一体"为运作方式的投资。风险投资项目起始于资金的募集和投放，终止于投资的回收和获得投资收益。从风险投资提供者一方——投资者角度看，一个典型的风险投资大约可分为七个阶段：①建立基金，寻找投资机会；②产生交易流程，识别有潜力的新公司；③筛选，评价交易；④评估；⑤谈判，达成交易；⑥共同经营，共创价值；⑦策划并实施退出。

从风险企业——创业者一方的角度看，该过程中的阶段性划分则侧重于雏形企业的成长或成熟程度，通常划分为种子期（研发阶段）、创业期（开创阶段）、发展期（成长阶段）和成熟期（回收阶段）。

从风险投资的运作流程可以看出，风险投资运作机制存在着一些普通投资活动并不具备的体现为创新意义的独特之处，风险投资的运作特征包括以下几个方面：

（1）风险投资作为一种新的投资领域，它的出现是由于高新技术成果的商品化需要金融支持。在原来金融市场因机制性限制不能提供支持的情况下，由创新的投资方式对于原来的资本市场未能覆盖的隐性空缺发挥了补缺性投融资功能，加快了价值运动的速度，从而使潜在生产力得到了释放。

（2）风险投资领域对于投资者的苛刻挑选与丰厚回报具有一致性。风险投资者必须是勇于冒险和善于投资的一身二任者。在从头至尾的风险投资过程中，阶段性承担现实不同风险的多少与创业成功获取回报的大小是一致的。

（3）投资领域对传统金融工具进行运用创新的开拓性。参与雏形公司的投资者所持的优先股是兼具普通股、债券双重优点的，实际上既享受着优先清偿债权的权利，可以防止投资失败时的血本无归，同时又被赋予了投票权。此外，还具有委派首席执行官参与雏形公司管理的权利，从而随时掌握着公司现金流动的情况，可以灵活地选择套现获利的最佳时机。金融工具运用中这种让利于投资者一方的创新，对吸引社会资金进入风险投资领域显然有积极作用。

（4）在风险投资过程中，投资者将管理技术运用与资金安全监控结合在一起。各阶段投资者进入或退出的选择有高度的灵活性，这不仅对投资者应付可能失败的局势及时做出减少风险损失的决策是很重要的保障条件，而且具有优化投资者之间、投资者与创业者之间的组合，减少人为摩擦的效用。

案例 3-1　鲍德温公司的彩色保龄球投资案

一、案例介绍

鲍德温公司，始建于 1965 年，当时生产美式足球，现在是生产网球、棒球、美式足球和高尔夫球的领先制造商。1973 年，该公司引进了"高速高尔夫球"（high flite）。这是它推出的第一种高质量的高尔夫球。

鲍德温公司的管理层热衷于寻找一切能够带来潜在现金流量的机会。2000 年，鲍德温公司副总裁米德斯先生，发现了另外一个运动球类市场，他认为其大有潜力并且还未被制造商完全占领。这个市场是彩色保龄球市场，他相信许多保龄球爱好者认为外表和时髦的样式比质量更重要。同时他认为，鲍德温公司的成本优势和利用其高度成熟的市场技巧的能力将使竞争者难以从中获利。

因此，在2001年下半年，鲍德温公司决定估计彩色保龄球的市场潜力。鲍德温公司向费城、洛杉矶和纽黑文三个市场的消费者发出了问卷。这三组问卷的结果比预想的要好，支持了彩色保龄球能获得10%～15%的市场份额的结论。当然，鲍德温公司的一些人对市场调查的成本颇有怀疑，因为它达到了25万美元。

然而，米德斯先生强调它是一项沉没成本，不应算入项目评价中。无论如何，鲍德温公司现在开始考虑投资生产保龄球的机器设备，保龄球生产将位于一幢靠近洛杉矶的公司拥有的建筑物中。这幢空置的建筑物加土地税后的净价为15万美元。

米德斯先生和他的同事一起分析该提议的新产品。他把他的假定总结如下：保龄球机器设备的成本为10万美元。5年后预计它的市场价值为3万美元。该机器设备在5年的使用寿命时间内的年产量预计如下：5 000单位、8 000单位、1.2万单位、1万单位和6 000单位。第一年的保龄球的价格为20美元。由于保龄球市场具有高度竞争性，米德斯先生认为相对于预测为5%的一般通货膨胀率，保龄球的价格最多每年增长2%。然而，用于制造保龄球的塑胶将很快变得更昂贵。因此，制造过程的现金流出预计每年将增长10%，第一年的制造成本为每单位10美元。米德斯先生已确定，在鲍德温公司的应税收入基础上，保龄球项目适用的累进公司所得税率为34%。

（资料来源：钱海波、贾国军：《公司理财》，人民邮电出版社2003年版）

二、案例分析

你或许没有思考过这个问题，然而，财务管理课程和财务会计课程有很大的区别。财务管理通常运用现金流量，而财务会计则强调收入和利润。财务管理中评价投资项目，要对项目产生的现金流量进行贴现。当从整体评价一个公司时，我们对股利而不是收入进行贴现，因为股利是投资者收到的现金流量。

仅运用现金流量是不够的，只有现金流量的"净增量"才是应该加以运用的。这些现金流量是新投资项目而引发的直接后果——现金流量的变化。也就是说，我们感兴趣的是公司采用项目和不采用项目造成的现金流量的差别。增量现金流量在实际应用中有许多容易犯的错误。

（1）沉没成本的理解。沉没成本是指已经发生的成本。由于沉没成本是在过去发生的，它并不因接受或摒弃某个项目的决策而改变。正如"过去的就让它过去吧"。我们应该忽略这类成本。

（2）机会成本。你的公司可能拥有某项资产，它可以在经营中的其他地方用于销售、租赁或雇用。但一旦这项资产用于某个新项目，则丧失了其他使用方式所能带来的潜在收入。这些丧失的收入有充分的理由被看成是成本。因为上马了新项目，公司就丧失了其他利用这项资产的机会，我们称之为机会成本。

(3) 关联效应。决定净增现金流量的另一个困难之处在于所建设项目对公司其他部分的关联效应。最重要的关联效应是"侵蚀"，侵蚀是指来自于顾客和公司其他产品销售的现金流量转移到一个新项目上。

三、思考·讨论·训练

1. 何为"沉没成本"？在投资评价中是否要算入项目评价中？
2. 案例中的市场调查成本 25 万美元是"沉没成本"吗？
3. 该项目的生产要使用企业原有的建筑物，该建筑物加土地税后的净价 15 万美元，在投资评价中是否要算入项目评价中？为什么？
4. 什么是增量现金流量？
5. 请列出该投资项目各年的增量现金流量。

案例 3-2　红光照相机厂的投资决策案

一、案例介绍

红光照相机厂是生产照相机的中型企业，该厂生产的照相机质量优良、价格合理，长期以来供不应求。为了扩大生产能力，红光厂准备新建一条生产线。

王禹是该厂助理会计师，主要负责筹资和投资工作。总会计师张力要求王禹收集建设新生产线的有关资料，写出投资项目的财务评价报告，以供厂领导决策参考。

王禹经过十几天的调查研究，得到以下有关资料：该生产线的初始投资是 12.5 万元，分两年投入。第 1 年初投入 10 万元，第 2 年初投入 2.5 万元。第 2 年可完成建设并正式投产。投产后每年可生产照相机 1 000 架，每架销售价格是 300 元，每年可获销售收入 30 万元。投资项目可使用 5 年，5 年后残值 2.5 万元。在投资项目经营期间要垫支流动资金 2.5 万元，这笔资金在项目结束时可如数收回。该项目生产的产品年总成本的构成情况如下：

原材料费用　　　　　　　　　20万元
工资费用　　　　　　　　　　3万元
管理费（扣除折旧）　　　　　2万元
折旧费　　　　　　　　　　　2万元

王禹又对红光厂的各种资金来源进行了分析研究，得出该厂加权平均的资金成本为10%。

王禹根据以上资料，计算出该投资项目的营业现金流量、现金流量、净现值（见表3-1至表3-3），并把这些数据资料提供给全厂各方面领导参加的投资决策会议。

表3-1　　　　　投资项目的营业现金流量计算表　　　　　单位：元

项　目	第1年	第2年	第3年	第4年	第5年
销售收入	300 000	300 000	300 000	300 000	300 000
付现成本	250 000	250 000	250 000	250 000	250 000
其中：原材料	200 000	200 000	200 000	200 000	200 000
工资	30 000	30 000	30 000	30 000	30 000
管理费	20 000	20 000	20 000	20 000	20 000
折旧费	20 000	20 000	20 000	20 000	20 000
税前利润	30 000	30 000	30 000	30 000	30 000
所得税（税率为50%）	15 000	15 000	15 000	15 000	15 000
税后利润	15 000	15 000	15 000	15 000	15 000
现金流量	35 000	35 000	35 000	35 000	35 000

表3-2　　　　　投资项目的现金流量计算表　　　　　单位：元

项目	第-1年	第0年	第1年	第2年	第3年	第4年	第5年
初始投资	-100 000	-25 000					
流动资金垫支		-25 000					
营业现金流量			35 000	35 000	35 000	35 000	35 000
设备残值							25 000
流动资金回收							25 000
现金流量合计	-100 000	-50 000	35 000	35 000	35 000	35 000	85 000

表 3-3　　　　　　　　投资项目的净现值计算表　　　　　　　单位：元

时间	现金流量	10% 的贴现系数	现值
-1	-100 000	1.000	-100 000
0	-50 000	0.909 1	-45 455
1	35 000	0.826 4	28 910
2	35 000	0.751 3	26 296
3	35 000	0.683 0	25 612
4	35 000	0.620 9	23 283
5	85 000	0.564 4	47 974
			净现值 = 3 353

在厂领导会议上，王禹对他提供的有关数据做了必要的说明。他认为，建设新生产线有 3 353 元净现值，故这个项目是可行的。

厂领导会议对王禹提供的资料进行了分析研究，认为王禹在收集资料方面做了很大努力，计算方法正确，但却忽略了物价变动问题，这便使得王禹提供的信息失去了客观性和准确性。

总会计师张力认为，在项目投资和使用期间内，通货膨胀率大约为 10% 左右。他要求各有关负责人认真研究通货膨胀对投资项目各有关方面的影响。

基建处长李明认为，由于受物价变动的影响，初始投资将增长 10%，投资项目终结后，设备残值将增加到 37 500 元。

生产处长赵芳认为，由于物价变动的影响，原材料费用每年将增加 14%，工资费用也将增加 10%。

财务处长周定认为，扣除折旧以后的管理费用每年将增加 4%，折旧费用每年仍为 20 000 元。

销售处长吴宏认为，产品销售价格预计每年可增加 10%。

厂长郑达指出，除了考虑通货膨胀对现金流量的影响以外，还要考虑通货膨胀对货币购买力的影响。他要求王禹根据以上同志的意见，重新计算投资项目的现金流量和净现值，提交下次会议讨论。

（资料来源：王化成：《财务管理教学案例》，中国人民大学出版社 2005 年版；袁建国：《财务管理》，东北财经大学出版社 2005 年版）

二、案例分析

本案例是一个典型的项目投资案例，使用投资评价的常用方法——净现值法来判断方案的可行性。

项目在做投资评价时，首要的工作是判断该项目所产生的现金流量。现金流量根据投资项目所处的时期不同，可分为三种类型：（1）初始现金流量。它是指项目开始实施到固定资产投入使用之前这段时期所产生的现金流量。这类现金流量的特点通常表现为只有现金流出量而无现金流入量。因此，这个时期的净现金流量通常为负值。（2）营运现金流量。它是指从项目建成并投入使用起，至固定资产停止使用转入清理这段时期所产生的现金流量。在这段时间，企业固定资产投入使用，能产出产品或提供服务，为企业创造收益，因此，这类现金流量通常为正值。（3）终结现金流量。它是指当固定资产因报废或技术老化等原因，企业不再继续使用，而将其进行清理所发生的各种现金收支。

构成初始投资现金流量的主要有固定资产的购建费用、相应流动资金的投入及更新固定资产净残值收入等几项内容。在确定营运现金流量时，首先计算税前现金流量，它是现金收入与付现成本即需要支付现金的成本之差，然后计算税后现金流量。终结现金流量主要包括清理净收入。此外，由于这一时期，企业不再需要相应流动资金，因此将其收回，这部分收回的流动资金应列入现金流量。

案例中，王禹未考虑通货膨胀等因素前，已经测算了项目的现金流量。测算现金流量的方法是正确的。但通货膨胀是各国经济生活中的普遍现象，它对国家宏观经济决策和企业微观经营决策都会有重要影响。案例中，由于物价的上涨，王禹要将影响项目投资的各因素，重新计算投资项目的营业现金流量和净现金流量，利用净现值法分析判断新建项目的可行性。

三、思考·讨论·训练

1. 现金流量的评估在固定资产投资评价中具有什么意义？
2. 投资项目的现金流量由几部分构成？分别是什么？
3. 付现成本与营业成本有何区别？
4. 王禹接到这项任务后，应如何进行测算？
5. 在考虑上述变化后，该项目是否可行？

案例3-3 Day-Pro化学公司的两难困境

一、案例介绍

自1995年成立以来，Day-Pro化学公司一直设法维持着较高的投资回报率。它成功的秘密在于具有战略眼光的适时的开发、生产和销售可供不同工业部门使用的创新型产品。当前，公司管理者正在考虑生产热固树脂作为电子产品的包装材料。公司的研发小组提出了两个方案：一是环氧树脂，它的开办成本比较低。二是合成树脂，它的初始投资成本稍高，但却具有较高的规模经济效益。最初，两个方案小组的负责人都提交了他们的现金流量预测，并提供了足够的资料来支持他们各自的方案。然而，由于这两种产品是相互排斥的，公司只能向一个方案提供资金。

为了解决这种两难困境，公司委派财务助理迈克·马修斯（Mike Matthews），一名刚刚从中西部一所知名大学毕业的MBA，分析这两个方案的成本和收益，并向董事会提交他的分析结果。迈克知道，这是一项难度很大的工作，因为并不是所有董事会成员都懂财务方面的知识。过去，董事会非常倾向于使用收益率作为决策的标准，有时也使用回收期法进行决策。然而，迈克认为，净现值法的缺陷最少，而且如果使用正确，将会在最大程度上增加公司的财富。

在对每个方案的现金流量进行预测和计算之后（见表3-4和表3-5），迈克意识到，这项工作比他原来设想的还要艰难。当用不同的资本预算方法计算这两个方案的现金流量时，会得出不一致的结论。净现值比较高的方案具有较长的回收期、较低的会计收益率和内含收益率。迈克绞尽脑汁，想搞清楚他如何才能使董事会相信内含收益率、会计收益率和回收期往往会引致不正确的决策。

二、案例分析

固定资产投资是社会固定资产再生产的主要手段。通过建造和购置固定资产的活动，国民经济不断采用先进的技术装备，建立新兴部门，进一步调整经济结构和生产力的地区分布，增强经济实力，为改善人民物质文化生活创造物质条件。

表3-4　　　　　　　　　合成树脂项目的现金流量　　　　　　　　　单位：美元

项　目	第0年	第1年	第2年	第3年	第4年	第5年
净利润		150 000	200 000	300 000	450 000	500 000
折旧（直线法）		200 000	200 000	200 000	200 000	200 000
净现金流量	-1 000 000	350 000	400 000	500 000	650 000	700 000

表3-5　　　　　　　　　环氧树脂项目的现金流量　　　　　　　　　单位：美元

项　目	第0年	第1年	第2年	第3年	第4年	第5年
净利润		440 000	240 000	140 000	40 000	40 000
折旧（直线法）		160 000	160 000	160 000	160 000	160 000
净现金流量	-800 000	600 000	400 000	300 000	200 000	200 000

资料来源：姚海鑫：《财务管理》，清华大学出版社2007年版。

固定资产投资，直接影响到企业的经营规模，其单项投资大，施工期较长，投资回收期也较长。投资一经实施，行动很难更改，更新难度也很大，故而决策成败后果深远。企业固定资产投资从资产投向、价值因素、风险分析、决策评价直到项目建成是一个整体过程，决策时要考虑时间价值、风险价值、资金成本、现金流量、投资回收期。所以，决策不当，会使整个企业遭受巨大影响甚至有可能导致企业破产，因此固定资产投资决策属于战略性决策，除了要确定项目的必要性，分析技术上的可行性，还必须研究它经济上的效益性，认真细致地进行经济评价和风险分析是确定此项项目投资正确与否的关键，这关系着一个企业的兴衰存亡。

固定资产投资决策的正确与否，与选择的投资决策评价方法密切相关。投资项目评价的方法很多，既有净现值、现值指数和内含报酬率等贴现分析评价方法，也有回收期法和会计收益率等非贴现的分析评价方法。非贴现的分析评价方法不考虑货币的时间价值，把不同时间的货币收支看成是等效的，计算结果不够准确。但计算简便，所以，在选择方案时常起辅助作用。

净现值法是使用最普遍的一种方法，在投资评价中有资金的时间价值观念，并且反映了投资方案可以赚得的具体金额。它通常以项目所要求的最低回报率或资本成本作为折现率,考虑并强调了项目的机会成本;净现值法考虑了风险。因为资金成本率是随着风险的大小而调整的(风险大,K 值就高),所以,用资金成本率计算方案的经济效果也就包含了投资风险。

净现值法也存在许多明显的缺点,如资金成本率不易确定,且存在着一定的主观性;净现值法说明了未来的盈亏数,但没有说明单位投资的效率,这样就会在决策时,趋向于采用投资大、收益大的方案,而忽视了收益总额虽小但投资更省、经济效果更好的方案;在对寿命期不同的各投资方案进行比较时,单纯依据 NPV 是否为正,或者比较 NPV 的大小来进行决策,可能也难以决策。

现值指数法与净现值法密切相关,在对独立项目的判断中,通常会得到与 NPV 法相同的结论。但由于忽视了互斥项目之间的规模上的差异,在对互斥项目进行比较时可能会导致错误的答案。在对多项独立项目的选择中,在资金有限的情况下,一般会优先选择现值指数较大的一项。

内部收益率(IRR)是特定方案净现值等于零的折现率,就是该投资方案实际可能达到的报酬率,即预期收益率。内部收益率不仅反映了货币的时间价值,还反映了投资的最低回报要求以及投资机会成本的思想。当投资项目的净现值无法估计时,可以对内部收益率进行估计,据此进行决策。但内部收益率对初始投资规模不等的互斥项目,仅利用内部收益率的高低来进行取舍,可能会产生误导。由于内部收益率是一个用百分比表示的预期收益率,它会诱导决策者选择偏小的投资项目,因为通常投资规模较小的项目,更可能产生较高百分比的收益率。所以,这时通常会采用修正的内部收益率法来度量。

三、思考·讨论·训练

1. 计算每个方案的投资回收期,并解释迈克应如何证明投资回收期法不适合本案例。

2. 如果管理当局期望的会计收益率为 40%,应接受哪个方案?这种决策的错误在哪里?

3. 计算两个方案的内部收益率。迈克应如何使董事会相信,内部收益率的衡量可能会产生误导?

4. 迈克应如何证明,当比较几个互斥方案时,使用修正的内部收益率法是更现实的度量?

5. 计算每个方案的获利指数(PI)。这种度量是否有助于解决两难困境?

6. 通过查阅这两个项目小组准备的文件材料,可以看出,在预测收益时合成树脂小组要比环氧树脂小组保守一些。这会对你的分析产生什么影响?

案例 3-4 万利公司分散证券投资风险的策略与方法

一、案例介绍

万利公司是一个经济实力非常强大的大型家电生产企业。多年来,其产品一直占领着国内、外销售市场。近年来,由于市场竞争的日益激烈,企业的生产经营面临着一些实际困难,经济效益开始出现下滑的迹象。为使企业走出困境,把有限的资金用在刀刃上,2003年年初,公司领导召开会议,集体通过了"以销定产的产品销售计划,并利用手中多余资金 1 500 万元对外投资,以获投资效益"的决定。在会上,围绕这一决定,专门组织安排了 10 名调查人员进行市场调研。

经分析、整理调研资料,拟订可供公司选择的投资对象如下:

(1) 国家发行七年期国债,每年付息一次,且实行浮动利率。第 1 年利率为 2.63%,以后每年按当年银行存款利率加利率差 0.32% 计算利息。

(2) 汽车集团发行五年期重点企业债券,票面利率为 10%,每半年付息一次。

(3) 春兰股份(代码 600854),中期预测每股收益 0.45 元,股票市场价格 22.50 元/股。总股本 30 631 万股,流通股 7 979 万股。公司主营:设计制造空调制冷产品,空调使用红外遥控。财务状况十分稳健,公司业绩良好;但成长性不佳。春兰股份的星级评定为"★"。近三年财务数据及市场表现见表 3-6。

表 3-6　　　　春兰股份有限公司近三年财务数据及市场表现

财务指标	2002 年	2001 年	2000 年
主营收入(万元)	194 737	191 431	16 215
净利润(万元)	26 494	27 204	24 966
扣除后净利润(万元)	26 290	27 204	24 966
总资产(万元)	232 372	194 198	136 493
股东权益(万元)	153 660	141 690	80 310
每股收益(元)	0.865	1.15	1.57
扣除后每股收益(元)	0.86	1.24	1.65

续表

财务指标	2002 年	2001 年	2000 年
每股净资产（元）	5.02	6.01	5.07
每股现金流量（元）	0.11	0.51	—
净资产收益率（%）	17.24	19.2	31.09

（4）格力电器（代码000651），中期预测每股收益0.40元，股票市场价格为17.00元/股。总股本29 617万股，流通股21 676万股。公司主营：家用空调器、电风扇、清洁卫生器具。公司空调产销量居国内第一位，有行业领先优势，尤其是出口增长迅速，比去年出口增长70.7%，经营业绩稳定增长。格力电器的星级评定为"★"。近三年财务数据及市场表现见表3－7。

表3－7　　　　　　　　格力电器近三年财务数据及市场表现

财务指标	2002 年	2001 年	2000 年
主营收入（万元）	516 564	429 814	345 166
净利润（万元）	22 916	21 508	21 025
扣除后净利润（万元）	22 916	21 508	21 025
总资产（万元）	342 386	292 591	198 158
股东权益（万元）	105 724	95 814	60 225
每股收益（元）	0.705	0.66	1.4
每股净资产（元）	3.25	2.94	4.01
每股现金流量（元）	1.08	1.75	—
净资产收益率（%）	21.68	22.45	34.91

（5）华工科技（代码000988），中期预测每股收益0.10元，股票市场价格为68元/股。总股本11 500万股，流通股3 000万股。公司主营：激光器、激光加工设备及成套设备、激光医疗设备等。该股科技含量高，成长性好，公积金也高。华工科技的星级评定为"★★"。近三年财务数据及市场表现见表3－8。

表 3-8　　　　　　　　华工科技近三年财务数据及市场表现

财务指标	2002 年	2001 年	2000 年
主营收入（万元）	9 340	8 133	5 798
净利润（万元）	3 056	2 221	1 845
总资产（万元）	18 501	13 515	11 878
股东权益（万元）	14 152	10 625	9 573
每股收益（元）	0.27	0.26	0.22
每股净资产（元）	1.67	1.25	1.33
净资产收益率（%）	21.59	20.91	19.27

资料来源：刘桂英、邱丽娟：《财务管理案例实验教程》，经济科学出版社、中国铁道出版社 2005 年版。

二、案例分析

证券投资组合又称证券组合，是指在进行证券投资时，不是将所有的资金都投向单一的某种证券，而是有选择地投向一组证券。这种同时投资多种证券的做法就叫证券的投资组合。由于证券投资存在着较高的风险，而各种证券的风险大小又不相同，因此，企业在进行证券投资时，不应将所有的资金都集中投资于一种证券，而应同时投资于多种证券，这就形成了证券组合投资。证券组合投资对分散和降低投资风险具有重要的作用，正因为这样，一些国家的法律和制度都规定银行、保险公司、各类共同基金、信托公司等其他金融机构都必须将其投资分散，以形成高度多角化的投资组合，起到避免风险的作用。从投资者的角度看，某一特定股票价格的涨跌并不重要，重要的是对它们所组成的证券组合的风险和收益的影响。证券投资组合是证券投资的重要武器，它可以帮助投资者全面捕捉投资机会，降低投资风险。

证券投资组合的收益是指投资组合中单项资产预期收益率的加权平均数，证券投资组合的风险不能像计算期望收益率那样用各个证券的风险或标准差的加权平均数来计算。要计算证券投资组合的风险，首先要了解证券投资组合的风险构成。证券投资组合的风险可以分为两种性质完全不同的风险：非系统性风险和系统性风险。

非系统性风险又叫可分散风险或公司特别风险，是指某些因素对单个证券造成经济损失的可能性。如公司在市场竞争中的失败等。这种风险，可通过证券持有的多样化来抵消，即多买几家公司的股票，其中某些公司的股票收益上升，另一些股票的收益下降，从而将风险抵消。因而，这种风险称为可分散风险。至于风险能被分散掉的程度，则取决于投资组合中不同资产预期报酬之间的相关程度。

系统性风险又称不可分散风险或市场风险，是指由于某些因素给市场上所有的证券都带来经济损失的可能性。例如，宏观经济状况的变化、国家税法的变化、国家财政政策和货币政策的变化、世界能源状况的改变以及战争等不可抗力的影响都会使证券预期收益率发生变化。这些风险将影响到所有的证券，因此，不能通过证券组合分散掉。对投资者而言，这种风险是无法消除的，故称为不可分散风险。因此，对一个风险充分分散的证券组合来说，重要的是该组合的总的风险的大小，而不是每一证券的个别风险的大小。当一个投资者在考虑是否要在已有的证券组合中加入新的证券时，所考虑的重点也是这一证券对证券组合的总的风险的贡献，而不是其个别风险的大小。

证券投资组合的方法有很多，常见的方法，一是选择足够数量的证券投资组合；二是把风险大、风险中、风险小的证券放在一起进行组合；三是把投资收益呈负相关的证券放在一起进行组合。

三、思考·讨论·训练

1. 案例中，可供选择的几种证券的收益和风险各有何特点？
2. 根据案例资料，如果企业为了扩大经营规模实现规模效应，供选择的投资方案应如何进行投资组合，且分散或避免投资风险？
3. 根据案例资料，如果企业仅为获得投资收益，面对上述可供选择的投资方案应如何进行投资组合，且分散或避免投资风险？

案例 3-5 四通集团多元化投资的反思

一、案例介绍

1984 年 5 月，中科院的几名工程师借款 2 万元，创办了四通公司。除从事电子类产品贸易外，四通二次开发打印机、自主开发文字处理机和编排系统。到1992年年底，文字处理机累计销售10多万台，全国市场占有率高达80%，当年总营业额13.4亿元，利润600多万元，连续四年居全国计算机行业首位。同时，经过八年的创业，四通拥有相当的剩余资源，主要有四通的招牌、资金、中文软件技术、人才等。最重要的是四通在全国建立了一个当时独一无二的销售服务网络：32家分公司、100多家培训中心、900多家维修服务中心和1 280家销售代理商。

1992年年初，四通集团开始实施以股份化、集团化、产业化、国际化为中心的"二次创业"总战略，其产业化战略的主要内容是"与巨人同行"的多元化经营。其中几个大规模的投资活动如下：

(1) 1992年年底，与日本松下电工、三井物产合资成立"四通松下电工器材有限公司"，总投资4 000万美元，四通占40%，1995年投产，是中国最大的照明器材企业。

(2) 1993年，与康柏合资的康柏电脑中国有限公司成立，四通持股10%，1994年8月投产。这是康柏唯一的合资生产厂，也是中国最大的电脑制造企业。

(3) 1994年3月，安徽四通生物医药有限公司成立，四通通过全资子公司香港钧宝投资公司持股75%，蚌埠第二制药厂占25%，生产Vc产品，总投资2 990万美元，1995年7月投产。

(4) 1994年8月，"乐天四通食品有限公司"成立，第一期投资1 990万美元，外方合资者是日本LOTTE、韩国LOTTE制果、三井物产。其设计目标是全国第一家世界先进水平的综合食品生产企业，于1995年11月投产。

(5) 1994年，投资国内一家大规模的水泥厂。

(6) 1994年年底，上海四通国际科技商城开工，拟建总面积13万平方米，60%出租或出售。

(7) 1996年3月，与日本三菱电机、三井物产合资成立"三菱四通集成电路有限公司"，四通持股30%，一期投资1亿美元，总投资高达20亿美元，建成后将是中国最大的半导体综合企业。

(8) 1996年7月，成立金融集团，统管财务公司、证券、期货、信用社、房地产业务，并入股保险业。

结果，各项投资中除半导体未投产外，其他行业的业绩是与企业主业的相关程度成正比，从而导致四通多元化经营出现"酸甜苦辣"的味道：甜者相关程度高，如照明器材、金融基本成功；酸辣者有一定相关，如半导体喜忧参半；苦者不相关，如医药、水泥、房地产则失败了。

1997年9月，四通大规模进入国内电脑市场，推出自有品牌电脑。1997年，集团总营业额达65.9亿元，居全国电子企业第5位，下半年斥资1 660万美元，入股全国卫星流动通讯网络。1998年年初，四通宣布进入"抓大灭小"的战略调整期，脱身不相关产业，充分发挥主业优势。

（资料来源：汤谷良：《汤博士点评中国财务案例》，中华工商联合出版社1999年版；袁建国：《财务管理》，东北财经大学出版社2005年版）

二、案例分析

多元化经营是企业可行的一种投资战略。早期的企业一般都实行主业经营，追求规模效益。后来，特别是进入20世纪60年代，生产技术更新加快，产品生命周期缩短，市场竞争日益激烈，为分散单一行业经营风险，多元化经营战略越来越广泛地被企业采用。根据投资组合理论，企业在具备适当条件的情况下进行多元化经营，通过直接投资，尤其是并购、重组等手段，优化资源配置，可迅速使企业发展壮大，大大提高其生存能力和市场竞争力，有效地分散经营风险，拓展盈利渠道。如四通在多元化经营之前，虽然其文字处理机占有80%的国内市场，但跨国电脑公司的进入将会严重威胁其地位；通过进入照明器材、金融等行业，既分散行业风险，又充分利用剩余资源，为企业提供了新的利润增长点。据统计，目前世界500强企业94%都实行了多元化经营，多元化经营似乎是跨国大集团发展的必由之路。

企业采用多元化经营战略，必须增强主业意识。成功的多元化经营需以一定的企业条件为前提，即不仅要求企业的资金等各种资源充足，而且应具有管理多元化经营的能力，更重要的是，企业主业经营应相当稳固。只有主业坚实、有效发展才是企业生存与发展的基础，没有主业基础的多元化经营将是"泥足巨人"，难以持续稳定发展。四通集团在其拳头产品高居市场首位的情况下走上多元化道路，并借"与巨人同行"的策略在一定程度上弥补资源不足的缺陷，所以能在一些行业取得成功。但是，由于主业不够、行业选择不当、管理能力不足等原因，总体上讲，其多元化经营并未全面成功。纵观全国，很多企业不仅资源不足，而且主业经营一般均未实现规模效益，根基不稳，若贪多图快，盲目进行多元化经营，很可能拖垮主业，落得个"东边没亮西边黑"的后果，危及企业基本生存。所以，企业一定要把发展主业和多元化经营的关系摆正，进一步增强主业意识，首先把主业做大、做细、做深、做透，形成规模效益，才能经受住国内、国际市场的竞争考验。有了突出的主业，再有选择地进入几个其他行业，既规避风险，又提高公司的市场竞争力。

不断提高多元化投资经营技巧。包括四通集团在内,企业投资的经验教训使越来越多的企业家认识到,要想在激烈竞争的市场经济中站稳脚跟,立于不败之地,不能不处理好主业同"多元化"之间的关系。过分的多元化投资将会使公司"主营不主"。"主营不主"虽可一时分散经营风险,但也分散了企业的物力和人力,既导致企业的竞争力降低,又导致企业的抗风险能力减弱,每涉足一个行业即多增加一种风险,而涉足企业本来并不熟悉的行业财务风险尤其大。

实践证明,采用多元化发展战略成功的企业甚少,失败的更多。这说明多元化发展战略本身有其缺陷,这种缺陷其根本在于,不利于企业集中资源发展自己的核心专长和竞争优势,保持充分的竞争力。也正是如此,哈佛大学商学院的波特教授提出的竞争战略之一,便是集中一点即一元化经营的战略以对应多元化战略。

三、思考·讨论·训练

1. 多元化投资有哪些利弊?
2. 在企业多元化投资中,如何保证投资的成功性?
3. 企业在多元化投资中需要注意哪些事项?

案例 3-6 深圳金蝶风险投资案

一、案例介绍

金蝶国际软件集团有限公司是中国第一个 Windows 版财务软件,第一个纯 Java 中间件软件,第一个基于互联网平台的三层结构的 ERP 系统——金蝶 K/3 的缔造者,其中金蝶 K/3 是中国中小型企业市场中占有率最高的企业管理软件。金蝶在中国大陆拥有 39 家以营销与服务为主的分支机构和 750 余家咨询、技术、实施服务、分销等合作伙伴。金蝶营销、服务及伙伴网络在中国大陆分为华南、华东、华北、华中、东北、西南、西北七大区域,遍及 221 个城市和地区,目前拥有员工 2 800 人(其中研发人员 600 人,咨询及客户服务人员 1 071 人),产品用户总量达到 60 万个,总安装点 21 万个,总客户数量 20 万家。而这一切和风险投资的介入是密不可分的。1998 年 5 月 6 日,世界著名的信息产业跨国集团——美国国际数据集团(International Data Group,简称

IDG）与金蝶公司正式签订协议，IDG 设在中国的风险投资基金公司——广东太平洋技术创业有限公司向金蝶注入 2000 万元人民币的风险投资，用于金蝶软件公司的科研开发和国际性市场开拓业务。这是继四通利方之后国内 IT 业接受的最大一笔风险投资，也是中国财务软件行业接受的第一笔国际风险投资。

当时，面对风险投资这一新生事物，社会上曾引起了极大的反响。金蝶公司在自身业务飞速发展时，为什么要引进风险投资呢？为什么 IDG 公司要选择金蝶公司这样一个规模并不大的企业进行投资呢？风险投资的引进对我国企业的发展，尤其是对民营高新技术企业的发展有何意义呢？

（一）美国国际数据集团概况

美国国际数据集团，是全球著名的 IT 专业媒体、市场研究分析、会议展览及风险投资的跨行业集团，业务遍及 100 多个国家和地区。IDG 于 1964 年在美国波士顿成立，当时主要为计算机工业提供市场统计资料。1997 年的营业额达 20.5 亿美元，2000 年全球总收入达 31 亿美元，共有 1.2 万多名员工遍布全球 85 个国家和地区，采用电子邮件、数据库、电传及联机服务等现代化信息处理和传递手段，建立了快速而全面的世界性信息网络。IDG 公司 2003 年全球营业总收入达到 24.1 亿美元，在《福布斯》杂志 2003 年评出的全美 500 家最大的私营企业之中排名第 66 位。

IDG 提供的多元化服务包括纸介出版、在线出版、展览会议服务、市场调研、风险投资、教育和培训等全球市场服务。IDG 共出版 290 多种计算机杂志、700 种图书，并通过 IDG.net 向全球的网上用户提供最大的专业技术网站信息网络，其中包括了 55 个国家或地区的 240 多个目标网站。同时，IDG 公司还在全球主办了 168 个 IT 行业相关展览展销活动，并在 42 个国家或地区建立了 49 家国际数据市场研究公司（IDC）办事处，提供 IT 市场咨询业务。IDG 公司是第一家进入中国的美国技术信息服务公司。1980 年，在北京创办了中美合资《计算机世界》周刊，1993 年开始大规模进入中国市场。至 2003 年年底，IDG 公司在中国合资与合作出版的与计算机、电子、通信有关的报纸与杂志近 20 种，每年举办 18 场以上的计算机、电子、通信的展览会，并为国外信息产业界主要生产商举办近 60 场专题研讨与演示会，凭借深厚的国际资源在公关会展及影视娱乐产业取得了长足发展。IDG 所属国际数据市场研究公司在北京、上海、深圳等地设立了自己的服务中心，每年向业界客户提供近 200 份专题研究报告及咨询服务。

美国国际数据集团也是最早进入中国市场的国际风险投资基金。从 1980

年以来，已经在广东、上海、北京等地投资 2.5 亿美元，120 个投资项目，包括深圳腾讯、金蝶软件等著名项目。IDG 建立了面向中国中小型高新技术产业投资的 10 亿美元投资基金，目前在中国总投资额接近 3 亿美元，扶植了 100 家中小型高新技术企业，成为中国最为成功的风险投资公司之一。IDG 所属的"太平洋风险投资基金"曾向以生产网络浏览器闻名的网景公司投资 200 万美元，18 个月后网景股票上市，200 万美元很快增值为 7 800 万美元，一时传为美谈。搜狐网站在美国纳斯达克上市，使其早期投资商美国国际数据集团获得了 4 倍以上的回报。1998 年前后，该基金在中国北京、上海和广州与当地科委合作，设立由其控股的风险投资基金，着眼于投资当地经济区域有发展活力的高新技术企业。

IDG 集团董事长麦戈文披露美国国际数据集团在中国已经完成的 30 多个投资项目，平均回报率高达 55%，而美国和欧洲市场的回报率分别为 45% 和 35%。"中国已经成为世界风险投资回报率最高的地区。"针对国内风险投资政策体系不完善，业内机制不健全，尤其是投资退出渠道不畅通等疑问，麦戈文表达了一种令人惊讶的观点。麦戈文说："毫无疑问，中国市场的确还不够成熟，但这正是令人感到激动的地方。我们过去 22 年中在中国的投资项目有 30 多个已经成功退出，其中 90% 以上不是通过上市实现的，而是通过股权转让。中国目前国内风险投资的环境正在发生快速而积极的变化，投资前景会更好。"麦戈文表示，国际数据集团在未来五年内将在中国大陆增加投资 8 亿美元，主要面向电子、通信、生物技术领域。北京、广东仍然是重点地区，但今后对以上海为中心的长江三角洲地区的投资力度将增大。

（二）深圳金蝶公司概况

金蝶国际软件集团有限公司是在香港联合交易所有限公司创业板挂牌上市的公众上市公司（股票代号 8133）。金蝶国际软件集团有限公司总部位于中国深圳，始创于 1993 年 8 月。集团附属公司分别是金蝶软件（中国）有限公司、金蝶国际软件集团（香港）有限公司、金建互联信息系统（北京）有限公司和新亚赛邦（香港）有限公司，其中金蝶软件（中国）有限公司下辖 46 家以营销、服务为主的分支机构。

金蝶公司总裁徐少春是中国第一批会计电算化硕士研究生，从师于我国著名会计理论家杨纪琬教授。毕业后到深圳蛇口中华会计师事务所工作，1991 年辞去公职创办了深圳爱普电脑技术有限公司，1992 年 7 月成功地开发了爱普财务软件。为了扩大经济规模，1993 年 8 月，徐少春的深圳爱普电脑技术有限公司、香港招商局社会保险公司及美籍华人三方合资，成立了现在的深圳金蝶软件科技有限公司，注册资本为500万元人民币。公司以"突破传统会计核算，跨进全新财务管理"为目标，进行产品创新，力图把金蝶公司建成国际性的财务软件公司。以现金和技术入股的总裁徐少春，当时并非最大的股东。正是这种经历和体验，使徐少春很早就拥有了容纳百川、借助资本运营的企业发展思路。而这种兼容并蓄的企业家襟怀，也就成了金蝶公司成功走上风险资本创业之路的深层根据。

自1993年金蝶公司成立以来，其营业收入和利润等主要经济指标以每年300%的速度增长。随着规模的扩大，仅仅靠金蝶公司自身的积累已不能实现金蝶的战略需要和可持续增长，金蝶公司必须依靠资本市场来完成高效率的积累。

（三）IDG对金蝶的风险投资

五年来，金蝶公司数次主动向银行申请，也有几次银行上门来洽谈，最终却只获得80万元贷款，原因就在于没有足够的资产做抵押，也缺乏担保，因为此时金蝶公司只有500万元固定资产。事实证明，金蝶公司向银行贷款这条路走不通。而且与社保公司愉快的合作又由于1997年的文件而改变：国家于当年做出规定，不允许保险公司的资金投向高风险行业，这就意味着社保必须退出。同时，国内募集资金渠道的单一也令金蝶捉襟见肘，金蝶历史上数额最大的一笔贷款只有80万元——方向明确了，1993年版本的金蝶必须重新洗牌。

对金蝶公司来说，1998年是极具历史转折意义的一年。此时，IDG广州太平洋技术创业有限公司正在广深两地寻找投资项目，通过深圳市科技局、IDG广州太平洋技术创业有限公司总经理王树了解到金蝶公司的基本情况，即到金蝶公司登门造访，洽商合作事宜。对金蝶公司来说，IDG广州太平洋技术创业有限公司的介入正是时候，而且无须经历国外风险投资申请的种种复杂程序。短短3个月的接触，双方就达成了合作协议。1998年5月18日，享誉世界的美国国际数据集团（IDG）在中国的风险投资公司——广州太平洋技术创业有限公司，向金蝶公司投资2000万元人民币，以支持该公司的科研开发和国际性市场开拓工作，这是IDG对我国软件产业风险投资中的最大一笔投资，也是继四通利方之后，国内IT业接受的数额最高的风险投资。

IDG选择风险投资项目的标准是：

（1）公司产品有很广阔的市场，且企业发展速度很快。在四五年中，可达到4亿~5亿元人民币的收益。因为只有成长到这样的规模，才有可能被别的大公司并购或者能够上市。

（2）管理团队要非常有活力、有激情，而且有能力达到第一标准中设定的目标。特别需要强调的是，这个团队能否处理好彼此间的人际关系，是否团结协作是重要的考量指标，IDG 绝不允许一个搞内耗的团队阻碍公司的成长。

（3）产品必须有一些独特性，或者有一些独特的技术，这样不太容易被竞争对手复制。

（4）在今后 5~7 年内，这个企业能实现每年 35%~45% 的回报率。

而金蝶公司的资产总额以每年 200%~300% 的速度增长，作为国内最大的财务软件开发商和供应商之一，仅 1998 年一年，其软件销售总额就超过了 1 亿元，同时又在企业综合管理软件开发方面取得了可喜进展。具有这样卓越成就的企业，对 IDG 的吸引力是巨大的。

IDG 广州太平洋技术创业投资基金对金蝶公司进行考察时，十分注重对风险企业家和其管理团队的评估。被投资人的能力、知识、经验、个人人品和团体协作能力是风险投资者所特别看重的。IDG 广州太平洋技术创业投资基金很欣赏以思想开放的徐少春总裁为首的管理团队。这个团队的特点是具备超前的战略眼光和企业战略设计能力，始终保持着稳固的务实风格和创新精神。1998 年 3 月，麦戈文先生亲自到金蝶公司进行考察，他对金蝶公司总裁徐少春给予了高度的评价，并认为金蝶公司是一个有远见、有潜力的高新技术企业，金蝶公司的队伍是一支年轻而优秀的人才队伍。另一方面，IDG 看重金蝶是一个典型的民营企业，企业机制灵活，在思想观念上比较开放、善于接受新事物，同时也非常欢迎这种形式的投资注入。

IDG 广州太平洋技术创业投资基金以参股形式对金蝶公司进行投资后，折价入股，成为金蝶公司的股东之一，享有股东的权利，但对金蝶公司不控股，不参与经营，只是不断地通过一些有益的辅助工作，如介绍和引进专家作报告、开研讨会、帮助企业做决策咨询、提供开发方向的建议等方式来施加影响。第一笔资金到位后，IDG 委派王树担任金蝶公司的董事，对金蝶公司进行监控，王树不过问金蝶公司的经营。但是，在这看似宽松的合作之下，风险投资带给金蝶公司的风险意识和发展压力陡然增加。因为按照金蝶公司与 IDG 的合作协议，金蝶公司必须在获得第一笔投资后的一年间，达到双方规定的目标，即在 1997 年的基础上，1998 年取得 200% 的增长，才有资格获得 IDG 的第二笔 1 000 万元的投资。正是这种风险压力，促使金蝶公司迅速地调整自己。

而金蝶在香港上市第二年，IDG 开始首次大幅度减持。年报显示，至 2003 年年初，IDG 持股比例已经低于 10%。据估算，IDG 在 2002 年年底至少回收了 6 300 万港元。据估计，2003 年 IDG 减持了约 5% 的股权，至少套现了 5 500 万港元。也就是说，IDG 在 5 年之后，从金蝶至少收回了 1.2 亿港元。我国香港一位基金经理分析，余下的 4.1% 套现后，预计 IDG 最终将从金蝶身上收回 2 亿元左右的投资回报，投资回报率高达 10 倍。

（四）风险投资对金蝶的影响

IDG 的风险投资资金注入金蝶公司后，公司规模突然间就大起来了。如何管理、如何运作、如何产生更大的价值，对于这些问题的回答使金蝶发生了深刻的变化。

1. 重新确定公司的发展战略。金蝶公司在 1998 年年底完成了财务软件领域向企业管理软件领域的战略性拓展，并提出了跨入国际管理软件十强之列的宏伟战略目标。这个战略目标的确定，对金蝶公司的整个管理层产生了深远的影响。因为要进入国际管理软件十强，就势必要进入国际市场，势必要成为国际化公司；而要成为国际化公司，又必须匹配世界级的人才；而要吸引和留住优秀人才，则必须使企业自身具有先进的用人制度、管理制度等。这一切新的要求，使金蝶公司的管理层从思维方式到行为准则都获得新的坐标，采取新的做法。例如，金蝶公司倡导的"激情管理"强调企业的行为既不是物理变化，也不是化学反应，企业是人的组合，企业的运行是人的行为的组合。企业与人一样是一个非常复杂的系统，同样经历着"诞生—成长—稳定—发展—灭亡"的生命周期。面临着优胜劣汰、不进则退的生存和发展的危机，企业有一种内在的原动力，这种原动力需要去激发。一种以系统化、全面化为主要特征的管理模式应该有利于激发这种原动力，这种管理模式就是激情管理，其核心就是以企业发展的远大理想激发员工的能动性。

2. 增强了对市场占有率的重视。风险投资资金进入后，提出一定的收入和利润增长指标，这都需要依靠市场来实现，于是市场占有率便成了金蝶公司的营销重点和宣传重点。这就如同催化剂一般，加速了整个公司的成长。金蝶的分支机构由 21 家猛增到 52 家，代理商达到 360 家，员工从 300 人增加到 800 人，销售额增长了 200%，1998 年销售额约为 1.5 亿元。由此可见，风险投资的影响是潜移默化的。1998 年金蝶公司有着出色的市场作为，根据国家信息产业部信息中心的统计数据显示，金蝶公司在财务软件市场上的份额由 1997 年的 8% 提升到 1998 年的 23%，是财务软件行业成长性最好的企业。1999 年达到 35%，位居中国财务软件市场第一。

IDG 广州太平洋技术创业有限公司不仅仅给金蝶带来了 2000 万元的投资，还帮助金蝶公司与国际大公司进行交流，把国外一些全新的观念带给了金蝶，使金蝶走上了一条向国际化发展的道路。同时，金蝶用 IDG 集团的商业资源，与毗邻的香港地区优势互补，从而进一步拓展金蝶产品的国际性销售渠道，使金蝶公司逐渐成为国际性的财务软件公司。

（资料来源：朱清贞：《财务管理案例教程》，清华大学出版社 2006 年版）

二、案例分析

（一）金蝶引入风险投资的必要性和可能性分析

风险投资（venture capital）是指专业投资人员对新创企业或市值被低估企业进行的投资。风险投资家不仅投入资金，而且还用他们长期积累的经验、知识和信息网络帮助企业管理人员更好地经营企业。因为这是一种主动的投资方式，因而由风险资本支持而发展起来的公司成长速度远高出普通同类公司。通过将增值后的企业以上市、并购等形式出售，风险投资家从中得到高额的投资回报。

我国实行改革开放三十年来，国家对国有企业的投融资体制进行了多次改革，从直接由国家财政拨款，到拨改贷，企业从银行申请贷款，再到发展证券市场融资，改革的力度不可谓不大。但是，国家对中小企业，特别是民营高科技企业发展的支持力度一直不大，这导致了一种矛盾的现象：国有企业普遍存在着借钱、要钱、多投资的极大冲动，在资产负债率居高不下的同时，净资产收益率却一降再降；而那些产权关系清晰、极具发展潜力的民营高新技术企业却告贷无门，始终未能建立较好的融资渠道。这是因为，国有商业银行在对非国有企业的贷款上存在着许多成文与不成文的限制，不愿对非国有企业贷款；另外，非国有企业目前几乎没有上市的机会，很难从证券市场上得到资金。这些最有发展前途的企业却因资金的短缺不能快速发展。由于资金不足，企业只能依靠自身积累发展，所以导致企业规模普遍较小，市场竞争力不强。尤其是高新技术企业，直接面对的是国际跨国集团的竞争，往往因企业规模太小而不能形成规模优势，难以与之相抗衡。

依靠企业自身的积累永远都是需要的，企业没有内部积累，也就不可能有任何抗御风险的能力。但是，仅仅停留在以自身的积累进行再投入是难以应对激烈的市场竞争的。从当前的市场趋势看，往往是高起点、大投入的企业才能占领市场。完全依靠自身的积累进行大投入对于大多数企业来说是做不到的，没有融资的积累是低效率的积累，仅仅局限在由生产经营产生盈利之后进行分割的企业资本积累是非常有限的，企业也不能得到快速和超常规发展。要实现企业的快速和超常规的发展，就必须把积累的视野拓展得更宽一些。当今世界上一些最著名的大公司，也都是在资本运营的过程中实现超速发展的。

当然，并不是所有的企业都具有超速发展的能力，也不是企业发展的任何阶段都能超速发展，市场在赐给企业超速发展的机会上是十分吝啬的，能否抓住机会，不仅取决于企业本身，还与企业的投资环境有紧密关系。在市场经济体制仍未完善的今天，实现企业超速发展的限制不只在于企业家的素质，因为在市场经济秩序没有完善确立的条件下，企业的经营比在规范的市场经济体制下要复杂得多，我国大部分非国有高科技企业的领导素质是比较高的，但他们缺少的是更规范的市场环境，这其中包括资本运营的外部环境。市场经济规律这只无形的手，推动着市场化的企业前进。金蝶软件的老总们深知在市场的海洋里"大鱼吃小鱼"的法则。虽然金蝶在短短的几年里实现了超速发展，但它至今仍然是个规模不大的企业，即便成为了中国的大企业，在跨国公司面前，仍然是"小鱼"，仍然面临被"大鱼"吃掉的风险。市场竞争的生存法则，激励这些企业不安于现状，大胆引进风险投资，以求企业的长远发展。

风险投资为何青睐金蝶？IDG公司是集出版、信息网络、展览、市场研究和咨询为一体的，业务遍布世界80多个国家和地区，年销售总额达17亿美元的国际大公司。这样一个国际公司为什么选中金蝶作为其风险投资对象呢？作为一个软件公司，金蝶有何独特魅力呢？

金蝶公司之所以能顺利地吸引风险投资资金，与其优秀的素质是密切相关的。中国软件行业正处在开创期，市场潜力巨大，加之国家政策的扶持，整个行业前景看好。金蝶公司开发生产的财务软件和管理软件，是软件业的主流，有比较大的发展前景。金蝶公司在这个行业中处于领头羊的地位，如对新技术和市场的敏锐、超前的意识，优秀的战略眼光和战略设计能力，稳定、优秀且不断充实的人才队伍，先进的管理思想和激情管理模式，无不吸引着风险投资者，以至于IDG董事长麦戈文说："没有哪一家我投资的公司能让我这么骄傲！在你们前进的路上，不但会得到我全力支持，还将得到IDG全球1万多员工的支持。"由此可见，风险企业在吸引风险投资时，一定要突出自己的优势所在。

作为高新技术企业，创新能力是企业的根本所在。在外部大环境相同的条件下，创新能力决定了企业发展的前景。对IT行业企业来说，创新能力就显得更为关键了。正如IDG董事长在考察金蝶公司时说："金蝶在产品和服务方面拥有独占的技术，在营销和组织运作方面具有出色业绩，是中国发展速度最快的财务软件公司。虽然风险投资意味着该投资比其他投资具有更大的利润预期，同时也有着比其他投资更大的风险，但是如果把资金投向中国这样经济高速发展的国家、投向信息技术这样具有极大潜力的行业、投向如金蝶一样具有优秀市场素质的企业,这难道不是在解决投资者常常陷入的'规避风险与寻求最大资本回报'这两难命题中找到了一个恰当的切入点吗?"

(二)香港创业板上市和转到主板,两番抉择折射出金蝶发展路径的不断变化

2000年7月13日,金蝶得到中国证监会批准其在香港创业板上市的批复。金蝶旋即对外公布,并且披露由香港百富勤担任主承销商。据IDC 1999年调查显示,金蝶以28.4%的市场占有率处于当年国内财务软件的领先地位;同时,在1999年国内主要ERP厂商市场增长相对回落的背景下,金蝶在该领域的占有率由1998年的2.7%提升到4.4%。回应上市的消息,金蝶近期对外公布的目标是,5年之内跻身世界软件企业十强之列。其实,从1991年年底创建金蝶的前身——深圳爱普电脑技术有限公司起,金蝶的历程就是一条充满斗争的道路:与外界环境的协调,对自身的抛弃与保留。

2001年2月,金蝶在香港联合交易所挂牌上市(股票代号为8133),融资9 000万港元;3个月后,金蝶最大的竞争对手用友在国内A股上市,融资8.8亿元。业界一时哗然。虽然金蝶的营业额一直是用友的60%左右,但两家的利润都在5 000万元上下,两地股市的放大效应差距明显。徐少春选择了退出,到香港上市。在香港上市,金蝶经历了重组,被一个市场化和制度化的环境所管理,金蝶不是个人想控制就控制得了,需要追求国际化的管理。

2005年7月20日,金蝶国际正式退出香港联交所创业板,在香港联交所主板成功转板上市(股票代号为0268.HK)。转板对金蝶国际最大的好处就是"选择了适合自己发展的资本市场平台",无论对金蝶的品牌形象还是融资能力都是更大的提升。创业板对机构投资者内部有一些限制,一般不允许大金额的投资,而香港主板则拥有更大的发展平台。主板对公司的治理和管制也有更高的要求。徐少春说,软件本身就是一种创新的产品,从金蝶12年的发展历程来看,我们走的就是自主创新之路。通过这十几年的发展创新之路,我有三点体会:第一,创新要有很强的使命感和大无畏的精神。创新非常重要的一点就是要有很强的信念,要有很大勇气,要敢于做别人不能做的事情。第二,创新要专注,不能三心二意。不能有了自主品牌以后还搞别的东西,我的体会是只要功夫深,铁杵也能磨成针,只要做到专注,就一定会有结果。第三,创新的灵魂是人才。"

(三)打破我国风险投资业发展"瓶颈",中国的风险投资业期待春天

风险投资资本只有从成功项目中退出才能寻求新的投资机会。在种种退出

方式中，IPO是最佳的选择。但国内多数创业企业难以达到A股上市的严格条件。即使能在A股上市，根据《中华人民共和国公司法》的相关规定，发起人股份自公司成立起三年之内不能转让。三年锁定期过后，也一样不能在二级市场变现，只能通过协议转让，而协议转让的价格一般以净资产为参照，通常要比流通价格低很多。如果风险资本选择在上市前转让股权，收益可能会更低。而且，当风险投资的持股比例较低时，满足不了购买方通过持股达到战略控股的要求，协议转让的目标受让者就会相对有限，有时候连转让出去都存在困难。

如果股权无法顺利协议转让，风险资本只有被迫当股东拿红利。"目前，中国上市公司的分红并不可观，而我们的钱投进去就成了死钱，没有资金进行再投资了。"广东省科技风险投资集团的彭星国表示，"分红有什么用？我们必须解决生存问题，如果每家都那样，那我们就不用做风险投资了。而且，持股不达到一定比例也不可能合并报表，对我们一点用处都没有"。

由于种种退出道路不通，为了回笼资金继续投资，风险投资机构不得不使用一些非正常手段，如选择以上市公司的股权进行抵押获得商业贷款等形式，来变相实现资金的流动。这种方式的缺点是财务成本被迫提高，操作手续复杂，投资并未找到最终出口。还有一些公司甚至采取收购上市公司后再反向兼并投资企业的方式，即先收购一家上市公司，然后再把孵化成熟的企业卖给上市公司，由此实现风险资本退出。这样的例子已在资本市场上演。例如，深圳市清华创业投资有限公司在2002年收购了粤华电并更名为力合股份。2004年3月24日，力合股份通过了受让深圳华冠电容器有限公司30%股权的议案，清华创投达到退出的目的。但这种退出方式对风险投资机构资金实力和壳公司的后市操作能力要求很高。

目前，在我国还未建立起市场化的风险投资机制，整个投资体制改革还有待深化。在知识经济方兴未艾的背景下，市场化的风险投资体制的确立就更为重要了。知识经济最大的特点就是，"经济发展主要取决于智力资源的占有和配置，也就是科学是第一生产力"，而高新技术产业正是知识经济的支柱。在国有高新技术企业之外，我国还有大批的非国有高新技术企业，这些企业不仅对促进我国的市场经济发展具有重大作用，还在带动国民经济发展上具有不可替代的地位。长期以来，这些处在经济体制改革前沿和科技研发前沿的企业的投资问题一直未能解决，致使许多在技术上领先的企业不能迅速发展，非国有的高新技术企业普遍规模较小，市场竞争能力较弱，产业化发展速度缓慢，使我国在知识技术方面的优势不能发挥出来。对于从事生产科学技术含量高，需要大量研究开发资金投入，同时市场还未成熟产品的高新技术企业，国家应尽快建立风险投资机制，占领科技制高点。

在我国众多的风险投资企业中，风险投资家自己找上门来，要求投资，而且对创业者如此高评价的企业为数甚少，而处在"发展期"快速增值阶段的金蝶公司，正是这种不可多得的好企业。但就是这样的企业，在我国现有的信贷体制和资本市场下，仍融资无门，而把大好的投资机会转让给他人。有人说，在中国现在的"买方市场"下，缺的正是好的投资机会，而金蝶的例子足以说明我国当前经济体制的弊病所在，即分配给民营经济的各方面资源太少了。同样是软件企业，国有企业可以上市融资，而民营企业只能寻找风险投资这种昂贵的资本。但被扶持的，并不一定能变得强大。在我国软件行业中，金蝶公司和用友公司所占的份额便是明证。

企业吸纳资本能力的强弱，对企业的发展是至关重要的。当非国有企业不能在国内得到企业发展相应的投资时，它们不是去找政府，而是跨出国门去海外寻找资金市场，用自身的能力、经营业绩、产权去换取发展的资金，并用基于自己对自身发展的充分自信及勇于承重的责任心来赢得难得的机会。尽管目前大多数这样的企业规模比起许多国有大企业来说是小的，但是这些企业却是更有实力和前途的。因为企业的产权是清晰和完整的，企业老板随时可以拿出企业的部分产权在市场上交换其所需要的东西。还因为，企业有着适应市场的企业机制，具有永不枯竭的发展动力，风险投资与这些企业相结合，有助于这些高科技含量的企业实现腾飞。

知识经济需要风险投资，风险投资机制的建立将会给高新技术企业插上飞翔的翅膀，高新技术产业的发展又将大大推进中国的经济步伐。金蝶引入风险投资的成功，无疑为知识经济时代的高新技术企业的发展提供了一个有益的启示。我们都在期待着，在知识经济的时代，中国的高新企业能够在风险投资的帮助下，获得更快的发展！

三、思考·讨论·训练

1. 结合直接投资的特点，谈谈风险投资的特点。
2. 金蝶公司当时为什么要吸收风险投资？什么条件使得其成功？
3. 您认为我国风险投资的前景如何？

案例 3-7 兰岛啤酒集团的购并与扩张

一、案例介绍

(一) 公司背景

兰岛啤酒集团（以下简称"兰啤集团"）是国有大型企业集团。集团于 1997 年 4 月 21 日设立，注册资金 4 亿元，控有兰岛啤酒股份公司 44.2% 的股权，截至 1999 年兰啤集团的总资产约 40 亿元。

集团公司控股的兰岛啤酒股份有限公司其前身为国有兰岛啤酒厂，始建于 1903 年，是我国历史最悠久的啤酒生产企业，拥有驰名世界的兰岛啤酒品牌。1993 年 6 月 16 日公司注册成立，并于同年在香港和上海成功上市发行了 H 股和 A 股股票。现公司啤酒年生产能力为 100 万吨，是国内出口量最大的啤酒生产企业。兰岛啤酒集团的发展目标就是要充分发挥品牌及技术优势，以民族资本为主，实行高起点发展，低成本扩张，尽快扩大规模经济，整合民族工业力量，尽快把兰啤集团建成具有超实力的、跨地区、跨行业、综合性的大型企业集团，到兰岛啤酒百年之际，争取年产量达到 200 万吨，跻身世界啤酒十强行列。

兰岛啤酒股份有限公司主要从事定位于中高档啤酒市场的著名品牌兰岛啤酒的生产和销售，同时通过并购地方企业，借助兰岛啤酒的技术、管理和市场优势开拓各地市场，在当地产当地销，积极发展定位于大众消费产品市场的地方系列品牌。目前，兰岛啤酒已成为国内啤酒业生产规模最大的公司之一。公司积极推行"高起点发展，低成本扩张"的经营战略，1997 年至今先后兼并了 29 家啤酒生产企业，目前在国内拥有 32 家啤酒生产厂和一个麦芽生产厂，总生产能力超过 250 万吨/年。1999 年实现啤酒产销量 107 万吨，销售收入 24 亿元。2000 年上半年啤酒产销量达到 72 万吨，销售收入 18 亿元，预计全年销量将超过 140 万吨，销售收入 39 亿元，比上年增长 62.5%，显示了强劲的增长力。

该公司的主要产品是啤酒，目前"兰岛啤酒"有 25 个品种，其他外地品牌有 21 个品种。

1. 产品的生产能力。兰岛啤酒集团的生产能力情况如表 3-9 所示。

表 3-9　　　　　　　　兰岛啤酒集团的生产能力　　　　　单位：万吨/年

兰岛啤酒	瓶装生产能力	50
	听装生产能力	13
	桶装生产能力	7
小计		70
其他品牌啤酒	瓶装生产能力	140
合计		210

2. 产品销售收入。兰岛啤酒集团的产品销售收入情况如表 3-10 所示。

表 3-10　　　　　兰岛啤酒集团的产品销售收入情况　　　　　单位：万元

主要产品	1998 年	1999 年	2000 年 1~6 月
啤酒	172 271	244 544	186 354

3. 销售组织及销售方式。该公司已建立了 5 000 余人的专门销售队伍，在全国主要市场建立了销售分公司或办事处，实行以直供和经销商代理相结合的销售模式。该公司向经销商销售产品均采用现款现货的销售方式。

4. 市场分布情况。该公司产品的主要销售市场为东部及沿海地区，其销量约占公司总销量的 70%，中西部地区的销量约占总销量的 30%。到 1999 年年末，该公司在国内销量最大的五大市场是山东、陕西、安徽、广东和江苏。

5. 市场占有率。根据中国啤酒行业协会有关统计资料，1999 年，该公司生产啤酒 107 万吨，占全国啤酒市场份额为 5.12%；2000 年 1~6 月的产量为 72 万吨，占全国啤酒市场的份额为 6.64%。目前，该公司是国内规模最大和市场占有率最高的啤酒生产商。

6. 出口情况。该公司目前年啤酒出口量为 3 万吨，创汇 1 900 万美元。现已出口欧洲、美洲、亚洲的 40 多个国家和地区。多年以来，公司产品的出口量和创汇额均居同行业首位。销售以代理方式为主，公司在主要出口市场北美、西欧、香港地区均建立了自己的销售公司。

1999 年，该公司原料进口用汇约 1 000 万美元，收支平衡尚有结余。

（二）行业分析

中国是世界第二大啤酒生产和消费国，潜在市场容量巨大。20 世纪 80 年代中期至90年代中期为啤酒行业的高速增长期，啤酒产量复合年均增长率达到18%，此后则进入相对平稳的低速增长期，1995～1999年复合年均增长率在7%左右。1999年全国啤酒产量2 088万吨，比上年微增5%，增长水平为历史最低。

中国啤酒消费绝对数值大，但人均消费水平较低，总体上升空间较大。去年我国城镇家庭人均消费酒和饮料91.57元，仅占消费支出的2.1%，人均酒水消费量是世界平均水平的20%。我国目前啤酒产量列世界第二，但人均啤酒消费水平只有世界年人均消费啤酒量的一半。因此，目前市场的供大于求仅是一个较低水平的供大于求，随着啤酒产品结构的改善，西部、农村地区人均消费需求的增长，啤酒市场尤其是中低档啤酒市场的第二个春天将会来临。

和大多数产业一样，啤酒行业在20世纪80年代高速发展期产生了很多遗留问题。大批新兴企业蜂拥而入，啤酒产业规模的迅速扩张，从而形成了企业生产规模普遍偏低，厂家分布高度分散，生产能力相对过剩的市场竞争格局。20世纪90年代初，随着外资啤酒的进入以及因地方保护和低价倾销引发的啤酒大战愈演愈烈，啤酒生产企业也由鼎盛时期的800多家迅速减至530家。尽管如此，目前年产20万吨以上的啤酒企业仍不足20家，年产超过百万吨的仅兰岛啤酒集团和燕京啤酒集团两家，它们的年产量之和也仅占全国总产量的10%。而在美国，第一大啤酒企业AB公司的年产量达1 400万吨，占全国市场份额的48%；排名第二的米勒公司市场占有率为22%。与美、欧等啤酒生产和消费大国相比，中国啤酒行业的市场集中程度较低，地方割据严重，明显缺乏全国性品牌。这种地方割据、高度分散的市场格局的形成，一方面是由于历史原因和地方保护政策造成的，另一方面也反映了啤酒消费和生产的地域性较强。

由于生产和消费的地域性较强，企业通过在外地设厂、开拓市场的方法进行全国性经营的成本较高。通过购并地方啤酒企业，利用当地生产能力和品牌优势就成为一种比较有效的低成本扩张方式。处于行业领先地位的兰岛啤酒集团利用行业重组、优胜劣汰的机会积极推行"低成本扩张"的经营，通过购并充实自身实力，占据更多的市场份额，从而实现了销售量和销售收入连年猛增，规模高速成长。由于啤酒行业的特殊性，兼并扩张战略的效果将在很大程度上决定公司在行业中的未来地位。

根据以上行业分析，可以得出以下几点结论：一是啤酒行业未来几年能够保持7%～8%左右的稳定增长，前景良好。二是高档啤酒市场饱和，中低档啤酒增长较好，但竞争非常激烈。三是兰岛啤酒集团的产品组合实现了中、高、低档的错位竞争，能够适应市场的不同需要，是较为合理的产品战略。四是啤酒行业未来几年将经历行业重组和优胜劣汰，兰岛啤酒集团与竞争对手相比具有较强优势，其购并战略积极有效，终将获得规模与效益的同步增长。

（三）并购历程

兰岛啤酒集团在1995、1996两年曾出现过危机。几年过后，兰岛啤酒集团最危险的时候已过去，而使兰岛啤酒集团摆脱危险的最大法宝便是"独到的并购模式"。自1997年以来，兰岛啤酒集团已在全国并购啤酒企业28家。今年又南下收购上海嘉士伯75%的股权，北上收购美国亚洲战略投资公司所持有的北京两家啤酒企业——亚洲双合盛五星及三环亚太（云湖啤酒）公司的股权。据称，兰岛啤酒集团还将在全国范围内大规模地开展收购行动。该公司近年来推行积极的市场战略和购并战略，其全国性销售网络经历了从无到有，从少到多的重大转变。目前公司已在全国各地建成48家销售分公司和办事处，成立了华南、华东、淮海、鲁中、北方五个区域性事业管理部，指导和监督辖区内并购企业的生产和经营，优化配置区域内的各种资源。

1. 兰岛啤酒集团扩张大事记（1999~2000年）。1999年2月，受让取得安徽马鞍山啤酒厂破产财产，设立兰岛啤酒（马鞍山）有限公司。以承债方式控股山东荣成东方啤酒厂，组建兰岛啤酒（荣成）有限公司。

3月，收购山东南极洲集团股份公司破产财产，设立兰岛啤酒（薛城）有限公司。

6月，以承债方式兼并湖北黄石啤酒厂，设立兰岛啤酒（黄石）有限公司。设立兰岛啤酒（安丘）有限公司。

7月，与日本朝日啤酒株式会社等三方合资建设深圳兰岛啤酒朝日有限公司正式建成投产。以托管方式取得对兰岛崂山啤酒厂的管理权。

9月，收购广东皇妹啤酒公司资产，合资设立兰岛啤酒（珠海）有限公司。设立兰岛啤酒（应城）有限公司。收购上海啤酒有限公司清算资产，设立兰岛啤酒（上海）有限公司。

10月，合资设立兰岛啤酒（蓬莱）有限公司。

11月，合资设立兰岛啤酒（三水）有限公司。设立兰岛啤酒（滕州）有限公司。与沛孙国资公司共同设立兰岛啤酒（徐州）有限公司，之后由徐州公司收购年产啤酒5万吨的徐州市金波啤酒厂全部资产。

12月，承债兼并安徽芜湖大江啤酒厂，设立兰岛啤酒（芜湖）有限公司。设立兰岛啤酒（潍坊）有限公司。与中国铁道建筑总公司（中铁建）铁路运输处签署合资合同，共同于湖南省郴州市出资设立一家中外合资的兰岛啤酒

(郴州)有限公司。

2000年5月,收购廊坊啤酒厂破产财产,设立兰岛啤酒(廊坊)有限公司。

7月,设立合资兰岛啤酒(鞍山)有限公司。

8月,与嘉士伯香港有限公司合资建立兰岛啤酒上海松江有限公司。收购美国亚洲战略投资公司所持有的北京两家啤酒企业——亚洲双合盛五星及三环亚太(云湖啤酒)公司的股权。

9月,在原兰岛崂山啤酒厂的基础上设立兰岛第五啤酒有限公司。

2. 兰岛啤酒对嘉士伯、五星及三环公司的并购及面临的问题。

(1) 对嘉士伯、五星和三环啤酒厂的并购。2000年以来,该公司先后共收购了30家啤酒生产企业,其中包括2000年8月斥资1.5亿元南下收购了著名品牌上海嘉士伯75%的股权,使这一历史悠久的跨国企业退出中国市场,在北京宣布以2 250万美元的价格一举收购美国亚洲战略投资公司持有的北京五星啤酒62.64%的股权和三环啤酒54%的股权,使兰岛啤酒集团在北京地区的生产能力达到40万吨,不仅成为兰岛啤酒再克洋品牌的又一成功力作,而且标志着兰岛啤酒正式进军北京市场。2000年10月,兰岛啤酒集团在内地的累积产量达到136.7万吨,销量135.2万吨,均增加近四成;销售收入34.5亿元,增长47.3%;利润1.98亿元,增长14.7%。

(2) 并购期间的财务状况。随着企业规模的不断扩大,其资金面的压力越来越大,从兰岛啤酒集团2000年的中报来看,其资产负债率高达54.58%,而同期燕京啤酒的资产负债率仅8.21%。其实,兰岛啤酒集团的负债总额近年来也一直是增幅惊人:1998年年底负债16.1亿元;1999年年底,26.43亿元,增幅超过60%;2000年中期负债35.85亿元,半年增幅超过30%;而2000年年底也在50亿元左右。不过,随着其增发新股方案的实施,这一矛盾将有望得到缓解。此次增发,兰岛啤酒集团将集资8亿元,主要投向包括投资3.4亿元收购上海嘉士伯和北京五星、三环公司,使企业在北京、上海拥有年产42万吨啤酒的生产能力,同时投资4.23亿元对下属几个企业进行技术改造,此举将增加销售收入10多亿元。然而过去的一两年里,由于推行积极的市场扩张战略,建立全国营销网络和频繁的购并,公司营业费用、管理费用和财务费用的增长较快,公司的效益增长滞后于规模的增长。1999年,公司主营业务利润7.7亿元,营业费用、管理费用和财务费用合计则达到6.9亿元,占主营业务利润的89.6%,2000年"三项费用"将继续保持较高水平。从各子公司对利润的贡献来看,由于并购企业在被兼并之时大多处于亏损、停产或微利状态，购进后需要一定时间进行技术改造、整合，往往要过一两年时间才能产生效益，因此现阶段对公司利润贡献较大的主要是兰岛啤酒一厂、二厂和1995年年底购进的西安公司。但2000年已有越来越多的地方企业开始扭亏为盈，公司发展后劲充足。同时为了达到效益与规模同步增长的目的，进入2000年以来，该公司已明显放慢了扩张的步伐，工作重点主要放在所并购企业的盈利增长上。

（3）并购后的税收状况。该公司收购的上海嘉士伯、北京五星公司和三环公司原为中外合资企业，享有所得税"免二减三"的税收优惠政策。本次收购完成后，三环公司将变更为内资企业，不再享有该税收优惠政策。而上海嘉士伯和北京五星公司仍将保留中外合资企业的地位，但按本公司与香港嘉士伯签订的《股权转让协议》规定，股权转让后持有上海嘉士伯25%股权的香港嘉士伯或其权利继承人自交割日起10年内，有权要求本公司收购其持有的25%的股权，若本公司受让该部分股权，上海嘉士伯将变更为内资企业，也不再享受以上税收优惠政策。

（4）产品战略状况。兰岛啤酒集团目前奉行兰岛啤酒中高档与低档相结合，全国品牌与地方性品牌互为补充的策略。主品牌兰岛啤酒定位于中高档市场，面向全国市场销售，主要由母公司下属兰岛啤酒一厂、二厂、五厂以及兰岛啤酒深圳公司生产。其他收购企业的啤酒品牌定位于中低档市场，以占领当地市场为目标。由于近一两年收购公司的数量激增，公司的产品结构有向低端发展的趋势。此外，由于高档市场竞争激烈，需求趋于饱和，兰岛啤酒集团自有品牌的产品构成也有向低端倾向的趋势，具体表现在毛利率较高的金质啤酒、罐装啤酒产量减少，而普通大瓶啤酒产量上升较快。但此次增发股票的投资项目集中于中高档的兰岛啤酒以及毛利率较高的纯生啤酒，将扭转公司毛利率水平下滑的趋势。

3. 兰岛啤酒集团公募增发A种股票为并购嘉士伯和五星啤酒公司筹资。

（1）增发方案。本次增发方案由该公司2000年9月18日召开的第三届董事会第五次会议形成决议，并经2000年11月6日召开的2000年临时股东大会表决通过，人民币普通股（A股）每股面值1.00元人民币，发行数量不超过1亿万股。

（2）募集资金并购投资的基本情况。主要举措是投资33 999万元用于收购部分异地中外合资啤酒生产企业的外方投资者股权。

其一，收购上海嘉士伯75%的外方投资者股权。

①收购公司概况。该项目拟投资15 375万元，全部使用募集资金解决。

该公司与香港嘉士伯的《股权转让协议》已经外经贸部［2000］外经贸资二函字第982号批准生效。上海嘉士伯系香港嘉士伯与松江公司共同投资设立的中外合资经营企业，始建于1996年，1998年竣工投产。该公司注册资本为3 664万美元，其中，香港嘉士伯持有95%的股权，松江公司持有5%的股权；主营业务为啤酒生产及销售，现有啤酒生产能力10万吨/年。

根据普华永道中天会计师事务所有限公司出具的普华永道审字（00）第28号审计报告，截至2000年6月28日，上海嘉士伯的资产总额为59 753万元，负债总额为60 171万元，净资产为-418万元，当年销售收入4 513万元，净利润-9 305万元。

②收购方式及收购价格。根据上海财瑞资产评估有限公司沪财评字［2000］第073号《整体资产评估报告书》，截至评估基准日2000年6月28日，上海嘉士伯资产总额评估价值为39 036万元，负债总额评估价值为52 433万元，净资产评估价值-13 397万元。根据公司与香港嘉士伯签订的《股权转让协议》及有关文件，香港嘉士伯同意对上海嘉士伯进行资产和债务重组，上海嘉士伯的债务全部由香港嘉士伯承担，最终留在上海嘉士伯的只是经评估的26 500万元的净资产。兰岛公司拟以15 375万元收购香港嘉士伯所持有的经重组后的上海嘉士伯75%的股权，同时香港嘉士伯也将履行收购松江公司所持有的上海嘉士伯另5%的股权之义务。本次收购完成后，上海嘉士伯的股权结构为：兰岛公司持有75%，香港嘉士伯持有25%。同时，上海嘉士伯将更名为兰岛啤酒上海松江有限公司，并继续享受中外合资企业待遇。

③本次收购的财务预测。本次收购完成后，兰岛啤酒上海松江有限公司没有承担收购前的上海嘉士伯的任何债务，该公司实际购买的是上海嘉士伯75%的生产经营性资产和设备，并利用该资产及设备生产兰岛啤酒，开展全新的营销业务。兰岛啤酒上海松江有限公司的生产和经营与收购前的上海嘉士伯不具有任何连续性。

预计到2002年，兰岛啤酒上海松江有限公司全年可生产10万吨啤酒，可实现产品销售收入36 809万元，利润总额2 826万元，投资回收期4.4年。

其二，收购五星公司62.64%的外方投资者股权和三环公司54%的外方投资者股权。

①收购公司概况。五星公司系五星集团公司和ASIMCO第一投资公司共同出资设立的中外合资经营企业。该公司成立于1995年1月12日，注册资本为86 200万元（其中，五星集团公司的股权比例为37.36%，ASIMCO第一投资公司为62.64%），主要生产"五星"牌啤酒，现有啤酒生产能力20万吨/年。

三环公司系五星三环公司和ASIMCO第八投资公司共同出资设立的中外合资经营企业。该公司成立于1995年1月5日，注册资本2 980万美元（其中，五星三环公司的股权比例为46%，ASIMCO第八投资公司为54%），主要生产"云湖"牌啤酒，现有啤酒生产能力20万吨/年。

五星公司现拥有两个分厂：一分厂位于北京市宣武区广安门外，占地55亩。二分厂位于北京市郊区昌平县，占地274亩。三环公司前身为北京三环啤酒厂，位于北京市密云县，1990年建成投产，占地203亩。

根据安达信·华强会计师事务所为五星公司出具的《2000年1月1日至2000年6月25日会计报告及注册会计师审计报告》，五星公司资产总额为78 616万元，负债总额为31 715万元，净资产为46 901万元，当年销售收入为4 040万元，净利润为-9 157万元。

根据安达信·华强会计师事务所为三环公司出具的《2000年1月1日至2000年6月25日会计报告及注册会计师审计报告》，三环公司资产总额为41 224万元，负债总额为22 044万元，净资产为19 180万元，当年销售收入为10 132万元，净利润为-6 226万元。

②收购方式及收购价格。根据中资资产评估有限公司中资评报字［2000］第051—1号《资产评估报告书》：截至评估基准日2000年6月30日，五星公司净资产为15 013万元。按此净资产值计算，五星公司外方股东ASIMCO第一投资公司所拥有的62.64%的股权的现时转让价值为9 404万元。根据兰岛公司与ASIMCO第一投资公司签订的《股权转让协议》，兰岛公司拟以601万美元收购ASIMCO第一投资公司所持有的五星公司37.64%的股权，兰岛公司的全资子公司兰岛啤酒香港贸易有限公司拟以399万美元收购ASIMCO第一投资公司所持有的五星公司25%的股权。根据中资资产评估有限公司中资评报字［2000］第051—052号《资产评估报告书》，截至评估基准日2000年6月30日，三环公司净资产为20 356万元。按此净资产值计算，三环公司外方股东ASIMCO第八投资公司所拥有的54%的股权的现时转让价值为10 992万元。根据兰岛公司与ASIMCO第八投资公司签订的《股权转让协议》，兰岛公司拟以1 250万美元的价格收购ASIMCO第八投资公司所持有的三环公司54%的股权。

上述两宗收购中，有关外方股东所拥有的股权的现时转让价值总计20 396万元，兰岛公司拟以2 250万美元收购其股权（折合人民币18 624万元）。

③批准文件。上述两宗收购事项已分别根据目标公司的公司章程获得其董事会通过。有关合同已报送外经贸部和北京市外经委审批。收购完成后，五星

公司将继续保留中外合资企业性质，三环公司将由中外合资企业变更为内资企业。

④本次收购的财务预测。预计到2002年，五星公司和三环公司可实现产品销售收入95 110万元（其中，五星公司45 894万元，三环公司49 216万元），利润总额5 812万元（其中，五星公司1 979万元，三环公司3 833万元），五星公司投资回收期4.23年，三环公司投资回收期4.5年。

预计2000年公司每股收益为0.11元，2001年在股本摊薄情况下每股收益仍能达到0.16元，2002年将进一步增长到0.21元。

⑤2001年盈利的实现情况：据《中国证券报》刊登的最新消息，2002年2月2日该公司发布公告称，公司2001年1月20日刊登《公募增发A股招股说明书》中披露了2001年按照会计制度编制的盈利预测数据，当时预计公司2001年度实现净利润17 051万元，由于2001年啤酒消费税的调整和公司部分募集资金投入项目未达到盈利目标，公司预计2001年实现的净利润将低于原先盈利预测的80%，意味着2001年实际净利润将低于13 640万元。但即使如此，估计也较2000年9 520万元的净利润有一定幅度的增长，这也可从其2001年中期的业绩得到验证：2001年中期净利润便已高达7 083万元。

（资料来源：汤谷良：《财务管理案例研究》，中国广播电视大学出版社2002年版）

二、案例分析

企业之间的购并，用通俗的话讲就是买卖企业，核心问题是如何看待被兼并企业，对其预期盈利能力做出准确的判断。同样一个企业，别人看要亏损，在兰岛啤酒公司眼里却有盈利价值。从兰岛啤酒集团自身讲，大规模的并购，也是兰岛啤酒集团多年来"有品牌，无规模"现状的一次量变的爆发。有专家说，世界上任何大企业，没有一个不是通过兼并与联合而做大的，靠自身的自然成长远远不够。今后必然是几大巨头们分割市场，从"小而散，多而乱"的无序竞争中升华到品牌的竞争。

兰岛啤酒集团至今已兼并生产厂28家，兼并这些企业经过慎重的前期考察，考察并购企业的市场容量多大，领导班子情况，剥离不良资产情况，企业潜在前景及酿造用水、设备等情况，缺一不可。最重要的是市场。兰岛啤酒集团最看重的首先是市场，由于啤酒生产的地域性特征，啤酒厂所在地潜在的市场发展很重要，而不是规模有多大，产品有多好，对兰岛啤酒集团来讲，技术、人才、网络等已经是成熟的东西。

收购外资啤酒企业最大的好处是什么？第一，这些企业装备是非常优良的；第二，他们选择的区域位置都是大中心城市；第三，技术和管理人员都经过很好的培训；第四，这些企业由于面对一些困难，售价要比建新厂时低得多。收购外资企业的代价尽管比国内企业要高，但相对而言，仍然是低成本，比建一个同样的厂子，成本要低三至四成。洋啤酒有四大问题困扰其自身的发展。一是投资成本高，全部是现代化的精良设备。二是运行成本也高，全部是高价的工人和管理人员。三是市场投入大，使用买断酒店、送冰箱、开瓶摸奖及小姐促销等手段。四是基于上面三个原因，啤酒的定价高，价格降不下来。其实，嘉士伯能把上海嘉士伯的股权转让给兰岛啤酒集团，不是一种孤立现象，其中暗含了一种趋势，这就是洋啤酒开始"退潮"。之所以用"退潮"一词，是与洋啤酒进入中国市场时的"汹涌澎湃"之势的对照。当时，60多家洋啤酒仿佛是一夜之间占领了中国的大多数酒店和商店，并且购并了国内大半的大中型啤酒企业。

进一步分析：兰岛啤酒集团收购上海嘉士伯75%的股权，虽然比兼并其他企业投资要大，但仍属于低成本扩张。上海嘉士伯的设备精良，水处理系统很先进，能把当地的水处理后达到崂山水的品质。因此，上海嘉士伯的设备只要稍加改造和完善，就可以达到年产10万吨兰岛啤酒的规模。届时，兰岛啤酒将在上海生产一部分优质低价兰岛啤酒，让上海及周边市场的消费者都喝上当周乃至当日的兰岛啤酒。

对兰岛啤酒集团来说，更重要的是，收购上海嘉士伯有利于夺取上海啤酒市场更大的份额。兰岛啤酒集团1999年收购上海啤酒厂后，就开始在上海建立已经实验成熟的"直供模式"，不到一年时间，兰岛啤酒从兰岛运酒液，在上海啤酒厂分装的兰岛啤酒已经供不应求了。强调新鲜度的兰岛啤酒集团自然把填补这个市场空缺的希望寄托在新加入的上海嘉士伯身上。

兰岛啤酒集团的并购模式是非常成功的，并购是对管理的重大挑战。收购一个企业的可行性研究中，应该充分考虑到管理风险。对兰岛啤酒集团来讲，现在已经不是并购企业进来以后对管理构成挑战的问题。兰岛啤酒集团资本运营的丰富经验，管理好它们理应在把握之中。对新收购的企业，兰岛啤酒集团派去三个小组，第一个是灌输模式小组，厂务公开，选拔干部，注入兰岛啤酒集团企业文化、兰啤的管理理念和市场理念。第二个是技术工艺小组，对设备进行改造，以兰岛啤酒集团的工艺要求生产啤酒。第三个是贯彻标准小组，作为兰岛啤酒集团公司的子公司，要国际化和标准化。这三个小组是兰岛啤酒集团管理制胜的法宝。

中国有500余家啤酒企业，为什么兰岛啤酒集团走上了这条并购道路？兰岛啤酒集团作为一个百年品牌的上市公司，有五大优势：技术优势、资金优势、品牌优势、人才优势和管理优势。这些优势是其他品牌所不能比拟的。更有当地政府的大力支持。从外部环境说，国内啤酒企业在分化、重组，各大集团据守一方的格局已形成。兰岛啤酒集团要迅速做大，只有并购一条路。

组建事业部。兰岛啤酒集团的收购是有整体上的战略布局的，看似散乱实则是一盘棋。在同一个省份，兰岛啤酒集团一般要收购至少三个以上的企业，条件成熟后，就组建事业部。因为一个小啤酒企业单兵作战容易处于地方品牌的包围之中，很难发展壮大。至今，兰岛啤酒集团已成立华东事业部（总部在上海）、华南事业部（总部在深圳）、徐州事业部，每个事业部管辖3～5个企业，事业部又属于兰岛啤酒总公司垂直领导。

并购是双赢。被收购企业在被兰岛啤酒集团收编后，注入少量资金，即迅速扭转被动局面，生产经营活力大增。这些企业没有了包袱，背靠大树，底气又足，与那些背着"包袱"的企业竞争，显然是赢家。

兰岛啤酒集团的并购方式主要有以下几种并购形式：一种是破产收购，对山东省日照、平原等企业的收购，采用的就是这个办法。二是承接全部债务的兼并，即兰岛啤酒集团承担全部债务，取得被并购企业的资产所有权和经营权。这种方式的最大特点是对兰岛啤酒集团既可以避免筹资的"尴尬"，也不需占用资金，同时还伴随相应的优惠政策。按国家、省、市给兰岛啤酒集团的政策，对方享受银行贷款挂账停息5～7年的待遇，使企业可以得到休养生息的机会和条件，这个办法在兰岛平度啤酒厂已有了成功的范例。三是承担部分债务或用投资方式收购其51%的股权。在这方面最典型的例子就是收购菏泽啤酒厂、珠海啤酒厂等。

并购企业采用何种定价方式呢？从理论上讲，企业价值有多种表现形式，如账面价值、市场价值、评估价值等。账面价值由于其提供的信息可靠性而在过去得到大多数的认同，但由于企业的无形资产等影响企业发展的十分重要的动因却无法在传统会计中得以体现，也就是说，账面价值无法真正体现企业的内涵价值。另外，企业的价值判断不再由历史数据所决定，主要取决于对未来的预期，而预期只有通过价值形式反映在资本市场上成为市场价格，因此，市价才真正反映企业的生命力。从收购标的来看，嘉士伯、五星和三环啤酒三家公司均为全国知名合资啤酒生产企业，地处啤酒消费较大的上海、北京地区，三家公司合计有效生产能力达到年产42万吨，具有一定的规模效应，未来的前景是很好的。并购企业的主要设备均系国外进口，具有国内先进水平。尤其是上海嘉士伯1998年才竣工投产，生产设备比较完善，经过改造能够较快达到兰岛啤酒技术工艺的要求。从收购价格来看，由于该三家公司收购前因市场定位和经营等因素均处于亏损状态，公司在收购谈判时剥离了不良资产和绝大部分债务，对三家公司的收购价格均小于其经过评定的净资产价值，如表3-11所示。因此，对这三家公司的收购是兰岛啤酒抓住中国啤酒市场行业重组、外资受挫有意退出的有利时机，以比较合理的价格取得了较有潜力的资产，不仅能大大提高该公司的生产能力和产量，而且对该公司迅速渗透上海、北京两大市场，完成在全国的战略布局大有帮助。此次收购完成后，兰岛啤酒极有可能步入效益与规模同步发展的快车道。

表 3-11　　　　　　　　　　　　　　　　　　　　　　　　　单位：万元

目标公司	账面净值	评估后净值	调整后净值	成交价
上海嘉士伯	-418	-13 397	26 500	15 357
北京五星	46 901	9 404		8 280
三环公司	19 180	10 992		10 350

注：美元与人民币的比价按案例中资料得出 1∶8.28。

兰岛啤酒集团在积极并购扩张中，注意锁定风险。在其与被收购企业之间搭起了品牌和财务两道防火墙。收购完成后，兰岛啤酒集团基本上会采用当地原有的品牌或者重新起一个品牌，这既是对兰岛啤酒品牌的保护，也容易融入当地市场。此外，在财务方面可能的包袱也要预先清理干净。兰岛啤酒集团把收购的企业都变成了事业部下的独立子公司，它们都是一级法人，扩建时都是它们自己申请的贷款，因此成本都是由它们自己来承担的，如果情况不好时就可以关掉。这两道防火墙是锁定并购风险的高招。

三、思考·讨论·训练

1. 兰岛啤酒集团采用并购方式进行规模扩张的优势是什么？
2. 案例中兰岛啤酒集团共采用了几种并购方式？它们的优点是什么？
3. 如何确定被并购企业的并购价格？
4. 你认为并购成功的关键是什么？并购后的整合应从何处入手？
5. 在并购中该公司是如何锁定经营风险和财务风险的？

第四章　流动资产管理

流动资产是指企业在一年内或超过一年的一个营业周期内可以变现或者耗用的资产。流动资产是企业资产的重要组成部分，是相对于固定资产而言的，它与固定资产的主要区别在于占用的时间在"一年内或超过一年的一个营业周期内"。流动资产主要包括货币资金、应收及预付账款、存货、待摊费用等。

一、货币资金管理

货币资金是指生产经营过程中以货币形态存在的资金，包括库存现金、银行存款和其他货币资金等。

1. 货币资金管理的有关规定

（1）库存现金的使用范围。库存现金的使用范围包括：支付职工工资、津贴；支付个人劳务报酬；根据国家规定颁发给个人的科学技术、文化艺术、体育等各种奖金；支付各种劳保、福利费用以及国家规定的对个人的其他支出；向个人收购农副产品和其他物资的价款；出差人员必须随身携带的差旅费；结算起点1000元以下的零星支出；中国人民银行确定需要支付现金的其他支出。

（2）库存现金的限额。企业库存现金，由其开户银行根据企业的实际需要核定限额，一般以3~5天的零星开支额为限，最高不超过15天的零星开支额。

（3）不得坐支现金，不得"白条抵库"。所谓坐支现金是指从本单位的人民币现钞收入中直接支付交易款。现钞收入应于当日终了送存开户行。

（4）不得出租、出借银行账户。

（5）不得签发空头支票和远期支票。

（6）不得套用银行信用。

（7）不得保存账外公款。

2. 货币资金持有的必要性

企业持有货币资金的主要目的是满足交易性需要、预防性需要和投机性需要。

交易性需要是企业持有货币资金的最基本也是最重要的需要。预防性需要实质上是对交易性需要的补充，目的也是保证企业生产经营活动的正常进行。多数企业不会将获取投机性收益作为主要的经营目标，即使遇到特别的购买机遇，也常设法临时筹集货币资金来解决。

货币资金管理的目标就是在保证生产经营活动所需货币资金的同时，尽可能地节约货币资金，减少其持有量，而将闲置的货币资金用于投资以获取一定的投资收益。这样，既能满足企业日常的货币资金需求，降低企业的财务风险，又能充分利用闲置的货币资金，增加企业的收益。货币资金的管理目标就是要在降低企业风险与增加收益之间寻求一个平衡点，确定最佳货币资金持有量，提高资金的收益率。

3. 货币资金最佳持有量的确定

货币资金是企业主要的支付手段，又是一种非盈利性的资产。货币资金持有不足，则可能影响企业的生产经营，加大企业的财务风险；货币资金持有过多，则会降低企业的整体盈利水平。因此，企业确定最佳货币资金持有量具有重要的意义。确定最佳货币资金持有量主要采用成本分析模式、存货模式和随机模式。

成本分析模式是通过分析持有货币资金的成本，即机会成本、管理成本、短缺成本，确定使货币资金持有成本最低的货币资金余额，即最佳货币资金持有量。存货模式是利用存货管理中经济批量模型的基本原理来确定公司最佳货币资金余额，用此模式将货币资金的占用成本和转换成有价证券的转换成本进行权衡，找到总成本最低时的货币资金持有量，即为最佳货币资金持有量。随机模式是在货币资金需求量难以预知的情况下进行货币资金持有量控制的方法，测算出一个货币资金持有量的控制范围，将货币资金持有量控制在控制范围内。

4. 货币资金的日常控制

货币资金日常控制的主要目的是加速货币资金的周转速度，提高货币资金使用效率。通常的做法是，加速收款速度；延缓付款速度；巧妙运用现金浮游量和设法使现金流入与流出同步。

二、应收账款管理

这里所说的应收账款是指因对外销售产品、材料、供应劳务及其他原因，应向购货单位或接受劳务的单位及其他单位收取的款项，包括应收销售款、其他应收款、应收票据等。

在社会主义市场经济中，存在着激烈的商业竞争。竞争机制的作用迫使企业以各种手段扩大销售。赊销是扩大销售的重要手段之一，商业竞争是应收账款产生的主要原因。通过赊销，顾客从中得到了好处，企业也扩大了收入。销售和收款的时间差距也是产生应收账款的原因。在商品交易中，往往发货的时间和收到货款的时间不一致，这就产生了应收账款。

应收账款是企业的一种商业信用。企业发生应收账款的主要目的是扩大收入，增强竞争力，进而扩大收益。但同时这种投资是有一定成本和风险的，如坏账的发生。所以，企业不能随意进行应收账款投资。应收账款管理的目标就是在扩大的收益与增加的成本和风险之间权衡，将采用不同信用政策所产生的收益和所花费的成本进行比较，制定最佳的信用政策和收账政策。

应收账款管理主要包括信用政策的制定和收账政策的管理两个方面。

1. 制定合理的信用政策

（1）信用标准。信用标准是指顾客获得企业的商业信用应当具备的基本条件。企业用信用标准衡量顾客的资信，如果顾客达不到企业要求的基本条件，便不能享受企业的赊销优惠。企业的信用标准越高，发生坏账损失的可能性就越少。但是，严格的信用标准，必然导致丧失一定的潜在客户。反之，如果企业的信用标准过低，虽然有利于扩大销售收入，但也会相应增加坏账损失和应收账款的成本。

信用标准通常采用定性的分析方法。定性分析法常用"5C"评估法。

（2）信用期限。信用期限是指企业允许顾客交易达成后，可以延迟付款的时间。信用期限长，可吸引大量的顾客，增加销售收入而增加收益。但同时延长的信用期限也会加大应收账款成本。因此，企业应在信用期决策时，对信用期变化后的边际收入和边际成本做比较，只有边际收入大于边际成本，我们才认为改变信用期是有利的。

（3）现金折扣。现金折扣是企业给予顾客提前付款的优惠。企业给顾客提供现金折扣，顾客能够在折扣期内付款，加速应收账款的回收，进而减少了应收账款的资金占用额和坏账损失的数额。但同时，企业会因顾客享受折扣而减少收益。

2. 收账政策

收账政策是指顾客未按规定的信用条件支付货款，企业所采取的一系列收款对策。应收账款发生后，企业应采取各种措施，争取按期收回款项，减少坏账发生的可能性。企业收账管理主要包括应收账款的日常监督管理和收账政策的制定。

（1）应收账款的日常监督管理。企业发生的应收账款时间有长有短，有的尚未超过收款期，有的已拖欠了很长时间。一般来说，拖欠的时间越长，款项收回的可能性就越小，形成坏账的可能性也就越大。我们通常通过编制账龄分析表，随时掌握应收账款的发生及回收情况。

（2）收账政策的制定。企业采用的收款政策必须宽严适度。如果收款政策较严，可能会减少坏账损失，但会增加收账成本，同时也可能伤害真有特殊原因而拖欠的顾客，以致失去此类顾客，影响企业未来的收益；反之，收款政策过宽，会助长顾客故意拖欠货款，增加应收账款数额和坏账发生的可能性。但是，收款政策宽却可以节约收账费用。因此，制定收账政策要在收账费用的增加和所减少的坏账损失之间权衡，谨慎对待。

通常增加收账费用，能减少坏账损失，收账费用越多，坏账损失越低。但是，收账费用和坏账损失二者并非是线性关系。一般是：开始花费一些费用，应收账款和坏账损失有少部分降低；当收账费用逐渐增加，应收账款和坏账损失明显减少；但当收账费用达到某一限度后，即使大量增加收账费用，也不能大量降低应收账款和坏账损失，这个限度称为饱和点。

三、存货管理

存货是指企业在生产经营过程中为销售或为生产耗用而储备的物资。其中为销售而准备的存货包括产成品、商品等；为生产耗用而准备的存货包括原材料、燃料、低值易耗品、在产品、半成品等。存货在流动资产中所占的比重较大。

存货的储备可以保证生产的正常有效进行和降低采购成本，但同时存货的增加必然要占用更多的资金，使企业付出较多的持有成本，储备存货也会发生一定的管理、储备费用。所以存货的管理目标就是要尽力在各种存货成本与存货效益之间做出权衡，达到两者的最佳结合。

1. 经济批量决策

存货的经济批量是指能够使一定时期存货的总成本达到最低的采购数量。存货的总成本由取得成本、储存成本和缺货成本构成。不同的成本项目与进货批量有着不同的变动关系。订货的批量大，储存的存货较多，储存成本就高，同时，采购次数少，进货费用和缺货成本小；反之，订货的批量小，储存的存货就少，储存成本较低，同时，采购次数多，进货费用和缺货成本就大。经济批量决策就是要寻找总成本最低的订货批量。

2. ABC 分类管理法

企业库存常常成千上万种，有的价格昂贵，但品种数量少；有的价值低廉，但种类和数量较多。在管理中，存货的品种特点不同，管理的需求和侧重点也不同。存货 ABC 分类管理就是将存货按一定的标准分成 A、B、C 三类，然后，按照各类存货的重要程度分别采取不同的方法进行管理。这样，企业就可分清主次，突出管理重点，提高存货管理的整体效率。

存货的划分标准主要有两个：一是存货的金额，二是存货的品种数量，以存货的金额为主。其中，A 类存货标准是：存货金额很大，存货的品种数量很少；B 类存货标准是：存货金额较大，存货的品种数量较多；C 类存货标准是：存货金额较小，存货的品种数量繁多。

将存货划分成 A、B、C 三类后，再采取不同的管理方法。A 类存货进行重点管理，经常检查这类存货的库存情况，严格控制这类存货的支出。由于这类存货数量很少，占用金额又较大，所以，企业应对其按照每一个品种分别进行管理；B 类存货金额相对较少，数量也较多，可以通过划分类别的方式进行管理，或者按照其在生产中的重要程度和采购难易程度分别采用 A 类或 C 类存货的管理方法；C 类存货金额占整个存货金额比重很少，品种数量又很多，可以只对其进行总量控制和管理。

案例 4-1 华胜有限责任公司现金日常管理审计

一、案例介绍

东润会计师事务所是北京一家以承揽审计、会计咨询服务及"三资"企业验资等综合业务的会计师事务所。虽然成立时间仅 5 年，但因其始终以审计人员的职业道德严格要求在其执业的注册会计师，坚持做到审计中的独立、客观、公正性，绝不承揽其所不能的业务，本着对客户负责、对同行负责、对社会负责的态度，保质保量地完成每一次业务，使其业务规模迅速扩大，行业知名度也迅速提升。

东润会计师事务所在几年的执业中发现，库存现金往往是企业财务管理的薄弱环节。企业总认为库存现金管理都是些小事情，对企业的盈利情况不会产生大的影响，所以往往忽视对其的管理。

2005 年 6 月 18 日上午 8 时，事务所接受华东集团董事会委托对其全资子

公司华胜有限责任公司现金日常管理进行审计,发现以下问题:

(1) 盘点库存现金 7 904.20 元,其中有本月行政部门王宁出差寄存的工资款 1 500 元。

(2) 查明现金日记账截至盘点时账面余额为 7 516.20 元。

(3) 查出白条一张,是出纳私自借给某职工的 500 元。

(4) 查出长期未入账的变卖旧报纸和杂物收入 780 元。

(5) 银行核定该公司的库存现金限额为 3 500 元。

(6) 查出本月 17 日已经付款,但付款手续尚未入账的付款凭证金额 28 000元。

(7) 上述款项没有通过银行转账,是用刚收到的销货款支付的。

(资料来源:根据广播电视大学《审计原理习题册》2003 年版改编)

二、案例分析

广义的现金包括一切可以随时流通和变现的"钱"。包括库存现金、银行存款、支票、本票、银行汇票、信用卡等。狭义的现金是指存放在企业,随时可以动用的那部分库存资金,是流动性最强的资产,具有最大的可接受性,是企业资产管理的重点。在现金的日常管理中,我国有严格的管理规定。

(1) 货币资金的使用范围。货币资金的使用范围包括:支付职工工资、津贴;支付个人劳务报酬;根据国家规定颁发给个人的科学技术、文化艺术、体育等各种奖金;支付各种劳保、福利费用以及国家规定的对个人的其他支出;向个人收购农副产品和其他物资的价款;出差人员必须随身携带的差旅费;结算起点 1 000 元以下的零星支出;中国人民银行确定需要支付现金的其他支出。

(2) 库存现金的限额。企业库存现金,由其开户银行根据企业的实际需要核定限额,一般以 3～5 天的零星开支额为限,最高不超过 15 天的零星开支额。

(3) 不得坐支现金,不得"白条抵库"。所谓坐支现金是指从本单位的人民币现钞收入中直接支付交易款。现钞收入应于当日终了送存开户行。

为了做好现金的管理,企业应设置"现金日记账"逐日逐笔的记录现金的收支及结存情况。每日都要做好现金的盘点,保证现金的账实相符。

三、思考·讨论·训练

1. 现金管理有什么意义?
2. 华胜有限责任公司违反了我国有关现金管理的哪些规定?

案例 4-2 富达有限公司最佳货币资金持有量的确定

一、案例介绍

富达自行车有限公司 2002 年投资 2 879 万元，引进年产 40 万辆铝合金车架生产线已竣工调试，该公司产品质量优良，价格合理，市场上颇受欢迎，销售很好，达产后新增销售收入 1.2 亿元，利税 2400 万元。因此公司迅速发展壮大，货币资金持有量不断增加。货币资金是企业流动性最强的资产，可以用来满足生产经营开支的各种需要，拥有足够的货币资金，对于降低企业的风险，增强企业资产的流动性和债务的可清偿性具有重要的意义，但是，货币资金属于非盈利性资产，持有量过多，它所提供的流动性边际效益会随之下降，进而导致企业的收益水平降低。公司财务经理为了尽量减少企业闲置的现金数量，提高资金收益率，考虑确定最佳货币资金持有量，于是分派财务科对四种不同货币资金持有量的成本做了测算，具体数据见表 4-1。

表 4-1　　　　　　　　　货币资金持有方案　　　　　　　　　单位：元

项目	方案 A	方案 B	方案 C	方案 D
货币资金持有量	50 000	75 000	100 000	120 000
管理成本	20 000	20 000	20 000	20 000
短缺成本	9 000	5 500	2 500	1 000

（资料来源：同济大学经济与管理学院网站 www.sem.tongji.edu.cn；刘桂英、邱丽娟：《财务管理案例实验教程》，经济科学出版社、中国铁道出版社 2005 年版）

财务经理根据上述数据，结合企业的资本收益率 10%，利用成本分析模式，确定出企业最佳货币资金持有余额为 100 000 元。

二、案例分析

货币资金是企业主要的支付手段，又是一种非盈利性的资产。货币资金持有量不足，则可能影响企业的生产经营，加大企业的财务风险；货币资金持有量过多，则会降低企业的整体盈利水平。因此，企业确定最佳货币资金持有量具有重要的意义。成本分析模式是最常用的确定最佳货币资金持有量的方法。

成本分析模式是在综合考虑持有现金机会成本、管理成本、短缺成本的情况下，通过对这三种成本进行分析而找出最佳货币资金持有量的一种方法。所以，成本分析模式是找到机会成本、管理成本和短缺成本所组成的总成本中最低点所对应的货币资金持有量，把它作为最佳货币资金持有量。通常持有货币资金的机会成本与货币资金持有量成正比；管理成本具有固定成本的属性，不随货币资金持有量的变化而变化；而短缺成本与货币资金持有量呈反比例变化。

在实际工作中，运用该模式确定最佳货币资金持有量的具体步骤为：第一，根据各种可能的货币资金持有量，测算和确定有关成本数值；第二，根据上一步骤的结果，编制最佳货币资金持有量的测算表；第三，从测算表中找出总成本最低时的货币资金持有量，即最佳货币资金持有量。

三、思考·讨论·训练

1. 计算不同货币资金持有量的机会成本。
2. 财务经理为什么确定 10 万元为企业最佳货币资金持有额？
3. 确定最佳货币资金持有量有何重要的意义？

案例 4－3　国泰颜料的现金控制术

一、案例介绍

2003 年 4 月 30 日，重庆民丰农化股份有限公司（000950）董事会公告显示，一家注册于英属维京群岛的外资公司——国泰颜料，即将易主为公司间接第一大股东。

民丰农化董事会于 2003 年 4 月中旬和月底分别披露"民丰农化关于控股股东中外合资重组的提示性公告"和"关于国泰颜料（中国）有限公司收购事宜致全体股东的报告书"称，重庆市化医控股（集团）公司（以下简称"化医控股"）和国泰（中国）颜料有限公司（外资）于 2002 年 11 月 29 日签署合资合同，化医控股将以其全资子公司重庆农药化工（集团）有限公司（以下简称"农化集团"）全部资产，折算成 980 万美元作为出资；国泰颜料以外币现金折算为 2 000 万美元作为出资，将农化集团变更为中外合资经营公司，合营期限为 30 年，化医控股和国泰颜料分别占注册资本的 32.89%

和 67.11%。

化医控股是重庆市人民政府出资组建的国有独资公司，注册资本 12.1 亿元，授权管理经营原重庆市化工行业和医药行业的市属工业企业国有资产，其全资子公司农化集团拥有民丰农化 9 117.18 万股（占总股本的 58.82%），是后者的第一大股东。

外方国泰颜料（中国）有限公司，注册于英属维京群岛（注册号 158352），注册资金为 5 万美元，总部设在香港，主营业务为氧化铁颜料。在此次合资过程中，鉴于民丰农化的母公司农化集团累计负债近 3 亿元，资不抵债，主管方化医控股遂将包括农化集团拥有的包括民丰农化 58.82% 股权在内的效能资产折价 980 万美元，与国泰颜料合资。国泰颜料将获得民丰农化的实际控制权。

根据国泰颜料的发展战略，布点重庆将是其整合中国内地颜料产业最重要的一步棋。进入重庆后，国泰颜料将初步完成其覆盖中国内地生产和销售体系的构建。自 1988 年以来，国泰颜料已在中国东部和中部地区（上海、广东、浙江、江苏、湖北）设立了 5 家颜料企业。国泰有遍布全球 30 多个国家或地区的销售网络，这个销售网络使国泰（中国）至今已成为中国氧化铁颜料最大的出口商。2002 年国泰全球氧化铁及氧化铁颜料销售额折合 6.5 亿元人民币以上，目前占全球销售总量的 6% 左右，世界排名第四，仅次于世界著名化工公司 Bayer、Elementis 及 Rockwood。

根据合作双方的协议，将以中外合资方式重组的农化集团，建成为中国精细化学产品市场中最大规模的企业，上市公司计划 2003 年销售额实现 5 亿元，2005 年为 15 亿元。

国泰颜料以此方式控股上市公司民丰农化，即通过与上市公司母公司成立合资企业，获得合资企业的控制权从而获得上市公司的实际控制权，是一种前所未有的新模式。外资企业收购国内上市公司股权案例中，多数采用直接购买的方法，如花旗银行海外投资公司购买浦东发展（600000）的股权、马来西亚安卡莎机械有限公司收购江淮汽车（600418）、顺德市格林柯尔企业发展有限公司收购科龙电器（000921）等。国泰颜料如果采用直接收购民丰农化（000950）国有法人股的办法获得其 58.82% 的股权，在按净资产转让条件下，国泰颜料需要支付 1.88 亿元人民币给农化集团。而采用与上市公司母公司成立合资企业的方法，获得合资企业的控制权实现控股民丰农化，只需投入 2000 万美元现金到合资公司中（占合资公司 67.11% 的注册资本），800 万美元将用于偿还银行债务，恢复民丰农化的银行资信，争取再融资能力；400 万美元用于解决企业职工的基本保障、拖欠工资等事项；余下部分资金则用于合资企业的日常运作。

按照新颁布的《关于向外商转让上市公司国有股和法人股有关问题的通知》要求，外商收购国内上市公司在"转让价款支付完毕之前，证券登记结算机构和工商行政管理部门不得办理过户和变更登记手续"。国泰颜料如果采用直接收购民丰农化58.82%的股权办法，国泰颜料必须在支付完1.88亿元人民币股权转让款后，方能办理工商行政管理的登记手续。但按照合资企业组建的相关法规，本次收购却可以采取分批注入资金的办法。化医控股和国泰（中国）签署的《中外合资重庆农药化工（集团）有限公司合同》第十三条规定："国泰（中国）应在合营公司营业执照签发之日起，第一期资本金（1 000万美元）在3个月内分三次划入合营公司的资本金账户，余额1 000万美元在第一期资本金到位后6个月内分三次缴清。"这样，国泰颜料在首期支付300万美元后即可组建合资公司。

（资料来源：刘桂英、邱丽娟：《财务管理案例实验教程》，经济科学出版社、中国铁道出版社2005年版）

二、案例分析

营运资金是一个企业赖以生存的"血液"。借助钱的威力，合理有效地对财务进行管理，保证资金持续、快速地周转，增强资金的利用率，扩大资金的增值能力，提高"钱"的生产力，实现钱生钱的威力，维持企业的正常运作。

企业加强货币资金日常管理，其目的是防止货币资金闲置与流失，保障其安全完整，并且有效地发挥其作用。货币资金日常管理要做好货币资金回收管理和货币资金支出管理。

货币资金回收管理的症结是回收时间。如何缩短收现时间、加速资金周转是货币资金回收管理要解决的问题。

加快账款收回速度的方法主要有以下两种：

（1）邮箱法。企业在各主要城市开设收取支票的专用邮箱，分设存款账户，客户将支票直接寄入邮箱，当地银行在授权下定期开箱收取支票。优点是省去账款回收中先将支票交给企业的程序，银行收到支票可直接转账。但管理成本高，增加邮箱管理的劳务费。

（2）银行业务集中法。企业在主要业务城市开立收款中心，指定一家开户行为集中银行，集中办理收款业务。优点是节省了客户支票到企业再到银行的中间周转时间，加速了收款过程。缺点也很明显，多处设立收款中心，增加了相关费用。

邮箱法与银行业务集中法其出发点都在于缩短收款时间，简化收款程序，有异曲同工之妙。

货币资金支出管理的症结是支出时间。货币资金支出管理的主要任务是尽可能延缓货币资金的支出时间。站在支付方的角度，企业当然越晚支出货币资金越好，但前提是不能有损企业信誉。

因此，货币资金支出管理重心放在如何延缓付款时间上，具体而言，一是推迟支付应付账款。一般情况下，对方收款时会给企业留下信用期限，企业可以在不影响信誉的情况下，推迟支付时间。二是采用汇票付款。利用这段承付期延缓付款时间。三是合理利用现金"浮游量"。现金浮游量是企业"现金"账户与"银行存款"账户之间的差额。这是由于账款回收程序中的时间差造成的。企业应合理预测现金浮游量，有效利用时间差，提高现金的使用效率。

案例中，国泰颜料的现金控制有两大亮点：一是非现金"流出"。采用合资方法实现控股民丰农化，虽然也要流出货币资金2 000万美元到合资公司，但因为国泰颜料绝对控股了合资公司，因此，其流出的货币资金实际又控制在自己手中。二是分期付款。通过分期付款，延缓了货币资金的支付时间。

三、思考·讨论·训练

1. 国泰颜料是如何进行现金控制的？
2. 企业如何进行现金支出的管理？

案例4-4 中美上海施贵宝制药有限公司应收账款管理

一、案例介绍

中美上海施贵宝制药有限公司是中国第一家中美合资制药企业，自1982年成立以来，就不断地进行产品更新换代和技术升级，现已推出近30个品种的心血管类、代谢类、抗生素等处方类治疗药物以及多元维生素、解热阵痛和感冒咳嗽等非处方类药物，在2000年就跻身全国医药工业企业百强榜和全国医药企业文化先进单位，其营业收入和利润指标均居上海医药行业首位。

王小姐通过参加每月一次的经营委员会会议，能全面了解企业的经营和管理情况。对于上海施贵宝制药有限公司这样一个由建设期转入经营期的大型企业来说，财务管理的重点也已由控制资本支出转变为实现销售收入和销售利润这个目标上来。他们认为，在当今市场竞争环境下，利用销售渠道的造血功能比利用银行贷款的输血功能更为有效。为此，公司采取了一系列有效的营销策略：

（1）进行销售预测。首先，由董事会决定企业的经营方针、生产目标，制定五年滚动发展计划。其次，营销部门根据订单和市场需求预测，制订滚动发展的销售计划。再次，生产部门依据销售计划制订月生产计划。最后，将营销部门汇报的市场情况交经营委员会会议讨论，引进特色商品，制定销售策略。

（2）采用商业折扣政策。对于年购货额超过100万元的客户给予一定的批量折扣。如医院的年购货额在100万~150万元，给予商业折扣10%；年购货额在151万~300万元，给予商业折扣12%；301万~600万元，给予商业折扣15%。

（3）在全国各大中城市设立了18个办事处、14个中间分发库，组织了一支130多人的专职销售队伍，其中80%以上都有医药专业知识。

（4）每月对100多家大医院用药情况进行统计，每天有100多名销售代表访问五六处，并写出走访报告。每年从国外请专家给医生作巡回学术报告，出资请国内专家到国外参加国际学术会议。

（5）建立了完善的激励机制，即销售人员的报酬与销售额挂钩，不封顶，每季度公司还要评比销售"十大明星"，年终评比"十佳明星"，给予精神与物质奖励。

（6）对不同药品采取相适应的销售方法。对处方药用直销方法，通过医院开处方销售；对非处方药除直销外，采取代销方法，借助商业渠道，通过药房销售。

营销策略的成功使公司的销售额大幅度上升，以年70%的速度递增，1993年销售额达1800万元，为公司成立时的20倍多。

但是，上海施贵宝制药有限公司意识到，一方面，激烈的市场竞争使企业越来越多地赊销以争取更多的客户；另一方面，由于我国市场化程度较低，法制不健全以及由此造成的诚信缺失，企业间相互拖欠货款的现象十分严重，造成企业应收账款数额居高不下，有的企业的长期应收账款额已经占到全部销售额的50%以上，形成了账面盈利而实际现金流量不足的局面，使企业面临巨大的商业风险。因此，单纯追求销售收入和销售利润的实现，并不意味着企业财务管理目标的实现。只有在应收账款收回时，销售收入才能转化为现金。如果不能将销售收入迅速变为现金的话，盈利企业也会面临不能偿还到期债务的危机。因此，该公司决定采取积极有效的应收账款管理措施，运用信用政策保证销售收入的真正实现。

在经营委员会会议上，管理部门提出了应收账款管理办法，主要采取如下措施，以确保销售收入的变现：

（1）采用适当的应收账款信用政策。缩短信用期，由 60 天信用期缩短为 30 天信用期。实施现金折扣，对提前付款的客户按期限给予一定的优惠，鼓励客户尽早付款。

（2）及时对账。每月用计算机打出客户购货付款清单，及时与客户对账，提醒客户尽早付款清账。

（3）建立客户信用控制制度。给每一个客户建立档案，对客户的购货数量、付款情况做记录。根据资信情况、业务量大小给予客户信用额度。对超过一定时间和信用额度的，停止发货。

（4）采用一定的收账政策。成立专门收款队伍，在客户密集省份设立专门收款员，按客户欠款性质不同，采取不同的收账策略，加强应收款回收工作。

（5）销售人员的报酬与回收的货款额挂钩，奖金上不封顶。

王小姐运用所学财务知识，结合公司应收账款管理现状，对上述措施进行了分析和评价，认为公司采取的应收账款管理措施总体上来说是有效的，大量回笼现金不仅可以提高公司的现金流量，而且可以增强公司资产的流动变现能力和偿债能力。但是，在诸多决定应收账款投资水平的因素中，只有赊销信用政策及收账策略才是财务经理控制的决策变量。因此，作为财务经理助理，应该着重研究赊销信用政策及收账策略问题。

关于信用政策的确定问题。王小姐认为，公司虽然采取了一定的现金折扣政策，但是否合适、是否需要调整，却没有一个科学、可行的标准。针对信用期间的确定，王小姐认为，主要应分析改变现行信用期对收入和成本的影响。因为延长信用期会使销售额增加，同时应收账款、收账费用和坏账损失可能会增加，所以，当前者大于后者时，就该延长信用期，否则不宜延长。如果缩短信用期，则与此相反。公司在确定信用期时可通过计算改变信用期所获得的收益与增加的成本相比较来判断是否合适。

对于信用标准，王小姐认为，公司应在建立了客户信用控制制度的基础上，通过建立客户档案，从品质、能力、资本、抵押和条件五个方面来评估其坏账的可能性，并分别给予不同的信用额度。

至于采用什么程度的现金折扣，应与信用期间结合起来考虑，不仅要衡量折扣带来的收益还要计算其成本。

关于收账策略问题。以往应收账款发生后,上海施贵宝有限公司也采取了及时对账、账龄分析、专人催收以及将员工报酬与回收货款挂钩的方法。这些措施反映了公司对应收账款实行的全面控制,而企业的信用风险存在于销售与收款业务流程中的各个环节,从客户开发、订单处理直至货款回收。因此,解决应收账款问题必须采取对整个销售和回款业务流程全面控制的方法进行。

当然,催收账款也会发生费用,某些催收方式的费用还会很高(如诉讼费)。一般来说,收账的花费越大,收账措施越有力,可收回的账款就越大,坏账损失也就越小。因此制定收账策略,也要在收账费用和减少的坏账损失间做出权衡。

王小姐准备就以上几个方面的问题进行更加详细的测算分析,从财务管理的角度提出具有可操作性的办法来。

(资料来源:全国高校管理案例库研究编写组:《管理案例库教程》,中国科学技术出版社2004年版)

二、案例分析

我们目前所处的时代,是一个信用发达的时代,也是一个信用很容易破产的时代。经营者们懂得灵活运用信用以取代货币交易,这便刺激了社会生产、销售和消费的大发展,在极短的时间内,提高了整个社会的经济发展水平,加速了经济繁荣。对每个经营者而言,凭借信用来降低生产和进货成本,创造了令人惊羡的业绩,信用对企业而言,有时简直就成为利润的同义词。

然而,信用的发展也不可避免地带来了"三角债"、债务危机等问题,呆账随时可能侵蚀老本的时代已悄然来临。

面对如此现实环境,企业经营者变得患得患失,多卖怕收不回货款,有限制地赊销,虽能减少呆账,但又担心会失去市场。既要确保经营成果,又要避免蒙受呆账损失,这就要求企业的财务主管做好一项重要工作——对应收账款的管理。目的是预防呆账,减少坏账,保全企业经营成果而又不对企业的销售产生重大不良影响。

应收账款之所以能够存在主要是因为市场竞争等因素,企业不得不部分或全部以信用形式进行业务往来。企业之间信用程度的高低,决定了应收账款数额的高低。信用是各种企业经济组织以承诺事后付款为条件来获得产品、服务甚至现金的能力。信用也是一种交换媒介,因为事后付款的承诺并非都靠得住,并且企业持有应收账款也有一定的成本,如何利用好这一媒介,减少应收账款，加速资金回笼，就成了应收账款管理的重要内容。制定合理的信用政策和收账政策，掌握应收款项的动态信息，在应收账款管理中尤为重要。

信用政策包括信用标准、信用期间和现金折扣政策。适当地放宽信用政策，虽然在一定程度上可以促进企业销售规模的扩大，但是，这种持有也会发生一定的代价，或者说发生一定的持有成本，包括管理成本、机会成本和坏账成本。应收账款管理的目标就是在扩大的收益与增加的成本和风险之间权衡，将采用不同信用政策所产生的收益和所花费的成本进行比较，制定最佳的信用政策。

做好应收账款管理，具体应注意以下问题：

（1）根据企业的实际情况和客观经济环境，制定科学的信用政策，依此指导企业对应收账款的管理。

（2）控制应收账款的发生规模，使应收账款总额保持最佳水平，控制应收账款的具体发生对象，确保应收账款的及时足额收回。

（3）注重应收账款的日常监督与分析，以便随时掌握应收账款的基本情况，便于做出有关的决策。

（4）采取一系列的措施，加强应收账款的收回管理；对于确实无法收回的应收账款，建立一定的坏账注销制度。

三、思考·讨论·训练

1. 应收账款对企业的发展有什么影响？
2. 商业折扣与现金折扣有何区别？
3. 王小姐还需要收集哪些资料，才能保证更改后的信用期间和现金折扣的合理性？
4. 企业在制定信用标准时，采用"5C评估法"，那么，"5C评估法"的内容是什么？

案例4-5 华宇服装厂：笑里藏刀，催账有术

一、案例介绍

把微笑挂在脸上，微笑应该是自然的，微笑是有目的的。在催债的活动中，微笑的目的就是为了追回欠款，不做无缘无故的微笑。微笑是要有针对性的，还要微笑得适当、适度。微笑缓解了债权人和债务人的冲突，债务人或许

就马上还清了欠你的款。下面我们先看案例。

华宇服装加工厂与羽裳时装公司签订了一份加工承揽合同。按合同规定，由华宇服装加工厂为羽裳时装公司加工2500件真丝衬衣，于1993年4月底交货；衣料、样品及尺寸等由定做方提供；每件衬衣的加工费为20元，共计5万元，定做方应于同年4月30日自提定做物，并同时付清加工费。至同年4月22日，承揽方即完成了定做任务，但在约定的提货和付款期限内，定做方仍未前来办理提货和交款。同年5月中旬，华宇服装加工厂派人去羽裳时装公司催讨债款，但都无功而返。

羽裳时装公司原是一家小时装店。在经理杨某的苦心经营下，几年来发展很快，已发展成为拥有15家服装店的时装公司。由于发展太快，公司欠债很多，每天公司都坐满了讨债的人。杨某只好以各种理由推托搪塞。

华宇服装加工厂得知这些情况后，虽恨之入骨，但还是以大局为重，决定用软刀子，用"笑里藏刀"这个武器来打动债务人杨某。于是，该服装厂派公关部的黄某去办此事。

黄某决定深入"虎穴"，他跟杨某约好某日晚亲自登门求见。那天晚上，黄某如期赶到杨某家里。黄、杨二人初次见面。杨某心里内疚，十分尴尬，黄某为了拉近二人距离，始终微笑着，三句话不离本行，谈论两人都熟悉的服装，谈着谈着，杨某发现，两人的爱好及对服装设计的观点竟如此相似，顿生知音之感，杨某还拿出自己的得意之作让黄某评价。黄某一见之下，倍加赞赏，并具体指出其中的优点，适当地提出其中的不足，假若那样做的话，定会更加完美。在黄某的三寸不烂之舌的鼓吹下，杨某简直觉得"生我者父母，而知我者黄某也。"黄某看时机已到，不失时机地提出厂里的困境，希望杨某予以体谅，是不是……杨某一听此言，二话没说，立即签了5万元的支票交给黄某，"5万元不在话下，再亏也不能亏你们的"。

第二天，华宇服装加工厂就把加工好的服装送到了羽裳服装公司。

微笑是有力量的，微笑是可以化解纷争的。在催债活动中，把微笑挂在脸上，把"刀"藏在心里，有时可以收到奇效。

（资料来源：张向青：《企业卓越理财》，中国广播电视出版社2003年版）

二、案例分析

企业在经营中，难免会发生应收账款。对于已经发生的应收账款，应强化日常管理工作，经常进行分析、控制，及时发现问题，提前采取对策。这些措施主要包括应收账款追踪分析、应收账款账龄分析、应收账款坏账准备制度和应收账款收款管理。

（1）应收账款追踪分析。应收账款一旦为客户所欠，赊销企业就必须考虑如何按期足额收回的问题。要达到这一目的，赊销企业就有必要在收账之前，对该项应收账款的运行过程进行追踪分析。

当然，赊销企业不可能也没有必要对全部的应收账款都实施追踪分析。在通常情况下，赊销企业主要应以那些金额大或信用品质较差的客户的欠款作为考察的重点。如果有必要并且可能的话，赊销企业也可对客户（赊购者）的信用品质与偿债能力进行延伸性调查和分析。

（2）应收账款账龄分析。应收账款账龄分析，即应收账款账龄结构分析。所谓应收账款的账龄结构，是指各账龄应收账款余额占应收账款总计余额的比重。

企业已发生的应收账款时间长短不一，有的尚未超过信用期，有的则已逾期拖欠。一般来说，逾期拖欠时间越长，账款催收的难度越大，成为坏账的可能性也就越高。因此，进行账龄分析，密切注意应收账款的回收情况，是提高应收账款收回率的重要环节。

因此，对不同拖欠时间的账款及不同信用品质的客户，企业应采取不同的收账方法，制定出切实可行的不同的收账政策和收账方案；对可能发生的坏账损失，需提前做出准备，充分估计这一因素对企业损益的影响。对尚未过期的应收账款，也不能放松管理、监督，以防发生新的拖欠。

（3）应收账款坏账准备制度。无论企业采取怎样严格的信用政策，只要存在着商业信用行为，坏账损失的发生总是不可避免的。既然应收账款的坏账损失无法避免，因此，遵循谨慎性原则，对坏账损失的可能性预先进行估计，并建立弥补坏账损失的准备制度，即提取坏账准备就显得极为必要。

（4）应收账款收款管理。应收账款发生后，企业应采取各种措施，争取按期收回款项，减少坏账发生的可能性。除通过编制账龄分析表，随时掌握账款的发生及回收情况外，还要采用一定的收账政策。

企业采用的收款政策必须宽严适度。如果收款政策较严，可能会减少坏账损失，但会增加收账成本，也可能伤害真有特殊原因而拖欠的顾客，以致失去此类顾客，影响企业未来的收益；反之，收款政策过宽，会助长顾客故意拖欠货款，增加应收账款数额和坏账发生的可能性。但收款政策宽却可以节约收账费用。因此，制定收账政策要在收账费用和所减少坏账损失之间权衡，谨慎对待。

例如，对过期较短的顾客，不过多地打扰，以免失去这一市场；对过期稍长的顾客，可措辞婉转地写信催款；对过期较长的顾客，频繁的信件催款并电话催询；对过期很长的顾客，可在催款时措辞严厉，必要时提请有关部门仲裁或提起诉讼，等等。

通常增加收账费用，能减少坏账损失，收账费用越多，坏账损失越低。但收账费用和坏账损失二者不是线性关系。一般是：开始时花费一些费用，应收账款和坏账损失有少部分降低；当收账费用逐渐增加，应收账款和坏账损失明显减少；但当收账费用达到某一限度后，即使大量增加收账费用，也不能大量降低应收账款和坏账损失，这个限度称为饱和点。

案例中，华宇服装加工厂在收账中，始终保持微笑，靠微笑的力量，化解纷争，顺利收回应收账款。做到了收账成本低，且没有伤害客户的关系，值得其他企业学习。但并不是所有企业都是这么幸运的，在收账中，要注意协调收账费用增加和减少坏账损失之间的关系。

三、思考·讨论·训练

1. 应收账款的回收对企业有何重要意义？
2. 何为"宽严适度的收款政策"？
3. 收账费用的增加总能带来坏账损失的减少吗？为什么？

案例 4-6 联想的存货管理

一、案例介绍

联想集团是中国领先的 IT 企业。该集团主要在中国从事台式电脑、笔记本电脑和移动手持设备、服务器和外设的生产、销售。联想的品牌电脑自 1997 年以来一直是中国最畅销的产品，在 2003 年占有中国电脑市场 27.0% 的份额。同年，联想电脑也以 12.6% 的市场份额在亚太地区排名第一（数据来源：IDC）。

联想于 1994 年在我国香港股票交易市场上市。现在，它是我国香港恒生指数和 MSCI 中国自由指数（MSCI China Free Index）的成分股。联想在美国以美国存托凭证（American Depositary Receipts）形式交易。

联想集团有限公司主要从事生产及销售联想牌个人电脑及手持设备、分销外国品牌之电脑及相关产品、系统集成、制造主机板及提供资讯科技及互联网服务。2003年4月，联想将其英文标识从"Legend"更换为"Lenovo"，其中"Le"取自原标识"Legend"，代表着秉承其一贯传统，新增加的"novo"取自拉丁词"新"，代表着联想的核心是创新精神。2004年，联想公司正式从"Legend"更名为"Lenovo"，并在全球范围内注册。在国内，联想将保持使用"英文+中文"的标识；在海外则单独使用英文标识。联想在2005年5月完成对IBM个人电脑事业部的收购，这标志着新联想将成为全球个人电脑市场的领先者——年收入约130亿美元，服务于世界各地的企业客户和个人客户。

截至2005年12月31日，集团的净现金储备总额为港币96亿元。

(一) 联想的存货管理系统

联想的财务制度中规定其存货管理的目的是：满足集团公司发展需要，实现集团内规模化、统一化管理需求；规范存货管理操作规程，达到有效地、统一地管理模式；提高进、销、存速度，减少不必要资源浪费，避免违规操作，杜绝违法行为；确保集团公司资产安全完整、保值、增值。

1. 企业供应链管理系统。1999年5月，联想开始实施企业供应链管理(SCM)系统，并与ERP系统进行集成。

(1) 联想供应链。供应链(Supply Chain)：相互间通过提供原材料、零部件、产品、服务的厂家、供货商、零售商等组成网络。

供应链管理(Supply Chain Management，简称SCM)：对供应链中信息流、物流和资金流进行设计、规划和控制，从而增强竞争实力，提高供应链中各成员效率和效益，务求以最低供应链成本，向消费者或客户提供最大益处。

目的：帮助管理人员有效分配资源，最大限度地提高效率和减少工作周期，使供应链信息及时准确地交流，让货品、资金及原料储备，通过制造、分销及零售过程，持续、顺畅地流通，内部供应链和外部供应链共同组成联想企业产品从原材料到成品到消费者的供应过程，以满足用户的需求。

销售管理以ERP为基础和供应链管理系统以SCM计划系统为基础（实质），建立一个科学模型，不但能够预测短期（1~4个月）市场需求，也能够预测中长期（4~12个月）的市场需求。能够综合考虑历史销售曲线、年初目标、自己本身和代理商的库存变化等因素。能够根据调价、促销、产品切换等突变因素进行调整，利用修正以后的预测，可以产生采购计划。除利用销售预测以外，还会考虑库存信息、采购周期、采购规模效应、生产周期、生产产能等因素。采购计划包括立即生效的采购订单和中长期的采购预测，提供给供应商参考。采购订单和采购预测通过供应商协同网站传输到供应商端，可以实时反馈采购订单所处状态。

(2) 联想采用 i2 的 SCM 软件产品承担联想集团 SCM 实施工作。实现管理供应和需求所涉及活动优化和同步管理，提供能够快速带来投资回报的解决方案。SCM 解决方案在价值链管理实施阶段将规划和决策相结合，可以扩展供应商关系管理、供应链管理和需求链管理，实现不同行业领域的端到端供应链管理解决方案。

SCM 不仅可以动态地管理公司内部供应链，而且还可以跨公司进行价值链管理，提供多元化企业可视性、协作、智能决策支持和执行能力，实现跨多元化企业制定战略、规划，并实施公司采购、制造、运输、仓储、执行和服务业务流程，从而实现整体盈利的端到端解决方案。

(3) SCM 端到端解决方案的特点：一是在供应链设计伊始，就允许分析员进行模拟分析，确定分支机构网点和生产设备部署的最佳位置。二是战略规划甚至可以具体到供应链中的一个节点。三是需求规划可将公司不同职能部门提供信息以及客户和供应商实时协作相结合。四是协作式需求规划，可满足生产、服务和零售业所有需求规划需要，而且还集成了供应规划系统，能够同时优化供应和需求规划。

(4) 供应链管理（SCM）的主要流程：一是计划：包括需求预测和补货，旨在使正确产品在正确时间和地点交货。二是实施：主要关注运作效率，包括如客户订单执行、采购、制造、存货控制以及后勤配送等应用系统。三是执行评估：是指对供应链运行情况跟踪，以便于制定更开放的决策，更有效地反映变化市场的需求。

(5) 供应链管理（SCM）协助公司降低成本、提高客户满意度：一是节约交易成本：降低供应链内各环节交易成本，缩短交易时间。二是降低存货水平：供货商能够随时掌握存货信息，降低存货水平。三是降低采购成本：供货商方便地取得存货和采购信息，使采购预测精确度大幅度提高。四是收入和利润增加：使联想企业能履行合同，增加收入并维持和增加市场份额。

(6) 存货控制的目的：一是存货合理控制，能够减少公司财产损失。二是存货合理控制，能够加速资金周转，促进资金流通。三是存货控制，是保障数据真实性的必要手段。四是对于存货控制，其关键是把物管活，要流通、要周转。

2. 供应商管理库存（VMI）。2004 年，联想集团成功完成了一项供应链改革，实现了对库存的可视化管理：在工厂供应链前端推行供应商管理库存（Vendor Managed Inventory，简称 VMI）模式，将大约 90% 的库存管理外包给了第三方物流服务商,通过在北京、上海、惠阳三地工厂附近的 VMI 仓库,联想集团只需要根据生产要求定期向第三方物流服务商发送发货指令,由其完成对生产线的配送。联想集团不再需要考虑如何管理庞大的库存,而把这个问题留给了第三方物流服务商。第三方物流服务商需要代替客户考虑许多复杂的问题。VMI 仓库不仅需要管理数以百计的供应商的库存,而且经常会面临复杂的库存状况。VMI 是以掌控销售资料和库存量,作为市场需求预测和库存补货的解决方法,借助销售资料得到消费需求信息,供应商可以更有效地计划,更快速地对市场变化和消费者的需求做出反应。因此,VMI 可以用来降低库存量,降低库存存置成本,加快资金周转,加快库存周转,降低因塞货造成的退货等,进而维持库存量的最佳化。

(二)联想存货的日常管理

1. "进"环节管理。存货的"进"环节,即采购商务经过:接受订单—申请编码—在途监控—提货或接货—办理入库的流程。

目前,联想采购物流主要供货方式有:一是 JIT（Just In Time）方式。联想不设库存,要求供应商在联想生产厂附近(一般距离厂区20分钟车程)设立备货仓库。如果联想发订单,供应商当天就能送货上门。二是联想自己负责进货。如原材料供货到联想设在香港的仓库,联想再负责报关、运送到生产厂。三是通过第三方物流。供应商委托专业物流公司运货到联想。

(1) 采购原则。只有具备条件,方能进行采购。要有符合流程及规定的销售订单支持。依据市场分析和预测,确能保障销路。依据总公司任务或者月季预算。

(2) 采购审批规定。商品购入一律实行采购计划审批和订单管理制。

(3) 接受采购订单流程:

①采购商务接受由销售业务部门经理所下采购订单。

②采购商务审核销售业务部门采购订单,不合格的采购订单返回销售业务部门,发出合格采购订单。

③采购商务将采购订单发给储运商务,由储运商务做接货准备。

④采购商务负责将采购订单替换成通用格式发给供应商。

(4) 联系供应商和货运公司、进口商品报关、在途商品监控管理。分公司商务统计人员每日接收发货信息后,根据实际到货数量统计本公司在途情况,并逐日向集团公司商务部传送在途数据。对超出正常期限在途商品标注、说明,便于供应商及时协调与解决。对未按规定进行监管或虽已监管但未及时、准确地提交在途信息而造成损失的分公司,其损失由分公司分担,同时责任人应写出书面报告上报总经理。

（5）依据进口商发货资料核对公司入库信息，获取在途数据。

（6）汇总分公司商品在途数量、在途金额一览表。

（7）汇总分公司在途时间一览表。

（8）存货到货、验收管理。商品到货是库房管理工作的开始，是商品验收前期的准备工作，其工作好坏直接影响到商品验收的工作质量。为保证商品到货和验收工作及时准确完成，提高验收效率，要求对商品数量和规格及外包装质量和运输情况进行检查和确认。采购商务认真按照要求填写单据，保证商品在途管理工作的顺利开展，为商品保管保养奠定良好的基础。

（9）存货入库管理。存货入库管理可以加速商品的流通速度，保证工作正常开展和商品入库环节的准确性、及时性和完整性。为商品在途管理和在途控制岗提供基础数据，保证在途控制环节畅通，更好地为销售业务部门服务，把好审核关，为财务成本核算准确及时地提供必要条件。

（10）购入商品的计价。购入商品计价按实际价值入账，即：买价＋买方负担外埠运费、装卸费、保险费＋途中合理损耗＋关税估价。

集团公司内购入存货，其估价入库依据集团公司提供的发票清单及销售记录。集团公司外购入存货，其估价入库依据应以采购订单注明价格扣除税后估价入库。

凡是按估价成本入账，在收到发票等结算凭证后均需调整为实际成本。如估价金额与实际金额一致，只做账务分录调整，可用原入库单复印件。说明内容有：原入库单号、估价账务时间、凭证号。当估价金额与实际金额不一致时，必须冲销原入库单，重新办理入库手续，据此做账务处理。

公司用现金采购进货要有供应商已收款证明，收取供应商进货发票，没有发票则不能入账。如果供应商不开进项发票，则公司采购进货费用不能通过银行结算，支付现金或通过内部账户。进货发票在同一个月内入账，可不受开票日期限制，否则要用暂估价入账。暂估价入账需要有上一批次进货发票复印件或暂估价抵扣凭证。供应商销货清单即本公司进货清单，需要有发票专用章和财务专用章，填写不含税价。第一联：供应商存根联；第二联：附发票联（公司记账使用）；第三联：记账联（供应商记账使用）；第四联：抵扣联（公司交税务机关）。

2. "销"环节管理。商品出库业务是商务部门为公司生产和业务经营服务的直接环节，是仓库业务的结束。商品出库工作的好坏，直接影响公司生产和业务经营的正常进行，需要保证储运商务员准确、及时地把商品发出，更好地为销售业务部门服务，保证客户满意。因此，搞好商品出库工作具有十分重要的意义。

（1）贯彻先进先出原则。按入库时间顺序，先入库的商品先出库，确保在库商品质量完好，对有保修期、索赔期规定商品更应在保管期限内出库，以免造成不必要的损失。储运商务认真审核《商品销售单》的正确性和完整性，出库凭证和手续必须符合公司商务部物资管理制度的要求。

（2）销售出库规定：

①一切销售活动均须开具销售小票，各销售商务开据销售小票时应先查询储运商务提供的库存报表进行数量、编码核实无误后再开销售小票，不允许以白条和口头方式提货。

②开具《销售单》的人员必须是集团公司的正式员工。有人员编号的员工（正式或签约受控特聘员工）才有权开具销售小票。

③销售商务员必须将《销售单》各项内容打印和填写完整，清楚准确，按单据规定项数填写商品种类。

④销售小票有条件的要用票据打印机打印，目前无条件机打的，可用手填，必须把各项内容填写完整，禁止涂改，资金商务收款台检验无误后加盖收款章及人名章。如果有涂改或项目书写不清楚，储运商务员有权拒绝发货。

⑤未到货商品必须与正常入库的商品分别开具销售小票。

⑥提货商品是否属于尚未办理入库手续，未办理入库手续的商品不得提前提货，即不能未办理入库手续就出库，各分公司调货销售必须出、入库手续同时办理。

⑦销售小票在收款台加盖货款收讫章和收款员名章后一个月内提货有效。过期已销未提小票必须由总经理审批方可提货，最长有效期为一个月。

⑧欠款销售必须填写《欠款结算单》，由总经理或其授权人签字审批方能生效。

⑨以支票付款结账，必须3日后方能提货。如不满足提货时间要求，必须由审批人签字或特殊情况由总经理或授权人签字审批。

⑩商品编号和名称与集团公司相一致。填写商品项数不能超过单据规定要求。

（3）提货管理：

①商品提货时，必须是公司的正式员工。客户自提时，如公司正式员工不能亲自提货，必须以书面形式写委托书，委托书内容要注明提货单位、提货时间、商品名称及规格、数量。委托人签字并加盖部门章，并与提货内容相一

致，客户方可持委托书和对应出库凭证到库房办理提货。

②销售人员拿销售小票到库房提货时，储运商务员必须逐项审核销售小票的内容、传真（FAX）件和原件核对，填写放行条，小票填写严禁涂改。

③销售业务部门经理必须审核销售人资格、销售价格、付款方式，特殊情况由总经理批准后方能到资金商务收款台交款。

④资金商务收款员审核小票填写是否正确，审核手续是否齐全，以支票、汇票结算坚持款到付货原则，资金商务收款员要认真查验持票人身份证，并登记其号码和联系电话，在小票上加盖支票结算，3 日后提货。

⑤销售人员开好销售小票办理完交款后，必须及时持销售小票到库房提货（当月发生必须在本月 25 日前办理），对暂时无货或暂不提货的商品，销售部门应暂不开据销售小票。

⑥凡是已到货但未办理入库手续的商品，为了保证财务核算准确无误，暂不办理提货业务。有特殊情况的，由总经理或其授权人签字后可以持小票办理提货业务，但必须经商务统计人员核准后方可办理。

⑦以汇款方式结算，不能以传真件作为结算凭证。应按欠款销售处理。

⑧储运商务根据出库凭证内容，如商品编号、品名规格、数量等，每项与该商品编号对应实物、垛卡核对，出库点验、核对削减商品垛卡。

⑨商品出库必须本着"出库复核制"原则，即一个储运商务出库，另一个储运商务复核，避免差错事故的发生。出库后，储运商务应向提货人员认真交接，待提货人员清点核对认可后，方可进行下一项保管业务。

⑩盖章（货已收、货已付、私章），分单（储运联留存，统计联、财务联送商务统计）。

另外，每天及时接收商务统计岗商品编码，确保票据及时录入电脑登账、对数、出报表，每日定时将录入完的票据向商务统计进行传递（每天至少 2~3 次），记录各部门单据登记簿，由双方签字并保存，配合商务统计核对差异。

（4）储运商务员发货前审核内容，符合规定的，由储运商务员加盖货付讫章和人名章后方可发货。储运商务员如发现和遇到错误情况，不予办理。《商品销售单》的第一联：资金商务收款联（出纳记账、存查）；第二联：储运商务联（凭此联提货、提货时交储运商务）；第三联：商务统计联（提货时交此联、由商务统计录入）；第四联：财务会计核对联（提货时交此联，由储运商务转交财务会计核对提货）；第五联：销售商务存查联。

（5）发货后储运商务员应按日及时将小票其余联次传递给商务统计岗。

（6）商务统计人员将审核后销售小票及时上机勾对，并将财务联传递给财务人员岗。

（7）发货后储运商务员及时登记垛卡，并及时录入销售小票。

3. "存"环节管理。由于库房存储商品品种规格繁多，进出频繁，极易造成数量变化。因此，经常性的动碰盘点和检查是商品保管过程中不可缺少的一项工作，也是向有关部门提供库存信息和防止商品差错事故发生的手段。

（1）盘点过程及流程：

①储运商务与商务统计共同对库存货物进行盘点与监控，确保存货数据的真实性。

②日动碰。每日商品出库后，储运商务要配合商务统计把当日出入库动态较大、价值较高、库存较大的主要商品进行日动碰盘点，即账与实物核对，做到日清月结，结存数/整数（件、台、箱）对余数，并且打印储运与统计对账差异表，无误后，打印每日库存日报。

③每日商务统计必须与储运商务对账，清点实物数与报表数是否一致，核对库存差异，查明差异原因，及时进行修改更正，如实填写盘点表，做到当日问题当日解决，确保储运账、统计账一致。如商务统计员没有盘点实物，储运商务有权在盘点表上签字，并向部门经理如实核对差异。

④旬盘点。每旬储运商务和商务统计共同对所保管全部库存商品进行全面盘点，共同在盘点表上签字确认并打印旬报、月报，传递给商务统计，保证账账相符，账实相符。

⑤月对账。每月由商务经理、商务统计、储运商务三方共同进行全面盘点，月底盘点无误后，进行账账核对，储运商务与商务统计应在月报表上共同签字认可，上报总经理及集团公司。集团公司商务部管理员据各地报送数据定期对分公司统计数据进行核实；对库存实物进行盘点。

⑥通过监控，保证库存商品账、物、卡一致，确保存货数据的真实性。

（2）在核对账目或实物盘点时如发现错误情况，将对分公司商务统计、储运商务主管进行处罚。例如，因管理不善造成货物损坏丢失现象，与向总部报送数据不符，未按规范操作流程操作。

（3）盘盈、盘亏处理：清查盘点中发现存货盘盈、盘亏或毁损，应认真查明原因，详细填列存货盘盈、盘亏或毁损清单，提供相应证据，视不同情况进行处理。

①盈亏相抵，净亏价值在1 000元以内，分公司自行处理。

②净亏价值在1 000~10 000元，报分公司管理部门批准，同时送财务部、商务部备案。

③净亏价值在 10 000 元以上，报分公司管理部门审批，同时送财务部、商务部备案处理。

④所有净亏损失均需对责任人进行处罚。

(4) 库存分析报告：

①综合分析指标。例如，存货周转情况、积压情况、商品在途数量与周期等各项综合指标、资产回收期与使用状况、借用与销售、借用与库存比例关系、其他报警信息。

②综合分析角度与立足点。从部分到整体地对存货周转情况进行分析，能够使决策层及时了解销售趋势变化，同时使销售业务部门能够掌握存货的各种信息。存货积压是影响资金周转的关键环节，通过对积压时间段进行分析，主要是对将要产生积压或已产生积压的情况尽快向销售业务部门通报，以引起其高度重视。对于在途数量与周期控制，是站在公司的立场上，纵观并判断作为点与点之间连接环节是否畅通，并对其进行最佳效果控制，以期达到最小的损失。对于资产分析，从回收期等数理角度进行科学性分析，同时又立足于市场和公司实际运作，对其使用的合理性做出预见和总结分析。借用对于公司来说，它既是提高工作效率必不可少的手段之一，又是给公司造成经济损失的隐患，因此，对于借用分析与跟踪，对于存货分析是重要指标之一。

(5) 存货积压管理。对于库存中积压的存货应建立削价准备金制度，用于对分公司及业务部门内部的考核与评价。削价准备金计提的方式有以下几种：

①未独立核算的分公司，财务部根据月末商务统计岗提供积压商品报表，确定积压存货金额和相应计提比例计算存货削价准备金，作为一项风险准备基金，抵减责任利润，以真实地反映经营成果。

②已独立核算的分公司，按系统计算销价准备金作内部账务处理。

③凡在库超过 3 个月的库存商品（包括借用），根据在库时间长短，确定存货削价准备金计提比率。在库 1~2 个月（不含 2 个月），按库存金额 10% 提取存货削价准备金；在库 2~3 个月（不含 3 个月），按库存金额 25% 提取存货削价准备金；在库 3~4 个月（不含 4 个月），按库存金额的 45% 提取存货削价准备金；在库 4~5 个月（不含 5 个月），按库存金额的 70% 提取存货削价准备金；在库 5 个月以上（含 5 个月），按库存金额的 100% 提取削价准备金。

对于积压库存 5 个月以上、已经全部计提完削价准备金的商品，均需经当地税务部门批准。对于市场上有一定竞争条件、由于本地区管理不善造成积压的商品,应以原价尽快售出。处理积压商品,需经分公司总经理签字后,报分公司管理部门总经理审批后方可处理。对于积压处理商品应建立备查账,每月报送集团公司总部管理部门备案。

(6)存货计价。联想使用的存货单价的确定方法有以下几种:

①月末移动加权平均法。适用于有正常商品编号商品销售成本单价的确定。一般每月末计算一次,成本核算人员应对计算完单价进行认真检查,保证单价正确无误。

②个别认定法。适用于外购商品单价的确定。

③估价法。适用于已销未入库商品销售成本价格的确定。对因特殊原因形成已销未入库商品月末要估价,以估价计算结转销售成本,估价由业务员提供,财务成本核算员进行操作。

实行电算化的公司月末按菜单操作由机器自动计算结转销售成本,实行手工记账的单位可分批计算结转。对于总部返还价格保护等配件成本要坚持配比原则,既可按当期实际发生额冲减当期成本,也可按当期存销比例分摊列入成本,但一个财政年度内结转方法要一致,存货中相应编号月末结存价值不得大于零。

(三)存货管理使联想形成"快速反应库存模式"拉动型生产

通过常年对市场观察,联想清楚地知道每一种每一型号产品自己的出货量。据此,联想对最好卖的产品留出1~2天的常备库存。

如果订单正好指向常备库存产品,就无须让用户等一个生产周期,可以直接交货,大大缩短了交货日期。

如果常备库存与客户所订货不吻合,再安排上线生产。在每天生产任务结束时,计算第2天产量,都要先将常备库存补齐,避免很多库存积压以及管理的随意性,存货周转天数从35天降为19.2天。

联想的经营意识非常贴近客户、贴近市场,通过长年经验的积累,摸索出行之有效的预测方法,力求预测与实际需求非常接近,而且每当出现偏差时,联想都要及时进行经验总结,避免同样的问题重复出现。

联想已经实现了从大规模生产的标准化产品向生产客户定制产品转变。在柔性化生产线上,产品配置可以随用户需要进行调整,不同的CPU、硬盘、内存、软件系统等都可以按客户定制配装。

联想客户都是代理商,都有网上账户或赊账额度。联想销售时,代理客户从其相连企业的网络电脑上输入所购货物清单,电脑自动查询库存能否满足后,给出提示。如果可以,销售确认,财务会得到相关信息。因此销售就不用再去财务交货款，财务在进行了资金审核后，会通过网络将确认信息传递给库房，库房收到信息后发货，发货条码扫描后，库存自动递减。

联想已从过去只关心自己的库存、材料和成品自我控制，转向现在的供应链控制和协同工作，关心上下游，例如，代理商库存与销售情况、供应商库存变化等，并通过信息技术手段得到详尽数据，使联想能够敏感地掌握上下游变化，提前准确地预测到市场波动。

（资料来源：朱清贞：《财务管理案例教程》，清华大学出版社 2006 年版）

二、案例分析

（一）存货管理的重要性

在美国新经济神话破灭的时候，美国经济界第一个想到的是国内的有效需求，第二个关心的就是企业存货。有效需求与民众对经济的信心相关，这属于企业不可控的外部因素。存货理论上属于企业可以控制的内部因素，事实上，对企业来说，存货管理一直是一个挑战，企业在自我膨胀时期往往是难以控制的。

有人估计，如果要让存货保值，必须以 20% 的速度增加其价值。然而，众所周知，存货——即使是珍贵如金子这样的物品——不仅不能增值，还会不断地贬值，同时还会消耗企业可观的储存费用。这是存货除了自我膨胀以外的第二个特性，即不断贬值和消耗企业的资源。对于企业来说，存货的上述两个特性可能还不是最致命的，它还有第三个特性，即占用企业的资金，降低企业的资金周转率。对于一个企业来说，最核心的就是现金流，一旦资金周转不灵往往直接威胁到企业的生存。一是由于传统的制造方式需要很长的前置时间（从订货到交货的间隔时间）；二是由于企业生产计划部门和市场销售部门之间的职责和目标不一致，容易造成存货积压。

四十多年前杰伊·佛瑞斯特在《哈佛商业评论》上发表的《工业动态：决策者的一大突破》是关于前置时间对存货的影响的开创性研究。他指出，由于漫长的前置时间需要销售预测来引导生产计划，而销售预测的错误增加之后，库存将会膨胀，各生产层面的安全存货也会上升。如果前置时间越长，销售预测的准确性就越低。

制定销售目标是销售部门的事，销售预测的失误会导致大量的成品库存。而生产部门的任务是保证完成销售部门所制订的计划，如果没有完成计划的产量则责任在生产。为了实现生产目标，就必须保证原料的供应及时，不至于发生原料短缺的现象，因此，采购计划必须按照生产计划来进行。生产部门只是管生产,其目标就是完成计划中的产量,如果完成了,就没有自己的责任;采购部门按照生产部门的要求进行采购,只要保证原料供给正常,也就完成了自己的使命。因此,销售部门的预测是否准确具有决定性意义。一旦销售预测过高(或过低),在这种模式之下,生产和采购并不能立即降低(或增加)其产量和采购量,这就会导致生产和存货的大幅度振荡。销售部门因为来自领导层的压力、部门的盲目乐观,心理往往会过高地预测销售的需求,这样存货的膨胀就难以避免。即便是在预测过低时,因为缺货现象往往导致各个部门增加安全存货的要求,存货也会因此而上升。

(二)存货管理的变革

库存根据其在生产作业的不同阶段可分为三类:一是原材料库存,二是在制品库存即半成品库存,三是制成品库存。从存货管理的变革上看,首先削减的是原材料库存,接着是在产品库存,最后是产成品库存。也许这只是一个巧合,我们发现,这个库存变革的过程是严格符合生产链从上游向下游的变迁,如果忽略技术促进的因素,这似乎是一个生产链的生态演变过程。

1953年,日本丰田公司副总裁大野耐一创造了一种高质量、低库存的生产方式"适时生产"(JIT)。JIT技术是存货管理的第一次革命,其基本思想是:"只在需要的时候,按需要的量,生产所需的产品",也就是追求一种无库存或库存量达到最小的生产系统。在日本,JIT又称为"看板"管理,在每一个运送零部件的集装箱里面都有一个标牌,生产企业打开集装箱,就将标牌给供应商,供应商接到标牌之后,就开始准备下一批零部件。理想的情况是,下一批零部件送到时,生产企业正好用完上一批零部件。通过精确地协调生产和供应,日本的制造企业大大降低了原材料的库存,提高了企业的运作效率,也增加了企业的利润。事实上,JIT技术成为日本汽车工业竞争优势的一个重要的来源,而丰田公司也成为全球在JIT技术上最为领先的公司之一。

存货管理的第二次变革的动力来自于数控和传感技术、精密机床以及计算机等技术在工厂的广泛应用,这些技术使得工厂的整备时间从早先的数小时缩短到几分钟。在计算机的帮助下,机器很快从一种预设的工模具状态切换到另一种工模具状态而无须走到遥远的工具室或经人工处理之后再进行试车和调整,准备工作的加快使待机时间的结构性发生了关键的变化,围绕着传统工厂的在制品库存和间接成本也随之减少。仍然是丰田公司在20世纪70年代率先进行了这方面的开拓。作为丰田的引擎供应商,洋马柴油机公司(Yanmar Diesel)效仿丰田进行了作业程序的改革。在不到5年时间里,差不多将机型增加了4倍,但在制品的存货却减少了一半之多,产品制造的总体劳动生产率也提高了 100% 以上。

20 世纪 90 年代信息技术和互联网技术兴起之后，存货管理发生了第三次革命。借助现代信息手段减少货物库存，减少仓库，是现代存货管理的一个重要思想。通过信息技术在企业中的运用（如 ERP、MRP Ⅱ 等），可以使企业的生产计划与市场销售的信息充分共享，计划、采购、生产和销售等各部门之间也可以更好地协同。而通过互联网技术可以使生产预测较以前更准确可靠。戴尔公司是这次革命的成功实践者，它充分运用信息技术和互联网技术展开网上直销，根据顾客的要求定制产品。一开始，在互联网还局限于少数科研和军事用途的时候，戴尔公司只能通过电话网络来进行直销。但是，互联网逐渐普及之后，戴尔根据顾客在网上的订单来组织生产，提供完全个性化的产品和服务。

戴尔模式的一个基本特点就是减少库存，加快货物周转，它的模式是由以前的供需转换成需供。首先是定制，所谓定制就是按特定客户的需求来生产，就是先需求，然后再供应，再生产。大规模定制是把个性化的需求和大规模生产统一起来。戴尔有一种观点，多余的存货通常是源于对市场的盲目不清或源于对货物短缺的害怕。因此，它的基本思路是用信息代替存货，之所以有存货是因为没有信息。为了省 1 000 万元的存货成本，买信息、建立信息系统可能只花 50 万元，这就是戴尔模式的本质。

如何减少库存？戴尔有很多办法。一个办法是让供应商与戴尔双重接近。所谓双重接近，一方面是供应商的零部件厂与戴尔的工厂要足够近，尽量靠得很近，做不到这一点就做不了戴尔的供应商。另一方面是通过戴尔的网站 Dell.com，使供应商与戴尔虚拟地同步工作。例如，客户现在需要一台产品电脑，那么全球每一个零部件供应商都同时看到了，然后同时生产，同时工作。

再一个办法是买的少，但买的频率更高。戴尔在全球平均库存天数降到 7 天以内，网上订购存货时间降到 3 天，原材料库存按小时计算，戴尔的网上销售已经占总收入的近 50%，2000 年，网上成交额近 100 亿美元，一般电脑企业库存时间是两个月。

戴尔的哲学是：存货是危险的，存货的生命就像菜架上的鲜菜一样短暂。戴尔的管理目标是从"有多少存货"转向"存货的速度有多快"。戴尔的长远计划是通过使供应商也根据订单来生产，以实现从供应链中除去所有零部件存货，也就是实现零库存。现在戴尔与零库存一步之遥，所有的零部件存货时间也就是 1 个小时。戴尔提出了"摒弃库存、不断聆听顾客意见、绝不进行间接销售"三项黄金律。戴尔公司完全消灭了成品库存，其零件库存量是以小时计算的，当它的销售额达到 123 亿美元时，库存额仅 2.33 亿美元。

(三) 联想存货管理变革：企业内部的商业模式

不断创新是企业保持生命力的唯一途径。在变幻莫测的商业环境中，企业必须随时调整自己的商业模式。联想从卖电脑、造电脑，到系统集成、电子商务，不断改变着商业模式。对企业来说，存货管理一直是一个挑战，信息技术和互联网也许是它的克星。IT 系统绝对不仅仅是一个工具，它可以帮助企业发现问题和洞察生意的智慧以及实现流通的智能化运作。

在企业产品的库存管理实践中，传统库存控制方法日益暴露出其固有的两大缺陷：一是企业的库存管理过于粗放、简单，较少采用先进的库存管理技术和方法，因而企业的库存费用一直居高不下。二是众多企业在库存管理方面各自为政，"各人自扫门前雪"，即自己管理库存，结果造成库存设施重复建设严重，浪费现象十分普遍。

在实施供应链管理的条件下，传统库存控制方法的弊病显得更为突出：各节点企业为了应付需求的突发性变化和保护自己的利益，往往扩大库存水平以备不虞之需，这本无可厚非，但却由此增加了供应链的总体库存成本，结果增加了供应链的运作成本，降低了其整体竞争优势。这在企业之间的竞争日益转变为供应链之间的竞争的情况下，无疑不利于供应链企业在竞争中取得主导优势地位。因此，企业有必要改革传统的库存控制方法，寻求新的库存控制模式来降低库存成本。

自从"零库存"概念被丰田汽车公司提出以后，30 年来制造企业绞尽脑汁考虑如何将库存降到最低。为了解决库存难题，出于降低库存、提高供应链效率的考虑，越来越多的制造企业将目光投向第三方物流服务商。美国物流外包协会的调查数据显示，仓储、运输和报关是经常被外包的物流业务。

个人电脑几乎全部可从许多来源取得的标准部件制造，而不需要预先从远方订购特别部件。消费者想定制个人电脑，但在一定范围内，较快或较慢的处理器，大或小的内存，但不要求定制颜色或装饰。这种有限的定制鼓励了使用按订单制造的模式，不需要有被数量众多的零件湮没的供应链。再者，最昂贵的个人电脑部件很快过时，因此一天天贬值，所以一家个人电脑制造商的盈利能力大部分取决于其存货的规模，如果一家公司能降低其部件存货，效率就比其竞争者大。

过去，联想的国际采购由联想香港国际采购中心对外订购货物，供应商在我国香港交货，货物再根据生产计划调拨到北京、上海、惠阳等地的工厂。这种模式下，由于联想工厂的生产管理系统与联想国际采购中心的仓储系统没有连接，工厂只能被动生产，无法实现拉动式的精益生产。

VMI 模式的提出，主要源于对供应链管理模式功能集成化的考虑。即 VMI 模式的基本设想是：力图通过集成供应链上各节点企业的库存控制职能，从而达到降低整体库存费用的目的。VMI 模式的基本内涵是：通过供应商和用户之间实施战略性合作，采取对双方都能实现成本最低化的方案，并在双方满意的目标框架下由供应商管理库存的方法。同传统的库存控制方法相比，VMI 模式具有以下几个特点：

(1) 合作性。VMI 模式的成功实施，客观上需要供应链上各企业在相互信任的基础上密切合作。其中，信任是基础，合作是保证。

(2) 互利性。VMI 追求双赢的实现，即 VMI 主要考虑的是如何降低双方的库存成本，而不是考虑如何就双方的成本负担进行分配的问题。

(3) 互动性。VMI 要求企业在合作时采取积极响应的态度，以实现反应快速化，努力降低因信息不畅而引起的库存费用过高的状况。

(4) 协议性。VMI 的实施，要求企业在观念上达到目标一致，并明确各自的责任和义务。具体的合作事项都通过框架协议明确规定，以提高操作的可行性。

VMI 目前也有一批非常成功的优秀标杆。例如，戴尔（DELL）等跨国公司的供应链管理就让许多国内企业大为心仪。在厦门设厂的戴尔，自身并没有零部件仓库和成品仓库。零部件实行供应商管理库存（VMI）；成品则完全是订单式的，用户下单，戴尔就组织送货。而实行 VMI 的，并不仅仅限于戴尔等国际厂商和我国台湾的 IT 企业。海尔等国内不少家电公司已先饮头汤，VMI 的推行使海尔节省了 43 个足球场大的仓储面积，以时间消灭空间。

处理 VMI 的商业难题，仅靠人工或一般的信息系统显然不够，企业、VMI 仓库、供应商之间需要建立统一的信息处理平台，作为供需两方的商业合作伙伴，第三方物流服务商必须承担建立这一平台的任务。伯灵顿公司北亚区高级区域 IT 经理郑永强举了一个例子：在原材料价格较低时，很多制造企业会购买一部分放在仓库中。如果根据库存管理先进先出的原则，这部分原材料很可能会优先使用。但是，"在原材料价格较低时，客户总是希望优先使用供应商的存货，而把自己的低价格存货留到日后使用"。通过在工厂附近建立 VMI 仓库，联想外包了自己的库存，大大降低了库存压力，实现了随需随取的生产模式，其库存周转天数也从 14 天迅速缩减到 5 天。伯灵顿全球有限公司参与了联想集团的供应链改革，作为联想 VMI 项目的第三方物流合作伙伴。伯灵顿公司在联想集团三地的 VMI 仓库中部署了一套适合其业务特点的仓储管理系统。这套系统与客户的生产管理系统对接，借助这套系统，客户可以及时获得到货通知、收货上架数据、库存报告分析等不同环节的库存信息，从而判断分析库存状况，将库存损失压到最低限度。客户与其核心供应商之间，每天通过两次数据交换来调整真实需求和库存之间的误差，双方可以通过可视化库存管理共同监测仓库中物料的存量状况。供应商一旦发现物料消耗到达警戒线，就会通过第三方物流补货。伯灵顿公司也为戴尔公司（DELL）、惠普公司（HP）等企业的中国工厂长期提供VMI项目服务，而此前，凭借先进的供应链管理模式和低价竞争优势，戴尔公司已经严重威胁到了联想在中国个人电脑市场老大的地位。戴尔公司厦门工厂最初推行VMI时，向伯灵顿公司提出了两小时送货的要求，也就是说，伯灵顿需要在两个小时内，完成从接单、分拣、装运、报关、运输的复杂环节。而现在，只需要一个半小时，伯灵顿公司就可以把货物从VMI仓库直接送上戴尔的生产线。这得益于伯灵顿公司使用了先进的EDI、RosettaNet等技术手段。而且随着技术的不断改进，现在送货的时间最短已经能够压缩到45分钟。所以，对于联想来说，VMI不仅仅是一个物流平台，更是一个商业平台。它力图通过集成供应链上各节点企业的库存控制职能，从而达到降低整体库存费用的目的。实施VMI后，供应商不需要像以前一样疲于应付订单，有一些适当的库存即可。联想原来的国际采购物流模式需要经过11个物流环节，涉及多达18个内外部单位，运作流程十分复杂。现在，VMI仓库省却了这些中间环节。联想的工厂下单后，伯灵顿公司的信息系统使用虚拟实时FTP技术与联想集团完成数据交换，经过EDI电子报关，快速完成货物递送。联想有比较强的ERP系统，可以提前预告供货的情况，告诉供应商需要的品种和数量。供应商不用备很多货，一般满足3天的需求即可。库存周转率提高后，联想的一系列相关的财务"风向标"也随之"由阴转晴"：资金占用降低、资金利用效率提高、资金风险下降、库存成本直线下降。

（四）尚未解决的问题

就目前来说，中国企业的存货管理与国际上领先的企业还有一定的差距。例如，戴尔公司在中国虽然受到交通物流发展现状的制约，但它在中国的库存也只有6天，而同是电脑企业的联想库存却为30天。

通过对存货的分析，我们不难理解为什么我国许多著名企业如联想、海尔、长虹等要积极推行其互联网战略，并且明知道ERP对于企业是一次危险的手术却还要偏偏购买ERP软件，请人来推行ERP。在21世纪，信息技术必将成为保证企业不被淘汰出局的必备品，而目前在中国如果你比别人更快地实现向信息化、网络化转型，更紧密地贴近市场，提高企业的运营效率，使生产更具柔性，那你还能够获得竞争优势。

在联想的 2005 财年三大战略中，打造柔性企业的战略目标令人耳目一新，联想的库存外包已经使其向柔性企业的目标迈出了一大步。尽管柔性概念和精益生产已经成为国际先进制造企业的共识，但是，目前国内企业鲜有能够真正实现者。

存货管理经过三次革命性的创新之后，仍然没有解决一个问题，即供应商与制造商上下游之间的信息共享。没有企业间的信息共享，就不能从根本上消除整个产业链上的存货，只是把存货从一个产业层面转移到另一个产业层面，从一个企业转移到了另一个企业。因此，有人批评戴尔不过是把它的存货转移到它的供应商的仓库里去了。美国经济从 2000 年年底开始出现萧条，而欧美企业在信息技术和互联网的帮助之下，及时控制了其存货，但是，它们并没有把这个信息传递给其亚洲的供应商，因而造成了这些供应商的存货从 2001 年年初开始急剧膨胀。这种不仅发生在那些亚洲的本土公司身上，而且许多跨国公司在亚洲的子公司也同样不能幸免。

三、思考·讨论·训练

1. 联想的存货由几部分构成？其存货的日常管理包括哪些内容？
2. 存货管理对企业的意义何在？对联想的意义何在？
3. 联想的存货管理有哪些创新，使其提高了存货的管理效率？
4. VMI 模式有哪些缺点？
5. 联想未来的存货管理还需解决哪些问题？

案例 4-7　润达轮胎厂存货 ABC 管理法的应用

一、案例介绍

润达轮胎厂是以汽车轮胎为主导产品的企业，有多种系列产品。丁强从学校毕业被分配到该厂做材料管理工作。经理对他分配任务说："公司以前规模不大，材料一直没进行规范管理。现在公司业务一天比一天壮大，材料所占资金也在不断增加，因此，应对材料进行规范管理。你看看如何管理，尽快拿出方案来。"丁强走进仓库并开始琢磨起来，看着上百种材料，他想到了学校所学的 ABC 分类管理法，于是，根据年度生产任务及材料供应的特点，丁强对生产所需的主要原料进行了 ABC 分类排队，区分主次，并提出相应的管理控制措施。主要做法如下：

（一）分类方法

首先，根据年度生产任务所需每种材料的平均价格和储存量，分别计算出每种主要材料占用的资金额及其占全部资金额的比重。然后按金额比重大小顺序排列，按预定标准划分出 A、B、C 三类并编制成表格（见表 4-2）。

表 4-2　　　　　　　润达轮胎厂主要材料 ABC 分类表

材料名称（用编号代替）	占用资金额（元）	金额比重（%）	类别
1	78 000	39.96	A
2	60 500	30.99	A
3	15 200	7.79	B
4	12 100	6.20	B
5	7 600	3.89	B
6	5 400	2.76	B
7	3 200	1.64	C
8	2 200	1.12	C
9	2 100	1.08	C
10	1 800	0.93	C
11	1 600	0.82	C
12	1 350	0.69	C
13	1 020	0.52	C
14	880	0.45	C
15	770	0.39	C
16	660	0.34	C
17	560	0.29	C
18	270	0.14	C
合计	195 210	100	

根据以上分类，归纳统计出分类结果（见表 4-3）。

表 4-3　　　　　　　润达轮胎厂主要材料 ABC 分类统计表

类别	各类材料品种数	品种数量比重（%）	资金额（元）	金额比重（%）
A	2	11.11	138 500	70.95
B	4	22.22	40 300	20.64
C	12	66.67	16 410	8.41
合计	18	100	195 210	100

（二）ABC 三类材料的具体管理和控制方法

A 类材料：作为管理和控制的重点，实施按每一个品种严格管理。

（1）要求严格注意库存量，储存量必须掌握准确，保证材料及时足额的供应。

（2）旬、月、季都要进行详细的库存统计记录，根据领用部门的用料计划与实际消耗进行平衡，定期进行检查分析。

（3）建立严格的收、耗、存记录，及时分析资金占用情况，发现问题及时处理。

（4）确定每种材料的进货期和经济进货批量，按经济进货批量组织进货。遇到特殊情况报经领导批准。

B 类材料：通过划分类别实施控制和管理。

（1）按类别每月填制库存情况统计报表并进行检查。

（2）按类别大体保证收、耗、存的计划与实际平衡。

（3）统筹安排进货量与进货期。

C 类材料：实施按总体把握一个总金额控制管理。

（1）制定总体控制金额数，制定材料消耗控制标准。

（2）采购下放部门根据实际情况自行掌握，可适当增大一次进货量，减少采购费用。

（资料来源：刘桂英、邱丽娟：《财务管理案例实验教程》，经济科学出版社、中国铁道出版社 2005 年版）

二、案例分析

存货 ABC 管理法是 19 世纪意大利经济学家巴雷特首创的一种存货控制法的应用。一般来说，企业的存货品种繁多，数量巨大，尤其是大中型生产企业的存货更是成千上万，如何对这些存货加强管理是财务管理工作的重要课题，ABC 管理法是一种很好的管理办法。

润达轮胎厂的存货数量随着业务量的增加也在增加,其存货不仅品种繁多,且占用较多的资金,是企业流动资产管理的重点。材料管理员丁强使用ABC管理法,对存货进行侧重不同的分类管理,既节省了人力和财力,又保证了存货管理的质量,是一种不错的选择。

存货ABC管理法中,存货分类的划分标准主要有两个:一是存货的金额,二是存货的品种数量,以存货的金额为主。其中,A类存货标准是:存货金额很大,存货的品种数量很少;B类存货标准是:存货金额较大,存货的品种数量较多;C类存货标准是:存货金额较小,存货的品种数量繁多。

尽管每个企业的生产特点不同,从而每个企业存货的具体划分标准各不相同,但是,一般来说,存货的划分标准大体如下:A类存货金额占整个存货金额比重的60%~80%,品种数量占整个存货品种数量的5%~15%;B类存货金额占整个存货金额比重的15%~30%,品种数量占整个存货品种数量的20%~30%;C类存货金额占整个存货金额比重的5%~15%,品种数量占整个存货品种数量的60%~70%。

将存货划分成A、B、C三类后,再采取不同的管理方法。A类存货进行重点管理,经常检查这类存货的库存情况,严格控制这类存货的支出。由于这类存货数量很少,占用金额又较大,所以,企业应对其按照每一个品种分别进行管理;B类存货金额相对较少,数量也较多,可以通过划分类别的方式进行管理,或者按照其在生产中的重要程度和采购难易程度分别采用A类或C类存货的管理方法;C类存货金额占整个存货金额比重很小,品种数量又很多,可以只对其进行总量控制和管理。

三、思考·讨论·训练

1. 何为"存货ABC管理法"?
2. "存货ABC管理法"的分类标准是什么?
3. A、B、C三类存货分别采用何种管理方法?
4. ABC分类管理法的工作重点是分类方法,还是控制管理?

第五章　成本与费用管理

一个单位，无论是企业还是事业单位，均有绩效考评指标，成本与费用是绩效考评的重要指标，加强成本费用管理具有重要的意义。

费用是一个单位在一定时期内发生的物质耗费的集合，具有需要补偿的需求。无论是事业单位还是企业单位，按照会计期间记录的资产耗费，是经营单位确定补偿的标准与尺度。凡是与单位存在或经营有关的资产耗费，就可以归集为费用。

成本是将在一定会计期间内汇集起来的费用，按照一定的受益对象即产品进行归集和分配，使企业发生的资源耗费承担对象具体化。有些费用会构成产品成本，有些费用则与产品成本无关。

虽然费用与成本考虑的角度不同，但共性是都具有补偿的要求。事业单位是靠行政预算拨款补偿的，而企业则靠产品或服务的销售来补偿。因此，费用与成本指标对于企业单位更为重要。当企业的收入大于成本与费用而产生利润时，企业存在的基本目标方才达到。所以，加强费用与成本管理，对于企业单位尤其重要。

随着经济的发展，生产的复杂化，对企业的管理提出了更高的要求。费用与成本管理是企业管理中重要组成部分。为适应复杂的生产与服务流程，满足企业管理的需求，费用与成本管理内容可以分为费用成本预测、费用成本决策、费用成本计划、费用成本核算、费用成本控制、费用成本分析、费用成本考核等。

费用成本预测是在企业经营目标确立之后，按照生产计划中涉及的产品的生产流程，结合工程技术手段，再考虑到社会大的经济环境后，对未来将要生产的产品、经营中的耗费做出展望性的科学估计，可以为经营管理者提供决策需要的基本信息，具有一定的预见性。常用的方法有定性分析和定量分析两大类。

费用成本决策是在费用成本预测的基础上，经过对多个预测方案进行比较分析，在限定的相关条件下，从多个费用成本预测方案中挑选出最优方案，将其作为管理当局在未来执行的方案，它是编制费用成本计划的基础。常用的方法有差量分析法、决策表法、比较分析法等。

费用成本计划是在费用成本决策之后，将决策中涉及的费用成本指标，按照计划期内各责任中心进行分解，编制可执行的计划，落实到每个责任中心，使每个基本工作班组、部门都明确自己在计划期内的工作任务。常用的方法有直接计算法、因素测算法、滚动计划编制法、图表法等。

费用成本核算是在一定生产周期或一定的会计周期内，伴随着生产过程，按照产品成本项目，通过对生产中发生的各种真实耗费进行记录，并按照收益对象进行归集和分配，计算出成本计算对象的总耗费和单位耗费，明确生产经营的最低补偿标准，并为以后期间的预测、决策提供研究资料，并为分析考核提供依据。常用的方法有作业成本法、完全成本法（品种法、分批法、分步法、分类法）等。

费用成本控制是以费用成本计划为比较基础，对实际发生的费用成本构成因素进行限制、监督，使实际耗费向计划中规定的标准靠拢，而不断进行的纠偏活动，以保证费用成本计划的贯彻实施。常用的方法有定额成本法、标准成本法、存货控制等。

费用成本分析是将实际发生的耗费指标与费用成本计划比较，找出实际与计划之间存在的差异，落实成本责任，找出成本中存在的内在规律性，以指导下期费用成本计划的编制。常用的成本分析方法有比较分析法、比率分析法、因素分析法等。

费用成本考核是在生产周期或产品成本计算期结束后，将实际的费用成本发生额与计划中的对应数字进行比较，来评价实际发生额与计划中的指标存在的差异。常用的方法有责任成本法等。费用成本考核常常与奖惩操作相结合，更能起到积极作用。

费用与成本管理的诸多内容之间具有有机的联系，各个内容间可以并行操作或先后操作，互为基础，互相依托，使费用与成本管理贯穿于企业经营管理的全过程，以完成企业的短期计划、中期计划，达到企业的远景目标。常规的管理顺序是先进行费用成本的预测，然后进行费用成本的决策，预测是决策的基础，决策是预测的结果，计划是决策内容的细化分解、具体化，使决策的可操作性增加，核算是对决策执行过程的记录，控制是对决策执行过程的监督，分析是对偏差出现原因的查找，考核则是对决策执行者的鞭策。随着生产管理对象的复杂化，各管理内容的前后次序被打乱，管理的内容更为丰富并得到延伸，部分制造业甚至将供应商也纳入企业的管理范畴。如先按市场上产品一般售价减去目标利润，计算目标成本，将其分解成为每个责任中心的责任成本；

通过控制物流成本，进而达到成本控制的目的。

企业的生产经营发生的耗费，按耗费与产品之间的关系不同，可以分为生产性消耗和非生产性消耗，故有费用与成本之说。费用要求按期间进行补偿，成本则随产品销售进行补偿。所以，费用与成本在企业经营效益考核中，有着非比寻常的重要意义。无论是产品决策，还是项目评估，费用与成本指标都是必须考虑的。营销策略等经营方略的制定也必须考虑费用与成本。降低费用与成本支出，意味着生产经营效率的提高，意味着经济效益的提高，意味着企业竞争力的提高。加强费用与成本的事前、事中、事后管理，对于企业意义重大。

案例 5-1　内蒙古农业大学机械厂的成本控制

一、案例介绍

内蒙古农业大学机械厂是内蒙古农业大学的校办企业，位于农业大学西区。该厂自 1989 年以来在完成教学、科研的同时生产农业机械，共分为机加工、钳工、锻工三个车间，固定资产总值 1 042 299.34 元，2005 年主要生产 2BP-2 型铺膜播种机、9YG-130 型圆盘割草机和 9ZC-160 型铡草机三种产品。管理人员 10 人，车间工人 50 人。

固定资产按年提取折旧费，折旧费是成本中很大一部分，工人工资采用的是月工资制，所以工人工资福利费也成为固定成本的一部分。该厂设备比较老化，发生修理费用比较频繁，则每月耗用的修理费作为固定性制造费用。随生产而发生、与产量存在线性关系的直接材料，包括水、电等在内的制造费用可视为变动成本。在预算和考核成本时，该厂主要采用变动成本法进行核算，将制造费用按三种产品的产量，进行平均分配的方法计入成本，再与预算标准进行比较控制成本的发生。

2005 年生产出 2BP-2 型铺膜播种机 1 390 台、9YG-130 型圆盘割草机 130 台、9ZC-160 型铡草机 800 台，三种产品的出厂价分别为 2 100 元、4 200 元、580 元。

从卖价的角度上看，三种产品只有铺膜机一种产品成本低于出厂价，其余两种产品分别超出厂价 63% 和 60%。

剔除其他费用因素，单从产品生产成本角度考虑：

铺膜播种机利润 =（单价 - 单位成本）× 数量
= （2 100 - 1 712.40）× 1 390 = 538 764（元）
圆盘割草机利润 =（单价 - 单位成本）× 数量
= （4 200 - 6 829.52）× 130 = - 341 837.60（元）
铡草机利润 =（单价 - 单位成本）× 数量
= （580 - 923.96）× 800 = - 275 168（元）

则本季度利润合计为：538 764 - 341 837.60 - 275 168 = - 78 241.60（元）

即便从中扣除折旧费，只考虑现金流量：

铺膜播种机为：N = （2 100 - 1 681.19）× 1 390 = 582 145.90（元）
圆盘割草机为：N = （4 200 - 6 811.67）× 130 = - 339 517.10（元）
铡草机为：N = （580 - 900.46）× 800 = - 256 368（元）

则总现金流量为：N = 582 145.90 - 339 517.10 - 256 368
= - 13 739.20（元）

表 5 - 1　　　　　　　　　单位成本发生表

项　目	2BP - 2 型铺膜播种机	9YG - 130 型圆盘割草机	9ZC - 160 型铡草机
固定成本			
直接人工	735.04	3369.28	387.69
折旧费	31.21	17.85	23.50
固定性制造费用	145.30	31.20	39.47
变动成本			
原辅材料	776.00	3389.00	447.05
水电费用	3.25	2.69	3.07
变动性制造费用	21.60	19.50	23.18
合　计	1 712.40	6 829.52	923.96

从以上分析中可以看出，企业目前的生产存在着严重问题，以上分析没有考虑分担各种管理费用，只考虑直接成本，就已经是成本过高出现亏损了。即便剔除早已支付的固定资产投资，只从当期现金投入与产出角度来看，企业即使将所有产品全部销售收回的资金仍不能弥补投入生产的资金，这就是说，企业生产已经是入不敷出了。如果不采取行之有效的方法扭转局面，企业将会越生产越赔钱，最终危机将不可逆转。

（资料来源：于玉琳：《成本控制是中小企业财务管理的重点》，《内蒙古科技与经济》

2006年第14期)

二、案例分析

该企业成本过高导致亏损，除了销售因素外，主要是企业内部的原因。

内蒙古农业大学机械厂是内蒙古农业大学所属的集教学、科研生产为一体的校办企业，有许多教师的科研项目在此试制，并接受试制费，所以企业至今带有浓厚的国有企业的气息，经过多年的发展仍然没有完全摆脱靠国家吃饭的习惯，人员冗置、工作懒散的情况十分普遍。带着计划经济的落后观念在市场经济环境中打拼，混乱被动的局面可想而知。

由于企业的管理思想不合理，所以，在管理方式方法上处于较为混乱的状态，企业日常工作不是无法可依就是有法不依，这样的管理制度不但不能规范员工行为，还有可能让员工产生没有被公平对待的感受，严重影响了员工工作的积极性，对企业的管理极为不利。例如，产品出现废品时，并不对责任人进行处罚，重新领料加工就行，材料采购按发票换算入库，由于称重不方便，并不验收重量，也不验收钢材质量是否达标，以致严重影响了原辅料的实际可用数量，使产量低下，而造成损失后由于没有相应的制度，相关责任人并没有受到应有的处分。

企业财务人员虽然以较为科学合理的方法进行核算，但由于企业人员配置较为混乱，员工不清楚自己岗位的职责，互相推诿，致使企业内部物流、信息流传递不畅，生产上各种耗用情况不能及时递交给财务部门，原辅材料采购存在赊购现象，原始凭证不能及时递交给财务部门，以至于库存材料和财务账核对不一致，财务部门不能正确核算企业产品生产成本，也不了解尚有多少库存，该何时购买、购买多少。

例如，2005年年初，生产车间领用原材料的原始凭证没有及时上交财务部门，财务部门不了解原材料实际库存情况，圆钢采购数量没有满足产品生产需要。虽然之后紧急组织采购，还是造成了很大的额外支出。而传递过程的各个环节则互相推诿，拒绝承认错误、承担责任，结果只有不了了之。而决策层也不能正确地依据市场需求确定产品进入市场的策略，从而使生产带有极大的盲目性，一旦销售不佳就会使产品大量积压。

从上述分析可以看出，生产的产品数量达到一定规模，可以降低生产成本，特别是固定成本。

生产就是使各具其用的原辅料转化为目标产品的过程。而在这期间投入的各种耗费（即成本）就是推动这一转变的原动力。如果在流转的过程中遇到的断档、阻滞多，则需要的动力就要很大，才能使运转正常进行；反之，流程越通畅所需成本就越小。

该厂生产的机械产品质量有保证，售后服务好，已受农民广泛关注。产品的前景一片光明。然而，这份光明只能赋予那些有竞争力的好产品、好企业。在保证质量的同时，价格低廉才是能够占领市场的好产品，效率高、成本低的企业才能在激烈的竞争中立于不败之地。

三、思考·讨论·训练

1. 费用与成本管理工作只是财务人员的工作吗？
2. 采用作业成本法与采用完全成本法在计算费用成本上的区别是什么？
3. 成本控制的合理方法是什么？

案例 5-2 邯钢——项目成本逆向分解

一、案例分析

钢铁行业是多流程、大批量生产的行业，由于生产过程的高度计划性决定了必须对生产流程各个工艺环节实行高度集中的管理模式。为了严格成本管理，一般依据流程将整个生产线划分为不同的作业单元，在各个作业单元之间采用某些锁定转移价格的办法。而邯钢在成本管理方面率先引入市场竞争手段，依据市场竞争力为导向分解内部转移成本，再以此为控制指标，落实到人和设备上，将指标责任与奖罚挂钩，强制实现成本目标，达到系统总合最优。

"倒"出来的利润。对邯钢而言，要挤出利润，首先需要确定合理先进、效益最佳化的单位产品目标成本。公司根据一定时期内市场上生铁、钢坯、能源及其他辅助材料的平均价格编制企业内部转移价格，并根据市场价格变化的情况每半年或一年做一次修订，各分厂根据原材料等的消耗量和"模拟市场价格"核算本分厂的产品制造成本，也以"模拟市场价格"向下道工序"出售"自己的产品。获得的"销售收入"与本分厂的产品制造成本之间的差额，就是本分厂的销售毛利。销售毛利还需要做以下两项扣除：一是把公司管理费分配给分厂做销售毛利的扣除项，一般采用固定的数额（根据管理费年预算确定）；二是财务费用由分厂负担，一般根据分厂实际占用的流动资金额参考国家同期同类利率确定。做这两项扣除后，就形成了本分厂的"内部利润"。

如三轧钢分厂生产的线材，当时每吨成本高达 1 649 元，而市场价只能卖到 1 600 元，每吨亏损 49 元。经过测算，这 49 元全部让三轧钢分厂一个生产单元消化根本做不到。如果从原料采购到炼钢、轧钢开坯和成材，各道工序的经济指标都优化达到历史最高水平。比如，邯钢三轧钢分厂发现，为使产品的包装质量符合公司要求，修卷减去的线材头尾一个月达上百吨，由此造成的损失超过 6 万元，为了降低成本对卷线机进行了技术改造，在充分保证包装质量的前提下，轧用量降低了 40%，吨材成本下降 8 元。其他流程环节也纷纷采取不同手段降低成本，开坯的二轧钢分厂挖潜降低 5 元/吨坯，生产钢锭的二炼钢厂挖潜降低 24.12 元/吨钢，原料外购生铁每吨由 780 元降到 750 元以下，这样环环相扣即"8 + 5 + 24.12 +（780 - 750）> 49"就可扭亏为盈。

总厂分别对各生产单元下达了目标成本，其中对三轧钢分厂下达了吨材 1 329 元的不赔钱成本指标。面对这一似乎高不可攀的指标，分厂领导班子对这个指标既感到有压力，但又提不出完不成的理由。因为这既是从市场"倒推"出来的，又是由自己的历史水平和比照先进水平测算出来的，不下调就意味着邯钢都要出现亏损时，压力就变成了动力。面对新的成本目标，只能扎实工作，努力实现。

三轧钢分厂组成专门班子，也将工段进行层层分解，用总厂下达的新成本"倒推"的办法，测算出各项费用在吨钢成本中的最高限额。比如，各种原燃料消耗，各项费用指标等，大到 840 多元（时价）1 吨的铁水，小到仅 0.03 元的印刷费、邮寄费，横向分解落实到科室，纵向分解落实到工段、班组和个人，层层签订承包协议，并与奖惩挂钩，使责、权、利相统一，使每个单位、每个职工的工作都与市场挂起钩来，经受市场的考验，使全厂形成纵横交错的目标成本管理体系。

为促使模拟市场核算这一机制的高效运转，当然，需要严格的奖惩机制保驾护航。在考核方法上，公司通常给分厂下达一组目标成本和目标利润。分厂制造成本低于目标成本，即形成成本降低额或称贷差，作为计奖或不"否决"奖金的依据；反之则"否决"奖金。实际内部利润大于目标利润的差额，通常也被当作计奖的依据。在现实中，有的公司以考核成本降低额为主，有的公司以考核内部利润为主。由于成本降低本身就是增加内部利润的因素，有的公司为了避免重复计奖，就将成本降低额从内部利润增加额中扣除，作为增加内部利润的计奖基数。在保证基本收入前提下，加大奖金在整个收入中的比例，奖金约占工资的 40% ~ 50%；设立模拟市场核算效益奖，按年度成本降低总额的 5% ~ 10% 和超创目标利润 3% ~ 5% 提取，仅 1994 年效益奖就发放了

3 800万元。结果，三轧钢分厂拼搏一年，不仅圆满实现了目标，而且扭亏为盈，当年为总厂创利润82.67万元。

邯钢推行以项目成本分解制后，使它能够在1993年以来国内钢材价格每年降低的情况下保持利润基本不减，1994~1996年实现利润在行业中连续三年排列第3名，1997~1999年上升为第2名。1999年邯钢钢产量只占全国钢产量的2.43%，而实现的利润却占全行业利润总额的13.67%。冶金行业通过推广邯钢经验，也促使钢材成本大幅度降低，1997年以来全行业成本降低基本与钢材降价保持同步，1999年成本降低还超过了钢材降价的幅度，不仅使全行业经济效益呈现恢复性提高，而且为国民经济提供了廉价的钢材，缩小了高于国际钢价的价格差，增强了中国钢铁工业的国际竞争能力。

事实上，不只在钢铁行业，其他有色金属业、机械行业、化学工业、制糖业、造纸业等都具有邯钢这种大批量多流程生产的特点，由于邯钢成功地实施"模拟市场核算、倒推单元成本、实行成本否决、全员成本管理"这一全新的企业经营机制，因此在全国掀起了学邯钢的一轮浪潮。

（资料来源：中国管理顾问：http://www.teamdo.com.cn）

二、案例分析

企业生存的空间是市场，生存的前提是企业可以为市场提供质优的产品，并且，在产品价格一定的条件下，企业要想获得利润，就必须向成本要效益。节约降耗，降低成本，在财务成果中就表现为获利。抛开资源、新产品上市等因素，价格上升的空间不大，所以，节约开支，降低费用和成本的做法，对于在市场海洋中扬帆的企业尤显重要。企业无法操控市场，只有适应市场的变化，向完善自身的方向发展，向管理要效益。

邯钢这种用以市价为基础的内部成本倒推分解法，把产品成本、质量、资金占用、品种结构等因素纳入完整的考核体系之中，给了成本中心更大的责任和压力，使分厂在有限的决策权之下，有了除降低成本以外的增利手段。可以使分厂了解，假如自己是一个独立企业时的盈亏水平，增强"亏损"或微利单位的危机感和紧迫感，则公司推进降低成本目标时遇到的阻力就比较小；由于实行优质优价的定价原则，可鼓励分厂提高产品质量以增加"销售收入"，也使他们有了寻求质量与成本最佳结合点的权利；利息作为内部利润的扣除项，有利于量化资金占用水平，鼓励分厂压缩资金占用；通过对不同品种的合理定价，可鼓励分厂结合市场需求调整产品结构。采用项目成本倒推分解这种方法，从根本上改变了各个流程成本控制与总成本控制之间的关系，使个人将自己对总成本控制的贡献直观相关联,个人的晋升与发展也与这些贡献相关联,从而形成了良性循环。每个成本责任中心目标明确,努力方向均为量化指标,管理从弹性转成明显可确认的量化指标,提高了费用成本管理的可操作性。

三、思考·讨论·训练

1. 对传统意义上的成本指标进行逆向分解有何意义?
2. 逆向成本分解的办法是否适用于任何行业?

案例 5-3　美心——厂商协同降低采购成本

一、案例介绍

2002年,美心公司与大多数高速发展的企业一样,开始面临增长"瓶颈"。掌门人夏明宪毅然采取以利润换市场的策略,大幅度降低产品价格。然而,降价不久,风险不期而至,原材料钢材的价格突然飙升。继续低价销售——卖得越多,亏得越多;涨价销售——信誉扫地,再难立足。面对两难抉择,降低成本,尤其是原材料的采购成本就成了美心生死攸关的"救命稻草"。

夏明宪向采购部下达指令:从现在开始的三年内,企业的综合采购成本,必须以每年平均10%的速度递减。

这让美心的采购部的员工们有点傻眼,甚至不服气:此前美心公司的"开架式采购招投标制度"属国内首创,既有效地降低了成本,又杜绝了"暗箱"操作,中央电视台都为此做过专题报道。而且此举已经为美心节约了15%的采购成本,还有什么魔法能够让青蛙变得更苗条?

在夏明宪的带动下,美心员工开始走出去,从习惯坐办公室到习惯上路,超越经验桎梏,于不知不觉中形成了一套降低成本的管理模式。

(一) 联合采购,分别加工

针对中小供应商,美心将这些配套企业联合起来,统一由其出面采购原材料。由于采购规模的扩大,综合成本减少了20%。配套企业从美心领回原材料进行加工,生产出来的半成品直接提供给美心,然后凭验收单到美心的财务部领取加工费。同时随着原材料成本的降低,配套企业也更具竞争力,规模扩大,价格更低,形成良性循环。

(二) 原材料供应，战略伙伴

针对上游的特大供应商即国内外大型钢铁企业，美心的做法是收缩采购线，率先成为其中一两家钢厂的大客户乃至于战略合作伙伴。而钢厂面向战略合作伙伴的价格比普通经销商低 5%~8%，比市场零售价低 15%。于是仅 2002 年的一次采购，美心就比同行节约成本近 1 000 万元。

随着采购规模的与日俱增，美心人开始有了和钢厂进一步谈判的砝码。应美心要求，钢厂定期向其提供钢材的价格动态，并为美心定制采购品种。比如，过去钢板的标准尺寸是一米，而门板尺寸是 90 厘米，其中 10 厘米就只能裁下来扔掉。现在，钢厂为美心量身定制生产 90 厘米钢板，就大大减少了浪费，节约了成本。又比如，他们还专门为美心开发了一种新材料门框，品质相同，价格每吨可节约 600 元。

(三) 新品配套，合作共赢

对于新配套品种的生产，由于配套企业需要增加大量投资，导致新配套产品与其他配套产品相比，价格大幅度增加。美心就以品牌、设备、技术、管理等软硬件向生产方入股，形成合作；合作条件为，美心公司自己使用的产品，价格只能略高于生产成本。这样一来，合作方在新品的生产上减少了投入，降低了风险；同时，美心也降低了配套产品的采购成本，增加了收入。于是各方受益，皆大欢喜。

(四) 循环取货，优化物流

解决了原材料和配套产品的采购问题，美心还与配套企业携手合作，从物流方面进行优化。由于不同配套企业的送货缺乏统一的标准化管理，在信息交流、运输安全等方面，都会带来各种各样的问题，必须花费双方很大的时间和人力资源成本。美心明白，配套企业物流成本的提高，将直接转嫁到配套产品的价格上。于是美心就聘请一家第三方物流供应商，由他们来设计配送路线，然后到不同的配套企业取货，再直接送到美心的生产车间。这样一来，不仅节约了配套企业的运送成本，提高了物流效率，而且把这些配套产品直接拉到生产车间，保持了自身很低的库存，省去了大量的库存资金占用。

美心通过与原材料供应商及配套企业的携手合作，使原材料厂商拥有了稳定的大客户，配套企业降低了生产风险，而自身则在大大降低成本的同时，扩大了产销量，形成了各方皆大欢喜的共赢局面。

2002 年，美心门的产销量同比翻了一番，美心的综合采购成本下降了 17%，同比全行业的平均水平低 23%。美心公司成为唯一在原材料价格暴涨时期维持低价政策的企业，企业形象如日中天，渠道建设终于根深叶茂。

(资料来源：博锐管理在线：http://www.yxgl.com/Management)

二、案例分析

在商品经济的海洋中，永远充满着买卖双方的博弈。参与博弈的买卖双方均为企业，利益最大化都是双方追求的目标，你进我退，你的利润增长，也许就意味着我的利润下降。

如何在博弈中胜出？一个篱笆三根桩，一个好汉三个帮。

努力增加自身的权重。在个体增加权重极为缓慢和困难的情况下，集合多个个体，化单兵作战为团队作战，同样可以显现出权重增加的效果。美心做到了。美心采购原材料时是买方，将来出售产品时就又成了卖方，成本的成功控制，保证了获得利润空间的存在，又在市场上获得了产品销售的主动权，获得了竞争的优势，一举两得。同时，绑定在一起的协同厂家，通过获得利益而坚定了与美心的合作关系，大家松散的合作显现出密切的关系。随着美心与诸多厂商之间的联合，协作体在博弈中的主动权显现为专供原料的加工，加工成本的降低，货运配送的社会化等。

表面上看，获益的只是美心厂和协作厂，但事实上，博弈的另一方也是受益者。原材料供应商有了稳定的订单，专供产品的生产降低了备货生产的风险，订单的价格优惠，带来的是稳定的市场份额，足够量的销售可以弥补价格下降带来的损失。

专供原料（产品）的生产，对资源的消耗来说，做到了真正意义上的节约，多方受益。

三、思考·讨论·训练

1. 美心厂商协同采购的出发点是什么？
2. 美心成本控制的方法有哪些？

案例 5-4　"沃尔玛"降低运输成本的学问

一、案例介绍

沃尔玛公司是世界上最大的商业零售企业，在物流运营过程中，尽可能地降低成本是其经营哲学。

沃尔玛有时采用空运，有时采用海运，还有一些货物采用卡车公路运输。

在中国，沃尔玛百分之百地采用公路运输，所以，如何降低卡车运输成本，是沃尔玛物流管理面临的一个重要问题，为此，他们主要采取了以下措施：

（1）沃尔玛使用一种尽可能大的卡车，大约有 16 米加长的货柜，比集装箱运输卡车更长或更高。沃尔玛把卡车装得非常满，产品从车厢的底部一直装到最高，这样非常有助于节约成本。

（2）沃尔玛的车辆都是自有的，司机也是他的员工。沃尔玛的车队大约有 5 000 名非司机员工，还有 3 700 多名司机，车队每周每一次运输可以达 7 000~8 000 公里。

沃尔玛知道，卡车运输是比较危险的，有可能会出交通事故。因此，对于运输车队来说，保证安全是节约成本最重要的环节。沃尔玛的口号是"安全第一，礼貌第一"，而不是"速度第一"。在运输过程中，卡车司机们都非常遵守交通规则。沃尔玛定期在公路上对运输车队进行调查，卡车上面都带有公司的号码，如果看到司机违章驾驶，调查人员就可以根据车上的号码报告，以便于进行惩处。沃尔玛认为，卡车不出事故，就是节省公司的费用，就是最大限度地降低物流成本，由于狠抓了安全驾驶，运输车队已经创造了 300 万公里无事故的纪录。

（3）沃尔玛采用全球定位系统对车辆进行定位。因此，在任何时候，调度中心都可以知道这些车辆在什么地方，离商店有多远，还需要多长时间才能运到商店，这种估算可以精确到小时。沃尔玛知道卡车在哪里，产品在哪里。就可以提高整个物流系统的效率，有助于降低成本。

（4）沃尔玛的连锁商场的物流部门，24 小时工作，无论白天或晚上，都能为卡车及时卸货。另外，沃尔玛的运输车队利用夜间进行从出发地到目的地的运输，从而做到了当日下午进行集货，夜间进行异地运输，翌日上午即可送货上门，保证在 15~18 个小时内完成整个运输过程，这是沃尔玛在速度上取得优势的重要措施。

（5）沃尔玛的卡车把产品运到商场后，商场可以把它整个地卸下来，而不用对每个产品逐个检查，这样就可以节省很多时间和精力，加快了沃尔玛物流的循环过程，从而降低了成本。这里有一个非常重要的先决条件，就是沃尔玛的物流系统能够确保商场所得到的产品是与发货单完全一致的产品。

（6）沃尔玛的运输成本比供货厂商自己运输产品要低，所以，厂商也使用沃尔玛的卡车来运输货物，从而做到了把产品从工厂直接运送到商场，大大节省了产品流通过程中的仓储成本和转运成本。

沃尔玛的集中配送中心把上述措施有机地组合在一起，做出了一个最经济合理的安排，从而使沃尔玛的运输车队能以最低的成本高效率地运行。

（资料来源：中国物流网中华英才实验室：http://www.cpaxm.com）

二、案例分析

作为一家零售商业企业，采购、办公、差旅、人力资源省下的成本永远只是小头，而运营和物流费用才是最大的一块。中国的企业，一直以自己的成本控制能力自豪。这种成本控制能力，是通过打开公司的财务报表，逐项地看能再从哪里面榨出些钱来。这种低成本基本上不需投入，效果直接，可称之为"简单低成本"。而沃尔玛是通过对业务模式创新、流程优化、提高员工技能和能动性而达到的低成本，需要持续的投入和改进，是系统性的低成本。天天低价的承诺，有一大部分是源于沃尔玛物流节约的成本。从沃尔玛降低运输成本的每一个做法中可以看出，装满的卡车使资源毫不浪费，可以使每一份支出都有意义；保证安全，保证了商品及时运达商场，及时满足顾客的需求，及时形成销售收入，使资金毫不停顿，保证了流动性。更重要的是，只有将商品安全运达，上述目标才能达到。所以，安全的运输是效率的保障。无任何意外发生，就节约了赔偿成本，当然降低了不必要开支的金额，保证了运输的低成本。商场整车卸货也节约了时间，降低了成本，可你知道吗，你所担心的运输途中破损问题几乎不存在，买手们（采购员）的摔箱试验已将损失挡在运输过程之外。

三、思考·讨论·训练

1. 商品流通业费用成本的构成项目与产品加工业费用成本构成项目有哪些异同？
2. 为什么对于沃尔玛来说采购、办公、差旅、人力资源的成本远只是小头，而运营和物流费用才是最大的一块？
3. 沃尔玛采用了哪些降低运输成本的方法？

案例 5-5 东南亚地区纸箱厂的生产成本控制

一、案例介绍

东南亚地区有许多纸箱厂。纸箱厂须先定下一个基本方向，决定专做某一类型的客户和产品后，纸箱厂还要明确自己的成本和利润情况，要了解不同的客户所要求的不同产品的情况。食品、电子所用的产品的做法是不一样的，对机器的要求也是不一样的，比如，做电子的，模切很重要，但做食品的，模切并不重要，所以，对不同的产品和客户，人员、设备配置等都不一样，需要的投入也不相同。

新加坡有一个纸箱厂原来什么产品都做，效益不佳。企业重新进行定位后，原纸消耗量降了40%。对有些纸箱厂来说，原纸消耗量一下子少了这么多，简直要活不下去了。但是，这家纸箱厂的定位就是专做小批量的产品、异型箱等，做大量的超市用的那种用来展示形象的产品展示台，另外，这家纸箱厂还做七层异型箱。因为目前新加坡市场对这种产品的需要量越来越大，新加坡是重要的空运基地，很多产品都不用木箱，而是用纸箱来进行包装，这种纸箱就是七层瓦楞纸箱，这种产品的强度可能比木箱还要好，而且轻很多。这家企业就专做这一块的产品和市场。在重新进行技术定位前，他们每月的原纸消耗量在1 500吨以上，而现在他们每月的原纸消耗量约在800吨，瓦楞生产线每天也只跑8个小时。虽然原来的客户有的自己走了，有的客户他们企业自己也主动不做了，但企业实际的销售收入却比原来要高，当然，做这种小批量的产品，企业整个的管理方法也和以前不一样了，成本费用发生额也不同。

新加坡还有一家管理得很好的工厂，专业做电子产品包装用箱，它的客户有很大一部分是电子产品公司，比如说日本的一些家电企业在新加坡和他合作得很好，因为这些客户所用的纸箱对模切要求很高，一个纸箱需要很多工序，这家工厂的技术定位就是在模切方面做得特别好。这也是市场逼着他们这样做，因为作为一个独立的纸箱厂，要想生存，一定要有自己独特的地方，要有自己的特点。在市场变化过程中，纸箱厂只要想好了，就不用害怕，因为只要自己明确自己的定位，把内部的管理理顺，有一定的利润，有稳定的客户，这样的公司就不会倒下。

马来西亚一家纸箱厂的做法可为我们在成本管理方面提供很好的借鉴。这家马来西亚纸箱厂每个月都要算一算公司的直接成本，包括：人工花了多少钱？税收花了多少钱？这个月的订单是多少？由此算出每个订单的成本是多少，每个客户的成本是多少，公司的利润是多少，然后决定哪个客户要做，哪些客户不做，把客户基本上减少了1/3。但是，企业的经营状况反而好起来了。为什么？因为这家纸箱厂原来是亏损的，现在少了1/3的客户却还做到了不赔不赚，这也是在竞争激烈的情况下控制成本的一种方式，有些东西该砍的就砍，要敢于说"不"，至少要使企业做到不亏。

这是一个很重要的思路，因为在任何情况下，你的公司值钱不值钱，看的就是你的利润和客户群怎样,对纸箱厂来说,客户是很重要的,要想经营得好,就要把客户服务好,那么就要有足够的产能来服务好客户,不能不顾企业的产能限度,在市场上乱抓单子,乱抓单子的话可能就会耽误给你带来利润的客户的送货,最终把对你很重要的客户的单子给冲掉,而抢来的客户说不定是赔钱的,得不偿失。所以,纸箱厂的客户群不是越大越好,要考虑有足够的产能来服务好公司的重要客户,这样你的重要客户就很难走掉。

另有一家新加坡的纸箱厂的做法也很典型。这家纸箱厂只有几个客户,其中有一个是惠普,每天 10 时 30 分之前,惠普就把当天生产线上需要的纸箱的订单给这家纸箱厂,纸箱厂就根据这个信息把纸箱生产好了直接送到惠普的生产线上。这家纸箱厂就定位这几个客户来做,不再去找更多的客户,因为那样可能就会影响到它对惠普等几家客户的服务,做得不好会因小失大。

"让业务员控制成本"——一种综合成本控制方法。纸箱厂的成本管理基本上有两种做法,一种是标准成本核算,就是先预设一些参数,然后根据参数进行核算;另一种是实际成本核算,就是生产完了之后倒算回来。

有一家做得比较好的公司,就用成本核算的方法来控制订单。公司每次接到订单,都会立即把相关数据输入公司的成本管理系统,管理系统就会算出销售金额和成本金额,业务员的提成就是系数乘以以上两个数字的差额。这样,企业把这个责任划到业务员身上控制,因为对每个订单,管理系统都可以算出成本,在这种情况下,业务员如果不主动控制成本的话,就无法获得提成。这是一种综合控制方法,很有效果,特别是对于集团化的企业来说,适合采用这种方式,因为大公司业务较多,不可能每个业务员都向管理人员汇报情况,管理人员自己也搞不清成本控制的情况。

在瓦楞纸箱企业经理中,流传着这样的格言:"机器不需要喝咖啡的时间",言下之意是指机器可以 24 小时不停歇地运转,实现生产效能最大化(除维修保养或偶尔进行设备改造的计划停机时间)。在规定的时间内,自动化设备可以稳定可靠地生产规定数量的产品,并且"几十年如一日,毫无怨言"。同时,采用自动化设备生产可以执行严格的质量标准和 JIT 生产,这一点对于参与世界市场竞争,争夺国际客户的公司而言尤为重要。

经过良好训练和主动自觉的员工对任何公司来说都是一笔宝贵的财富。然而,即使最优秀的员工也有难免出现情绪不佳而导致生产力下降的时候。而自动化体系则无"坏情绪"影响之忧,无论何时,都能周而复始地不停歇地按照设定准确生产。

工厂规模扩大和成功经营是一把双刃剑。尽管规模扩大和成功经营意味着更多税款和更多利润收益，但是，这也意味着在人员、设备和其他物质方面投入更多资金。而固定资产，即厂房、设备等往往价格昂贵。传统的生产经验表明，生意每增加20%，就多需要20%的员工。很多正在成长中的企业发现，每当企业生产规模扩大时，同一间厂房内无法容纳更多的员工或新购设备。而采用自动化设备就可以避免因企业规模扩大而导致的空间狭小问题，因为自动化设备可以一步到位满足生产需求，不需要再购置新设备。

科学技术日新月异，要赶上自动化技术发展的步伐，令许多公司力不从心。因此，为始终采用先进设备，也为了保存资本，越来越多的公司开始采用租借设备的形式。通常以月为单位或定期方式（6～72个月）租借设备，既简化了成本预算，又避免了复杂的设备折旧预算计划。租借费中不仅包括了购买设备需要的价格，还包括其他成本如运费、安装费、员工培训费和设备保养费用。租借期间，纸箱厂还可以根据技术发展状况和实际需要对设备进行升级改造。

尽管客户对自动化设备的需求复杂多样，但现在市场上也有多种多样的自动化纸箱生产设备可满足不同需求。减少人工劳动、避免多余生产工艺，并且由于生产速度快，可在需要装货时，随时生产纸箱，既省去了手工成型的劳动力，又节省了备用纸箱所占仓储空间，省时省力又省钱。

（资料来源：中国包装印刷网：http://www.costchina.net/）

二、案例分析

在企业的短期经营决策中，成本自然是不可或缺的指标，产品订单与客户的取舍，在某种程度上说，是成本的取舍，企业的经营效益如何，就在于产品收入与成本的比较。利用相同的资源，企业当然希望创造出更多的价值。东南亚地区纸箱厂也遵循了这一基本原则。同时结合企业的行业特点，做出了订单成本业务员控制法，将企业的效益指标、成本指标与业务员的利益挂钩，受自身利益的影响，调动了员工的参与意识，调动了员工的责任感，并做到了事前控制，使无益订单不能通过。

企业还从生产的投入方面关注成本的产生。企业的自动化、机械化生产，提高了劳动效率，降低了人工费用，又提高了企业的应变能力，使备货型生产产生的浪费得到了控制。

但是，企业的长期投资需要在多个经营周期之内收回，投资会加大各设备使用期间的折旧费，进而对费用指标增压、在产品品种不十分稳定的纸箱行业来说，无疑是浪费、是压力。出于应对生产变化的要求，在租赁业较为发达的近代，企业纷纷采用以租代买的形式，对成本进行控制。

三、思考·讨论·训练

1. 订单成本计算是成本预测还是成本决策？
2. 设备租赁与购买的决策方法有哪些？
3. 产品、客户定位对纸箱企业降低成本有哪些优势？
4. 案例中提到了几种方法用于降低纸箱企业的成本？

案例 5-6　TCL 项目研发的成本控制

一、案例介绍

TCL 成功的关键之一就是对项目研发成本的控制。

TCL 集团有限公司始创于 1981 年，在 2000 年中国电子资讯百强企业中名列第五。2001 年，TCL 集团销售收入 211 亿元，利润 7.15 亿元，上缴税金 10.84 亿元，出口 7.16 亿美元，品牌价值 145 亿元，是广东省最大的工业制造企业之一和最有价值品牌之一。TCL 的发展不仅有赖于敏锐的观察力、强劲的研发力、生产力和销售力，还得益于对专案研发成本的有效控制与管理，使产品一进入市场便以优越的性能价格比，迅速占领市场，实现经济效益的稳步提高。很多产品在设计阶段就注定其未来制造成本会高过市场价格。

只要提到成本控制，很多人便产生加强生产的现场管理、降低物耗、提高生产效率的联想，人们往往忽略了一个问题：成本在广义上包含了设计（研发）成本、制造成本、销售成本三大部分，也就是说，很多人在成本控制方面往往只关注制造成本、销售成本等方面的控制。如果我们将目光放得更前一点，以研发过程的成本控制作为整个专案成本控制的起点，这才是产品控制成本的关键。我们知道，一个产品的生命周期包含了产品成长期、成熟期、衰退期三个阶段，这三个阶段的成本控制管理重点是不同的，即设计成本、生产成本、销售服务成本。实际上，产品研发和设计是我们生产、销售的源头之所在，一个产品的目标成本其实在设计成功后就已经基本成型，作为后期的产品生产等制造工序（实际制造成本）来说，其最大的可控度只能是降低生产过程中的损耗以及提高装配加工效率（降低制造费用）。有一个观点是被普遍认同的，就是产品成本的 80% 是约束性成本，并且在产品的设计阶段就已经确定。也就是说，一个产品一旦完成研发，其目标材料成本、目标人工成本便已基本定性，制造中心很难改变设计留下的先天不足。有很多产品在设计阶段，就注定其未来的制造成本会高过市场价格。

目标价格－目标利润＝目标成本，研发成本必须小于目标成本。

至于如何保证我们设计的产品在给定的市场价格、销售量、功能的条件下取得可以接受的利润水平，我们在产品设计开发阶段引进了目标成本和研发成本的控制。

目标成本的计算又称为"由价格引导的成本计算"，它与传统的"由成本引导的价格计算"（即由成本加成计算价格）相对应。产品价格通常需要综合考虑多种因素的影响，包括产品的功能、性质及市场竞争力。一旦确定了产品的目标，包括价格、功能、质量等，设计人员将以目标价格扣除目标利润得出目标成本。目标成本就是我们在设计、生产阶段关注的中心，也是设计工作的动因，同时也为产品及工序的设计指明了方向和提供了衡量的标准。在产品和工序的设计阶段，设计人员应该使用目标成本的计算来推动设计方案的改进工作，以降低产品未来的制造成本。

开发（设计）过程中的三大误区。

1. 过于关注产品性能，忽略了产品的经济性（成本）

设计工程师有一个通病：他们往往容易仅仅是为了产品的性能而设计产品。也许是由于职业上的习惯，设计师经常容易将其所负责的产品专案作为一件艺术品或者科技品来进行开发，这就容易陷入对产品的性能、外观追求尽善尽美，却忽略了许多部件在生产过程中的成本，没有充分考虑到产品在市场上的性能价格比和受欢迎的程度。实践证明，在市场上功能最齐全、性能最好的产品往往并不一定就是最畅销的产品，因为它必然也会受到价格及顾客认知水平等因素的制约。

2. 关注表面成本，忽略隐含（沉没）成本

公司有一个下属企业曾经推出一款新品，该新品总共用了12枚螺钉进行外壳固定，而同行的竞争对手仅仅用了3枚螺钉就达到了相同的外壳固定的目的！当然，单从单位产品9枚螺钉的价值来说，最多也只不过是几毛钱的差异，但是一旦进行批量生产后就会发现，由于多了这9枚螺钉而相应增加的采购成本、材料成本、仓储成本、装配（人工）成本、装运成本和资金成本等相关的成本支出便不期而至，虽然仅仅是比竞争对手多了9枚螺钉，但是其所带来的隐含（沉没）成本将是十分巨大的。

3. 急于新品开发，忽略了原产品替代功能的再设计

一些产品之所以昂贵，往往是由于设计不合理，在没有作业成本引导的产

品设计中，工程师们往往忽略了许多部件及产品的多样性和复杂的生产过程的成本。而这往往可以通过对产品的再设计来达到进一步削减成本的目的。但是很多时候，研发部门开发完一款新品后，往往都会急于将精力投放到其他正在开发的新品上，以求加快新品的推出速度。

在研发（设计）过程中，成本控制的三个原则：

（1）以目标成本作为衡量的标准。目标成本一直是关注的中心，通过目标成本的计算有利于在研发设计中关注同一个目标：将符合目标功能、目标品质和目标价格的产品投放到特定的市场。因此，在产品及工艺的设计过程中，当设计方案的取舍会对产品成本产生巨大的影响时，我们就采用目标成本作为衡量标准。在目标成本计算的问题上，没有任何协商的可能。没有达到目标成本的产品是不会也不应该被投入生产的。目标成本最终反映了顾客的需求以及资金供给者对投资合理收益的期望。因此，客观上存在的设计开发压力，迫使设计开发人员必须去寻求和使用有助于他们达到目标成本的方法。

（2）剔除不能带来市场价值却增加产品成本的功能。我们认为，顾客购买产品，最关心的是"性能价格比"，也就是产品功能与顾客认可价格的比值。任何给定的产品都会有多种功能，而每一种功能的增加都会使产品的价格产生一个增量，当然也会给成本方面带来一定的增量。虽然企业可以自由地选择所提供的功能，但市场和顾客会选择价格能够反映功能的产品。因此，如果顾客认为设计人员设计的产品功能毫无价值，或者认为此功能的价值低于价格所体现的价值，则这种设计成本的增加就是没有价值或者说是不经济的，顾客不会为他们认为毫无价值或者与产品价格不匹配的功能支付任何款项。因此，我们在产品的设计过程中，把握的一个非常重要的原则就是：剔除那些不能带来市场价值但又增加产品成本的功能，因为顾客不认可这些功能。

（3）从全方位考虑成本的下降与控制。作为一个新专案的开发，我们认为，应该组织相关部门人员参与（起码应该考虑将采购、生产、工艺等相关部门纳入专案开发设计小组），这样有利于大家集中精力从全局的角度去考虑成本的控制。正如前面所提到的问题，研发设计人员往往容易发生过于重视表面成本而忽略了隐含成本的误区。正是有了采购人员、工艺人员、生产人员的参与，可以基本上杜绝为了降低某项成本而引发的其他相关成本的增加这种现象的存在。因为在这种内部环境下，不允许个别部门强调某项功能的固定，而是必须从全局出发来考虑成本的控制问题。

（资料来源：百考试题网：http://www.urcfo.com/）

二、案例分析

通常，企业提到成本控制，仅指生产成本的控制，把着眼点放在产品的生产过程中。殊不知，每个产品的生命周期包含了产品的成长期、成熟期、衰退期三个阶段，这三个阶段都有成本控制的需要，而成本控制的重点是不同的，分别是设计成本、生产成本、销售服务成本的控制。TCL 成功的关键之一就是对项目研发成本进行控制。

面对日趋激烈的竞争形势，企业只有不断开发新产品，满足市场的需求，才能保持对市场的占有率，保证市场份额，保证资金的流动性，保证企业的活力。

TCL 在对产品进行功能性开发的同时，并未忘记产品开发的初衷，是面向市场。而产品面世的卖点不但包括产品的功能，更要考虑消费者对性价比的要求。在价格限定的条件下，为了完成目标利润指标，控制成本是最为有效的做法。

产品设计研发，不是企业的最终目的，其最终目的是为了批量生产和销售。产品设计师应考虑设计方案给后续生产和销售带来的影响。TCL 设计师们深知自身的使命，简洁的产品部件，对生产、供应、销售，乃至顾客和资源短缺的地球来说，都带来了节约，降低了成本，当然就提高了产品的竞争力。

TCL 在成本控制工作中，由于有效地把握住产品设计的源头，控制住了引发后续浪费支出的闸门，体现了企业管理的前瞻性。

三、思考·讨论·训练

1. TCL 成本控制的切入点是什么？
2. 项目研发成本的控制对 TCL 成本控制有何重要意义？
3. TCL 成本控制的功效如何？

案例 5-7 青岛啤酒股份有限公司实施战略成本管理

一、案例介绍

青岛啤酒股份有限公司的前身为"日尔曼啤酒股份公司青岛公司"，由英、德商人于 1903 年创立，至今已有一百多年的历史。公司于 1993 年 6 月 16

日注册成立，随后进入国际资本市场，于当年同时在香港和上海上市，成为国内首家在两地同时上市的股份有限公司。目前公司在国内拥有47个啤酒生产厂和3个麦芽生产厂，分布于全国17个省市，规模和市场份额居国内啤酒行业之首。其生产的青岛啤酒为国际市场上最具知名度的中国品牌，已行销40余个国家和地区。自1996年起，青岛啤酒采取了以并购为主要手段的"低成本扩张"战略。这种扩张的负面影响在于对被收购方高昂的改造费用，从而造成集团营业费用和管理费用急剧上升。2001年，青岛啤酒将重心从"快速扩张"转向了"内部资源的整合，提高企业核心竞争力"，并提出了三大战略：成本战略、标新立异战略和目标集聚战略。其成本战略是以管理为纽带，以网络化为基础，最大限度地降低生产成本和运营成本；标新立异战略是不断创新，在机制、市场、品牌、组织、策略、产品等各个方面，都有自己的特长，使竞争对手难以超越；目标集聚战略不是在全国遍地开花，而是有选择地在部分地区占有绝对优势，尽可能地在高消费区、大城市、水源地，抢占制高点，形成优势兵力。不难看出，青岛啤酒已经将成本管理提升到了战略的高度。

在国内啤酒市场上，还没有任何一家生产商拥有市场占有率方面的绝对优势，排名第一的青岛啤酒也只有不到13%的占有率，前三大厂商市场（青啤、燕京、华润）占有率之和也刚好超过30%，可以看出，公司面临着一个竞争十分激烈的市场环境。由于没有一家厂商具备完全的定价能力，可以预计未来价格战仍将继续，由此，成本将成为价格战的支撑。

（一）SWOT分析

公司通过SWOT分析，可以认清自身的优势，并发现自己的不足，以便为公司下一步战略布局提供关键信息。

通过SWOT分析，公司的劣势和面临的挑战里都包含了成本因素：由于公司前期收购对象多为濒临破产或者是竞争力十分低下的公司，所以并购后期公司不得不花费大量资金用于子公司的协调与管理。

（二）有效的成本管理制度

经过几年的努力，青岛啤酒建立和规范了全面预算管理和成本控制体系，完善了财务分析系统，并在调整存贷比例，压缩存货占用，控制应收账款的增长以及财务结构的优化方面制定了具体方案。

（1）加强内部成本管理。公司对管理体系进行了重构，推行事业部制，压缩管理环节，精简管理机构，降低了因沟通协调而发生的管理费用，同时提高了整个集团的管理效率。此外，公司强化了节能降耗等环节的控制，订立了科学合理的消耗指标并严格考核，积极推行经济目标责任制，使各项能耗指标有较大程度的下调。例如，在节水方面，首先"抓大"，如冷凝水回收，年节约价值100多万元；制冷系统串缸水循环利用，年节水折合75万元。其次"不放小"，只要有利于节水，再小的措施也积极推广。利用包装车间一号线杀菌机的溢流废水，作为酒糟罐刷洗用水，每月可节约自来水1 000多吨；硅藻土过滤薄膜、自来水回收装置改造，每年可节水近万吨。

（2）加强资金管理。一是利用资金结算中心，对50余家销售分公司实施资金收支两条线管理；二是通过集中财产保险管理，每年节约保险费用300多万元；三是加强应收账款管理，1998～2003年公司销售收入增长3.4倍，应收账款下降67%；四是严控对外担保，至今除控股子公司以外对外担保为零。通过以上一系列举措，提高了资金的使用效率，降低了资金的使用成本。

（3）强化营销费用的管理。青岛啤酒作为日常快速消费品，营销策略和促销力度的大小很大程度决定了销售的进展。过去，青岛啤酒实行营销费用跟产品走的政策，很多费用支出到渠道二级、三级后就难以控制。而可控的费用管理使公司可以对费用的预算、申报、使用、报销进行全程控制，重点控制几个关键领域，并建立节约审核、审计和优先权项目来管理费用，杜绝渠道营销费用非规则支出，加强公司的营销费用支出管理。

（三）质量成本管理体系

质量成本是指企业为确保满意的质量所发生的费用以及当质量发生不满意时所受的损失之和，它包括鉴定成本、预防成本、内部损失成本和外部损失成本。由此，质量成本是企业总成本中的重要组成部分，也是企业持续性经营中不断发生的动态成本。对质量成本的管理有利于控制和降低企业的经营成本，能够寻求提高产品质量的途径，掌握质量管理中的存在问题，拓宽成本管理的道路。

（1）加强质量成本宣传。质量成本，对大多数员工来说，是一个新课题，而在推行时涉及很多部门与人员，对此，公司十分重视，每年4月公司都会开展活动，对企业员工进行质量教育。

（2）质量成本目标。质量成本目标与公司的质量目标相一致，并分解到各相关职能部门与层次（包括各岗位）。目前，在质量标准方面，青岛啤酒实行的是远远高于国家标准的企业内控标准，在国家没有对啤酒行业实施强制性安全认证的情况下，青岛啤酒在同行业中率先通过了食品安全控制体系（HACCP）认证，实现了食品安全的零风险。

（3）质量成本管理具体措施。各部门包括最高管理层及技术工艺部严格按照质量计划与质量目标提高企业的鉴定质量和预防质量，尽可能降低内部损失和外部损失成本，加强对质量成本的控制。"它特别强调细节的控制，比如，空气、水源会不会交叉污染，员工衣服会不会是污染源等，它甚至要求我们洗手都不能用手开关水龙头。"青岛啤酒的技术人员说。

目前，青岛啤酒的主要生产企业已经从5S（整理、整顿、清理、清洁、素养）的质量管理级别上升到包括"环境、安全"在内的7S水平，同时，已经开始试点以"零缺陷"为目标的六个西格玛管理法，进一步向着更高水准的质量管理目标进发。通过严格的质量控制，虽然提高了产品的预防成本和鉴定成本，但是，将产品质量风险降至最低，大大减少了外部损失成本，同时也提升了公司产品形象，为公司带来更大的收益。

（四）ERP系统

青岛啤酒确立了ERP信息系统。ERP系统的建立与运用，为公司经营带来了如下变化：

第一，规范、优化了公司内部业务流程。全面梳理了6大类100多个流程，通过软件平台固化，划分责、权、利；流程设计以客户为中心，剔除非增值环节，向"服务导向型"发展；按新流程的要求取消、修改了8种关键业务单据。通过以上工作使业务流程尽可能地向规范、透明、符合国际惯例的标准业务流程靠拢。

第二，实现了信息传递的扁平化。实现完整的过程控制，控制过程由原有的事后控制变为事前的预算、事中的控制、事后的核算，杜绝了许多管理上的失控。

第三，提高了经营效率。查询时间由原来的1~2天缩短为现有的1~2分钟，及时发货率由原来的82.7%上升到94%，月末结账期由原来的6天缩短为现有的1天。

随着新一轮ERP系统在全公司范围内滚动推广，能更有效地实现公司内部市场网络、管理、品牌、销售等方面的整合工作，实现资源的优化配置，充分挖掘青岛啤酒品牌所蕴涵的巨大市场潜力，不断提高核心竞争力和可持续发展能力，进一步提高资源的综合利用效率，真正形成协同效应及规模效益，不断提升盈利水平。

（五）价值链管理

青岛啤酒的价值链管理体现在以下三个方面：

1. 基于物流的供应链管理

青岛啤酒首先成立了仓储调度中心，对全国市场区域的仓储活动进行重新规划，对产品的仓储、转库实行统一管理和控制。由提供单一的仓储服务，到对产成品的市场区域分布、流通时间等全面的调整、平衡和控制，仓储调度成为销售过程中降低成本、增加效益的重要一环。同时，青岛啤酒还对运输仓储过程中的各个环节进行了重新整合、优化，以减少运输周转次数，压缩库存、缩短产品仓储和周转时间等。现代物流管理体系的建立，使青岛啤酒加快了产成品走向市场的速度，同时使库存占用资金、仓储费用及周转运输费每年下降4000万元以上。更为重要的是，它使青岛啤酒集团的整体营销水平和市场竞争能力得到很大的提高。

2. 基于管理的供应链管理

基于管理的供应链，实际上就是根据经销商、供应商、分销商之间一个共同的游戏规则来进行相互的业务操作。供应链计划不是企业单独做计划，而是经销商、批发商做计划，而且他们的计划要通过供应链管理与公司计划协调一致。青岛啤酒和旗下的销售公司之间，销售公司与各大分销商之间，通过这一供应链，达到了很好的协调，提高了计划的准确性的同时，也深化了公司与经销商之间的关系，提高了经销商的忠诚度，从而在成本控制、客户快速响应等方面创造了新价值。

3. 战略联盟

（1）与竞争对手联盟。2002年10月21日，公司与世界第一大啤酒公司美国安海斯—布希（简称AB公司）公司签署了《战略性投资协议》。青岛啤酒与AB公司最佳实践交流在质量方面取得了较大成果，无论是员工质量理念，还是运用数据分析、酒液品评等手段，均有效驱动了青岛啤酒质量管理水平的提高，特别是标准操作规程（SOP）和关键控制点回顾（CPCPR）方面，公司受益匪浅。

（2）与供应商联盟。在原料的采购方面，通常都以期货的形式进行，与麦芽厂等原料供应商保持长期战略合作伙伴关系，而且通常在年前就把未来一年甚至几年的采购合同签订了，因而对青岛啤酒来说，原材料对成本的压力相对较小。

（3）与经销商联盟。公司专门成立了销售公司，由销售公司全权负责产品的销售，销售公司专门在全国物色那些物流较好的经销商，和他们建立联盟。例如，成都连锁超市"互惠"的物流系统十分完善，于是青岛啤酒与之签约，组建战略联盟，让"互惠"全权负责青岛啤酒在蜀地的销售，这样，既节约了成本，又将产品渗透到四川这个区域市场。这样一来，产销分离、物流分离，分工更细，加快了产品渗透的速度和时间。更为重要的是，在各经销商中。青岛啤酒率先推出"大客户制",与大经销商结成联盟。推行"大客户制"后,由于不用专门去做市场,公司因此节省了大笔市场推广和维护费用,有更充足的资本和精力去进行产品开发、升级乃至企业战略扩张等事宜,实现企业利润的最大化。

(资料来源:中国会计视野网:http://doc.esnai.com/showdoc.asp)

二、案例分析

战略是对全局的发展目标和发展趋向所做的谋划,是指导全局的计划和策略。战略一经确定,将在相当长的时期内对未来整体格局的发展演变起指导作用。成本领先战略、差异化战略和目标集聚战略已经成为竞争战略的经典理论。一般将战略理解为实现长期目标的方法,一个单位所应用的战略是为使该单位的技能和资源与在外部环境中发现的机会相适应所做的谋划。

战略成本管理包括两个层面的内容:一是从成本角度分析,选择和优化企业战略;二是对成本实施控制的战略。前者是企业战略中的成本侧面,后者是在前者的基础上,为提高成本管理的有效性而对成本管理制度、方法和措施等所进行的谋划。

成本领先战略的核心是企业通过一切可能的方式和手段,降低企业成本,成为市场竞争者中成本最低者,并以低成本为竞争手段获取竞争优势。成本领先战略实质上是以成本战略作为企业的基本竞争战略。成本管理目标不只是降低成本。确定成本管理目标,尤其是确定成本管理战略目标,需要将成本管理放在与企业经营活动、管理措施及战略选择的相互关系中考察。因为成本不仅本身的发生受到企业各种因素的影响,同时又是企业做出各种管理措施与战略选择的核心因素之一。必须从战略高度来认识成本问题。企业战略的选择和管理措施的实施必须要考虑成本的支撑力度和企业在成本方面的承受能力,而降低成本必须以不损害企业基本战略的选择和实施为前提,并要有利于企业管理措施的实施。

三、思考·讨论·训练

1. 战略成本管理的内容包括几个层面?
2. 战略成本管理的目的就是要降低企业成本吗?

案例5-8 数字化管理的成本控制

一、案例介绍

随着信息化应用越来越趋向于务实,企业在考虑信息化能为自身带来什么样变化的同时,成本已经逐渐成为其选择ERP时考虑的重要因素之一。

不过,ERP不同于普通的产品,仅仅是选择低价产品并不能控制信息化的成本。如果只是按照价格来选择产品,很可能因产品的质量和厂商的服务能力而导致实施周期延长,最终导致成本的增加乃至项目的失败。作为一个复杂的过程,ERP成本的降低涉及产品价格、产品质量、实施周期、后期维护、厂商服务能力等诸多因素,只有综合考虑这些因素才能最终降低企业的信息化成本。那么,该如何全面控制信息化成本,并得到很好的应用效果呢?深圳得润电子集团在推进数字化管理的过程中,探索出一套合适的成本控制方法。

作为一家民营企业,得润电子在最近几年获得了快速的发展。得润电子始创于1989年,历经十多年的发展,现已拥有多家控股公司,产品涉及电子连接器、汽车线束、精密组件等领域,在深圳、青岛、合肥、襄樊、长春等地建有制造与研发基地,目前企业拥有总资产3亿多元人民币,净资产接近1亿元,有近4000名员工,在国内连接器市场排名第一。目前,得润电子拥有康佳、海尔、科龙、创维、一汽大众等国内用户,并对索尼、东芝等国外厂商供货。

早在2001年,得润电子就有了上ERP系统的初步想法,随着企业管理变革的不断推进,这一需求显得更为迫切。自从得润电子于2001年聘请金劲松担任总裁以来,得润电子开始了对集团结构的调整,于2002年8月完成了股份制改制,进入了上市辅导期,并分别从我国台湾和一些日本企业聘请专家任职高层。在这一从所有者管理到职业经理人管理转变的过程中,得润电子的管理逐步得到了加强。不过,在金劲松总裁看来,管理加强的一个重要标志是:"关键指标明确化、数字化,最终以绩效考核体现。"要实现这一点,得润电子必须要借助ERP系统。

得润电子在项目启动之初就有了较好的ERP实施基础。早在上ERP系统之前,得润电子就拥有了三个信息化系统:一个是K公司的财务系统;一个是自创的物流系统;还有一个是企业内部的OA系统。除此之外,得润电子的青岛子公司使用的是海尔的SAP供应链管理系统。虽然这些系统之间的共享性不好，数据是分块、零碎的，但较好的信息化应用为 ERP 系统的成功应用奠定了的基础。

2003 年 10 月末，得润电子开始实施 ERP 系统，并于今年 3 月份成功上线。在金劲松总裁看来，已经实施完成的 ERP 一期项目为企业搭建了一个神经系统。

值得关注的是，得润电子在项目整个过程中很好地注意了信息化成本的控制。早在项目启动之初，得润电子财务中心总经理兼 ERP 项目总监王立山就与企业的领导层一起历时半年进行软件选型，从产品架构、厂商品牌、厂商服务能力、产品价格等因素及诸多细节对投标的软件厂商进行多轮筛选，最终在综合评估后选择了用友的 U8 系统。在软件产品确定后，得润电子采用坚定的态度推进实施，并在实施中采用有效的激励机制来推进实施进度。同时，项目双方在实施中的沟通成本及后续系统的维护成本也因得润电子在选型之初的充分考虑而有了较好的控制。

从市场来看，连接器行业比较适合小企业的生存，国内连接器企业的规模都普遍偏小。不过，连接器用户在选择厂商时却会从品质、成本、服务等方面有较高的要求。比如，用户会衡量企业产品的品质和制程控制的品质以及良好的成本控制，并要求企业能在原材料涨价时尽量消化成本。

满足连接器用户的这些要求，需要企业有相当的管理实力。比如，从去年开始到今年，连接器主要材料的价格上涨很厉害，从每吨 1.6 万元不断上涨，最高达到每吨 3.4 万元，但为了满足海尔等连接器用户的需求，得润电子子公司青岛海润电子公司的产品价格没有大的上浮。不过，其他供应商很多都做不了了，这使得得润电子的市场份额得以扩大，当价格略为回落时就有了较大的利润空间。金劲松认为，ERP 对企业管理有很大的支撑作用。

在金劲松看来，要在连接器行业中做好，必须将企业做到这个领域的"尖端"。而要做成"尖端"就必须利用信息化手段，对于这一点，得润电子在与大客户合作中深刻感受到这一点。

得润电子采用了重点突破的方法，将信息化重点集中在解决物流和资金流等迫切需要解决的问题。

从得润电子的需求分析来看，企业需要一套 ERP 系统解决物流、资金流存在的问题，并能实现异地考核，支持更好的管理理念，满足公司中长期发展战略规划的需求。

在明确了企业的需求后，得润电子很快确定了选型的方向。但面对大大小小、知名与无名企业众多的 ERP 产品，一时还真是不知所措，选型小组感觉

ERP市场"像到超市购物一样"。冷静之后，项目组分批淘汰了一些供应商，最后S、M和用友三家公司入围。

在随后深入沟通与测试工作的较长时间内，得润电子有很多的顾虑：实施一个信息化系统不仅仅是购买产品本身，它既要在多个部门实施使用，服务支持也是一个重要的因素；ERP项目投资大、工期长，产品选中后可能维持三五年甚至十几年不变；更换系统时的休克疗法对企业影响很大，原来引进K公司财务软件时候，就因为两套系统并行时切换数据的不顺利，导致系统用起来很长时间不顺；IT厂商本身的发展、实力、服务、升级等也是必须考虑的诸多因素。

S公司是一家跨国公司，产品提供国际规范、成熟度高、性能稳定，青岛子公司使用该公司的供应链系统效果也非常好，因此得润电子一度还想折价从广州一家未能成功实施的企业购买S公司的ERP产品。虽然对产品百分之百的信任，对其实施顾问的实力也很放心，但这家厂商的产品定价太高，满足企业个性化需求部分和实施顾问希望开展管理流程再造等未能使得润电子认同。诸多的问题使得润电子最终止步了。

由M公司代理的D产品在中国台湾地区的市场份额数巨大，其应用时间长，应用面广，成熟度很好，但得润电子猜测M公司很可能拿不到产品源代码，二次开发、升级和更新换代就成为主要的担心。另外，M公司同时还代理P公司的产品，也有自己的ERP产品，所以得润电子觉得M公司做事不够专。考虑到合资企业架构、经营模式、内部管理、产品升级换代和价格因素等，得润电子最终放弃了该产品。

用友的情况则与上述两家公司大不相同。作为一家上市的管理软件企业，用友为得润电子提供了足够的心理保障，同时用友公司各阶层都来得润电子了解情况。此时，恰逢海南博鳌论坛举行，用友总裁的报告打动了台下得润电子的董事长邱建民和总裁金劲松，他相信用友的产品一定也包含着"ERP就是企业的神经系统"等一些先进的、可操作的管理思想。"用友的产品稳定性好，价格合理，研发实力和服务工作是国内其他软件公司无法相比的。"得润电子的管理层一致把青睐的目光投给了用友。用友就这样从众多的投标者中胜出。

得润电子制定了企业发展战略规划，其中信息化也分为近、中、远期规划：近期将整合现有三个系统的物流和财务；中期将实施制造系统、人力资源管理系统、供应链管理；长远打算是实现集团集中管理，包括统一财务、远程预警平台决策。

当前得润电子的生产周期较短，加工工艺不算复杂，人为调节因素也比较大，现有生产特点并不适应生产制造的系统。后续之所以要起用，是因为公司高科事业部订单多是半年前签订的（偶有临时性订单），生产流程也很规范，也使得生产制造系统会逐步列上日程；如果 U8 新版本 860 能满足供应链方面的需求，将不再单独启用供应链系统；而人力资源管理系统由于难度不大，将会于明年年初考虑。

最后，在解决了安全、速度问题后，得润将把各地分公司采购、生产和销售以及人力资源管理统统连接起来，最后实现集团化管理。

（资料来源：中国会计视野网：http://www.esnai.com）

二、案例分析

从对信息化成本的控制到实施中的坚决推进，得润电子都带有明显的民营企业信息化特色。鉴于得润电子的案例具有一定的代表性，我们选择该案例进行分析。通过分析，我们认为有以下三点值得注意。

1. 实现异地经营的集中管理

得润电子的运行模式有着自己的独特性：最早向康佳提供产品，后来双方合资成立深圳得康电子有限公司，在与海尔合作后也借鉴这种模式成立了青岛海润电子有限公司，类似的公司在全国还有好几家。这种方式保证了稳定的市场份额，同时有较好的资金状况。在原材料价格猛涨、其他供应商难以为继的时候，得润电子依然能够发展并且市场份额还能扩大。

不过，这种独特的运行模式也为得润电子的管理带来了难题：如何确保各地数据的准确性，以加强对异地经营管理？对于金劲松来说，需要通过系统了解各地分、子公司的销售变化以及销售结构等状况，以便对异常状况迅速做出相应的调整；另外还需要了解各地客户的结构、客户的淡旺季、付款期限等。"通过这种管理将整个集团的战略统一起来，并从集团的高度来重视重点客户，定期进行沟通。"

在上 ERP 系统之前，得润电子很难实现这种集中管理。由于原有三个系统的数据共享性不好，每个系统的数据都是分开的，数据的口径也不能协调一致，企业高层得到销售数据、财务报表数据、市场数据都不一样，很难作为管理决策的依据。

通过用友的 ERP 系统，得润电子实现了不同系统间数据的共享，为加强异地经营的集中管理提供有效的支撑。除了解决数据问题外，ERP 系统的实施也加强了对各地分、子公司的控制。"如果把各地生产、采购和销售整条供应链连接起来，进行统一管理，将可以节约很多成本。"这种"全国一盘棋"

的状况正是金劲松希望达到的。

2. 强力推进信息化实施

在得润电子上线 ERP 过程中最值得称道的莫过于集团高层和执行团队的坚定决心。在金劲松看来，一旦选择了用友公司的软件系统，大家就不能再有犹豫和怀疑，要千方百计让项目成功。"没有解决不了的问题，只有解决不了问题的人。"金劲松的这句话鼓舞着公司所有人员和用友实施团队。

有效的激励机制也必不可少。早在 ERP 项目的动员大会上，得润电子就公布了奖惩制度：第一次出现问题，进行警告处罚；第二次出现同样的问题，将员工降为试用期，并进行相应的工资调整；到了第三次时，就会进行辞退。而在奖励方面也有三种奖励方法：第一种是评定一些小的奖金；第二种是对于表现突出、对系统有贡献的员工，奖金力度会大一些，并将获奖员工列为储备干部；第三种则是在此基础上，颁发荣誉证书作为最高奖励。

3. 降低信息化成本

一是整合了物流和财务工作，从财务的单据直接能查到出入库的信息。二是实现了对生产线的物料管理，避免了企业生产中的漏洞。三是发货与开票结算工作完全一致。四是可追溯性，原来出现问题查不到责任人的现象不复存在；在降低风险、集中采购、实时提供准确数据等方面，信息化也体现出了极大的优势。另外，管理效率提高后，企业高层很快就能了解公司的运行状况，迅速了解问题的发生或潜在问题，以便着手马上解决，降低了企业的管理成本。

事实上，得润电子不仅用信息系统降低管理成本，还在信息化推进过程中有意识地降低信息化成本。从历时半年的软件选型过程来看，得润电子很早就充分考虑到软件质量、厂商服务能力、产品价格等诸多综合因素，并因为这些考虑为项目实施和后期维护降低了成本。而在具体的实施中，得润电子因为坚定的信心和有效的奖惩机制推进了信息化的快速实施，从而降低了成本。

关于降低信息化的成本，从得润电子选型时的一个小故事就可以看出：在确定采用用友软件产品后，得润电子采用三家分公司联手竞价的方式，使成本降低；同时，得润电子还将该产品推荐给自己的关联企业、合作伙伴，采用"团购"的方式迫使用友降低价格。或许，正是这种务实、"节俭"的方式保证了得润电子的 ERP 项目快速走向成功。

三、思考·讨论·训练

1. ERP 系统是一个物流整合系统吗？
2. 得润电子是如何控制信息化成本的？

第六章　股利政策

股利政策是关于股份公司是否发放股利、发放多少股利、何时发放股利以及以何种形式发放股利等方面的方针和策略。股份公司在其理财决策中，股利分配始终占有重要地位。

一、剩余股利政策

剩余股利政策，是指公司生产经营所获得的净收益首先应满足公司的权益资金需求，如果还有剩余，则派发股利；如果没有剩余，则不派发股利。其决策步骤如下：

第一步，根据公司的投资计划确定公司的最佳资本预算。

第二步，根据公司的目标资本结构及最佳资本预算，预计公司资金需求中所需要的权益资本数额。

第三步，尽可能用留存收益来满足资金需求中所需增加的股东权益数额。

第四步，留存收益在满足公司股东权益增加需求后，如果有剩余再用来发放股利。

剩余股利政策的优点是：留存收益优先保证再投资的需要，从而有助于降低再投资的资金成本，保持最佳的资本结构，实现公司价值的长期最大化。

剩余股利政策的缺点是：如果完全遵照执行剩余股利政策，股利发放额就会每年随投资机会和盈利水平的波动而波动。即使在盈利水平不变的情况下，股利也将与投资机会的多寡呈反方向变动：投资机会越多，股利越少；反之，投资机会越少，股利发放越多。而在投资机会维持不变的情况下，则股利发放额将因公司每年盈利的波动而同方向波动。剩余股利政策不利于投资者安排收入与支出，也不利于公司树立良好的形象，一般适用于公司初创阶段。

二、固定或稳定增长股利政策

固定或稳定增长股利政策，是指公司将每年派发的股利额固定在某一特定水平或是在此基础上维持某一固定比率逐年稳定增长。只有在确信公司未来的盈利增长不会发生逆转时，才会宣布实施固定或稳定增长的股利政策。在固定或稳定增长的股利政策下，首先确定的是股利分配额，而且该分配额一般不随资金需求的波动而波动。

（一）固定或稳定增长股利政策的优点

（1）由于股利政策本身的信息含量，它能将公司未来的盈利能力、财务状况以及管理层对公司经营的信心等信息传递出去。固定或稳定增长的股利政策可以传递给股票市场和投资者一个公司经营状况稳定、管理层对未来充满信心的信号，这有利于公司在资本市场上树立良好的形象、增强投资者信心，进而有利于稳定公司股价。

（2）固定或稳定增长股利政策，有利于吸引那些打算做长期投资的股东，这部分股东希望其投资的获利能够成为其稳定的收入来源，以便安排各种经常性的消费和其他支出。

（二）固定或稳定增长股利政策的缺点

（1）固定或稳定增长股利政策下的股利分配只升不降，股利支付与公司盈利相脱离，即不论公司盈利多少，均要按固定的乃至固定增长的比率派发股利。

（2）在公司的发展过程中，难免会出现经营状况不好或短暂的困难时期，如果这时仍执行固定或稳定增长的股利政策，那么派发的股利金额大于公司实现的盈利，必将侵蚀公司的留存收益，影响公司的后续发展，甚至侵蚀公司现有的资本，给公司的财务运作带来很大压力，最终影响公司正常的生产经营活动。

因此，采用固定或稳定增长的股利政策，要求公司对未来的盈利和支付能力能做出较准确的判断。一般来说，公司确定的固定股利额不应太高，要留有余地，以免陷入公司无力支付的被动局面。固定或稳定增长的股利政策一般适用于经营比较稳定或正处于成长期的企业，且很难被长期采用。

三、固定股利支付率政策

固定股利支付率政策，是指公司将每年净收益的某一固定百分比作为股利分派给股东。这一百分比通常称为股利支付率，股利支付率一经确定，一般不得随意变更。固定股利支付率越高，公司留存的净收益越少。在这一股利政策下，只要公司的税后利润一经计算确定，所派发的股利也就相应确定了。

（一）固定股利支付率政策的优点

（1）采用固定股利支付率政策，股利与公司盈余紧密地配合，体现了多盈多分、少盈少分、无盈不分的股利分配原则。

（2）由于公司的盈利能力在年度间是经常变动的，因此，每年的股利也随着公司收益的变动而变动，并保持分配与留存收益间的一定比例关系。采用固定股利支付率政策，公司每年按固定的比例从税后利润中支付现金股利，从企业支付能力的角度看，这是一种稳定的股利政策。

（二）固定股利支付率政策的缺点

（1）传递的信息容易成为公司的不利因素。大多数公司每年的收益很难保持稳定不变，如果公司每年收益状况不同，固定支付率的股利政策将导致公司每年股利分配额的频繁变化。而股利通常被认为是公司未来前途的信号传递，那么波动的股利向市场传递的信息就是公司未来收益前景不明确、不可靠等，很容易给投资者留下公司经营状况不稳定、投资风险较大的不良印象。

（2）容易使公司面临较大的财务压力。因为公司实现的盈利越多，一定支付比率下派发的股利就越多，但公司实现的盈利多，并不代表公司有充足的现金派发股利，只能表明公司盈利状况较好而已。如果公司的现金流量状况并不好，却还要按固定比率派发股利的话，就很容易给公司造成较大的财务压力。

（3）缺乏财务弹性。股利支付率是公司股利政策的主要内容，模式的选择、政策的制定是公司的财务手段和方法。在不同阶段，根据财务状况制定不同的股利政策，会更有效地实现公司的财务目标。但在固定股利支付率政策下，公司丧失了利用股利政策的财务方法，缺乏财务弹性。

（4）合适的固定股利支付率的确定难度大。如果固定股利支付率确定得较低，不能满足投资者对投资收益的要求；而固定股利支付率确定得较高，没有足够的现金派发股利时会给公司带来巨大财务压力。另外，当公司发展需要大量资金时，也要受其制约。所以，确定较优的股利支付率的难度很大。

由于公司每年面临的投资机会、筹资渠道都不同，一成不变地奉行按固定比率发放股利政策的公司在实际中并不多见，固定股利支付率政策只是比较适用于那些处于稳定发展且财务状况也较稳定的公司。

四、低正常股利加额外股利政策

低正常股利加额外股利政策，是指公司事先设定一个较低的正常股利额，每年除了按正常股利额向股东发放现金股利外，还在公司盈利情况较好、资金较为充裕的年度向股东发放高于每年度正常股利的额外股利。

由于股利分配政策受各种因素影响，不同公司应根据本公司的具体情况综合考虑各因素的影响，制定适合本公司的股利分配政策。

股利是股息和红利的总称，它由公司董事会宣布从公司的净利润中分配给股东，作为股东对公司投资的报酬。对这部分净利润，公司董事会有完全的支配权，它有权决定将多少利润分配给股东，这是决定股利的基本原则。股利究竟如何分配，与会计准则已经无关，因为作为利润分配的最后环节，应向投资者分配的利润额完全是按照国家有关会计和财务制度计算出来的，剩余的事情纯粹是公司自身的财务政策问题。

公司董事会在考虑是否向股东分配股利、分配多少股利时，往往从公司本身需要及长远战略发展来考虑，有时会将股利分配放在次要地位。大家知道，股份有限公司筹措自身资本的重要渠道可以是发行股票或增发新股，但这并不能成为经常性的手段。当公司需要保持一定比例的周转资本，或扩充产能急需资本时，内部筹资则是一项资本补充的经常性渠道，它实际上来自于投资者投资的增值。也就是说，留存公司利润是最可靠和最便利的资本来源，而这些留存收益本来是可以分配给股东的股利。

公司董事会即使将股利分配放在决策的次要地位，但它也不能剥夺股东分配利润的基本权利。长期不分配股利会影响公司的声誉和股东对公司的信心。天平的一方是公司发展需要留存收益这一宝贵的资本来源，另一方是股东，至少是一部分股东希望这些收益能转化为股利，以便"落袋为安"。董事会如何摆布这架"天平"，这就是股利政策问题了，是公司理财要研究的重要问题之一。

案例 6-1　带给股东惊喜的"盐湖钾肥"股利政策

一、案例介绍

青海盐湖钾肥股份有限公司（简称"盐湖钾肥"）主营氯化钾的开发、生产和销售，兼营光卤石、低钠光卤石及其他矿产品开发、加工、冶炼等。公司地处青海省察尔汗盐湖，该盐湖为我国最大的可溶性钾镁盐矿床，也是世界著名的内陆盐湖，我国已探明的钾资源储量有97%在青海省察尔汗，盐湖开发和综合利用具有非常广阔的发展前景，在国民经济中占有重要的地位。国内钾肥产量的近95%由该公司生产，公司产品"盐桥"牌钾肥在国内市场享有较高的声誉，为支持各地农业建设起到了积极的作用。该公司为国内钾肥产品抢占国内市场、走向世界迈出了重要的一步，为进一步加快察尔汗盐湖资源开发的步伐，振兴青海经济，提高我国钾肥生产能力，推动我国农业的进一步发展，扩大盐湖钾肥生产规模奠定了基础。

目前公司在钾肥生产上具有明显的规模优势。公司凭借得天独厚的资源优势和国家的优惠政策，经过多年的研究和开发，采用具有世界先进水平的冷结晶技术生产氯化钾，为大规模、集约化开发利用盐湖资源提供了可靠的技术保障。2001年氯化钾产量已经达到35.36万吨，是亚洲最大也是国内唯一的钾肥大型生产基地。钾肥工业是青海省支柱产业。青海盐湖钾肥有限公司是中国钾肥工业的支柱企业。公司的生产、技术和经营代表着国家该行业水平，产销量占据国内垄断地位。

公司历年股利分配方案如下：

(1) 青海盐湖钾肥股份有限公司2003年4月30日召开了2002年度股东大会，表决通过该公司2002年度派息方案为：以2002年末总股本25 585万股为基数，向全体股东每10股转增10股；本次派息股权登记日为2003年5月16日，除息日为2003年5月19日。

(2) 该公司2004年4月29日召开2003年度股东大会，表决通过2003年派息方案为：以2003年末总股本51 170万股为基数，向全体股东每10股转5股派2元（含税，扣税后个人股东实际每10股派现金1.6元）；本次派息股权登记日为2004年5月31日，除息日为2004年6月1日。

(3) 该公司2005年5月16日召开2004年度股东大会，表决通过2004年度派息方案为：以2004年度末总股本76 755万股为基数，向全体股东每10股派3元（含税，扣税后社会公众股东实际每10股派现金2.7元）；本次派息股权登记日为2005年6月27日，除息日为2005年6月28日。

(4) 该公司2006年5月19日召开2005年度股东大会，表决通过2005年度派息方案为：以2005年度末总股本76 755万股为基数，向全体股东每10股派5元（含税，扣税后社会公众股东实际每10股派现金4.5元）；本次派息股权登记日为2006年5月26日，除息日为2006年5月29日。

(5) 该公司2007年5月17日召开2006年度股东大会，表决通过2006年度派息方案为：以2006年12月31日的总股本76 755万股为基数，向全体股东每10股派8.8元（含税，扣税后社会公众股东实际每10股派现金7.92元）；本次派息股权登记日为2007年7月11日，除息日为2007年7月12日。

（资料来源：徐凤菊：《上市公司典型理财案例》，武汉理工大学出版社2004年版）

二、案例分析

股利政策作为公司最重要的财务政策之一,对上市公司的价值具有重要影响。上市公司应当认识到而且要重视这一点,尤其不能忽视不分配政策给公司带来的不利影响。

第一,上市公司一般都是各行业中的佼佼者,本身具有较强的竞争实力,加上低成本的直接融资和其他优惠政策,按理其获利水平应远高于同行业的平均获利水平。事实上,除少数上市公司呈高速发展以外,大多数上市公司的潜力还有待发掘。如何寻找新的利润增长点是上市公司必须认真考虑的问题。公司上市以后,核心问题是要善于资本经营,开拓主营业务,提高盈利能力。这样才能为股东的投资创造良好的回报,这种回报只能在公司实实在在的发展中产生,而不可能在二级市场股价波动中产生。

第二,在公司财务问题中,股利分配是一个被忽视的问题,公司很随意地对此做出决定,缺乏全面、慎重而长远的考虑。虽然股利政策是一种公司行为,公司可以根据自身的特点、公司盈利状况决定是否分配,但在公司有能力分配的情况下,按股东出资比例进行分配是《公司法》所规定的。而且从公司自身长远利益出发,公司必须认真思考和分析股利政策。因此,公司应当根据其发展规划和资金运作方案,对近几年内的股利分配政策有个整体的规划,以这个规划来指导每年度的利润分配计划。并可根据各年度实现利润情况做出一定调整。这种长期股利分配政策应当向投资者公布,这对公司来说,是一种软约束,可促使公司努力提高盈利水平,达到预定的分配目标;另一方面也使投资者对每年的股利分配有一定可预期性,从而增加对公司投资的信心。确实因为经营上的需要或其他特殊原因不能分配,公司应当在年报中予以详细说明。此外,如果公司成长性较好,负债率也较低,财务状况良好,可以通过分配股利调整资产结构,对于这一类公司,可以采取股利分配随收益的增长而稳定增长的股利政策。稳定的股利政策可以有效地吸引投资者,并提高公司股票市价。

三、思考·讨论·训练

1. 盐湖钾肥在历年进行股利分配时,采用哪些股利支付形式?
2. 你认为该公司的股利政策能够向投资者传递什么信息?能够增加投资者对公司的信心吗?

案例 6-2 南方公司股利分配的困惑

一、案例介绍

南方公司是一家大型钢铁公司，公司业绩一直很稳定，其盈余的长期成长率为 12%。2006 年该公司税后盈利为 1 000 万元，当年发放股利共 250 万元。2007 年该公司面临一投资机会，需要投资 900 万元，预计投资后，公司盈利可达到 1 200 万元，2008 年以后公司仍会恢复 12% 的增长率。公司目标资本结构为负债：权益 = 4∶5。现在公司面临股利分配政策的选择，可供选择的股利分配政策有固定股利支付率政策、剩余股利政策以及固定或稳定增长的股利政策。

（资料来源：秦志敏：《财务管理习题与案例》，东北财经大学出版社 2007 年版）

二、案例分析

由于股利政策受各种因素影响，不同公司应根据本公司的具体情况综合考虑各因素的影响，制定适合本公司的股利分配政策。影响股利政策的因素有哪些呢？

（1）法律因素。为了保护公司债权人和股东的利益，《公司法》、《中华人民共和国证券法》等有关法规对公司股利的分配进行了一定的限制，主要包括资本保全、公司积累、净利润、偿债能力和超额累计利润。

（2）契约性约束。当公司以长期借款协议、债券契约、优先股协议以及租赁合约等形式向公司外部筹资时，常常应对方的要求，接受一些关于股利支付的限制性条款，从而构成契约性约束因素。

（3）公司因素。站在公司的角度，影响股利政策的因素主要有公司的变现能力、举债能力、盈利能力、投资机会和资本成本等。

（4）股东因素。站在股东的角度，影响股利政策的因素主要有稳定收入、股权稀释、税负等。

而在实务中，股份公司较常用的股利政策有如下四种：

1. 固定股利支付率政策

固定股利支付率政策，是指公司每年按照一个固定的股利支付率来分配股利的政策。这一政策的特点是，如果公司各年间的盈利波动不定，则其发放的每股股利也将随之变动,故此政策又称变动的股利政策。

主张实行这一政策的公司认为,只是维持固定的股利支付率,才能使股利与公司盈利紧密的配合,以体现多盈多分,少盈少分,无盈不分原则,这样才算真正公平地对待每一位股东。但是,由于股利通常被认为是公司未来前景的信息来源,这种政策下各年的变动较大,极易造成一种公司不稳定的印象,不利于稳定股票价格。因此,一般公司不宜采用这种政策。

2. 剩余股利政策

剩余股利政策就是在公司有着良好的投资机会时,根据一定的目标资本结构(最佳资本结构)测算出投资所需的权益资本,先从盈余中留用,在满足了投资项目的资金需要后,若还有剩余,则公司才能将剩余部分作为股利发放给股东。

3. 固定或稳定增长的股利政策

固定或稳定增长的股利政策是公司将每年发放的股利固定在某一特定水平上并在长时间内保持不变。其表现形式是每股股利额是固定的。这一政策的特点是,不论经济情况如何,也不论公司经营好坏,公司每年的每股股利固定在某一水平上保持不变,只有当公司认为未来盈利将会显著地、不可逆转地增长时,公司才会提高每股股利额。

采用这一股利政策的主要目的是避免出现由于经营不善而削减股利的情况。大量事实表明,绝大多数公司和股东都喜欢稳定增长的股利政策。但这一股利政策的缺点是股利的支付与盈余脱节,当盈余较低时仍要支付股利,这可能导致资金短缺、财务状况恶化。

4. 低正常股利加额外股利政策

低正常股利加额外股利政策,是指在一般情况下,公司每年只支付固定的、数额较低的正常股利,只有在公司经营非常好时,再根据实际情况向股东发放额外股利。必须指出,这里的"额外股利"并不固定化,不意味着公司永久地提高了规定的股利支付率。

采用这一股利政策,将使公司在支付股利方面具有较大的灵活性。当公司盈利状况不佳时,可能少付甚至不付额外股利,减轻公司的财务负担;而公司盈利状况较佳且资金又很充裕时,可向股东多付额外股利,因此灵活性较大。这种以审慎原则为基础的股利政策受到不少公司的欢迎,尤其适用于那些各年盈余变化较大且现金流量较难把握的公司。但必须注意的是,额外股利的支付不能使股东将它视为正常股利的组成部分,否则,不仅会失去其原有的意义,而且还会产生负面影响。

三、思考·讨论·训练

1. 请根据南方钢铁公司的财务数据，计算2006年公司实行不同股利政策时的股利水平。
2. 请比较不同的股利政策，为南方钢铁公司选出你认为正确的选择。

案例 6-3　沉寂十年的四川长虹

一、案例介绍

四川长虹前身为四川国营长虹机器厂，1998年经市政府批准，作为股份制试点企业，进行股份制改造，企业变更为四川长虹电器股份有限公司，简称四川长虹，当年向社会公开发行3 600万元股票。四川长虹1994年3月11日在上海证券交易所正式挂牌上市，股票代码为"600839"。

1988年实施股份制至1997年间，该公司飞速发展。自1989年起连续5年该公司在中国电子企业中名列榜首。1992～1995年连续4年该公司的主打产品——彩电产销量均居全国首位。1994年该公司向中国联合通信公司及中华通信系统有限公司投资3 000万元，向中国金蜂移动通信公司投资2 000万元，通过这两项投资，长虹开始介入移动通信领域。1995年长虹投资大屏幕数字彩电和彩电生产线等项目，使其生产规模迅速扩大，市场占有率由1994年的17.15%上升到1995年的22%，在第50届国际统计大会上，长虹荣获"中国彩电大王"、"中国最大彩电基地"殊荣。1996年该公司先后将中小屏幕彩电生产线做了大屏幕生产的适应性改造，使生产能力大幅度提高。另外，其还增加新产品开发投入的力度，先后开发投产电视机新品种35个，新产品产量占全年彩电总产量的72%。1997年长虹进行大手笔投资，启动了"红太阳"一号工程——大屏幕彩电技术改造项目，计划投资15亿元，另外建设出口基地，分别在江苏、吉林两地各控股彩电生产企业一家，投资3亿元。1998年亚洲金融危机对国内经济所产生的种种影响开始表现出来，长虹面对越来越严峻的市场环境以及公司经营管理暴露的一些问题，开始进入战略调整时期，该年长虹的销售额、净利润等的增长开始减速，但营业费用却大幅度增加。1999年我国国民经济出现了通货紧缩状况，导致彩电行业竞争更加激烈，该公司在调整产品结构（启动阳光计划——与国内有线电视台联合开通有线数字网络的同时，经营业绩急剧下降。2000年虽然该公司采取了一些改革措施，但仍然止不住业绩下滑趋势。2001年彩电的毛利率下降到10.03%，该年长虹只能靠资本运作——转让股权维持生计，至此长虹步入衰败。长虹沉寂近10年，2006年，该公司持有国虹通讯45%的股份，预计将给长虹带来可观的收益。另外，该公司2007年预计平板电视产品也会盈利，再加之该公司与大股东长虹集团拟进行15.77亿元人民币的资产置换，评论界认为该公司将再展雄风。

该公司各年股利分配方案及相关收益数据如表6-1所示。另外该公司历年的股本变动状况如表6-2所示。

表6-1　　　　　　　四川长虹历年盈利及分红、配股状况表

年份		净利润（亿元）	每股收益（元）	分红方案	配股方案
1993		4.29	2.164	10送2股派12元	
1994		7.07	2.973	10送7股派1元	
1995		11.51	2.277	10送6股	10配2.5股，每股7.35元，也可以10:7.41转配，转让费0.2元
1996		16.75	2.070	10送6股	
1997		26.12	1.710	10送3股派5.8元	10配1.875股，每股9.8元
1998		20.04	0.876	无分红	
1999		5.25	0.243	无分红	10配2.3076股，每股9.98元
2000		2.74	0.127	无分红	
2001		0.89	0.041	无分红	
2002		1.76	0.081	无分红	
2003		2.06	0.095	无分红	
2004		-36.81	-1.701	无分红	
2005		2.85	0.132	无分红	
2006	4月	无披露	无披露	10送3.4股	（注：2006年4月12日实施股权分置）
	6月	1.25	0.066	无分红	

表6-2　　　　　　　四川长虹历年股本状况表

年份	总股本（万股）	流通股（%）	年份	总股本（万股）	流通股（%）
1993	19 818	25.22	2001	21 642	43.96
1994	23 782	25.22	2002	21 642	43.96

续表

年份	总股本(万股)	流通股(%)	年份	总股本(万股)	流通股(%)
1995	50 536	30.59	2003	21 642	43.96
1996	80 858	30.59	2004	21 642	43.96
1997	152 998	30.72	2005	21 642	43.96
1998	198 897	30.72	2006（4月12日）	21 642	100
1999	21 642	34.74	2006（6月30日）	18 982	100
2000	21 642	43.96			

资料来源：秦志敏：《财务管理习题与案例》，东北财经大学出版社2007年。

二、案例分析

从股利分配来看，四川长虹上市8年累计派发现金股利达11.97亿元，位居我国所有上市公司的前10位，其送红股的比例之高、频度之密，在我国上市公司中也居于前列，但从1998年之后，长虹十年间再无一次分红。

从长虹分配方案中我们可以看到该公司上市后所采用的主要股利支付形式有：

1. 现金股利

现金股利是以现金形式支付的股利，它是股利支付的主要方式。该方式能够满足大多数的投资者希望得到一定数额的现金这种实在的投资要求，最易使投资者所接受，但是这种股利支付方式，增加了公司现金流出量，加大了公司支付现金的压力，只有在公司累计盈余并有充足现金的前提下才能使用。

2. 股票股利

股票股利形式，是公司以增发股票的方式支付应付的股利。发放股票股利，对股东而言，并不直接增加股东的财富，只是增加了股东持有股票的股数，但它并未改变每位股东的股权比例。对公司而言，发放股票股利，既不增加公司的财产，也不增加公司的负债，而只是对普通股权中股本、资本公积、盈余公积和未分配利润之间的比例关系的调整，对股东权益总额没有影响。股票股利的实质是公司股利再投资。

我们通过四川长虹"历年盈利及分红、配股状况表"及四川长虹"历年股本状况表"可以看到，通过送股、配股，四川长虹的总股本由1993年19 818万股增加至1998年的198 897万股，股本增长了10倍。虽然发放股票股利，不会对公司股东权益总额产生影响，但会发生资金在股东权益各项目间的分配，致使每股盈余被稀释，进而影响每股市价。那么股票股利的分配对股东会有影响吗？

从理论上来讲，发放股票股利后，如果盈利总额不变，会由于普通股数增加而引起每股盈余和每股市价的下降；但又由于股东所持股份的比例不变，因此，每位股东所持股票的市场价值总额保持不变。

如果投资者出售股票取得现金，股票股利可能给投资者带来方便。出售股票均意味着原股本的销售，都要依法缴纳所得税。但是，有的股东可能认为销售股票是股本的销售，他们可能认为股票股利是意外之财，他们往往将股票股利出售只保留原有股票。从该角度考虑，这些投资者可能欢迎公司支付股票股利。

如果公司在分配股票股利的同时分配现金股利，这对投资者是非常有利的。如长虹在1993年10送2股派12元，1994年10送7股派1元，1997年10送3股派5.8元。通过此种分配政策，反映了公司有节制的增加现金股利政策。

发放股票股利，可将某些信息传达给投资者。股票股利往往同公司的未来发展有关。因此，股票股利向股东暗示管理当局预期利润会继续增长，未来的收益可能会抵消因发放股票股利而稀释的每股盈余而且有剩余等。

那么股票股利分配对公司有哪些影响呢？

股票股利可以控制现金流出。当公司利润增加，预期未来有许多有利可图的投资机会时，公司管理当局可能不乐意增加现金股利，或者当前公司现金流入紧张时，那么，公司就可能会宣布发放股票股利。另外，公司不发放股票股利，也可能采取其他方法留存较多盈余，但是，由于股票股利的可传播信息以及对股东的心理影响，往往它容易受到部分投资者的欢迎。

股票股利可以控制股票价格。某些公司不喜欢让其股票价格高于某个标准，因为股票价格过高会失去对众多小投资者的吸引力，所以，公司管理当局会利用分配股票股利的方式，将其股票价格控制在符合其需要的水平上。

股利支付形式除了以上两种还有财产股利、负债股利。

3. 财产股利形式

财产股利形式，是以现金之外的其他资产支付的股利，主要包括：实物股利，如实物资产或者实物产品等；证券股利，如公司拥有的其他公司的债券、股票等。其中，实物股利形式并不增加公司的现金流出，适用于现金支付能力较低的时期。证券股利形式既保留了公司对其他公司的控制权，又不增加公司目前现金流出，而且由于证券的流动性较强，为股民所乐于接受。

4. 负债股利形式

负债股利形式，是公司以负债支付的股利，通常以公司的应付票据支付给股东，在不得已的情况下，也可以发行公司债券抵付股利，但这种方式的支付压力较大，只能为现金不足的权宜之策。

三、思考·讨论·训练

1. 长虹采用的是怎样的股利政策和股利支付方式？
2. 请说明长虹采用相应股利政策的原因。
3. 请对长虹的股利政策进行评价。

案例 6-4　花旗集团的股利决策

一、案例介绍

花旗集团（Citicorp）是花旗银行的母公司，由于巨额房地产贷款损失和一些其他问题，于 1991 年宣布暂停其股利支付。新闻报道透露银行监管者开始着手结束银行的监管活动，并迫使花旗银行暂停股利支付，直到它的资本复原。到 1993 年，花旗集团的状况大为改善。

从 1990 年末到 1993 年末，该集团控制的资本从 160 亿美元升至 235 亿美元并且其第一层杠杆资本比率达到 6.8%（最低要求为 4%）。现在花旗集团正在考虑重新开始支付股利。

在暂停股利支付前 2 年，花旗集团的股利分配方案如表 6-3 所示。

表 6-3

季　度	股利分配方案（美元）	季　度	股利分配方案（美元）
1990（1）	现金股利 0.405	1991（1）	现金股利 0.25
1990（2）	现金股利 0.445	1991（2）	现金股利 0.25
1990（3）	现金股利 0.445	1991（3）	现金股利 0.25
1990（4）	现金股利 0.445	1991（4）	暂停支付（1991 年 10 月 15 日）

花旗集团过去数年的每股盈余和 1994 年 4 月以后数年的预期每股盈余（用 F 表示）如表 6-4 所示。

表 6-4

年 份	1988	1989	1990	1991	1992	1993	1994F	1995F	1996F
每股盈余（美元）	4.87	1.16	0.57	-3.22	1.35	3.53	6.00	6.50	7.50

花旗集团在重新确定现金股利时需要考虑同类可比银行的股利政策。表6-5提供了它所考虑的一些信息。

表 6-5　　　　　　　花旗集团和可比公司的有关信息

银行	净值与资产比率（%）			股利支付率（%）			股利收益率（%）
	1991年	1992年	1993年	1991年	1992年	1993年	
花旗银行	4.4	5.2	6.5	—	—	—	—
纽约银行	7.4	8.6	8.9	131	36	32	1.7
美国商业银行	7.0	8.6	9.2	25	31	29	4.1
银行家信托公司	5.3	5.3	4.9	34	33	26	5.1
大通银行	5.5	6.8	8.0	38	35	63	4.1
化工银行	5.2	7.1	7.4	955	31	24	4.2
摩根银行	5.9	6.9	7.4	36	32	29	4.3
国民银行	5.9	6.6	6.3	195	33	33	4.0

附注：股利收益率＝4×最近一季季度股利/每股价格。
　　　股利支付率＝每股股利/每股收益
资料来源：王化成：《财务管理教学案例》，中国人民大学出版社2005年版。

二、案例分析

花期银行由于巨额房地产贷款损失和一些其他问题，迫使其在1991年宣布暂停其股利支付。而在该集团控制的资本从160亿美元升至235亿美元并且其第一层杠杆资本比率达到6.8%时，花旗集团又在考虑重新开始支付股利。那我们不禁要问什么因素决定花旗银行更替着停止、开放的股利政策？

任何股份公司总是在一定的法律环境下从事生产经营活动，因此，法律会直接限制股份公司的股利政策。这些限制主要表现为资本侵蚀、无力偿付债务等。

1. 防止资本侵蚀的规定

它要求公司股利的发放必须维护法定资本的安全完整，即公司不能因支付而引起资本减少。这一规定的理性目的在于保证公司有完整的产权基础，由此保护债权人的利益。任何导致资本减少（侵蚀）的股利都是非法的，董事会应对此负责。按照这一规定，公司股利只能从当期的利润和过去积累的留存盈利中支付。也就是说，公司股利的支付不能超过当期与过去的留存盈利之和。

2. 资本积累的规定

它要求公司在分配股利前必须按一定比例提取盈余公积金和公益金。

3. 无力偿付债务的规定

无力偿付债务是指公司由于经营管理不善，出现大量亏损，以致资不抵债或尽管公司没有形成大量亏损，当由于资本流动性差而无力偿付到期债务这两种情况。按照法律规定，如果公司已经无力偿付到期债务或因支付股利将使其失去偿还能力，则公司不能支付现金股利，否则属于违法行为。这一规定不允许公司在现金有限的情况下，为取悦股东而支付现金股利。这就为债权人提供了可靠的利益保障。

三、思考·讨论·训练

1. 1990年花旗集团的股利支付率为多少？

2. 为什么花旗集团在1991年的第1个季度要削减股利，当时它是否应当暂停股利支付？

3. 您认为在1994年春季，当花旗集团宣告发放现金股利时，市场将如何反应？这一信息传递可信吗？

第七章 财务预算与财务分析

一、财务预算

预算是关于企业未来一定预算期内，全部经济活动各项目标的行动计划及相应措施的预期数值说明，主要用来规划预算期内企业的全部经济活动及其成果。财务预算是企业预算体系中的一个重要组成部分。

1. 全面预算体系

全面预算是由一系列预算构成的体系，各项预算之间相互联系，关系复杂。企业通常应根据长期市场预测和生产能力，编制长期销售预算，以此为基础，确定本年度的销售预算，并根据企业财力确定资本支出预算。销售预算是年度预算的编制起点，根据"以销定产"的原则确定生产预算，同时确定所需要的销售费。生产预算的编制，除了考虑计划销售量外，还要考虑现有存货和年末存货。根据生产预算来确定直接材料、直接人工和制造费用预算。产品成本预算和现金预算是有关预算的汇总。预计损益表、资产负债表和现金流量表是全部预算的综合。

全面预算在企业经营管理和实现目标利润中发挥着重大作用，它是企业各级各部门工作的奋斗目标、协调工具、控制标准和考核依据。

2. 财务预算

财务预算是指反映企业未来一定预算期内的预计现金收支、经营成果和财务状况的各种预算。具体包括现金预算、预计损益表、预计资产负债表和预计现金流量表。各种日常业务预算大都可以综合反映在财务预算中，这样，财务预算就成为各项经营业务和专门决策的整体计划，故也称为"总预算"，各种业务预算就称为"分预算"。

企业编制财务预算的传统方法主要有固定预算和增量（或减量）预算，这些方法的最大优点是思路简单、操作方便。但是，在市场经济体制下，由于企业财务活动日趋复杂，传统编制方法的缺点也日趋明显。因此，目前在企业中推广采用弹性预算和零基预算两种编制财务预算的先进方法。

（1）弹性预算。也称变动预算，是固定预算的对称。弹性预算的基本原理是，将成本费用按照成本习性划分为固定成本和变动成本两大部分，编制弹性预算时，对固定成本不予调整，只对变动成本进行调整。弹性预算能随着业务量的变动而变动，使预算执行情况的评价和考核建立在更加客观可比的基础上，可以充分发挥预算在管理中的控制作用。未来业务量的变动影响到成本费用和利润等各方面，因此，从理论上讲，弹性预算适用于企业预算中与业务量有关的各种预算，但从实用角度看，主要用于编制弹性成本费用预算和弹性利润预算等。

编制弹性成本费用预算应选择适当业务量计量单位，并确定其有效变动范围（可按历史资料或正常生产量的 70%～110% 来确定）。按该业务量与有关成本费用项目之间的内在关系进行分析而编制。常见的方法有公式法和列表法两种。编制弹性利润预算能够反映不同销售业务量条件下相应的预算利润水平。常见的方法有因素法和百分比法两种。

（2）零基预算。零基预算是增量（或减量）预算的对称。零基预算是以零为基础编制的预算。零基预算的基本原理是，编制预算时一切从零开始，从实际需要与可能出发，像对待决策项目一样，逐项审议各项成本费用开支是否必要、合理，进行综合平衡后确定各种成本费用项目的预算数额。

3. 现金预算

现金预算亦称现金收支预算，它是以日常业务预算和专门决策预算为基础编制的反映企业预算期间现金收支情况的预算。它反映现金收入、现金支出、现金收支差额、现金筹措及使用情况以及期初期末现金余额，主要包括现金收入、现金支出、现金余缺和现金融通四个部分。

现金收入包括预算期间的期初现金余额加上本期预计可能发生的现金收入，其主要来源是销售收入和应收账款的回收，可以从销售预算中获得有关资料。现金支出包括预算期间预计可能发生的一切现金支出，包括各项经营性现金支出，用于缴纳税金、股利分配的支出，购买设备等资本性支出，可以从直接材料、直接人工、制造费用、销售及管理费用和专门决策预算等中获得有关资料。现金余缺是将现金收入总额与现金支出总额相抵，如果收入大于支出即出现剩余；如果收入小于支出则出现短缺。现金融通是指当现金剩余时，企业可用它来归还以前的借款或进行短期投资；当出现现金短缺时，企业应向银行或其他单位借款，发行债券、股票等。企业不仅要定期筹措到抵补收支差额的现金，还必须保证有一定的现金储备，应注意保持期末现金余额在合理的限度内上下波动。

二、财务分析

财务分析是指以企业财务报告反映的财务指标为主要依据，采用专门方法,对企业过去的财务状况、经营成果及未来前景所进行的剖析和评价。财务分析的主要目的为:评价企业过去的经营业绩,反映企业在运营过程中的利弊得失,衡量现在的财务状况,预测未来的发展趋势,为财务报表使用者做出相关决策提供可靠的依据。

财务报表的使用者主要有投资者、债权人、经理人员、供应商、政府、雇员、中介机构等。不同主体由于利益倾向的差异,在对企业进行财务分析时的目的也有所不同。

1. 财务分析的基本方法

(1) 比较分析法。也称对比分析法,是通过两个或两个以上相关指标进行对比,确定数量差异,揭示企业财务状况和经营成果的一种分析方法。在实际工作中,比较分析法的形式主要有实际指标与计划指标对比、同一指标纵向对比和同一指标横向对比三种形式。

(2) 比率分析法。比率分析法是指利用财务报表中两项相关数值的比率揭示企业财务状况和经营成果的一种分析方法。

(3) 因素分析法。因素分析法是对某项综合指标的变动原因按其内在的因素,计算和确定各个因素对这一综合指标发生变化的影响程度的一种方法。

2. 财务分析的内容

(1) 偿债能力分析。企业偿债能力是指企业对各种到期债务偿付的能力,是衡量一个企业财务状况好坏的重要标志。反映企业偿债能力的主要指标如下:

①流动比率。其计算公式为:

$$流动比率 = \frac{流动资产}{流动负债}$$

②速动比率。其计算公式为:

$$速动比率 = \frac{速动资产}{流动负债}$$

③现金比率。其计算公式为:

$$现金比率 = \frac{货币资金 + 短期有价证券}{流动负债}$$

④资产负债率。其计算公式为:

$$资产负债率 = \frac{负债总额}{资产总额}$$

⑤已获利息倍数。其计算公式为:

$$已获利息倍数 = \frac{税前利润 + 利息}{利息}$$

（2）营运能力分析。营运能力是指企业资金的利用效率，即资金周转的速度快慢及有效性。企业营运能力的大小对企业获利能力的持续增长与偿债能力的不断提高将产生决定性影响。营运能力的分析主要从流动资产周转情况、固定资产周转情况和总资产周转情况三方面进行，其评价指标主要有：

①流动资产周转率。其计算公式为：

$$流动资产周转率（次数）= \frac{销售收入}{流动资产平均占用额}$$

$$流动资产周转天数 = \frac{计算期天数}{同期流动资产周转率}$$

②应收账款周转率。其计算公式为：

$$应收账款周转率（次数）= \frac{赊销收入净额}{平均应收账款余额}$$

赊销收入净额 = 销售收入 - 现销收入 - 销售退回、折让、折扣

$$应收账款回收期 = \frac{360 天}{应收账款周转率（次数）}$$

③存货周转率。其计算公式为：

$$存货周转率（次数）= \frac{销货成本}{存货平均余额}$$

$$存货周转天数 = \frac{360 天}{存货周转率} = \frac{存货平均余额 \times 360 天}{销货成本}$$

④固定资产周转情况分析。其计算公式为：

$$固定资产周转率 = \frac{销售收入}{固定资产平均占用额}$$

固定资产周转天数 = 360 天 ÷ 固定资产周转率

⑤总资产周转情况分析。其计算公式为：

$$总资产周转率 = \frac{销售收入}{平均资产总额}$$

总资产周转天数 = 360 天 ÷ 总资产周转率

（3）盈利能力分析。盈利能力是企业获取利润的能力，或者说是企业资金增值的能力。不论是股东、债权人还是企业管理人员，都非常关心企业的盈利能力。股东们关心企业获取利润的多少并重视利润分析，是因为他们的股息是从利润中支付的，而且企业盈利增加还能促使股票价格上升，从而使股东们获得更大的资本收益。债权人关心企业盈利能力，是因为利润是企业偿还债务

的重要资金来源。企业管理人员重视盈利，是因为利润是衡量他们经营业绩最重要的标准和获取收入的依据。因此，分析盈利能力，是衡量企业是否具有活力和发展前途的重要内容。

①销售利润率。其计算公式为：

$$销售利润率 = \frac{利润额}{销售收入}$$

②成本费用利润率。其计算公式为：

$$成本费用利润率 = \frac{利润额}{成本费用额}$$

③资产利润率。其计算公式为：

$$资产利润率 = \frac{利润额}{平均资产总额}$$

④自有资金利润率。其计算公式为：

$$自有资金利润率 = \frac{利润额}{平均所有者权益}$$

（4）股份公司盈利能力分析。股份公司是以发行股票来筹集企业资本的，股东购买企业股票，都希望获得好的报酬。因此，投资者对股份公司的盈利能力必然非常关心，特别是每年的股利分配。反映股份公司盈利能力的财务指标主要有每股收益、每股股利、市盈率等。

①每股收益。其计算公式为：

$$每股收益 = \frac{税后净利润 - 优先股股利}{年末普通股份总数}$$

②每股股利。其计算公式为：

$$每股股利 = \frac{股利总额}{年末普通股股份总数}$$

③市盈率。其计算公式为：

$$市盈率 = \frac{普通股每股市价}{普通股每股收益}$$

3. 杜邦分析法

企业盈利能力、偿债能力和营运能力的财务分析，是企业某一财务状况的单一反映。杜邦分析法是一种财务状况的综合分析方法，它将企业的盈利能力、偿债能力、营运能力等诸方面的分析纳入一个有机的整体之中，全面地对企业经营成果、财务状况进行解剖和分析，从而对企业经济效益的优劣做出准确的评价与判断的系统分析。

杜邦体系分析的基本结构可以用图7-1加以说明。从图7-1中可以看出，杜邦体系分析是把有关财务比率和财务指标以系统分析图的形式联系在一起进行分析。图7-1表明，权益净利润率是最具综合性与代表性的指标，在整个财务分析指标体系中居于核心地位，其他各项指标都是围绕这一核心，通过研究彼此间的依存制约关系，来揭示企业的获利能力及其前因后果。

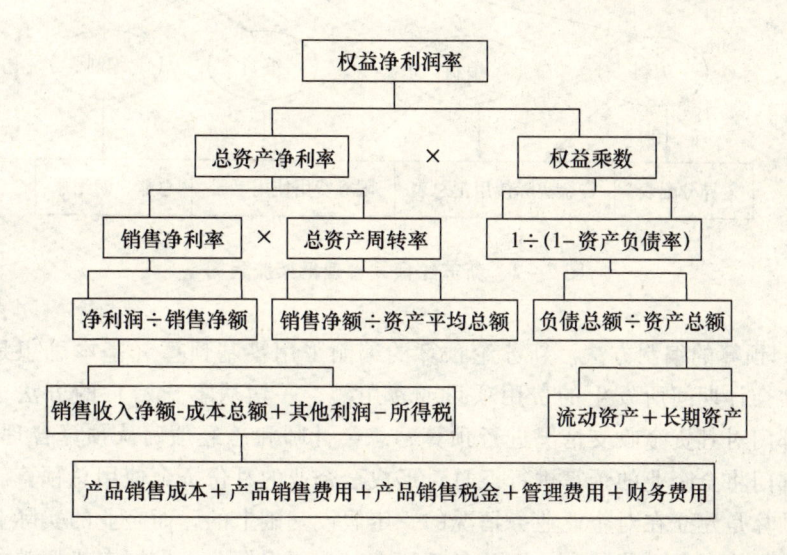

```
                        权益净利润率
                             │
              ┌──────────────┴──────────────┐
          总资产净利率         ×         权益乘数
              │                              │
      ┌───────┴────────┐                     │
   销售净利率  ×  总资产周转率         1÷(1-资产负债率)
      │              │                       │
  净利润÷销售净额  销售净额÷资产平均总额   负债总额÷资产总额
      │              │                       │
 销售收入净额-成本总额+其他利润-所得税    流动资产+长期资产
              │
 产品销售成本+产品销售费用+产品销售税金+管理费用+财务费用
```

图 7-1　杜邦体系分析图

案例 7-1　苏州新苏纶纺织有限公司预算管理模式分析

一、案例介绍

苏州新苏纶纺织有限公司（简称"新苏纶"）是一个传统的纺织企业，市场相对稳定，整个企业处于稳步发展阶段。在这一时期，采用扩大销售的方法来提高企业的利润不是非常有效，因此，提高企业利润的重心就放在加强成本费用的管理上。为与企业的发展阶段相适应，新苏纶在进行预算管理时，采用以成本费用为中心的预算管理模式，对企业的成本费用进行事前、事中和事后管理。为实现以成本、费用为中心的预算管理模式，新苏纶设计了预算管理框架流程（见图7-2）。

244　财务管理案例精选精析

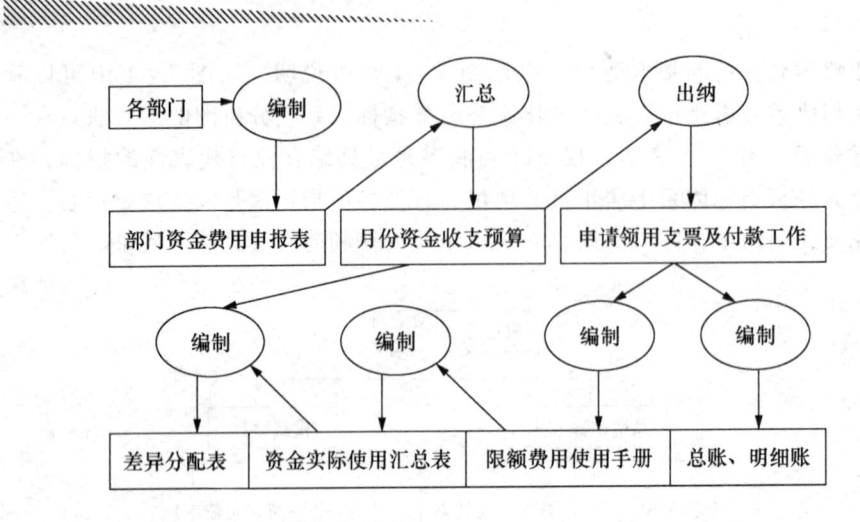

图 7-2　新苏纶预算管理框架流程图

1. 预算的编制方法。新苏纶预算的编制采用零基预算（基本思想是不考虑以往会计期间所发生的费用项目或费用额，一切从零开始）的方法，每月由各部门对其资金收支情况进行预算，总会计师和总经理确认预算合理以后，财务部门将全企业的预算进行汇总，形成全企业的月份资金使用总预算。

预算是建立在对企业业务情况的一定假设基础上的，而企业的实际业务情况不一定能在假设范围内，因此各部门有时需要根据业务发展态势调整本月预算。出现这种情况时，要求追加用款的部门填写"月度用款追加计划申请表"，说明申请追加用款的理由及金额，总经理审批通过后，方可加入预算范围内。

2. 预算的执行和控制。公司对预算的执行情况采用双轨制进行记录，即对每一笔支出，需要财务人员填制凭证，在总账子系统中自动登记总账和明细账。同时，经手人都必须填写"申请领用支票及申请付款工作联系单"，并在"限额费用使用手册"上进行登记，控制成本费用的发生。限额费用使用手册类似于为预算管理所设计的责任会计账。

为了进行预算控制，需要对各部门差旅费、业务招待费等项目设置预算并进行实时控制，并根据预算数和实际数计算出差异，同时把各种控制项目用相应的科目和部门进行反映和控制。

3. 预算的考评。月末对限额费用使用手册进行汇总，得到"资金费用使用汇总表"，随后将汇总表和预算进行比较，找出两者的差异，并进一步分析差异形成的原因。新苏纶对各部门的费用支出在进行预算的基础上进行有效的控制，对整个企业的成本费用起到了非常好的监控作用。而且，事后的差异分析为各部门的业绩考核提供了依据，企业的奖惩制度有了实行的基础。

（资料来源：袁建国：《财务管理》，东北财经大学出版社 2005 年版）

二、案例分析

企业要实现预算管理，首先应根据企业现阶段的发展水平和管理需求选择其预算管理模式。企业通过全面评估外部环境与自身实力编制全面预算，以此规划来年经营活动，可以减少决策的盲目性，提高管理水平。

实现预算管理主要的任务是：统筹协调各部门的目标和活动；预计年度经营计划的财务成果和对现金流量的影响；确定各责任中心的经营责任；为控制各部门的费用支出和评价各部门的绩效提供依据。

财务预算可以分部门、核算单位自上而下、自下而上编制，由高层确定业务方向、经营战略、增长目标，基层根据实际情况进行编制，并上下反复沟通，确保预算的可操作性。企业可以设立多级预算控制体系，将各责任中心的一切收支都纳入预算，并将关键财务指标（如收入、成本、费用、利润、现金流量）细分到各个分公司、各个部门，这样可更详细地明确责任。

在每期经营活动实际完成后，还要将实际业绩与当初预算做对比分析：经营是否按照当初的预测在进行，是否有偏差，偏差有多大，原因在哪里，以便及时发现问题，纠正偏差，保证预算的实施。

新苏纶结合企业的发展水平和管理要求，把成本费用控制作为一项重点工作来抓，对各部门差旅费、业务招待费等项目设置预算并进行实时控制，起到了非常好的效果。

三、思考·讨论·训练

1. 新苏纶编制预算管理的意义？
2. 预算编制的方法主要有几种？新苏纶采用了哪种方法？该方法的优点是什么？
3. 新苏纶预算管理的程序是什么？

案例 7-2 山东新华集团全面预算管理

一、案例介绍

(一) 公司基本情况介绍

1. 政策背景。国家经贸委《国有大中型企业建立现代企业制度和加强管理的基本规范（试行）》（2000年10月27日）要求建立全面预算管理制度。以现金流量为重点，对生产经营各个环节实施预算编制、执行、分析、考核、严格限制无预算资金支出，最大限度减少资金占用，保证偿还到期银行贷款。预算内资金支出实行责任人限额审批制，限额以上资金支出实行集体审议联签制。严格现金收支管理，现金出纳与会计记账人员必须分设。

2. 公司介绍。山东新华集团是在一个乡办小农机厂的基础上发展起来的以棉纺织业为主的国家大型二级企业。1978年时农机厂只有固定资产7万元，职工30名，主要生产工业用水泵。发展至今，集团拥有固定资产1.5亿元，员工2 200人，主要生产精梳40S、32S、10S纯棉纱、篷盖布、工业用橡胶帆布、缝纫线、针织内衣、服装等产品。1999年实现销售收入2.3亿元，利润1 836万元。

集团总部设有公司总部、总务部、供应部、财务部、人力资源部和预算部六个职能部门，以及棉纺厂、帆布厂、热电厂、针织厂、印染厂和制线厂六个分厂。此外，为保障利润全面预算管理模式的良好运行，集团还设立了全面预算管理委员会、改善提案委员会及物价管理委员会，委员会主任均由总经理兼任。预算部具体负责日常的全面预算管理工作，是实施利润全面预算管理的具体职能部门。改善提案委员会主要是研究、实施员工对管理方面的改善性建议。物价管理委员会主要是制定采购物资和产品销售价格政策等。集团总部作为集团的投资管理中心，下属分厂为二级法人企业，是集团公司的利润中心。部门以上经理人员的任用及重大投资、融资决策权均在集团总部，各部门只作为职能部门对总经理负责。

山东新华集团自1988年开始探索、施行预算管理模式，当年实现利税240万元，比1987年增长了60%。1989年，企业开始全面推行利润预算管理模式，当年实现利税550万元，比1988年翻了一番。在以后的管理实践中，新华集团一面优化措施，加大力度，推行和完善利润预算管理制度；一面不断总结利润预算管理模式的运行经验，并从管理学角度进行深入探讨，将其上升到理论的高度。经过十多年的不断探索，归纳、总结出了一套适合我国国情的企业利润预算管理模式。随着利润预算管理模式的推行，集团的经济效益一直保持稳定的增长，销售收入、利税连年平均以34%、40%的幅度稳步递增。

新华集团的全面预算管理以目标利润为导向，同传统的企业预算管理不同的是，它首先分析企业所处的市场环境，结合企业的销售、成本、费用及资本状况、管理水平等战略能力来确定目标利润，然后以此为基础详细编制企业的销售预算，并根据企业的财力状况编制资本预算等分预算。目标利润是预算编制的起点，编制销售预算是根据目标利润编制预算的首要步骤，然后再根据以销定产原则编制生产预算，同时编制所需要的销售费用和管理费用预算；在编制生产预算时，除了考虑计划销售量外，还应当考虑现有存货和年末存货；生产预算编制以后，还要根据生产预算来编制直接材料预算、直接人工预算、制造费用预算；产品成本预算和现金预算是有关预算的汇总，预计损益表、资产负债表是全部预算的综合。同时，预算指标的细化分解又形成了不同层面的分预算，构成了企业完整的预算体系。

(二) 山东新华集团利润全面预算管理制度

1. 总则

(1) 利润全面预算管理是实现企业资源优化配置、提高企业经济效益的先进而科学的一种管理方法。本制度旨在保障利润全面预算管理的顺利运行。

(2) 利润全面预算管理以实现或超额实现目标利润为管理的最终目的。在目标利润的引导下，各分厂、部门都要围绕目标利润的实现进行经济活动。

(3) 本制度的主要内容包括总则、组织机构、预算体系、预算编制、预算控制与差异分析、预算考评与激励和附则七部分。

(4) 利润全面预算管理的预算期主要分为短期和长期，由此编制的预算分为短期预算和长期预算。短期预算是指每个会计年度元月1日至12月31日的预算，也称年度预算，并层层分解，由年分到季，由季分到月；长期预算是指集团公司未来三五年的发展规划性预算，长期预算是制定短期预算的重要依据。

2. 组织机构

(1) 利润全面预算管理的组织机构包括全面预算管理委员会、预算部及预算责任网络。

(2) 全面预算管理委员会是实施全面预算管理的最高管理机构，以预算会议的形式审议各预算事项，委员会主任由集团总经理兼任，各分厂厂长、各部部长兼任委员;预算部为处理利润全面预算管理日常事务的职能部门。

(3) 全面预算管理委员会及预算部的职责为:审议通过有关利润管理的政策、规定、制度等;组织企业有关部门或聘请有关专家对目标利润的确定进行预测;审议通过目标利润、预算编制的方针和程序;审查整体预算方案及各部门编制的预算草案,并就必要的改善对策提出建议;在预算编制和执行过程中,对分厂与部门、部门与部门之间可能发生或已经发生的分歧进行必要的协调;将经过审查的预算提交董事会审批,董事会通过后下达正式预算;接受定期预算报告并予以审查、分析,提出改善的措施;根据需要,就预算的修正进行审议并做出决定;对利润全面预算管理过程中出现的矛盾或问题进行调解或仲裁。

(4) 预算部职责:传达预算的编制方针、程序,具体指导分厂、部门预算案的编制;根据预算编制方针,对分厂、部门编制的预算草案进行初步审查、协调和平衡、汇总后编制集团公司的预算案,一并报全面预算管理委员会审查;在预算执行过程中,监督、控制分厂、部门的预算执行情况;每期预算执行完毕,及时形成预算执行报告和预算差异分析报告,交全面预算管理委员会审议;遇有特殊情况时,向全面预算管理委员会提出预算修正建议;协助全面预算管理委员会协调、处理预算执行过程中出现的一些问题。

(5) 预算责任网络是以企业的组织机构为基础,根据所承担的责任划分,一般分为投资中心、利润中心以及成本、费用中心,集团公司为投资中心,各分厂为利润中心,各车间、部门为成本和费用中心。

3. 预算体系

预算体系是利润全面预算管理的载体,目标利润是利润全面预算管理的起点,为实现目标利润而编制的各项预算构成利润全面预算管理的预算体系,它主要包括目标利润、销售预算、销售费及管理费预算、生产预算、直接材料预算、直接人工预算、制造费用预算、存货预算、产成品成本预算、现金预算、资本预算、预计损益表和预计资产负债表。

4. 预算编制

预算编制是实施利润全面预算管理的关键环节,编制质量的高低直接影响预算执行结果。预算编制要在公司董事会和全面预算管理委员会制定的编制方针指引下进行。预算编制方针应包括企业利润规划、生产经营方针、部门费用预算编制方针、投资与研究开发方针、资本运营方针和其他基准(集团公司费用分摊基准、业绩评价基准等)。

年度预算的编制,自预算年度上一年的11月25日开始至12月25日全部编制完成，编制日程如表 7-1 所示，预算编制的流程如表 7-2 所示。

预算编制时，公司设立一定比例的预备费作为预算外支出。

5. 预算控制与差异分析

（1）控制方法原则上依金额进行管理，同时运用项目管理、数量管理等方法。

①金额管理：从预算的金额方面进行管理。

②项目管理：以预算的项目进行管理。

表 7-1　　　　　　　　　　年度预算编制日程表

摘要 内容	日期 提出	董事会 决定	全面预算管理委员会	预算部	总务部	人力资源部	财务部	供应部	棉纺厂	热电厂
1. 预算编制方针的政策制定										
A. 经营方针的设定										
a. 基本方针	11.25		○		●					
b. 部门方针	11.25				●	○	○	○	○	○
B. 目标设定										
a. 目标利润预测	11.26			●	○					
b. 所需销售额、销售利润	11.26				○					○
c. 所需费用	11.26				●	○	○	○	○	○
d. 总资产	11.26				○					
e. 回收率、周转天数、周转率	11.26		11.28	11.27	○					
f. 确定目标利润		11.28	△	◎	○					
C. 基准的设定										
a. 集团公司费用分摊基准	11.28				○					
b. 业绩评价基准	11.28		11.30	11.29	○					
D. 预算编制方针的确定		11.30	△	◎						
			12.2	12.1						

续表

内容 \ 摘要	日期 提出	董事会 决定	全面预算管理委员会	预算部	总务部	人力资源部	财务部	供应部	棉纺厂	热电厂
2. 集团公司费用预算的确定	12.1	12.2	△	◎	●	○	○	○	○	○
3. 通知分厂、部门预算编制方针的基准及目标	12.2				●	○	○	○	○	○
4. 分厂、部门同意与否的反馈	12.5		12.10	12.8	●	○	○	○		
5. 同上，调整	12.7	12.10	△	◎	○					
6. 集团公司费用分摊	12.11									
7. 分厂、部门预算的编制（月度）	12.12		12.20	12.15	●	○	○	○	○	○
8. 整体预算编制	12.15	12.20	12.25	◎	○					
9. 预算的决定	12.24	12.25	△	○						
10. 下达预算并执行	12.25			○	○	○	○	○	○	○

注：○作成；●受理；◎审理；△决定。

表7-2　　山东新华集团利润全面预算管理预算编制流程

董事会	全面预算管理委员会	预算部	分厂、部门
●提出预算编制方针		●根据方针预测目标利润	
●决定	●对目标利润进行审议必要时往返修订		
		●下达预算编制方针	●制定预算草案
●设定	●对部门预算草案、综合预算进行审议	●对预算草案进行汇总编制综合预算必要时往返修订	
		●预算编制完成、传达至分厂、部门	●执行预算

说明：由于篇幅所限，其他分厂与部门没有在表中列示。

③数量管理：对一些预算项目除进行金额管理外，从预算的数量方面进行管理。

（2）在管理过程中，对纳入预算范围的项目由分厂、部门负责人进行控制，预算部负责监督，并借助计算机系统进行管理。预算外的支出由总经理直接控制。

（3）分厂、部门包括预算部都要建立全面预算管理簿，按预算的项目详细记录预算额、实际发生额、差异额、累计预算额、累计实际发生额和累计差异额。

（4）利润全面预算管理过程中，必须本着"先算后花，先算后干"的原则，以预算为依据计算控制，一般情况下，没有预算的要坚决控制其发生。对各分厂、部门的费用预算实行不可突破的办法，节约奖励，超预算计算机自动拒付，且预算项目之间不得挪用。

（5）费用预算如遇特殊情况确需突破时，必须提出申请，说明原因，经总经理批准纳入预算外支出。如支出金额超过预备费，必须由全面预算管理委员会和公司董事会审核批准。

（6）预算剩余可以跨月转入，但不能跨年度。

（7）预算执行过程中由于市场变化或其他特殊原因阻碍预算执行时，进行预算修正。

（8）提出预算修正的前提。当某一项或几项因素向着劣势方向变化，影响目标利润的实现时，应首先挖掘与目标利润相关的其他因素的潜力，或采取其他措施来弥补，只有在无法弥补的情况下，才能提出预算修正申请。

（9）预算修正的权限与程序。预算的修正权属于全面预算管理委员会和公司董事会。当遇到特殊情况需要修正时，必须由预算执行单位提出预算修正分析报告，详细说明修正原因以及对今后发展趋势的预测，提交全面预算管理委员会审核并报公司董事会批准，然后执行。

（10）预算的差异分析。预算执行过程中，预算责任单位要及时检查、追踪预算的执行情况，形成预算差异分析报告，于每月3日将上月预算差异分析报告交上一级管理部门，最后由预算部形成总预算差异分析报告，交全面预算管理委员会，为全面预算管理委员会对整个预算的执行进行动态控制提供资料依据。

（11）预算差异分析报告应有以下内容：本期预算额、本期实际发生额、本期差异额、累计预算额、累计实际发生额、累计差异额；对差异额进行的分析；产生不利差异的原因、责任归属、改进措施以及形成有利差异的原因和今后进行巩固、推广的建议。

6. 预算的考评与激励

（1）预算的考评具有两层的含义：一是对整个利润全面预算管理系统进行考核评价，即对企业经营业绩进行评价；二是对预算执行者的考核与评价。预算考评是发挥预算约束与激励作用的必要措施，通过预算目标的细化分解与激励措施的付诸实施，达到"人人肩上有指标，项项指标连收入"。

（2）预算考评是对预算执行效果的一个认可过程。考评应遵循以下原则：①目标原则。以预算目标为基准，按预算完成情况评价预算执行者的业绩。②激励原则。预算目标是对预算执行者业绩评价的主要依据，考评必须与激励制度相配合。③时效原则。预算考评是动态考评，每期预算执行完毕应立即进行。④例外原则。对一些阻碍预算执行的重大因素，如产业环境的变化、市场的变化、重大意外灾害等，考评时应作为特殊情况处理。⑤分级考评原则。预算考评要根据组织结构层次或预算目标的分解层次进行。

（3）为调动预算执行者的积极性，公司制定一系列激励政策，设立经营者奖、效益奖、节约奖、改善提案奖等奖项。①经营者奖。根据分厂利润实际完成情况，将实际完成利润额与利润预算的差额按一定比例奖罚分厂厂长。②效益奖。根据分厂利润实际完成情况，将实际完成利润额与利润预算的差额按一定比例奖罚员工。③节约奖。根据部门费用的实际支出与工作完成情况，集团公司按一定比例激励费用发生部门；物资购买方面，在质量相同的情况下，将比预算降低部分按一定比例激励购买人。④改善提案奖。对员工提出的优秀改善性建议进行奖励，对每项改善提案按一年内所节约费用或所创利润的一定比例奖励提案人。以上奖励的实施、兑现，全部以日常业绩考核为基础。

（三）1999年以目标利润为起点的全面预算编制介绍

1. 目标利润的确定

在新华集团，目标利润是由全面预算管理委员会在公司董事会提出的预算编制方针指引下，先组织有关部门经过科学预测，再结合公司的整体发展规划、资本运营、管理上的改善、分厂实际年度的生产经营等情况来进行测定，然后交公司董事会审核确定。需要注意的是，通过预测确定的目标利润，既有集团公司的总目标利润，又有各分厂的子目标利润及集团进行资本运营所获得的收益。目标利润是施行预算管理的核心。目标一经确定便成为预算编制的总纲领，各分厂、部门在全面预算管理委员会的指导下围绕目标利润的实现进行预算编制，编制出的预算经全面预算管理委员会审议交董事会确定后，目标利润即为管理的导向，集团公司对分厂的管理控制和考核也围绕目标利润进行。预算的制定和执行是自上而下的过程。对于各个独立的部门，由集团公司作为费用中心进行全面预算管理，部门的费用预算也是围绕集团公司目标利润的实现而制定，确定后，采取费用不可突破法进行管理，将费用控制在预算范围内。

新华集团1999年各分厂实现的利润如表7-3所示。

表7-3　　　　　　　　　1999年新华集团各分厂利润表

分厂	实际利润（万元）	结构百分比（%）
棉纺厂	1 757.7078	95.72
帆布厂	60.8696	3.31
针织厂	7.3218	0.4
制线厂	3.7333	0.2
印染厂	6.6720	0.37
合计	1 836.3045	100

根据集团公司的发展规划，2000年度要对棉纺厂进行技术改造，其新投入的资本来源除少部分靠银行贷款来解决外，主要依靠集团公司的内部积累。经预测，棉纺厂技术改造完成后，利润将增加135.353万元；根据市场预测，帆布厂2000年将调整产品结构，淘汰原来的市场萎缩品种，增加生产市场畅销产品，预计利润将增加9.13万元；其他各分厂在巩固原有产品市场，制订新的市场开拓计划，利润都将有不同程度的增长。此外，集团新建热电厂将在2000年投产，预计投产后年可实现利润380万元；预计资本运营收益323.4634万元，综合预测后，集团公司利润的总增长幅度为46.5%。

根据以上预测情况，集团公司的目标利润初步确定为2 690.1862万元，利润状况如表7-4所示。

表7-4　　　　　　　　　集团2000年利润预算表

分厂	1999年实际利润（万元）	利润增加额（万元）	利润增长（%）	目标利润（万元）	结构（%）
棉纺厂	1 757.7078	135.3530		1 893.0608	70.37
帆布厂	60.8696	9.1304		70.0000	2.60
针织厂	7.3218	0.7322		8.0540	0.30
制线厂	3.7333	1.8667		5.6000	0.21
印染厂	6.6720	3.3360		10.0080	0.37
热电厂		380.0000		380.0000	14.13
资本运营收益		323.4634		323.4634	12.02
合计	1 836.3045	853.8817	46.5	2 690.1862	100

2. 销售预算的编制及责任落实

各分厂销售预算的编制和责任落实程序，是在目标利润确定的基础上进行的。预算期销售量是结合市场需求情况和企业的生产能力确定的。对于销售预算、生产成本预算、费用预算来说，各分厂的编制原理、方法是一致的，集团公司综合预算是各分厂预算的汇总。为了简明扼要地说明问题，我们以新华集团最具有代表性的分厂——棉纺厂的预算数据，来说明预算的编制方法和控制程序。

棉纺厂目前的销售状况良好，基本上属于产销平衡，除了第一季度是销售淡季之外，基本上是全年满负荷生产。棉纺厂2000年销售预算如表7-5A和表7-5B所示。

表7-5A　　　　棉纺厂2000年销售预算表（一）

品名	单价（万元）	第一季度 数量（吨）	第一季度 金额（万元）	第二季度 数量（吨）	第二季度 金额（万元）	第三季度 数量（吨）	第三季度 金额（万元）
40S	2.79	556.2710	1 551.9961	1 149.8850	3 208.1792	1 268.6270	3 539.4693
32S	2.477	325.8280	807.0949	518.4160	1 284.1465	518.4160	1 284.1465
10S	1.3	23.6700	299.8710	252.6490	328.4437	252.6490	328.4437
合计		905.769	2 658.9620	1 920.9500	4 820.7694	2 039.6920	5 152.0595

表7-5B　　　　棉纺厂2000年销售预算表（二）

品名	单价（万元）	第四季度 数量（吨）	第四季度 金额（万元）	合计 数量（吨）	合计 金额（万元）
40S	2.79	1 254.8380	3 500.9980	4 229.6210	11 800.6426
32S	2.477	511.7030	1 267.5180	1 874.3630	4 642.9059
10S	1.3	249.9050	324.8765	985.8730	1 281.6349
合计		2 016.4460	5 093.3925	7 089.8570	17 725.1834

3. 生产预算编制与生产成本的控制

对于企业的生产过程来说，编制生产预算，一方面能够对预算年度的产量、材料、人工及动力等资源的需要量进行合理预计，以便统筹安排；另一方面将预算作为控制成本的依据，进行成本控制，以保证目标利润的实现。下面是棉纺厂产品产量、库存预算及生产成本预算。生产成本预算包括直接材料预算、直接人工预算、直接动力预算及制造费用预算。

（1）棉纺厂产品产量、库存预算如表7-6所示。

表7-6　　　　　　　　棉纺厂2000年产品产量、库存预算表　　　　　　单位：吨

产品	项目	第一季度	第二季度	第三季度	第四季度	合计
40S	期初库存	110.3850	110.3850	110.3850	110.3850	110.3850
	本期产销量	556.2710	1 149.8850	1 268.6270	1 254.8380	4 229.6210
	期末库存	110.3850	110.3850	110.3850	110.3850	110.3850
32S	期初库存	69.2870	69.2870	69.2870	69.2870	69.2870
	本期产销量	325.8280	518.4160	518.4160	511.7030	1 874.3630
	期末库存	69.2870	69.2870	69.2870	69.2870	69.2870
10S	期初库存	31.2580	31.2580	31.2580	31.2580	31.2580
	本期产销量	230.6700	252.6490	252.6490	249.9050	985.8730
	期末库存	31.2580	31.2580	31.2580	31.2580	31.2580

因为棉纺厂的产销量基本平衡，所以，其预算年度内产量与销量、期初库存与期末库存数保持一致。

（2）直接材料成本预算。棉纺厂直接材料成本预算的编制，主要是考虑单位用料标准和单位原材料价格两个因素，单位产品用料标准参考同行业先进水平并根据本企业实际情况制定，原材料单价依据公司采购的记录资料确定。棉纺厂直接材料成本预算如表7-7所示。

表7-7　　　　　　　　棉纺厂2000年直接材料成本预算表

项目＼产品	单位用棉量（千克）	原料单价（元/吨）	单位原料成本（元/吨）	总产量（吨）	总材料成本（万元）
1	2	3	4＝2×3	5	6＝5×4
40S	1 368	12 682.0994	17 349.112	4 229.6210	7 338.0168
32S	1 168	10 852.2060	12 675.377	1 874.3630	2 375.8258
10S	1 050	3 867.0960	4 060.451	985.8730	400.3089
合计				7 089.8570	10 114.1515

(3) 直接动力成本预算。新华集团各分厂所需电能的标准电费单价，是依据本地区适用的普通电费标准确定的，每吨标准纱用量是按照国家统一标准来折合。棉纺厂的直接动力主要是电能。电费单价、每吨标准纱用电量、每品种折合标准纱系数相乘，便可以得到每个棉纱生产品种的动力单位成本，即生产每吨某品种棉纱的电费成本。某品种的动力单位成本与其相应的产量相乘，便可得到生产该产品的直接动力总成本。棉纺厂直接动力成本预算如表7-8所示。

表7-8　　　　棉纺厂2000年直接动力成本预算表

项目\产品	标准纱用电量（千瓦时）	电费单价（元）	吨纱折标准21S吨数（吨）	动力单位成本（元）	产品产量（吨）	总动力成本（万元）
1	2	3	4	5=4×3×2	6	7=6×5
40S	1 400	0.5980	2.1806	1 825.5983	4 229.6210	772.1589
32S	1 400	0.5980	1.6831	1 409.0913	1 874.3630	264.1149
10S	1 400	0.5980	0.4148	347.2706	985.8730	34.2365
合计					7 089.8570	1 070.5103

(4) 直接人工预算。棉纺厂生产的棉纱有3个品种，各个品种的单位产品用工量均是参考同行业先进水平，并根据本企业的实际水平确定。吨纱产品用工工资标准结合本地区的整体工资水平综合计算。依据这两个指标，便可计算出每个品种的吨纱直接人工成本，再乘以每个品种的总产量，便可得到每个品种的直接人工总成本。棉纺厂直接人工成本预算如表7-9所示。

表7-9　　　　棉纺厂2000年直接人工成本预算表

项目\产品	吨纱产品用工	吨纱产品用工工资标准（元）	吨纱人工成本（元）	产品年产量（吨）	人工总成本（万元）
1	2	3	4=2×3	5	6=5×4
40S	75.8964		1 156.7674	4 229.6210	489.2688
32S	55.4600	15.2414	845.2880	1 874.3630	158.4377
10S	17.7631		270.7345	985.8730	26.6909
合计				7 089.8570	674.3974

（5）制造费用预算。制造费用预算是不与特定产品或批量相关联、无法直接归属到某一产品成本中的一种费用，计入产品成本时，需要在产品之间进行分配。需要说明的是，在新华集团，各分厂不直接提取折旧费用，而由集团公司向各分厂提取综合固定费用，如折旧费、投资利息等，以逐步弥补公司的长期资本支出。所以，在棉纺厂制造费用中，除本厂固定费用外，还要承担集团公司收取的综合制造费用部分。综合固定费用预算由集团公司按照对分厂的资本投入规模确定，分厂必须向集团公司按预算额缴纳。综合固定费用将在后面的集团公司综合预算中说明。棉纺厂制造费用预算表及制造费用分配表如表7-10和表7-11所示。

表7-10　　　　　　棉纺厂2000年制造费用预算表　　　　　　单位：万元

项目	年预算金额	月预算金额
机物料	69.9999	5.8333
大修	129.6000	10.8000
包装料	223.0020	18.5835
水暖	78.7877	6.5656
外修	15.0000	1.2500
计量器具鉴定	0.6000	0.0500
技术比武运动会	18.8496	1.5708
合计	535.8392	44.6532

表7-11　　　　　　棉纺厂2000年制造费用分配表

产品	年折标准纱产量（吨）	分配率	应分配额（万元）	吨纱制造费用（元）
40S	11 927.5310	0.03259371	388.7625	919.1426
32S	3 861.7500	0.03259371	125.8688	671.5284
10S	650.6760	0.03259371	21.2079	215.1180
合计	16 439.9570	—	535.8392	

（6）单位产品成本预算。将棉纺厂直接材料成本预算、直接动力成本预算、直接人工成本预算和制造费用预算汇总，就可得到棉纺厂单位产品生产成本预算和产品总成本预算。棉纺厂单位产品生产成本预算表和产品总成本预算表如表7-12和表7-13所示。

表 7-12　　　　　　棉纺厂 2000 年单位产品生产成本预算表　　　　单位：元

产品 项目	40S	32S	10S
直接材料	17 349.1120	12 675.3770	4 060.4510
直接人工	1 156.7674	845.2880	270.7345
直接动力	1 825.5983	1 409.0913	347.2706
制造费用	919.1426	671.5284	215.1180
合计	21 250.6203	15 601.2847	4 893.5741

表 7-13　　　　　　棉纺厂 2000 年产品总成本预算表　　　　单位：万元

产品 项目	40S	32S	10S	合计
产品产量（吨）	4 229.6210	1 874.3630	985.8370	7 089.8570
直接材料	7 338.0168	2 375.8258	400.3089	10 114.1515
直接人工	489.2688	158.4377	26.6909	674.3974
直接动力	772.1589	264.1149	34.2365	1 070.5103
制造费用	388.7625	125.8688	21.2079	535.8392
合计	8 988.2070	2 924.2472	482.4442	12 394.8984

单位产品生产成本预算表是成本控制的依据，各分厂应严格按照预算标准组织产品生产活动，这一成本标准也是考核分厂控制活动的依据。

4. 费用预算的编制

在新华集团，各分厂的销售活动和管理活动是由分厂独立进行的，各分厂销售费用预算和管理费用预算是根据需要分别设置相应的项目进行编制的。棉纺厂销售费用预算如表 7-14 所示。

表 7-14　　　　　　棉纺厂 2000 年销售费用预算表　　　　单位：万元

项目	年预算金额	月预算金额
销售折扣	55.3241	4.6103
差旅费	11.4531	0.9544
运杂费	113.2197	9.4350
通信费	4.0000	0.3333
合计	183.9969	15.3330

管理费用预算如表7-15所示。

表7-15　　　　　棉纺厂2000年管理费用预算表　　　　　单位：万元

项目	年预算金额	月预算金额
差旅费	1.2000	0.1000
办公费	2.7000	0.2250
培训费	1.8000	0.1500
年终奖	56.0004	4.6667
咨询费	36.4600	3.0383
微机室	1.0000	0.0833
节日补助	2.8000	0.2333
会务费	0.9000	0.0750
免检费	0.5000	0.0417
车辆	11.1778	0.9315
认证费	1.4000	0.1167
技术革新奖励基金	0.8400	0.0700
其他	15.8000	1.3167
合计	132.5782	11.0482

各分厂除了本厂发生的管理费用之外，还要分摊集团公司的部分综合固定管理费用。分摊的数额由集团公司统筹规划，根据对分厂的资本投入规模和分厂的具体情况确定。根据集团公司固定管理费用分摊基准，棉纺厂需要承担集团公司固定管理费用2 006万元。棉纺厂分摊集团公司综合管理费用预算如表7-16所示。

表7-16　　　棉纺厂2000年分摊集团公司综合管理费用预算表

产品	年产量折标准纱产量（吨）	分配率	应分配额（万元）	吨纱管理费用（元）	月平均（万元）
40S	11 927.5310		1 455.3947	3 440.9577	121.2829
32S	3 861.7500	0.122019783	471.2099	2 513.9735	39.2675
10S	650.6760		79.3954	805.3309	6.6163
合计	16 439.9570		2 006.0000		167.1667

由集团公司统筹规划资本层面上的运营，各分厂固定资产投入也应按相应的预计发生额分摊。

5. 费用预算的分配与考核

将生产经营过程中发生的各种费用与产品的产销量挂钩，对其进行考核、分析并在产品之间进行分配，并不是为了计算财务会计上所需要的产品成本。因为在各种费用中，除了制造费用计入产品成本以外，销售费用、管理费用和财务费用是不计入产品成本的。将这些不计入产品成本的期间费用按照产品品种和产销量进行分配，完全是出于管理上的需要。一方面，分配的标准成为衡量费用预算控制的重要指标以及进行差异分析的一个重要因素；另一方面，通过费用与品种和产销量的配比，容易客观地评价费用的控制水平和每种产品的利润情况。棉纺厂生产经营活动发生的销售费用和管理费用在预算的产销量之间进行分配，形成销售费用和管理费用分配表。如表7-17所示。

表7-17　　　　　　棉纺厂2000年销售费用分配表

产品	折标准纱产量（吨）	分配率	应分配额（万元）	吨纱销售费用（元）
40S	11 927.5310		133.4936	315.6159
32S	3 861.7500	0.01192054	43.2209	230.5898
10S	650.6760		7.2824	73.8675
合计	16 439.9570		183.9969	—

棉纺厂管理费用分配如表7-18所示。

表7-18　　　　　　棉纺厂2000年管理费用分配表

产品	年产量折标准纱产量（吨）	分配率	应分配额（万元）	吨纱管理费用（元）	月平均（万元）
40S	11 927.5310		96.1883	227.4159	8.0157
32S	3 861.7500	0.00806439	31.1427	166.1508	2.5952
10S	650.6760		5.2472	53.2238	0.4373
合计	16 439.9570		132.5782		11.0482

如前所述，棉纺厂还要分摊集团公司的综合固定管理费用，这样，将销售费用、管理费用和所承担的集团公司综合固定管理费用汇总，便形成了棉纺厂综合管理费用分配表。如表7-19所示。

表 7-19　　　　　　　棉纺厂 2000 年综合管理费用分配表

产品	年产量折标准纱产量（吨）	分配率 总公司	分配率 分厂	应分配额 总公司（万元）	应分配额 分厂（万元）	合计	吨纱管理费用（元）	月平均（万元）
40S	11 927.5310			1 455.3947	96.1883	1 551.5803	3 668.3736	129.2986
32S	3 861.7500	0.122019783	0.00806439	471.2099	31.1427	502.3526	2 680.1243	41.8627
10S	650.6760			79.3954	5.2472	84.6426	858.5548	7.0536
合计	16 439.9570	0.122019783	0.00806439	2 006.0000	132.5782	138.5782		178.2149

6. 综合预算

新华集团的综合预算包括两个层面的内容，一是分厂综合预算，将分厂的销售预算、生产预算、费用预算综合起来，形成分厂的综合预算；二是将分厂预算与集团公司的部门预算的部门进行汇总，形成整个集团公司的综合预算。

（1）分厂综合预算。分厂综合预算除了要有收入、成本和费用指标以外，还要考虑到流转税的情况。棉纺厂 2000 年利润预算如表 7-20 所示。

表 7-20　　　　　　　棉纺厂 2000 年利润预算表　　　　　　　单位：万元

产品	销售收入	销售成本	销售费用	管理费用 本厂	管理费用 总公司	管理费用 合计	预算利润（含税）	税金（销项-进项）	预算利润（不含税）
1	2	3	4	5	6	7	8=2-3-4-7	9	10=8-9
40S	11 800.6426	8 988.2070	133.4936	96.1883	1 455.3947	1 551.5803	1 127.3590		
32S	4 642.9059	924.2472	43.2209	31.1427	471.2099	502.3526	1 173.0852	1 114.6491	1 893.0608
10S	1 281.6349	482.4442	7.2824	5.2472	79.3954	84.6426	707.2657		
合计	17 725.1834	394.8984	183.9969	132.5782	2 006.0000	2 138.5782	3 007.7099	1 114.6491	1 893.0608

也可以将综合利润预算细化，使分厂的收入、成本费用预算都集中体现于一张表中，表 7-21 是棉纺厂的综合预算。

表 7-21　　　　　　　棉纺厂 2000 年的综合预算（一）

项目	单位	第一季度 1	第一季度 2	第一季度 3	第一季度 小计	第二季度 4	第二季度 5	第二季度 6	第二季度 小计
一、产品产销量	吨	410.6640	317.9340	384.1710	1 112.7690	568.9040	664.4000	687.6460	1 920.9500

续表

项目		单位	第一季度				第二季度			
			1	2	3	小计	4	5	6	小计
其中	40S	吨	206.2900	158.9350	191.0460	556.2710	308.7300	413.6830	427.4720	1 149.8850
	32S	吨	120.2460	93.0960	112.4860	325.8280	175.0430	168.3300	175.0430	518.4160
	10S	吨	84.1280	65.9030	80.6390	230.6700	85.1310	83.3870	85.1310	252.6490
二、销售额		万元	981.2666	759.6919	918.0035	2 658.9620	1 409.7277	1 677.8657	1 733.1760	4 820.7694
三、总变动成本		万元	705.3411	546.6023	659.9645	1 911.9079	988.7345	1166.5580	1203.9583	3359.2508
其中	直接材料成本	万元	555.2280	429.8548	519.4996	1 504.5824	805.0700	958.8574	989.1982	2753.1256
	直接动力成本	万元	62.0103	48.0080	58.0098	168.0281	85.9045	100.3244	103.8345	290.0634
	直接人工成本	万元	58.2428	45.0912	54.4852	157.8192	58.2482	56.3640	58.2482	172.8604
	制造费用	万元	29.8600	23.6483	27.9699	81.4782	39.5118	51.0122	52.6774	143.2014
四、销售费用		万元	10.6107	8.4380	8.7896	27.8383	11.5544	17.7586	18.3918	47.7048
五、固定成本		万元	123.3450	98.3911	112.6852	334.4213	168.0971	200.6031	206.1589	574.8591
其中	管理费用	万元	10.1864	10.7845	9.1958	30.1667	9.6801	10.8434	10.0864	30.6099
	分摊总公司固定成本	万元	113.1586	87.6066	103.4894	304.2546	158.4170	189.7597	196.0725	544.2792
六、税金		万元	36.5692	24.6599	37.9634	99.1925	91.1132	113.8994	119.4017	324.4143
七、利润		万元	105.4006	81.6006	98.6008	285.6020	150.2285	179.0466	185.2653	514.5404

依据表7-21提供的现金流量情况，可以编制棉纺厂现金流量预算表。棉纺厂上期赊销本期收现额为200万元，棉纺厂现金流量预算如表7-22所示。

（2）集团公司综合预算。集团公司综合预算是对分厂预算与集团公司各部门预算以及集团公司费用预算的汇总，只要将公司各部门费用预算汇总起来，再与前面分厂的综合预算汇总，便形成集团公司的综合预算。集团公司的部门预算包括综合性费用预算、公司总部费用预算、总务部费用预算、财务部费用预算、供应部费用预算和人力资源部费用预算。需要说明的是，公司财务部费用预算包括预算部费用预算，总务部费用预算包括物价管理委员会、改善提案委员会费用预算。

表 7-21　　　　　　　　棉纺厂 2000 年的综合预算（二）

| 第三季度 |||| 第四季度 |||| 全年合计 |
7	8	9	小计	10	11	12	小计	
664.4000	687.6460	687.6460	2 039.6920	664.4000	687.6460	664.4000	2 016.4460	7 089.8570
413.6830	427.4720	427.4720	1 268.6270	413.6830	427.4720	413.6830	1 254.8380	4 229.6210
168.3300	175.0430	175.0430	518.4160	168.3300	175.0430	168.3300	511.7020	1 874.3630
82.3870	85.1310	85.1310	252.6490	82.3870	85.1310	82.3870	249.9050	985.8730
1677.8657	1736.2682	1737.9256	5152.0595	1677.8657	1736.2682	1679.2586	5 093.3925	17 725.1834
1166.5558	1207.0951	1208.6576	3582.3085	1166.5558	1207.0447	1167.8307	3 541.4312	12 394.8984
958.8570	992.3355	997.9029	2 949.0954	958.8570	992.3067	956.1844	2 907.3481	10 114.1515
100.3244	103.8345	103.8345	307.9934	100.3244	103.8345	100.2665	304.4254	1 070.5103
56.3640	58.2482	58.2428	172.855	56.3640	58.2266	56.2722	170.8628	674.3974
51.0104	52.6769	48.6774	152.3647	51.0104	52.6769	55.1076	158.7949	535.8392
17.7586	18.3918	18.3918	54.5422	17.7586	18.3918	17.7612	53.9116	183.9969
199.2031	205.7139	205.8039	610.7209	199.2031	205.7589	213.6149	618.5769	2 138.5782
9.4434	9.6864	9.6864	28.8162	9.4434	9.6864	23.8556	42.9854	132.5782
189.7597	196.0275	196.1175	581.9047	189.7597	196.0725	189.7593	575.5915	2 006.0000
115.3016	119.8021	119.8070	354.9107	115.3016	119.8075	101.0225	336.1316	1 114.6491
179.0466	185.2653	185.2653	549.5772	179.0466	185.2653	179.0293	543.3412	1 893.0608

表 7-22　　　　　　　棉纺厂 2000 年现金流量预算表　　　　　　　单位：万元

项 目		现金收入	现金支出	现金余额
期初				1 200.0000
上期赊销本期收现额		200.0000		
本期现金收入		17 525.1834		
本期现金支出	直接材料		10 114.1515	
	直接动力		1 070.5103	
	直接人工		674.3974	
	制造费用		535.8392	
	销售费用		183.9969	
	管理费用		132.5782	
	上缴税金		1 114.6491	
	上交总公司固定费用		2 006.0000	
	上交总公司利润		1 893.0608	
	小计		17 725.1834	
期末				1 200.0000

①综合性费用预算。综合性费用预算是指集团公司的折旧费、福利费、奖金、工会经费等综合性支出。新华集团2000年的综合性费用支出预算如表7-23所示。

表7-23　　　　　新华集团2000年综合性费用支出预算表

项目	金额（万元）	结构百分比（%）
折旧	1 223.4634	62.95
利息	600.0000	30.87
福利基金	3.6000	0.19
厂长奖金	12.0000	0.62
防暑降温费	2.0000	0.10
保险费	7.3360	0.38
工会经费	0.6000	0.03
过节费	20.0000	1.03
年终综合奖	12.0000	0.62
大型办公用品购置	3.6000	0.19
预算外支出	30.0000	1.54
大修基金	12.0000	0.62
养老保险金	16.0000	0.82
微机室	0.2400	0.01
环保费	0.6000	0.03
合计	1 934.4394	100

②集团总部费用预算。集团总部费用预算涉及集团公司总部的办公费、交际费、质量年检费、技术咨询费及新产品开发费等项目。新华集团公司总部2000年费用预算如表7-24所示。

表7-24　　　　　新华集团公司总部2000年费用预算表

项目	金额（万元）	结构百分比（%）
办公费	3.0000	3.50
交际费	21.6000	25.17
新产品开发费	20.0000	23.31

续表

项　目	金额（万元）	结构百分比（%）
差旅费	18.0000	20.98
电话费	3.6000	4.20
文体宣传费	3.0000	3.50
外宾费	12.0000	13.99
会议协会费	2.0000	2.33
质量年检费	0.8000	0.93
技术咨询费	1.8000	2.09
合计	85.8000	100

③总务部费用预算。总务部费用预算包括节日补助费、警卫消防费、防暑降温费、劳保费、车辆费等项目及物价管理委员会、改善提案委员会的一些费用项目。2000年新华集团总务部费用预算如表7-25所示。

表7-25　　　　　　2000年新华集团总务部费用预算表

项　目	金额（万元）	结构百分比（%）
节日补助费	0.3395	0.47
办公费	0.2736	0.38
交际费	0.9600	1.32
工资、奖金	34.8444	47.93
差旅费	0.2640	0.36
机物料	0.2358	0.32
警卫消防费	1.3057	1.80
茶水费	6.2547	8.60
劳保费	4.6788	6.44
电费	6.7987	9.35
零星医疗	0.3160	0.43
电话费	1.4400	1.98
文体宣传费	0.5065	0.70
捷达车	3.4807	4.79
微型车	1.4534	2.00

续表

项　目	金额（万元）	结构百分比（%）
皇冠车	0.1606	0.22
奔驰车	8.1001	11.14
园林费	0.9421	1.30
办公楼	0.0552	0.08
其他费用	0.2856	0.39
合计	72.6954	100

④财务部费用预算。新华集团财务部及预算部的办公费、交际费、工资、奖金、差旅费等项目，在财务部费用预算中列示。新华集团2000年财务部预算如表7－26所示。

表7－26　　　　　　　　新华集团2000年财务部预算表

项　目	金额（万元）	结构百分比（%）
伙食补助	4.4067	16.90
办公费	0.1440	0.55
交际费	0.3600	1.38
工资、奖金	3.7272	14.30
差旅费	0.0960	0.37
工资、奖金（厂级负责人）	14.6448	56.16
银行手续费	1.2000	4.60
微机室	0.5544	2.13
会务费	0.1080	0.41
租车费	0.1800	0.69
财务票据购置	0.3900	1.50
驻厂信贷费用	0.2640	1.01
合计	26.0748	100

⑤供应部费用预算。新华集团供应部是集团公司材料采购的综合部门。该部门发生的一些日常和年终费用，如办公费、交际费、工资、奖金、差旅费等项目，在供应部费用预算中列示。新华集团2000年供应部费用预算如表7－27所示。

表 7 – 27　　　　　　2000 年新华集团供应部费用预算表

项　目	金额（万元）	结构百分比（%）
办公费	0.4800	2.69
交际费	1.2000	6.72
工资、奖金	5.0040	28.03
差旅费	1.6200	9.07
运杂费	3.3576	18.81
丰田车	3.4680	19.42
电话费	2.2248	12.46
会务费	0.1000	0.56
业务补助费	0.4000	2.24
合计	17.8544	100

⑥人力资源部费用预算。人力资源部费用支出，如办公费、电话费、差旅费、工资、奖金等在人力资源部费用预算中列示。新华集团 2000 年人力资源部费用预算如表 7 – 28 所示。

表 7 – 28　　　　　　2000 年新华集团人力资源部费用预算表

项　目	金额（万元）	结构百分比（%）
办公费	0.0600	0.99
工资、奖金	3.6480	60.08
差旅费	0.6000	9.88
电话费	1.6800	27.67
微机室	0.0840	1.38
合计	6.0720	100

⑦新华集团综合预算。综合上述部门费用预算和各分厂预算，便形成新华集团公司的综合预算。在新华集团综合收入预算中，有固定管理费用一项，它是集团公司向分厂收取的用于弥补集团公司资本性支出、折旧及利息的费用。各分厂缴纳数额的确定主要是以分厂占用的资产规模为依据。新华集团 2000 年综合收入与综合支出预算如表 7 – 29 和表 7 – 30 所示。

表 7-29　　　　　　　　2000 年新华集团综合收入预算　　　　　　　单位：万元

项目	总收入		
	固定管理费用（含折旧）	分厂利润	小　计
棉纺分厂	2 006.0000	1 893.0608	3 899.0608
帆布分厂	230.0000	70.0000	300.0000
针织分厂	21.9360	8.0540	29.9900
制线分厂		5.6000	5.6000
印染分厂		10.0080	10.0080
热电厂		380.0000	380.0000
资本运营收益		323.4643	323.4634
合计		2 690.1862	4 948.1222

表 7-30　　　　　　　　2000 年新华集团综合支出预算　　　　　　　单位：万元

部　门	支出金额	备　注
综合性费用	719.9760	
集团总部	85.8000	
总务部	72.6954	
财务部	26.0748	
供应部	17.8544	
人力资源部	6.0720	
合计	928.4726	

综合收入减去综合支出即是预算利润，预算利润减去企业应缴所得税即为净利润。有了综合收入、综合支出，结合所得税应税额即可编制预算利润。新华集团公司 2000 年预算利润表如表 7-31 所示。

表 7-31　　　　　　　　2000 年新华集团预算利润　　　　　　　　单位：万元

项目	金额
综合收入	4 948.1222
综合支出（含折旧 1 223.4634 万元）	2 151.9360
预算利润	2 796.1862
所得税	922.7414
净利润	1 873.4448

集团综合预算利润为 2 796.1862 万元，比开始预测的目标利润 2 690.1862 万元多 106 万元，是因为集团公司在预算编制过程中对一些支出项目进行了必要的压减，因此，也使利润增长率有所变化，由原来的 42.6% 变为 52.3%。

如果产品销售过程中都是现销，而无赊销情况，综合收入等于现金收入；同时企业应支付的费用也及时付现，综合支出等于现金支出，那么，便可结合期初现金余额、银行存款、技改投资等数据，把综合收入、支出数额作为现金收入、支出数额，据以编制现金流量表。新华集团 2000 年现金流量如表 7-32 所示。

表 7-32　　　　　　　新华集团 2000 年现金流量表　　　　　　单位：万元

项目		现金收入	现金支出	现金余额
期初				1 000.0000
银行存款		2 200.0000		
现金收入		4 948.1222		
现金支出	综合性费用		719.9760	
	公司总部费用		85.8000	
	总务部费用		72.6954	
	财务部费用		26.0748	
	供应部费用		17.8544	
	人力资源部费用		6.0720	
	上缴所得税		922.7414	
	技改投资		5 000.0000	
	小计		6 851.2140	
期末				1 296.9082

7. 预算执行差异分析

预算的执行差异分析与预算的编制一样，也在两个层面上进行，一是分厂的预算执行差异分析，二是部门的预算执行差异分析。考虑到事物的同质性，各分厂、部门的预算执行差异分析的基本原理是一致的，这里只介绍具有代表性的棉纺厂和总务部的预算执行差异分析过程。

(1) 分厂预算执行差异分析。对于分厂来说，必须围绕目标利润这一目标展开工作，集团公司对分厂及分厂负责人的经营业绩评价也围绕这一目标进行。

(2) 新华集团利润全面预算管理的差异分析处理及奖惩措施。新华集团对预算差异的分析处理，坚持不同项目不同处理的原则。具体的预算差异分析处理及奖惩措施如下：

① 对费用预算实行不可突破的方法。各分厂、部门的费用预算指标确定后，即输入计算机管理系统，修改权由全面预算管理委员会控制，某项费用预算如有突破，计算机系统会自动拒付。同时费用预算由预算部进行日常监控，严格执行利润全面预算管理制度规定，每月进行一次分析，并形成差异分析报告提交全面预算管理委员会。

② 对生产量、原材料、机物料、可变费用、销售额、利润等预算指标实行车间、分厂、总公司三级控制。车间一日一分析，分厂对车间一日一督察，及时发现存在的问题并分析其原因，采取有效措施进行事前控制。预算部对分厂的预算执行情况一月一分析，并形成差异分析报告提交全面预算管理委员会。为调动预算执行者的积极性，集团公司制定一系列激励政策，设立经营者奖、效益奖、节约奖、改善提案奖等奖项。

③ 经营者奖是集团公司为激励经营者即分厂厂长而设置的奖项。以年度为单位，根据利润实际完成情况计算奖励金额，超额完成预算，按实际与利润预算差额部分的3%~5%奖励分厂厂长；完不成预算则予以惩罚，按实际与利润预算差额的2%处以罚金。

④ 以上奖项的实施、兑现，全部以日常的业绩考核为准。

（资料来源：汤谷良：《财务管理案例研究》，中央广播电视大学出版社2002年版）

二、案例分析

从新华集团运用全面预算管理取得的显著成绩中，我们可以汲取众多有益的启示。

（一）全面预算管理制度的核心是目标利润

在山东新华集团实行的以目标利润为导向的全面预算管理制度中，目标利润处于整个预算体系的核心地位，它既是企业预算编制的基础，也是严格执行预算期望实现的目标。目标利润一旦被确定就成为利润预算管理模式运行的起点，并对执行预算的全过程产生制约作用。

1. 充分发挥目标利润的导向作用

在利润预算实施的过程中，以目标利润为依据，进行销售预算、生产预算、存货预算、费用预算等生产经营预算的编制，主要考察、反映企业实现目标利润的各种条件及具体方案；以目标利润为导向编制的资本预算、研究开发费用预算等中长期预算，则主要体现企业的战略思想和长远发展规划。短期的生产经营预算、中长期的专门决策预算以及与两者相应的综合预算，构成了完整的企业利润预算管理的内容体系。在利润预算管理模式下，预算的编制是一个上下反复循环的过程。在确定目标利润时，要以本企业的历史资料为基础，根据对未来发展的预测，通过研究产品品种、结构、成本、产销数量和价格几个变量间的关系及其对利润所产生的影响，结合市场经济动态等有关信息，在反复研讨论证的基础上加以确定。在确定目标利润时，要遵循目标利润制定的战略性、可行性、科学性、激励性和统一性原则。

2. 要重视全面预算管理执行过程的控制

在全面预算管理系统中，组织体系是利润预算管理运行的主体，预算体系是预算管理运行的客体。预算编制完成之后，各项预算目标就成为各责任中心、每一位员工的工作目标，执行过程中必须以预算为标准进行严格的控制，支出性项目必须严格控制在预算之内，收入项目务必要完成预算，以确保目标利润的实现。

全面预算执行过程的控制既包括预算执行过程中上级对下级的控制，又包括每一责任单位对自身预算执行过程的控制。在预算执行过程中，还应注意同时运用项目管理、数量管理和金额管理、计算机系统管理等方法。

3. 优良的预算效果有赖于分析反馈制度和考评激励机制

（1）预算分析主要是指对实际与预算的差异进行分析的过程和方式。预算分析贯穿于预算执行的全过程，其步骤主要包括比较预算与实际，确定差异及对差异进行分析处理。预算差异分析既是对预算执行者业绩评价的依据，也是对编制下期预算有价值的参考资料。

对利润预算管理模式下的预算差异分析来说，首先应从利润差异分析开始，将利润差异逐级分解、落实到与目标利润相关联的其他因素中，并对这些相关因素逐个进行分析，以系统而全面地反映预算期实际利润超过或低于目标利润的原因。

（2）预算考评和激励制度对于促进目标利润的实现也有着积极的作用。预算考评制度是对企业各级责任部门或责任中心预算执行结果进行考核和评价的制度。预算考评具有两个层次的含义：一是对整个利润预算管理系统的考评,即对企业经营业绩的评价,它是完善并优化整个利润预算管理系统的有效措施;二是对预算执行者的考核和业绩评价,它是实现预算约束与激励作用的必要措施。预算考评应遵循目标原则、激励原则、时效原则、例外原则及分级考评原则。

预算考评制度的激励机制促使人们由被动的提高劳动效率到积极、主动的提高劳动效率的作用过程。以预算目标为标准,通过实际与预算的比较差异分析,确认其责任归属,并根据奖惩制度的规定,使考评结果与责任人的利益挂钩,达到"人人肩上有指标,项项指标连收入",以激发、引导执行者完成预算的积极性,对于实现预算目标是非常有益的。

(二) 全面预算管理是一种系统管理

全面预算管理涉及企业内外的各种经济现象,属于一个多因素的、动态的、复杂的系统。全面预算管理应以企业的组织系统为基础,从全局出发,综合分析企业组织系统与外部经济环境的适应关系,研究企业内部各个子系统之间的系统关系,从而实现整体目标最优的系统性管理。具体表现在以下几个方面:

1. 全面预算管理内容体系的系统性

全面预算管理应通过全面预算和责任预算的系统配合,实现全方位的管理。首先,将全面预算管理涉及的对象如人、财、物等各个方面,以责任预算、目标管理的方式结合起来,实现在全面预算和责任预算体系中系统的协调。其次,全面预算与责任预算是一个既各成体系,又密切配合的系统。全面预算通过各种资源的协调,规划企业预算目标;责任预算则通过各种责任的协调,规划责任预算目标,从而落实企业预算目标;同时,全面预算中各项预算间也应具有系统性:它们相互之间应具有密切的内在联系。最后,责任预算中各层次预算间也同样应具有系统性。高层次责任预算与低层次责任预算是统驭与支撑的关系。不同层次的责任预算体系以责任网络的方式系统地规范了企业各个部门、各个环节和全体人员的目标责任,实现了全员的管理。

2. 全面预算管理方法体系的系统性

全面预算管理应通过预算编制系统分析企业内部各个成员、各种资源的相互协调关系以及企业内部环境与外部环境的相互适应关系,是事前的管理;通过预算调控动态分析企业生产经营过程中各种资源和环境的变化,及时调整行为,保证预算目标的实现,这是事中的管理;预算考评则要综合分析评价各个成员的行为结果、各项资源的效益状况和各种环境对结果与状况的影响程度,完善并优化整个全面预算管理,这是事后的管理。

显然,系统性的全面预算管理具有将企业的分散决策或管理转化为系统决策或管理机制的作用。山东新华集团以管理制度的方式，使得"人人肩上有指标，项项指标连收入"，并且具体规范了预算的编制日程和流程，建立了及时反馈日常预算执行情况的预算管理簿，规定了预算调整的前提及其审批权限和程序、差异分析报告的内容、预算考评的原则和激励办法等，都很好地体现了全面预算管理的系统性要求。

（三）全面预算管理是一种战略管理

企业战略是企业建立在内、外部环境分析基础上，为实现企业使命或目标而确定的整体行动规划。实施战略管理，有利于企业树立竞争意识，增强竞争优势，把握企业发展方向，保持企业持续增长势头，预期并规避风险。

全面预算管理应该是一种战略管理。预算本身就是一种战略，预算目标的定位，体现了不同类型企业的战略重点。一般而言，新兴行业的战略重点应是迅速占领市场，尽可能成为行业领导者，相应的，全面预算管理的目标应该定位于增加销售收入上，预算核心也应该是销售预算；成熟行业的全面预算管理的目标应该相应地定位于利润实现上，预算的核心建立在全面预算基础上的目标利润预算，因此，企业的战略重点，一方面是创新生产过程，调整产品结构；另一方面是降低经营成本。至于衰退行业，企业的战略重点往往是通过调整投资方向，或者是通过抽回资金，缩小经营规模，实现战略转移，因此，企业的预算目标应该定位于投资报酬率上，预算应以投资报酬率为核心，通过资本支出预算和日常全面预算的配合，保证新的投资报酬率目标的顺利实现。

与此同时，预算又进一步把战略具体化，使其得以更好的贯彻、实施。由于战略的长期性、概括性和全局性，在其实现过程中往往容易出现预期不准、操作困难的缺陷。具体表现为：市场变化与战略目标和战略计划之间的矛盾、企业现实能力尤其是资源能力与实现战略目标和战略计划的愿望之间的矛盾等。通过预算的编制和运行，这些矛盾可以明朗化，并且通过市场竞争机制的引入，尽可能协调这些矛盾。再者，预算将企业战略目标转化为分阶段目标进而以权责利为基础再转化为各层次、各部门、各岗位、各人的目标，从而使企业战略在细化的同时，也将战略思想落实到各层次、各部门和各岗位。这些都是战略实现的重要保障。

正是基于这种战略的考虑，山东新华集团选择了以目标利润为导向的全面预算管理模式。他们提出：企业的生产经营犹如客轮在大海中航行，市场是大海，企业是航船，总经理是船长，职工是船员，用户是旅客，目标利润是其航行的目的地，而以目标利润为导向的企业预算管理则是保证其安全、顺利到达目的地的高精能导航系统。

（四）全面预算管理是一种"人本"管理

所谓人本管理即在确定人是管理过程中的主导地位的同时，围绕着调动企业人的积极性、主动性和创造性而展开的一切管理活动。随着行为科学的诞生，企业管理中对人的重视程度日益加深。企业管理归根结底是对人的行为管理。因此，正确运用人本管理理念，在全面预算管理中具有重要意义。人本理念的运用具体体现在以下几个方面：

1. 全面预算目标协调中领导方式的选择

在不同环境下，选择不同的领导方式，将有利于这种目标的协调。领导方式主要有命令式和参与式两种。命令式即高度集权，下属只能被动地接受上级下达的命令；参与式即适度分权，下属能够在其职权范围内参与管理，既能充分激发人们的主动性和创造性，又使权力的下放不会导致失控和失调，形成有效的激励约束机制。

2. 预算执行组织及责任预算的落实

作为一种组织和责任目标的构建，也必须遵循人本的思想。一方面在划分责任中心时，既要考虑责权范围，还应该考虑非正式组织的作用，从而促进劳动生产率的全面提高。另一方面责任预算对人的行为可能具有正反两方面的不同影响。通过责任预算明确和规范人的行为，有利于实施有效的控制；但如果将责任预算绝对化，则会使上下级之间采取对立心态，或不积极配合，或将自身利益凌驾于企业利益之上。因此，在落实全面预算管理、编制责任预算过程中，要善于将人置于管理的中心位置，使人获得超越受缚于生存需要的更为全面的自由发展。

（五）全面预算管理应有良好的内外环境保障基础

1. 顺应、把握外部环境

全面预算管理的有效实施当然离不开良好的企业内外管理环境的支持。企业外部环境如国家的经济制度、产业政策、财经法规、市场状况、技术发展水平以及国内外政治、经济形势等，通常是企业决策所不能左右和控制的，它们对企业预算目标的实现无疑具有非常重大的影响。为此，我们应该把握几点：第一，外部环境的优化需要通过政府以及包括企业在内的社会各方的协同努力，经过一个较长的过程才能达成。第二，环境有利与否是相对而言的。这种环境优劣的相对性实际上反映出环境优劣之间的相互转换特征，企业能否避弊趋利，关键在于自身如何把握。第三，环境不是一成不变的。任何一个企业在研究自身的外部环境、实施全面预算管理或其他各项经营管理活动中，都必须随时研究掌握环境的变化趋势。在此基础上，要准确把握环境变化，适应环境的客观约束，并顺应有利的市场环境。

2. 塑造良好的内部环境

企业内部环境即推动企业运行的群体意识、行为规范以及相应的规章制度的总和。相对而言，企业的内部环境具有较大的可重塑性和自我调控性。无论是对外部环境的把握，还是对内部环境的改造，关键均在于企业自身素质能力的提高。在此，应该遵循市场经济发展的客观要求，建立健全企业内部环境体系，包括更新企业的偏好结构，优化企业的价值观念；切实制定企业政策，明确企业发展方向；建立健全内部制度，完善企业系统管理，如完善生产管理制度、健全质量管理制度、改革人事管理制度、优化工资酬劳制度等。在此我们需要重点强调的是，培养企业家阶层，塑造企业家精神。

山东新华集团能在动荡的市场环境中稳步增长，他们能够很好地把握市场、顺应市场，善于抓住有利的时机，而不是坐等。更重要的是他们有一个好"船长"，能够在不断提升自己的理论修养的同时，将其转化为企业管理实务中操作性很强的管理制度，并且勇于探索，不懈创新，从而将一个小舢板改变成今日的巨轮，并且娴熟地驾驭着这艘巨轮在市场经济的大海中破浪前行。

三、思考·讨论·训练

1. 新华集团采用的目标利润预算管理与传统的预算管理有何不同？您认为哪一种形式更适合市场经济的要求？
2. 新华集团全面预算管理的体系构成包括哪些方面？它们之间的关系如何？
3. 以新华集团利润全面预算管理制度为基础分析该公司预算编制的方针是什么？
4. 分析预算考评应遵循的原则，新华集团在遵循预算考评原则方面还有哪些问题需要考虑？
5. 新华集团的全面预算有何优点？又有何缺陷？

案例 7-3 青岛海尔集团偿债能力分析

一、案例介绍

青岛海尔集团公司是我国家电行业的佼佼者，其前身是原青岛电冰箱总厂，经过十多年的兼并扩张，已经今非昔比。据 2000 年中报分析，公司的业绩增长非常稳定，主营业务收入和利润保持同步增长，这在竞争激烈、行业利润明显滑坡的家电行业是极为可贵的。公司 2000 年上半年收入增加部分主要来自于冰箱产品的出口，鉴于公司出口形势的看好，海尔的国际化战略取得了明显的经济效益。随着中国加入世界贸易组织步伐的加快，预计海尔将成为家电行业的受益者。

另据 2000 年 8 月 26 日青岛海尔拟增发 A 股董事会公告称，公司拟向社会公众增发不超过 10 000 万股的 A 股，该次募集资金将用于收购青岛海尔空调器有限公司 74.45% 的股权。此前海尔已持有该公司 25.5% 的股权，此举意味着收购完成后青岛海尔对海尔空调器公司的控制权将达到 99.95%。据悉，作为海尔集团的主导企业之一，青岛海尔空调器公司主要生产空调器、家用电器及制冷设备，是我国技术水平较高、规模品种较多、生产规模较大的空调生产基地。该公司产销状况良好，今年上半年共生产空调器 252 万台，超过去年全年的产量，出口量分别是去年同期和全年出口的 4.5 倍、2.7 倍，迄今海尔空调已有 1/4 的产量出口海外。目前，海尔空调来自海外的订单已排至 2001 年。鉴于海尔空调已是成熟的高盈利产品，收购后可以使青岛海尔拓展主营业务结构，实现产品多元化战略，为公司进一步扩张提供强有力的支撑，同时也成为青岛海尔新的经济增长点。

青岛海尔 2000 年中期财务状况如表 7-33 和表 7-34 所示。

表 7-33　　　　　　　　　　资产负债表（简表）

编制单位：青岛海尔集团公司　　　　　　　　　　　　　　　　　单位：元

项　目	金　额
货币资金	512 451 234.85
应收账款	390 345 914.95
预付账款	599 903 344.89
其他应收款	371 235 313.62
存货净额	499 934 290.49
待摊费用	1 211 250.00
流动资产合计	2 369 591 987.38
长期股权投资	307 178 438.08
长期债权投资	0.00
长期投资合计	307 178 438.08
固定资产合计	1 007 881 696.67

续表

项目	金额
无形资产	107 740 871.92
资产总计	3 792 590 880.96
应付账款	125 187 391.88
预收账款	72 559 642.42
流动负债合计	771 705 947.11
长期负债合计	4 365 881.58
负债合计	776 071 828.69
股本	564 706 902.00
资本公积	1 513 174 748.87
盈余公积	584 016 481.61
未分配利润	354 620 919.79
股东权益合计	3 016 519 052.27
负债及股东权益总计	3 792 590 880.96

表 7-34 利润及利润分配表（简表）

编制单位：青岛海尔集团公司　　　　　　　　　　　　　单位：元

项目	金额
主营业务收入	2 706 766 895.09
主营业务成本	2 252 753 488.10
营业税金及附加	7 030 314.68
主营业务利润	446 983 092.31
营业费用	31 115 574.99
管理费用	219 583 432.98
财务费用	6 515 967.38
营业利润	195 413 320.98
投资收益	38 066 498.25
补贴收入	0.00
营业外收入	589 117.10
营业外支出	989 953.10
利润总额	233 078 983.23

续表

项　　目	金　　额
所得税	26 832 576.00
净利润	181 900 337.65
年初未分配利润	172 720 582.14
盈余公积转入数	0.00
可分配的利润	354 620 919.79
提取法定公积金	0.00
提取法定公益金	0.00
可供股东分配的利润	354 620 919.79
提取任意公积金	0.00
已分配普通股股利	0.00
未分配利润	354 620 919.79

资料来源：《证券时报》2000年6月15日；《中国证券报》2000年8月25日；袁建国：《财务管理》，东北财经大学出版社2005年版。

二、案例分析

企业偿债能力是指企业对各种到期债务偿付的能力。偿债能力如何，是衡量一个企业财务状况好坏的重要标志。企业财务管理人员、投资者、债权人都非常重视企业偿债能力，因此，财务分析首先要对企业偿债能力进行分析。偿债能力分析包括短期偿债能力分析和长期偿债能力分析。

短期偿债能力是指企业流动资产对流动负债及时足额偿还的保证程度，是企业当前财务能力，特别是流动资产变现能力的重要标志。衡量一个企业的短期偿债能力，主要是对流动资产和流动负债进行分析，流动资产大于流动负债，说明企业具有短期偿债能力；反之，则偿债能力不足。评价短期偿债能力的财务比率主要有流动比率、速动比率和现金比率三项。在评价企业财务状况时，通常认为流动比率大于2为好，速动比率大于1为好。实际上，对这两个财务比率的分析应结合不同行业的特点、企业性质、企业流动资产结构及各项流动资产的实际变现能力等因素，不可一概而论。特别要注意分析流动资产项目中应收账款、存货项目对短期偿债能力的影响以及流动负债中短期借款项目的影响。一般应将这两个指标结合起来进行分析。在这个案例中，虽然海尔公司的流动比率、速动比率未达到一般公认标准，但只要联系公司的实际和中国的现实，就不难得出公司短期偿债能力优良的结论。

长期偿债能力是指企业偿还长期债务的能力。分析长期偿债能力的指标主要有资产负债率、负债与股东权益比率、所有者权益比率、已获利息倍数等。对企业的长期偿债能力的考察，即主要评价企业偿还本金和支付利息的能力。分析长期偿债能力，既要评价资产负债表所反映的长期财务状况，又要分析利润表所反映的盈利能力。公司有大量的流动资金可提高偿债能力，但是盈利能力随之降低；流动资金减少，可提高投资比例，增强企业后劲，但会影响企业偿债能力。解决这一矛盾的关键在于企业自身的发展战略。海尔公司既保持了利润的稳步增长，同时公司的偿债能力也较强，可以说较好地处理了盈利能力与偿债能力之间的关系。

三、思考·讨论·训练

1. 对海尔公司的短期偿债能力进行分析。
2. 在企业财务分析实践中评价短期偿债能力应注意哪些问题？您认为海尔公司的短期偿债能力如何？
3. 对海尔公司的长期偿债能力进行分析。
4. 在企业财务分析实践中评价长期偿债能力时是否应对企业盈利能力进行分析？长期偿债能力与盈利能力之间有何矛盾？如何解决这一矛盾？结合海尔公司的盈利性，您认为海尔公司长期偿债能力如何？

案例 7-4　某汽车公司盈利能力和财务状况分析

一、案例介绍

1998 年，经国家经济贸易委员会批准，某汽车有限责任公司作为独家发起人，将其属下的轻型车厂、柴油发动机厂和铸造三厂等经营性资产经评估后，折成国有法人股份，并以募集方式组建成立"某汽车股份有限公司"。公司总股本 10 亿股，东风集团持有国有法人股 7 亿股，社会公众持有 3 亿股流通股。1999 年 7 月 27 日，某汽车公司 3 亿流通股在上海证券交易所挂牌交易，简称某汽车。

某公司主要从事轻型汽车、东风康明斯 B 型、C 型柴油发动机和部分汽车配件的生产和销售。公司轻型车分厂始建于 1993 年，改制成股份公司后，计划追加投资 12.7 亿元，实际已投资 10.8 亿元，目前已具备年生产 3 万辆轻型车的生产能力；同时轻型车的全国销售服务网络也在组建之中，2001 年公司销售系列轻型车 28 130 辆，实现销售收入 1 225 433 494.8 元。由于国内轻型车生产商较多，市场竞争比较激烈，轻型车的销售毛利率只为 -1.61%。

在柴油发动机厂的基础上，该公司与美国康明斯公司合资合作生产康明斯 B 系列柴油发动机，2001 年实现销售康明斯 B 型柴油发动机 82 115 台，同比增长 59.56%，实现销售收入 3 098 806 461.53 元。发动机产品 70% 销售给母公司该汽车有限公司，随着母公司各类大中型商用车产销量的提高，公司发动机的销量也逐年提高，销售毛利率达到 30.93%。

此外，公司 2001 年生产合格铸件 38 909 吨，同比增长 35.51%，超过原设计能力 30 000 吨的 29.67%。公司近三年主要经营指标如下（单位：万元）：

项　目	2001 年	2000 年	1999 年
总资产	494 838.24	404 082.95	361 591.14
股东权益	295 787.90	269 477.81	251 929.84
主营业务收入	443 082.73	344 631.19	308 553.48
主营业务成本	348 723.49	280 098.88	261 471.93
主营业务利润	92 121.92	62 868.97	46 242.34
其他业务利润	446.89	632.25	269.79
经营费用	15 738.84	10 229.07	1913.06
管理费用	15 663.23	9859.12	1622.31
财务费用	-1 655.53	-889.41	2 499.69
利润总额	62 130.29	44 009.25	41 104.99
净利润	53 537.02	37 384.01	32 356.02
公司股利分配（含税）			
中期	每 10 股派 0.5 元	不分配	不分配
末期	派 2 元/10 股	派 2 元/10 股	派 1 元/10 股
每股市价（年收盘价:元）	11.01	7.53	4.90

目前，我国的汽车、摩托车制造类上市公司共有 40 多家。该公司依托其汽车集团，在车类上市公司中具有一定的经营优势。具体如表 7-35 所示。

表 7-35　　　　　　　某汽车集团经营状况与同行业对比

指标	数值	行业平均值	行业最高值
流动比率	1.442	1.723	4.458
速动比率	1.167	0.913	3.468
资产负债率（%）	36.35	45.902	80.51
有形资产债务率（%）	37.53	48.193	85.6
利息保障倍数	0	0.047	3.45
应收账款周转率	39.509	7.903	54.414
存货周转率	7.905	3.659	11.031
总资产周转率	0.983	0.683	2.244
主营业务毛利率（%）	21.3	17.305	31.33
主营业务利润率（%）	12.13	-6.106	21.25
成本费用利润率（%）	14.19	-2.697	23.13
净资产收益率（%）	19.01	1.582	68.34
每股收益	0.537	0.073	0.788
总资产利润率（%）	13.8	2.056	26.52
主营业务收入增长率（%）	28.57	4.183	155.39
净利润增长率（%）	43.74	-182.336	103.85

资料来源：李岚：《财务管理实务》，清华大学出版社 2005 年版。

二、案例分析

盈利能力是企业相关利益群体最关心的一项指标。盈利能力的强弱是企业核心竞争力的决定因素。所以，对财务报告进行盈利能力的分析显得尤为重要。对于上市公司来说，最重要的财务指标是每股收益、每股净资产、净资产收益率、市盈率和每股股利。作为公司的相关利益群体，对公司的盈利能力进行分析，首先就需要计算分析这些指标。每股收益是衡量上市公司盈利能力最重要的财务指标，它反映普通股的获利水平。在分析时，可以进行公司间的比较，以评价该公司的相对盈利能力；可以进行不同时期的比较，了解该公司盈利能力的变化趋势；可以进行经营实绩和盈利预测的比较，掌握该公司的管理能力。每股净资产反映发行在外的每股普通股所代表的净资本成本，即账面权益。在投资分析时，只能有限地使用该指标。净资产收益率是评价企业自有资本及其积累获取报酬水平的最具综合性与代表性的指标。通过对该指标的综合对比分析，可以看出企业获利能力在同行业中所处的地位以及与同类企业的差异水平。市盈率是衡量股份公司盈利能力的另一项指标，用每股收益与市价进行比较，目的是反映普通股票当期盈余与市场价格的关系，它可以为投资者提供重要的决策参考。市盈率反映投资者对每1元净利润所愿支付的价格，可以用来估计股票的投资风险和报酬。它是市场对公司的共同期望指标，从市盈率高低的横向比较看，高市盈率说明公司能够获得社会信赖，具有良好的前景。每股股利指标表现的是每一普通股获取股利的大小，指标值越高，股本获利能力越强。

近年来，我国汽车工业得到了较快发展，形成了比较完整的汽车产品系列和生产布局，国产汽车市场占有率超过95%，载货汽车品种和产量基本满足国内市场需求，轿车市场供需矛盾突出的问题得到了缓解。但是，我国汽车行业总体上仍处于产品档次低，生产规模小，竞争能力不强的发展水平。随着我国全面实施世界贸易组织贸易规则，进口汽车关税壁垒越来越低，汽车行业将面临更加激烈的市场竞争。

通过对案例中某汽车公司的盈利能力的变化分析及同行业主要指标的比较分析，了解公司盈利能力的变化原因及变化趋势，在行业发展中所处的优劣势，为企业的持续发展提供有益的参考信息。

三、思考·讨论·训练

1. 计算1999~2001年该公司的每股收益、每股净资产、净资产收益率、市盈率与每股股利，说明该公司为股东创造收益的情况。
2. 市盈率的大小受哪些因素的影响？投资者运用市盈率进行投资分析时应注意哪些问题？
3. 分析该公司2001年业绩的变化，说明公司盈利能力提高的主要因素。
4. 对比该公司与车类行业上市公司的主要财务指标，结合自身的经营状况，说明该公司的财务状况与经营业绩。

案例7-5 朝阳公司杜邦分析体系应用

一、案例介绍

朝阳公司是我国的一家上市公司，在过去的七年中，其收益水平不断下降，为了分析经营业绩下降的原因，公司聘请了财务顾问进行咨询，财务顾问首先根据公司历年的财务报表资料，计算并编制了净资产收益率指标构成表（见表7-36）。

表7-36　　　　　　　　　　净资产收益率指标构成表

年　份	1998	1999	2000	2001	2002	2003	2004
净资产收益率（%）	50.90	44.69	38.93	20.10	4.40	2.19	0.69
销售利润率（%）	17.01	15.82	16.67	17.27	5.20	2.63	0.93
总资产周转率	1.42	1.18	1.11	0.65	0.57	0.66	0.56
权益乘数	2.10	2.60	1.87	1.72	1.28	1.25	1.38

财务顾问根据净资产收益率指标构成表提供的资料，对引起净资产收益率发生变化的主要因素及其影响程度进行了分析，得出以下结论：从公司的净资产收益率指标构成表可以看出，净资产收益率一路下降，从1998年的50.90%跌至2004年的0.69%。1999~2000年，净资产收益率下滑的速度较为缓慢，2001~2002年下滑的速度很快，2003~2004年下滑速度趋缓，不过在2004年，公司已没有继续下降的空间，否则净资产收益率将降为负值。造成这种状况的原因是销售利润率、总资产周转率、权益乘数都有下降趋势，但下降的时间和程度不尽相同。

（一）销售利润率的分析

销售利润率在1998~2001年之间较为稳定，保持在15.82%~17.27%之间较高的水平，其中1999~2001年还保持微弱上升，因而在1998~2001年间，销售利润率不是构成净资产收益率下滑的原因；但从2002年开始，销售利润率逐年迅速下降，2004年跌至历史最低点即0.93%，因而从2002年起，销售利润率是净资产利润率下滑的主要原因。

导致销售利润率下降的主要原因有主营业务收入下降和成本费用上升，同时其他收入如投资收益、营业外收入、补贴收入；其他支出如营业外支出也会影响公司的销售利润率。

（二）总资产周转率的分析

总资产周转率在1998年达到历年最高点，从1999年开始下滑，1999年下滑幅度较大，2000年下滑幅度趋缓，总的来说，均保持在1以上；但2001年下滑速度陡然增大，下降幅度接近50%，从2001年起，总资产周转率增长与下降交替变化，但仅保持在0.56~0.66之间的较低水平上。由此可见，总资产周转率的变化趋势与净资产收益率的变化趋势大体保持一致，因而构成净资产收益率变化的主要原因。

导致总资产周转率变化的主要因素是各项资产周转率，比如，应收账款周转率、存货周转率、固定资产周转率等。

（三）权益乘数的分析

权益乘数发生较大变化的时点是2000年，1998~1999年权益乘数保持在2之上的较高水平，因此，不构成净资产收益率下降的主要原因；从2000年起，权益乘数下降到2以下，2002~2003年下降幅度较大，构成净资产收益率下降的主要原因；而在2004年，权益乘数略有上升。

影响权益乘数变化的主要因素有资产负债率、利息保障倍数等。

（资料来源：刘桂英、邱丽娟：《财务管理案例实验教程》，经济科学出版社、中国铁道出版社2005年版）

二、案例分析

单项财务比率的计算与分析，只是对经济主体的偿债能力、资产营运能力、获利能力或成长性等各方面所进行的单方面分析。但对于企业经营者、投资者和其他利益主体而言，财务报表分析的最终目的在于全面、客观地揭示与披露企业的财务状况和经营情况。要达到这样一个分析目的，仅仅分析某些财务指标，或者将一些孤立的财务分析指标堆垒在一起，彼此毫无联系地观察，显然是不够的，有时甚至可能得出错误的或片面的结论。

因此，我们要对一个企业进行全面、综合的分析和评价，只有将企业的偿债能力、盈利能力和资产营运能力等各项财务比率有机地结合起来，做出系统、深入、综合的评价，才能从总体意义上把握企业财务状况和经营状况。这样，无论是经营者、投资者还是国家有关监管部门都能够从自身利益出发对一个企业进行多角度、多层次的综合分析和评价。

杜邦分析体系正是对企业进行综合分析的财务分析方法，通过把有关财务比率和财务指标以系统分析图的形式联结在一起，对企业财务状况及经济效益进行综合系统分析评价。

首先，作为该系统的核心指标净资产收益率，是一个综合性很强、与企业财务管理目标相关性最大的指标，它由企业的销售净利率、总资产周转率和权益乘数所决定。

其次，资产净利率是影响净资产收益率的重要指标之一，具有较强的综合性，它集中反映了销售、利润及资金周转之间的数量关系，是销售净利率与总资产周转率的乘积。

再次，销售净利率说明了企业净利润与销售收入之间的关系。从销售净利率和资产周转率来看，要提高这两项财务比率，销售收入和净利润是关键。而净利润增加的根本又在于销售数量和质量（即销售利润额）的提高。可见，扩大销售收入，降低成本费用开支，是提高企业销售净利率的根本途径。而企业扩大销售同时也会提高资产周转速度。降低成本、费用也是提高销售净利率的一个重要措施。我们可以从成本费用的构成中看出其结构是否合理，从而找出降低成本、费用的途径和加强成本费用控制的方法。

最后，权益乘数是影响净资产收益率的另一个重要指标，它体现资本结构对企业利润率的影响。在一定的盈利水平下，如果资产总额保持不变，适当的负债经营，可以相应地减少所有者权益所占的比例，从而达到提高净值报酬率的目的。

杜邦财务分析体系实际上是将比率分析法、比较分析法和因素分析法有机结合的一种综合性的财务分析方法。该方法将企业的各种财务活动、各项财务指标相互联系起来加以综合分析，也就是说，将企业财务活动及财务指标看做是一个大系统，对系统内的相互依存、相互作用的各种因素进行综合分析。从一个企业的发展前途来看，杜邦财务分析是企业改善经营管理、提高获利能力的一种有效分析工具。

从杜邦分析图中能够直接地解释有关重要财务指标的变动原因，揭示有关财务指标的内在联系，从而能够对各项指标进行相互比较分析，引导管理者进行正确的决策分析。从杜邦财务分析体系可以看出，净资产收益率的大小受销售净利率、资产周转率和权益乘数三个指标值的影响。销售净利率反映了企业所经营产品（或服务）的盈利能力；资产周转率反映了企业资产使用效率的高低，即在相同的产品盈利能力下，企业的盈利水平与资产使用效率成正比关系；权益乘数反映了企业负债经营的程度，也就是企业利用财务杠杆的程度。即在相同的盈利水平下，权益乘数越大（这时资产负债率越高），净资产收益率越高。因此，要提高企业的净资产收益率，不但要有盈利能力强的产品，而且要加速资金周转。

杜邦分析体系的重要用途在于能够反映各项指标的相互关系。学习本案例的目的就是分析引起净资产收益率发生变化的主要因素及其影响程度。案例中，对引起净资产收益率变化的主要因素销售利润率、总资产周转率、权益乘数的变化分析，找到企业近几年经营业绩下降的主要原因，为企业的进一步优化发展提供有参考价值的信息。

三、思考·讨论·训练

1. 在财务分析中，杜邦分析法有何重要意义？

2. 画出杜邦体系的基本结构图，并指出引起净资产收益率发生变化的因素。
3. 根据案例资料，找到案例中引起的净资产收益率逐年下降的主要因素。

案例 7-6　三高发展的透视

一、案例介绍

燕京集团创建于 1980 年，其前身是北京市燕京啤酒厂，1993 年成立了以该厂为核心的北京燕京啤酒集团，属国有大型二级企业。该集团自创立以来，实施了一套独具特色的经营战略，并取得了显著成效。特别是 1995 年 9 月兼并华斯啤酒集团及 1997 上半年完成的股份制改造，使其在战略布局上有了新内涵。燕京啤酒的产品全部按国际标准组织生产，在中国啤酒行业首批通过了 ISO9002 产品质量认证，年生产能力 70 万吨。产品销往全国各地，并出口 20 多个国家和地区，在 23 个国家和地区进行了商标注册。截至 1997 年 7 月，集团总资产为 14.1 亿元，年销售额突破 10 亿元，利税总额近 4 亿元。

面对燕京集团滚动式发展、高速发展、高效率发展，刚刚在第六届燕京啤酒节开幕式上发表完讲话的北京燕京啤酒集团（以下简称"燕京集团"）总经理李福成先生，回到自己的办公室，从文件夹中取出本集团 1996 年财务分析报告和 1997 年技改扩建项目计划书陷入了沉思。

在 1996 年财务分析报告中，燕京集团的流动资金周转额、主营业务收入、利润总额、流动比率、应收账款周转率等指标呈稳步增长趋势，而资产负债率等呈下降趋势，充分反映了其发展是健康的。但是，1997 年 7 月完成股份制改造后，针对技改扩建项目如何进行资本运营、提高营运能力尤其是人力资源营运能力、偿债能力、盈利能力和发展能力，如何优化资本结构保持健康的财务状况、如何提高市场占有率，无疑是摆在李总面前的迫切课题。下面附有财务部门所做的简要财务分析说明（见表 7-37）。

表 7-37　　　　　　燕京集团主要经济效益指标

年　份	1996	1995	1994
流动资金周转额（万元）	32 227	22 668	10 055
主营业务收入（万元）	99 919	51 197	29 391
成本费用合计（万元）	79 788	39 877	22 603

续表

年　份	1996	1995	1994
利润总额（万元）	15 645	12 830	7 375
流动资金周转次数（次）	3.1	2.26	2.92
成本费用利润率（%）	19.6	32.2	33.4
流动比率	1.24	0.94	1.13
速动比率	0.62	0.64	0.34
资产负债率（%）	59	81	63.5
应收账款周转率（次）	27.20	27.92	27.71
存货周转率（次）	5.29	2.72	2.04
净资产收益率（%）	44	85	59
每股净利润（元）	0.68	1.47	1.32

燕京集团1995年、1996年的流动比率分别为0.94、1.24，显然燕京集团的短期偿债能力有所增强。但从企业经营角度看，过高的流动比率通常意味着企业闲置现金的持有量过多，必然造成企业机会成本的增加和获利能力的降低。因此，企业应尽可能将流动比率维持在不使货币资金闲置的水平，并应特别留意流动资产的变现质量情况。

燕京集团1995年、1996年的速动比率分别为0.64、0.62，均小于1，这与其存货过多有关。不过，由于燕京啤酒市场占有率较大，存货流通顺畅，变现能力强，所以速动比率虽然偏低，但企业仍有望偿还到期的债务。

燕京集团1995年、1996年的资产负债率分别为81%、59%，1996年比1995年降低了22个百分点，说明有较好的偿债能力和负债经营能力。从企业所有者来说，利用较少量的自有资金，形成较多的生产经营用资产，不仅扩大了生产经营规模，而且在经营状况良好的情况下，还可以利用财务杠杆作用，获得较多的投资利润。但如果这一比率过大，不仅对债权人不利，而且企业有濒临倒闭的风险。

燕京集团1995年、1996年的主营业务收入分别为51 197万元、99 919万元，平均职工人数约为6 000人。从劳动效率看，1995年：51 197÷6 000 = 8.53万元/人，1996年：99 919÷6 000 = 16.7万元/人。这表明集团在充分调动职工的积极性和能动性，进一步挖掘职工潜能、提高经济效率等方面措施得当，效果较明显，但和其他啤酒企业进行比较，仍有一定的差距。

燕京集团1995年、1996年的应收账款周转次数分别为27.92次、27.2次，下降了0.72次。主要原因是其为促进销售，采用较宽松的信用政策和收账政策，但总体影响并不大。加快应收账款的回收速度将是今后一段时间的工作重点。存货周转次数从1995年的2.72次提高到1996年的5.29次，说明集团由于销售顺畅而具有较高的流动性，存货转换为现金或应收账款的速度较快，存货占用水平较低。流动资产周转次数从1995年的2.26次提高到1996年的3.1次，说明周转速度加快，流动资产相对节约，其意义相当于流动资产投入的扩大，在某种程度上增强了集团的盈利能力。

燕京集团1995年、1996年的成本费用利润率分别为32.2%、19.6%，呈下降趋势。成本费用上升的主要因素是原材料价格上涨，同时，啤酒市场竞争激烈，产品售价下调，利润空间明显缩小。

另外，集团1995年、1996年的净资产收益率分别为85%、44%，1996年比1995年下降了41个百分点，原因是集团所有者权益的增长快于净利润的增长。

燕京集团建厂时，国家资金（即国有资本）不足390万元，若以390万元为准，到1996年年底，所有者权益增长了67.26倍。集团的资本积累主要在1993年资本金制度建立之后，即使按16年计算，资本积累率平均为25.4%。该指标说明集团的资本积累较多，资本保全性较强，应付风险、持续发展的能力较大。1980～1996年燕京集团的固定资产平均成新率为0.808，说明其固定资产更新较快，有利于企业的扩大再生产。

李总认为不能盲目乐观，必须对经营理财的各个方面，包括偿债能力、营运能力、盈利能力及发展能力等全部信息详尽地了解与掌握，及时发现问题，采取对策，规划和调整市场定位目标和策略，消除影响企业经济效益增长的不利因素，进一步发掘潜力，优化投资组合，即为日常的生产经营管理、预测决策提供服务，为经济效益的持续稳定增长奠定基础。

（资料来源：全国高校管理案例库研究编写组：《管理案例库教程》，中国科学技术出版社2004年版）

二、案例分析

财务分析既是对已完成的财务活动的总结，又是财务预测的前提，还是决策的重要步骤。财务报告分析是财务分析的重要组成，并且各类指标不是相互独立的，它们相辅相成，有一定的内在联系。因此，企业在进行财务分析时，应深入企业生产、经营、管理等各个方面，展开更为详细的调查，以期发现问题并及时解决问题。

案例中燕京啤酒集团为进一步优化其资本结构，提高市场占有率，在预定1997年发展改革方向时，参考了1995、1996两年的基本财务指标，目的是通过解读企业前两年的基本发展情况，比较分析出企业的发展态势，为新一年的决策提供参考建议。

对同一指标做两期或两期以上的报表项目金额进行比较，得出各项目增减变化的金额和变动幅度，以说明报表中同一项目在不同时期的增减变化情况，这是趋势分析法的重要意义。

案例中比较了偿债能力指标流动比率、速动比率和资产负债率等指标的变化，揭示企业偿债能力的变化趋势；对应收账款周转次数、存货周转次数和流动资产周转次数等指标的比较研究，进一步了解企业资产的周转能力；为了了解企业近两年盈利能力的变化，案例还对主营业务收入和成本费用利润率做了比较。在指标比较变化中，我们可以得出企业经营情况的变化，但这不是最终目的，我们最终是希望通过变化找到原因，改善经营，以期达到不断发展企业核心竞争力的目的。

三、思考·讨论·训练

1. 资产负债率、应收账款周转次数的变化说明了什么问题？
2. 通过对燕京集团的财务分析，您认为该集团经营上存在哪些问题？
3. 您认为该集团的财务分析还应包括哪些内容？需要收集哪些资料？
4. 趋势分析法在企业财务分析中，有何重要作用？

案例7-7 东方航空财务分析与价值估算

一、案例介绍

（一）公司及行业介绍

1. 公司简介

中国东方航空集团公司（CEA，以下简称"东航集团"）是中国三大国有大型骨干航空企业集团之一，于2002年在原东方航空集团的基础上，兼并中国西北航空公司，联合云南航空公司重组而成。

东航集团总部位于上海，以上海虹桥机场和浦东机场为主要航空基地。集团注册资本为人民币25.58亿元，总资产约为516.99亿元，员工达35 000人。截至2004年中期，东方航空股份公司运营飞机100架，其中包括92架100座以上客机、6架全货机、2架CRJ200支线客机。2005年收购西北航空和云南航空的资产后，公司100座以上客机将增加38架，增幅达41%，公司机队规模将进一步扩大。此外，集团还广泛涉及进出口、金融、航空食品、房产、广告传媒、机械制造等行业，拥有20多家分公司。

中国东方航空股份有限公司（以下简称"东航"）是东航集团的核心企业，是中国第一家在香港、上海和纽约上市的航空公司，注册资本为人民币48.669 5亿元。东航集团拥有其61.64%股权。

东航集团在国内民航业中占客运市场23%的市场份额、货运市场28%的市场份额。作为上海机场的主要基地航空公司，东航集团在上海航空枢纽港的建设中起着举足轻重的作用。截至2003年年底，中国民航旅客运输市场和货邮运输市场的份额划分如图7-3和图7-4所示

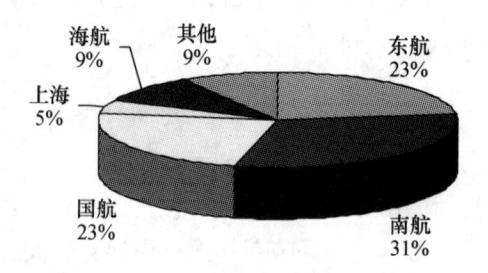

图7-3 中国民航旅客运输市场份额

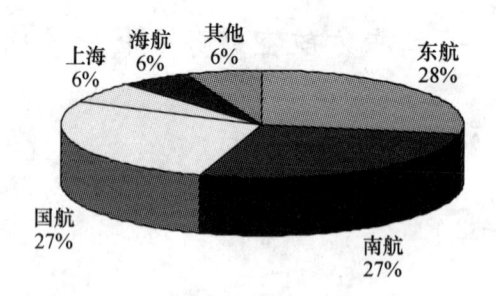

图7-4 中国民航货邮运输市场份额

资料来源：《从统计看民航》，截至2003年年底。

从2004年夏秋季航班开始，东航就逐步调整运力，增加从上海始发的航班的数量。11月底的数据显示，东航在上海空港实际开通航班的数量已经达到上海总航班数的36%左右。按照已取得的航班时刻算，东航的市场份额已经接近40%。东航将继续调整其他地区的运力到上海，增加上海出发和到达的航班数量，利用自身国际航线的优势，逐步向枢纽运营模式转变。

1997年年初，东航股票在海外上市，募集资金2.82亿美元。10月，公司A股在上海证券市场上市（股票代码为600115），募集资金7.2亿元。公司总股本48.67亿股，61.6%由东航集团公司控制。

2. 所在行业简介

(1) 航空业发展现状

航空业是关系国计民生的重要基础行业，其行业特点是航空业盈利波动性较大。这种波动性不仅在航空业，其他周期性行业也是如此，与宏观经济密切相关，另外还体现在航空市场需求和运力供给的周期性失衡上。此外，航空业也有着极为脆弱的行业特性，容易遭受战争、恐怖活动、传染性疾病、油价波动、政策变更等多种因素的干扰。

研究发现，一国航空业的高成长期约为40年。中国航空业从20世纪80年代开始进入高成长期，至今已经快速增长了20多年。根据此条"国际惯例"，应还有近20年的高成长期。在我国GDP长期稳定增长的背景下，民航运输业一直保持较高的增长率。从1990～2003年，GDP年复合增长率为9.67%。而同期我国民航旅客运输量、货邮运输量年复合增长率分别为13.65%和14.66%，均高于GDP的复合增长率。另外，与其他运输方式相比，民航业也显示了较高的增长率。从1991～2002年，民航旅客运输量年复合增长率为13.29%，铁路为0.96%，公路为7.26%，水运为-2.99%；民航货邮运输量年复合增长率为14.58%，铁路为2.67%，公路为3.89%，水运为4.95%。

研究表明，我国航空业强劲的增长动力可以从航空市场的供给和需求两方面来看。我国宏观经济持续快速增长，对内对外商务贸易越来越活跃，保证了航空业最宝贵的客户资源——商务旅客客源的快速增加。据统计，我国旅游收入占GDP比重为4%，而世界平均比重为10%，显示我国旅游业有着广阔的发展前景。据国家旅游局预测，2004～2010年，我国游客人数将年均增长10%；2011～2020年将年均增长8%。预计到2006年，航空业旅游乘客占比将从2000年的19%增长到2006年的43%以上。从航空业需求规模的前景判断，未来10年，不断推进改革开放和加入世界贸易组织，2008年奥运会等多种因素将继续推动我国经济高速增长。据推测，未来10年GDP的增长速度平均将达到8%，我国国内航空市场未来5年的平均增长速度应在15%左右，未来5～10年的增长速度应在10%左右。

从供给来看，根据航空业运力增长的前景判断，民航总局预测，2005年民航机队规模将由2000年的510架增至800架，2010年将达到1 200架。2003～2010年，飞机架数年复合增长率为8.9%，低于预期的国内航空市场未来10年10%～15%的平均增长速度，因此，我国民航业的客座率水平应该是不断上升的。据估计，客运周转量2004～2006年将保持15%的复合增长率，而根据对上市公司的调研以及对国内飞机新旧更换数量的推测，预计2004～2006年可用客运周转量复合增长率为10%左右；今后几年的客座率将继续保持增长，2005年在70%左右，2006年在72%左右。

(2) 航空公司财务的主要特点

一是负债币种多为外币。由于购买飞机的成本很高，再加上高额的其他费用，租赁飞机则以较低的成本、较高的灵活性及多种融资渠道而成为国内外许多航空公司的现实选择。目前，全球航空公司的飞机有40%都是通过租赁方式引进的。这就导致航空公司资产负债率水平较高，负债的大部分为外币负债，其中又主要以美元为主。美元负债中大约有50%为固定利率贷款，因此汇率的变化以及国内利率的调整都会对航空公司造成较大的影响。

以东方航空、南方航空和上海航空为例。截至2004年年底，南航的美元负债额折合人民币193.67亿元，东航的美元负债额折合人民币123.87亿元，上航的美元负债额折合人民币32.71亿元。表7-38给出了三家航空公司2004年末租赁飞机占全部飞机的比率、美元负债占总负债的比率以及负债占总资产的比率。从表中数据可以看出，三家航空公司，资产负债率均在70%以上，美元负债率最高54.37%，最低也有35.85%。三家公司的飞机租赁比率均超过1/3。

表7-38　　　　　三家航空公司的租赁负债情况比较　　　　　单位:%

	飞机租赁比率	美元负债率	资产负债率
东方航空	46.25	35.85	84.27
南方航空	34.69	39.30	78.03
上海航空	43.93	54.37	73.96

二是航空业受航油影响大。无论是国际航空公司还是国内航空公司，航油成本在公司运营总成本中始终占很高比例。对国内航空公司来说，航油成本更是比例最高的一项，平均在20%以上。据统计，我国航空公司的不可控成本如航空油料费用、购置飞机关税和增值税、发动机折旧费、经营性租赁费、高价周转件摊销和飞机发动机保险费等已经占到了总成本的60%左右。

资料显示，由于我国航油供给由中国航空油料总公司（简称"中航油"）独家经营，中航油完全垄断油源和全国机场的储供油设施，实行高出国外市场50%~100%的垄断价格，这是造成我国航空公司成本居高不下、缺乏竞争力的重要原因之一。

（二）中国东方航空集团公司基本财务分析

我们主要就东航的偿债能力、经营能力、财务结构和盈利能力等4个方面，通过行业横向和时间纵向的比较来进行分析。

1. 横向比较

表7-39是利用在我国A股上市的4家航空公司2004年年报中的相关财务数据计算出来的几个主要的财务指标。

从表7-39可以看出，4家航空公司的流动比和速动比相对其他行业都偏低，东航处于中偏下水平。不过，东航在存货周转率、总资产周转率、盈利能力及每股收益方面都处于中上水平。从财务结构上看，东航的资产负债率为84.27%，仅次于海南航空，相对比较高。另外，东航的应收账款周转率在这4家航空公司中是最低的，说明在应收账款管理方面有待加强。

表7-39　　　　　　4家航空公司的相关财务指标比较

	偿债能力分析		财务结构分析	经营效率分析			盈利能力分析(%)		每股财务数据（元）	
	流动比	速动比	资产负债率(%)	存货周转率	应收账款周转率	总资产周转率	经营净利率	净资产收益率	每股净资产	每股收益
东方航空	0.435	0.372	84.27	12.769	12.227	0.5095	2.70	9.25	1.191	0.1102
南方航空	0.307	0.254	78.03	19.014	19.481	0.472	0.43	0.88	2.66	0.024
上海航空	0.59	0.422	73.96	12.881	25.096	0.8618	4.00	12.87	1.89	0.24
海南航空	0.67	0.634	91.56	8.8731	27.56	0.3473	1.08	6.35	1.96	0.12

2. 纵向比较

从东航自身经营和财务状况来看，存在以下特点。表7-40、表7-41和表7-42分别是东航2001~2004年的资产负债表、利润表和现金流量表。

表7-40　　　　　　东方航空历年资产负债的比较　　　　　　单位：百万元

年　份	2001	2002	2003	2004
货币资金	2 757	3 119	3 323	3 841
应收款项	1 402	1 600	1 898	2 639
存货	2 075	1 959	1 348	1 177
其他流动资产	200	861	310	578
长期投资	710	1 002	1 279	675
固定资产	17 328	17 884	24 187	27 951
在建工程	1 384	3 434	2 749	2 911
无形资产	1 499	1 522	1 460	1 484
递延税项（借）	—	45	133	140
资产合计	27 355	31 427	36 687	41 396
短期借款	1 283	4 502	4 632	6 189
应付账款	251	783	1 127	1 566
其他流动负债	3 831	4 544	6 376	7 392
一年内到期的长期负债	2 974	3 539	3 973	3 806
长期负债	3 206	3 776	7 810	7 283
长期应付款	9 232	7 573	6 721	8 317
负债合计	20 777	24 717	30 639	34 553
递延税项（贷）	1	1	259	330
股东权益（含少数股东权益）	6 577	6 709	5 790	6 513
负债及权益合计	27 355	31 427	36 687	41 396

表7-40数据显示，从2001~2004年，东航的股东权益几乎没有增加，但负债却增长了50%，特别是短期借款和长期负债。从流动资产和流动负债增长来看，2001年流动比从约0.75下降到2004年的不到0.45，而且2004年一年内到期的长期债券和货币资金数量接近，加上短期负债上升迅速，这一切都表明，东航的资金面越来越吃紧。

表7-41是利润变动情况。从净利润数来看，2001年、2002年和2004年是盈利的，但2003年亏损。从主营业务利润和主营业务收入的增长比来看，前者4年增长了60%，而后者则只增长了31%，说明主营业务的获利能力下降。财务费用一直保持一个水平且有所下降，这似乎与负债同步的增长不相一

致，但因财务费用是利息支出和利息收入的净值以及汇兑损益等之和，因此，这一数据说明，东航的财务在资金管理方面还是比较好的。我们注意到，营业费用在2003年的增长幅度相对主营业务收入，比2002年和2004年都高。如果从对应的净利润2003年亏损以及2004年盈利的情况来推测，不能排除东航对2003年和2004年盈余实施了"平滑"处理这种可能。

表7-41　　　　　　东方航空历年利润状况的比较　　　　单位：百万元

年 份	2001	2002	2003	2004
主营业务收入	12 411	12 959	13 999	19 893
减：主营业务成本	9 896	10 221	11 905	16 124
减：主营业务税金及附加	297	304	167	522
主营业务利润	2 218	2 434	1 927	3 248
加：其他业务利润	541	544	410	665
减：营业费用	1 298	1 121	1 104	1 449
减：管理费用	643	830	1 084	1 177
减：财务费用	700	844	785	698
营业利润	119	183	-636	589
投资收益	57	21	44	-29
补贴收入	1	55	88	71
营业外收支净额	-14	3	94	284
利润总额	163	262	-410	915
所得税	5	70	296	225
少数股东损益	25	68	120	154
净利润	133	124	-826	536

从表7-42数据可知，现金及现金等价物2003年为负，其余年份为正。2003年"非典"的出现，使得许多航空公司的业绩下滑。但是，我们也发现，客观因素并不能解释所有报表业绩。在表7-42中我们注意到，计提资产减值准备在2003年为最多，几乎是其他年度的3倍；预提费用也是在这一年达到

最大,是 2004 年的 5.6 倍。与资产负债表和利润表的变动联系起来,更让人感到 2004 年业绩有调控的痕迹。此外,2003 年现金流量筹资流入大于流出,投资现金流出大于投资现金流入,结合资产负债表所显示的固定资产变动,表明东航在 2003 年存在重大投资活动。

表 7-42　　　　　　　东方航空历年现金流量的比较　　　　单位:百万元

年　份	2001	2002	2003	2004
净利润	133	124	-826	536
加:少数股东权益	25	68	120	154
计提资产减值准备	41	79	271	74
固定资产折旧	1 591	1 270	1 472	1 821
无形资产摊销	29	31	32	35
长期待摊费用摊销	71	67	73	102
处置固定资产、无形资产和其他长期资产损失	-20	-8	8	-18
待摊费用的减少	69	-3	-7	-18
预提费用增加	-12	446	888	160
固定资产报废损失	8	—	—	—
财务费用	731	856	823	749
投资损失	-57	-21	-44	29
递延税款贷项	—	1	170	64
存货的减少	147	48	346	122
经营性应收项目的减少	748	-161	2 188	-2 133
经营性应付项目的增加	-309	766	-1 467	2 513
其他	—	—	—	25
经营活动产生的现金流量净额	3 195	3 563	4 047	4 215
投资现金流入	486	1 125	2 753	1 592
投资现金流出	2 578	5 763	9 758	3 784
投资活动产生的现金流量净额	-2 092	-4 638	-7 005	-2 192
筹资活动现金流入	3539	9 428	13 119	10 055
筹资活动现金流出	4 379	7 756	10 447	11 547
筹资活动产生的现金流量净额	-840	1 672	2 672	-1 492
汇率变动对现金的影响	-145	-33	-3	8
现金及现金等价物净增加额	118	564	-289	539

利用这些财务数据，我们还对 2004 年的财务状况做了杜邦分析，如图 7-5 所示。

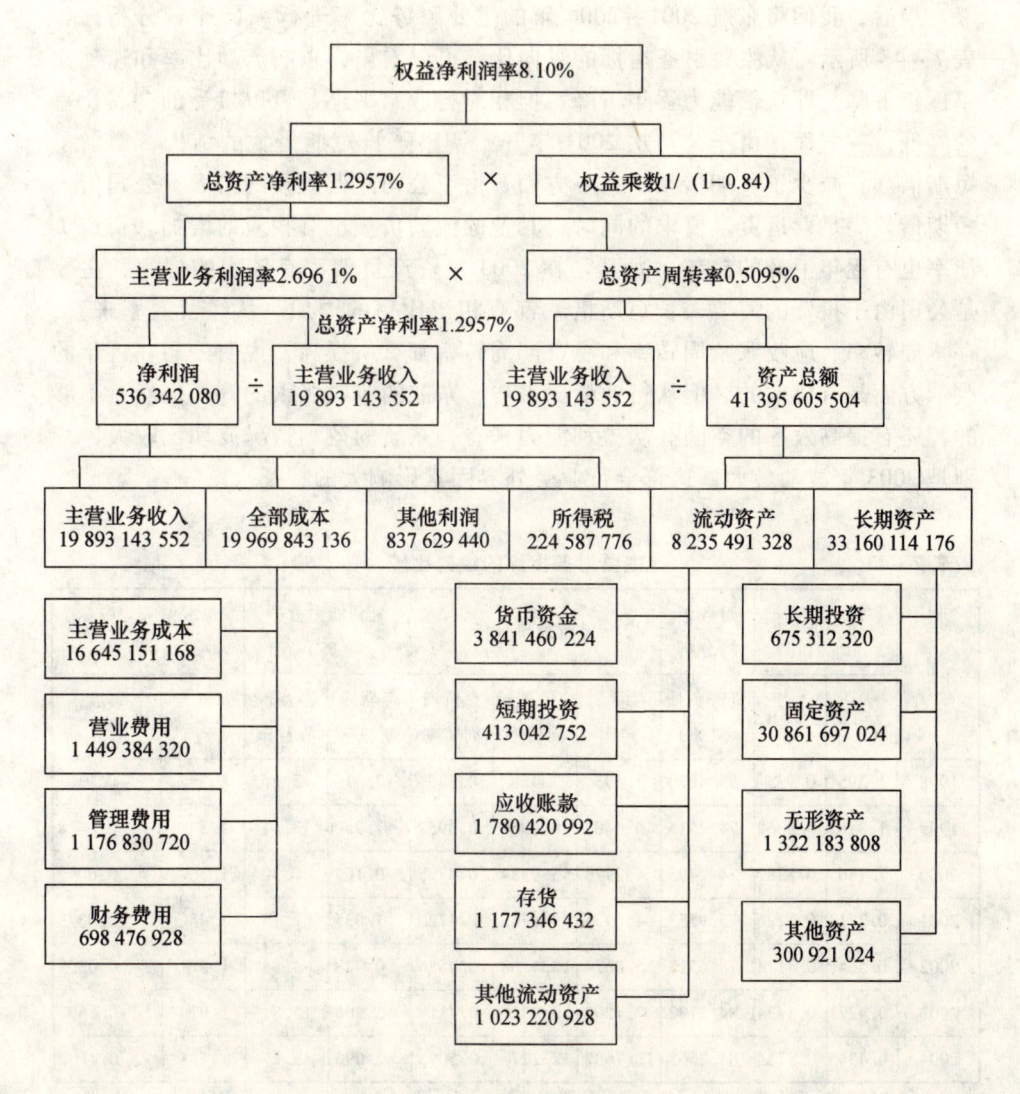

```
                        权益净利润率 8.10%
                               │
            ┌──────────────────┴──────────────────┐
    总资产净利率 1.2957%          ×          权益乘数 1/(1-0.84)
            │
    ┌───────┴────────┐
主营业务利润率 2.6961%  ×  总资产周转率 0.5095%
            总资产净利率 1.2957%
    ┌───┴───┐                    ┌───┴───┐
  净利润  ÷ 主营业务收入      主营业务收入 ÷ 资产总额
536 342 080  19 893 143 552   19 893 143 552  41 395 605 504
```

主营业务收入	全部成本	其他利润	所得税	流动资产	长期资产
19 893 143 552	19 969 843 136	837 629 440	224 587 776	8 235 491 328	33 160 114 176

主营业务成本 16 645 151 168	货币资金 3 841 460 224	长期投资 675 312 320
营业费用 1 449 384 320	短期投资 413 042 752	固定资产 30 861 697 024
管理费用 1 176 830 720	应收账款 1 780 420 992	无形资产 1 322 183 808
财务费用 698 476 928	存货 1 177 346 432	其他资产 300 921 024
	其他流动资产 1 023 220 928	

图 7-5 东航的杜邦财务分析

从杜邦分析图可以看出，航空公司的财务状况有其自身的特点：一是航空公司有大量的固定资产，因此，相对于其他行业来说其总资产收益率和总资产周转率比较低。二是主营业务成本占了全部成本的很大比例，主要是因为原油是航空公司的主要成本。三是东航的货币资金在流动资产中占有相对较大的比重，这些货币资金绝大部分是存放在银行作为限制性存款，其中大部分是作为融资租赁的抵押品。

最后，我们将东航 2001~2004 年的主要财务比率进行纵向比较分析，如表 7-43 所示。从主要财务指标的纵向比较可以看出，东航流动比率和速动比率逐年下降，即偿债能力逐年下降，但相对行业水平还是可以接受的。其比率的降低，一方面，由于公司从 2001 年开始调整了长短期借款的结构，增加了短期借款，减少了长期借款；另一方面，由于公司经营规模的扩大，公司借入短期借款满足营运资金要求的同时，其他的流动负债也有相应的增加。资产负债率也有逐年上升的趋势，尤其是在 2003 年资产负债率有较大的提高，主要是公司由于投资的需要，长短期借款都有相当比率的增加。从经营效率来看，存货周转率、应收账款周转率和总资产周转率都有所提高，说明公司在近年的改革方面是有成效的，但从行业横比来看，东航的应收账款的管理仍然是不够的，还有提高效率的空间。从盈利能力来看，东航的盈利情况波动比较大，特别是 2003 年波动最大，这符合行业受外界因素影响大的特征。

表 7-43　　　　　　　　主要财务指标的纵向比较

年份	偿债能力分析		财务结构分析	经营效率分析			盈利能力分析（%）		每股财务之数据（元）	
	流动比	速动比	资产负债率(%)	存货周转率	应收账款周转率	总资产周转率	经营净利率	净资产收益率	每股净资产	每股收益
1998	1.295	0.935	75.487	3.593	7.458	0.325	-7.316	-5.265	1.342	-0.13
1999	1.3187	0.9362	74.2515	4.0403	6.6951	0.3952	1.9506	3.11	1.37	0.0428
2000	1.186	0.8387	74.2495	4.2773	5.9384	0.4725	0.1699	0.304	1.36	0.004
2001	0.7714	0.5226	75.9553	4.6935	9.1743	0.4725	1.0353	2.13	1.28	0.0273
2002	0.564	0.4174	78.6515	5.0674	12.5168	0.4556	0.928	1.98	1.291	0.0255
2003	0.4271	0.3434	84.2192	7.1202	10.352	0.411	-5.9002	-15.8	1.074	-0.1697
2004	0.4345	0.3724	84.2665	12.7687	12.227	0.5095	2.6961	9.25	1.191	0.1102

（三）未来业绩的预测

在预测这一部分，我们将首先进行主营业务收入及收入影响因素分析，再分析其成本及其他财务不确定因素，最后在给出一些基本的假设前提下，对东航未来 4 年的资产负债表和利润表进行预测。

1. 东方航空收入分析

近年来，东航的收入结构有两个特点（见图7-6和7-7）：一是货运占比逐渐增长。从2000年的20%左右，逐渐增加到2003年的25%左右，且这一比例远高于南航（约12%）和上航（约18%）。二是国内客运在东航的总客运收入中占比越来越高。从2000年的45.7%提高到2003年、2004年的55%左右。这主要是因为国内客运市场以及货运市场发展前景良好，东航的运力投放逐渐向这两个领域倾斜。

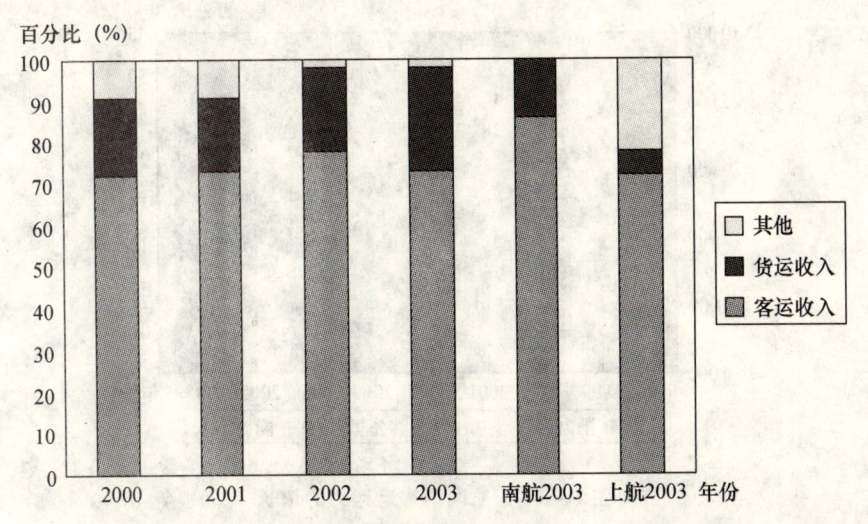

图7-6 东航收入构成的变化及与南航、上航的比较
资料来源：东航定期报告。

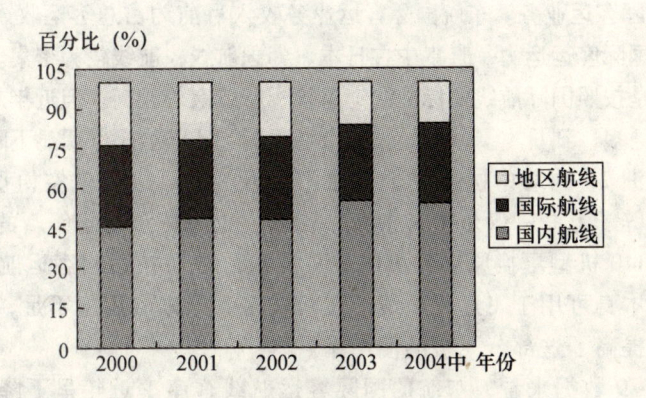

图7-7 东航客运收入构成变化
资料来源：东航定期报告。

（1）国内客运业务。从客座率数据看，东航国内航线客座率数据虽然各月之间由于季节性原因有高低之分，但每月同比都有所提升，基本上呈现逐年提高的趋势。东航2004年1~11月份国内综合客座率为70.95%，全年约为70.5%，2005年可达到72%。在客座率数据提高的同时，国内行业集中度的提高也使得航空公司对票价的控制力增强。预计2004~2006年，东航国内航线的客公里收入也将会缓慢上升。如图7-8所示。

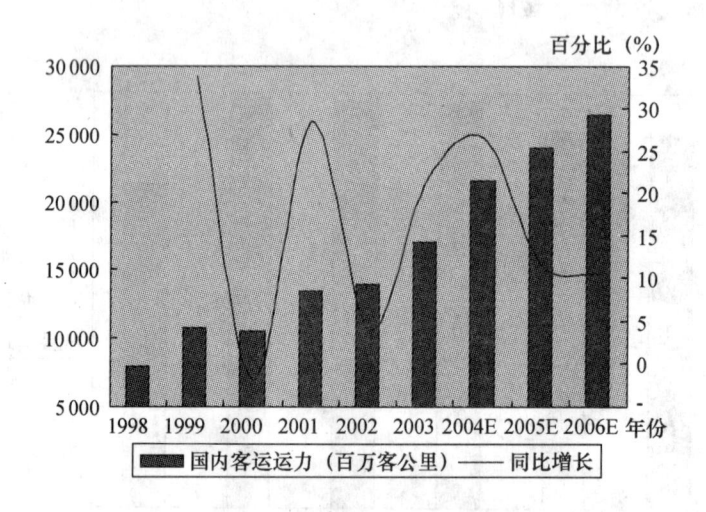

图 7-8 东航国内客运运力的增长

资料来源：公司数据。

（2）国际客运业务。东航国际客运业务收入目前约占总客运收入的30%。过去，东航的国际客运运力一直集中在日本、韩国航线，航线较为密集。航程虽然较短，但由于是按照国际航线的标准制定票价，所以票价较高。但近年来这部分航线进入者逐渐增多，到日本、韩国的航线市场逐渐饱和，客座率明显下降。

随着欧洲29国对中国公民个人旅游的开放、《中美航空协议》的签署，东航相继开辟了上海—墨尔本、上海—伦敦、上海—温哥华等新的国际定期航线，并用A340机型更换原来的MD11旧机型，增加在远程客运航线上的竞争力，且东航本身可用于飞远程航线的飞机较多，原来利用率不足，现在大力拓展国际航线提高了这部分飞机的使用率。

从图7-9数据来看，东航的国际客运航线客座率近年呈下降趋势，但绝对数仍然保持在较高水平。2004年7~8月份重新回到了70%以上的水平。国内航空公司在国际客运航线上历来以游客为主，随着国内出游人数的增加，预计东航国际航线的客座率将缓慢上升，2004、2005两年可以达到60%左右。不过，为满足游客的需要，票价水平不容乐观。预计2004～2006年将一直徘徊在0.50元/客公里的水平；2006年开始，东航订购的A330飞机逐步到位，替换现在的部分A300/310机型，在日韩航线上的客座率和票价水平有所回升。东航国际航线客运运力的增长如图7－9所示。

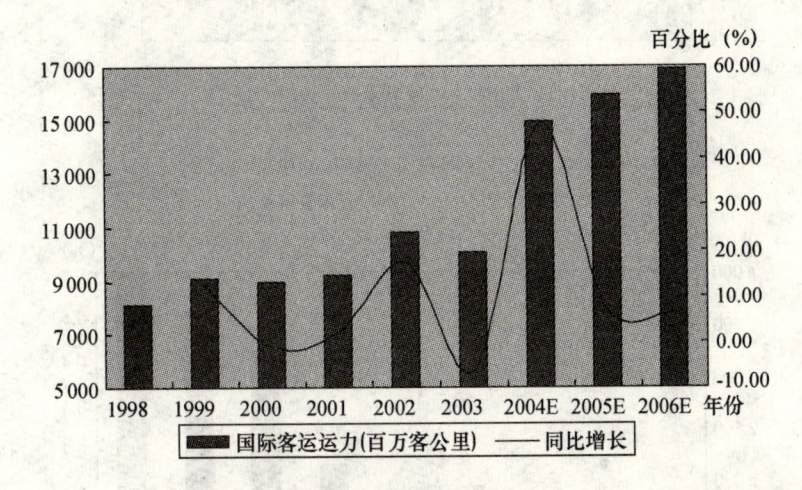

图7－9 东航国际航线客运运力的增长

资料来源：公司数据。

（3）货运业务。东航的货运业务主要通过下属控股70%的"中国货运航空公司"（以下简称"中货航"）来运营（中货航另外30%股权为中国远洋运输公司持有）。中货航目前经营13条国际货运航线，已经有6架MD－11货机投入运营，主要负责所有全货机及从上海始发的客机机腹货运业务。

中货航的盈利能力远高于客运。以2002、2003两年的货运收入推算，净利润率分别约为8.9%和11.9%。1999～2004年，即使在东航微利或者发生亏损的年份，中货航的净利润也一直保持着增长的势头，如图7－10所示。

东航的货运运力增长非常迅速，如图7－11所示。2003年年底至2004年年初，3架MD－11货机陆续改造完成并投入使用，运力增长一倍，但预计运力的全部释放需要到2005年年底。货运是东航重点发展的业务，预计未来运力投入仍将持续增长。东航2004年9月份租了一架B747全货机，2006年将增加2架T204飞机（相当于B737）飞香港航线的业务，远期还将陆续改造10架A300飞机进行货运业务。图7－11中2004～2006年的运力是根据其现有

302　财务管理案例精选精析

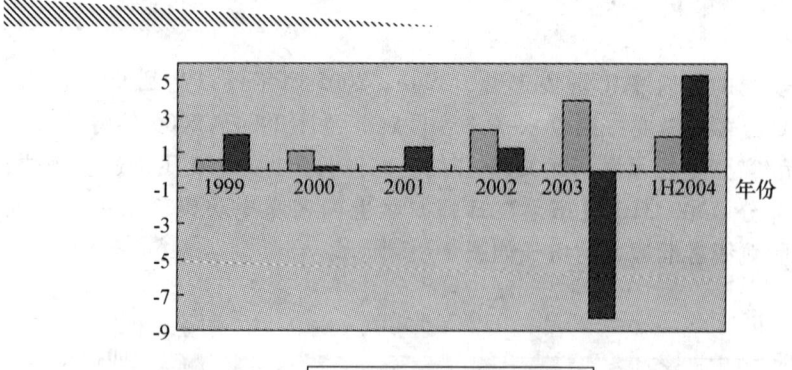

图 7-10　中货航净利润在东航总利润中的占比例（%）

资料来源：公司报表，申银万国证券研究所。

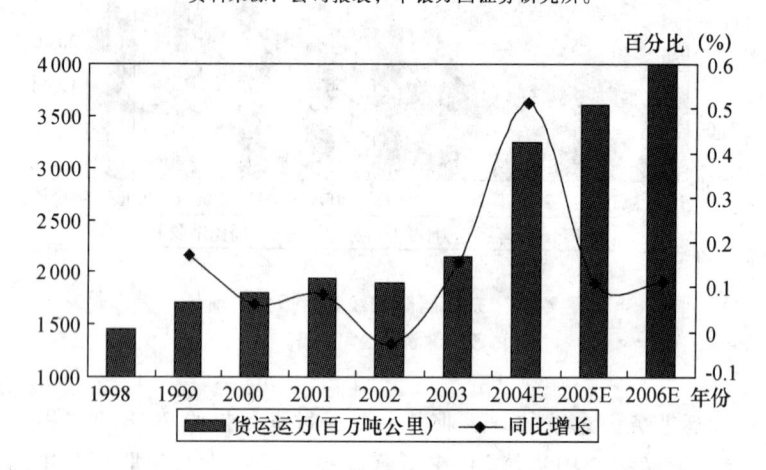

图 7-11　东航货运运力的增长

资料来源：公司数据。

运力调整措施估算出来的。

东航的货运业务有这样一些特点：首先，货运和客运之间有一定的互补性。2003年"非典"期间，航空综合客座率不足40%，而货物综合载运率为68%，港澳地区航线更是高达93%。其次，东航的地面货物处理业务有望快速增长。航空货运按照处理流程简单可划分为货源组织（货代）、地面货物处理（货站）和货物运输（飞行）三部分，其中地面货物处理位于机场内，与机场运营比较类似，有一定的地理垄断优势。2003年年报揭示，中货航下属的货站位于浦东机场，其货物处理量约占整个机场货物处理量的60%；来自这部分业务的利润约占中货航净利润的50%。目前，东航已经将这部分物流业务分离出来，正式成立"上海东方远航物流有限公司",仍然由东航股份公司和中远集团分别持股70%和30%。

上海、北京、广州白云三大机场的货邮吞吐量占全国总吞吐量的56%,上海机场的货邮处理量明显高于其他两家机场。国家对上海机场开放货运航权的政策以及上海优越的地理位置决定了上海机场在货邮处理上的天时和地利。预计随着浦东机场二期的建成,今后5年内上海空港的货邮吞吐量平均将保持20%以上的年增长。如图7-12所示。

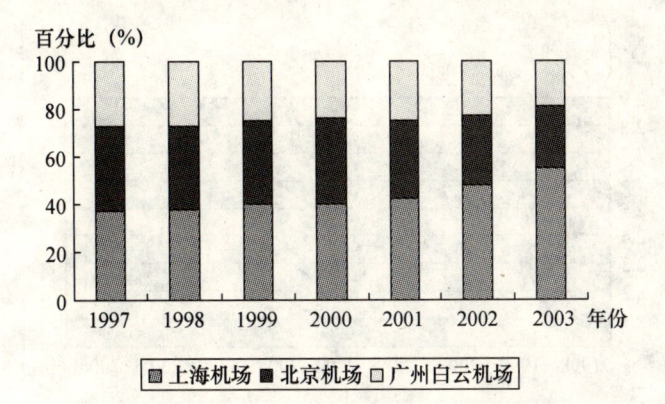

图7-12 三大机场货邮吞吐量构成

资料来源:从统计看民航。

2. 主要成本费用分析

东航及其他三家航空公司的主要成本费用结构如图7-13所示。在航空公

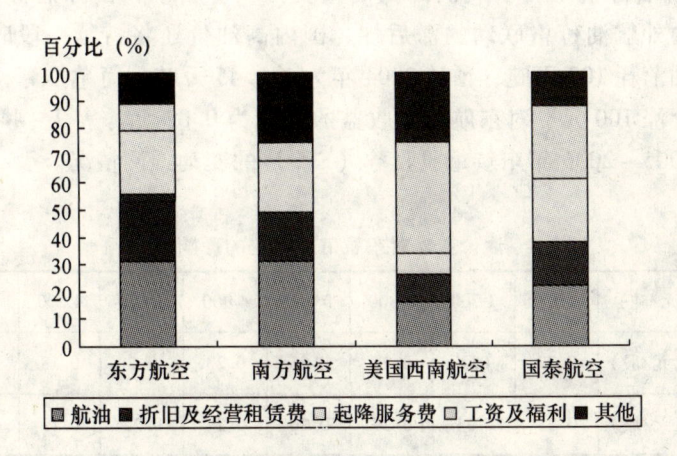

图7-13 航空公司主要成本比较

资料来源:东航(H股)、南航(H股)、美西南航、国态航2004年中报。

司成本费用中最大的几块是航油、折旧及租赁、起降费和人工。从其所占比例看，航油占30%左右，折旧及租赁占25%，起降费占23%，人工占10%。南航也是这样，结构相近。与国外航空公司相比，国内航空公司在人工成本上有很大优势，但在航油和起降费上却占比过高。

东航近几年运营效率提高，单位吨公里成本迅速下降。但是，由于航油价格波动较大，且上涨势头强劲，对东航的利润仍有较大的影响，如图7-14所示。

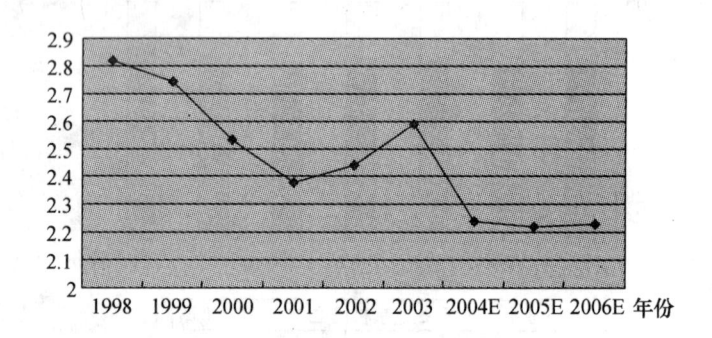

图7-14 东航吨公里成本走势分析

资料来源：东航财务报告。

3. 收入、成本影响因素

（1）航油价格是影响利润高低的重要因素。目前，国际油价快速回落，但由于国内外航油价格联动的滞后性，国内高油价还将持续一段时间。2003年东航航油消耗102万吨，预计2004年为145.45万吨。简单推算，航油平均价格每吨上涨100元，对东航每股收益的影响为0.02元。表7-44是在不同油价下，2005~2006年东航每股收益（EPS）的变动预测情况。

表7-44 油价变动对东航每股收益的影响

平均油价（元/吨）	3 600	3 700	3 800	3 900	4 000	4 100	4 200	4 300
EPS（2005年，元/股）	0.32	0.3	0.27	0.25	0.23	0.2	0.18	0.16
EPS（2006年，元/股）	0.33	0.31	0.29	0.26	0.24	0.22	0.19	0.17

资料来源：申银万国证券研究所。

(2) 人民币升值的可能。人民币升值，对外债数额巨大的航空公司来说，不但可以一次性取得账面汇兑收益。而且购买飞机、航材的成本也会下降，航油、维修以及经营租赁租金等支出也会相应降低。除此之外，人民币升值还将带动国内出境游客数量的快速增长。以每股收益为指标，对人民币升值进行的敏感性分析，见表7-45。当升值幅度为1%时，EPS增长为每股0.03元；升值2%时，增长为每股0.05元。不过，当人民币出现大幅度升值时，这一势头不一定能继续保持，主要原因是大幅度升值将可能导致国内经济形势恶化，发展停滞，并由此而带来一系列更严重的问题。

表 7-45　　　　　　　　EPS 对人民币升值的敏感性分析

人民币升值幅度（%）	1	2	3	4	5	6	7	8
EPS（元/股）	0.03	0.05	0.08	0.10	0.13	0.15	0.18	0.21

资料来源：申银万国证券研究所。

(3) 意外事件造成公司美誉度下降的风险。2004年11月21日的包头空难事件对东航影响较大。东航在2004年11月份的国内客座率明显下降，表明短期内受到较大影响。

从概率上讲，飞行事故的发生是不可避免的，人（机组）、机（飞机与维修护）、环（飞行保障与运行环境）等单一或者多个因素都可能造成事故的发生，即使素以安全著称的新加坡航空在2000年也曾发生过空难事件。事故发生之后，东航的安全意识相对增强。随着时间的流逝，人们对于事件的记忆将逐渐淡忘。特别是2月份春节前后，运力极度紧张，旅客对航空公司的选择余地变小，一定程度上有利于东航形象的改善，空难事件造成的影响将逐渐消除。

4. 财务预测

基于以上的分析，我们对东航未来几年的财务进行预测。预测的总体假设是：公司在未来的运营期，国际国内经济、政治环境稳定，油价和人民币汇率不会发生对公司财务状况产生实质性影响的变化，同时不考虑意外事故对东航经营造成的影响。公司也不发生增发新股、股票股利等筹资活动。

我们在对主营业务收入进行预测时，将主营业务划分为客运收入和货邮收入，并利用2001~2004年各项周转量和收入，计算出每单位运载量的价格，并假设此价格保持不变。在主营业务成本预测中，我们将重要项目按结构类别分别进行预测。油价对成本产生重大影响。根据专家预测，油价的波动具有很大的随机性，往往是各年升降交替的情形，但总体的走势是上升的，因此，我们在预测时遵循这一发展趋势。在营业费用的预测中，我们主要根据未来收入的增长率及其与营业费用之间的关系来预测营业费用，对管理费用的预测则考虑了公司未来的发展规模。在对财务费用的预测中，我们主要结合筹资的情况和汇率的变动情况对财务费用中的利息支出和汇兑损益分别预测。具体预测如表7-46所示。

表7-46　　　　　　　　　对东航利润表的预测　　　　　　　　单位：百万元

年　份	2005	2006	2007	2008
主营业务收入	24 546	28 856	33 577	38 613
减：主营业务成本	21 140	23 787	28 245	32 206
减：主营业务税金及附加	736	866	1 007	1 158
主营业务利润	2 670	4 204	4 324	5 249
加：其他业务利润	712	712	753	753
减：营业费用	1 699	2 115	2 460	2 830
减：管理费用	1 278	1 387	1 507	1 636
减：财务费用	765	911	993	1 074
营业利润	-359	502	118	463
投资收益	—	—	—	—
补贴收入	54	54	54	54
营业外收支净额	459	1 467	1 164	1 591
利润总额	154	2 024	1 335	2 107
所得税	378	498	328	518
少数股东损益	154	154	172	172
净利润	-378	1 372	835	1 417

在对资产负债表进行预测时，我们假设应收款项、存货以及其他流动资产的周转率与现在一样并保持不变，再根据销售收入和周转率进行估测。对固定资产的预测则主要参考了东方航空公司对外公布的年度报告中关于公司未来发展的规划。具体预测数据如表7-47所示。

表7－47　　　　　　　　对东航资产负债表的预测　　　　　单位：百万元

年　份	2005	2006	2007	2008
货币资金	3 034	2 194	3 310	1 114
应收款项	2 959	3 622	4 036	4 770
存货	2 134	1 592	2 832	2 212
其他流动资产	518	770	728	995
长期投资	675	675	675	675
固定资产	31 276	37 299	40 624	43 950
在建工程	3 472	3 781	4 091	4 400
无形资产	1 484	1 484	1 484	1 484
递延税项（借）	140	140	140	140
资产合计	45 690	51 556	57 920	59 740
短期借款	6 151	4 151	4 151	4 151
应付账款	1 940	2 182	2 615	2 901
其他流动负债	10 300	9 607	14 031	12 921
一年内到期的长期负债	3 573	6 359	5 458	5 905
长期负债	8 150	9 719	10 586	11 452
长期应付款	9 306	11 098	12 088	13 077
负债合计	39 421	43 116	48 929	50 408
递延税项（贷）	220	428	437	445
股东权益（含少数股东权益）	6 050	8 011	8 554	8 886
负债及权益合计	45 690	51 556	57 920	59 740

（四）公司价值的估算

在公司价值的估算中，我们采用了现金流估值法和相对估值法两种方法。下面我们主要介绍这两种方法及估值结果。

1. 现金流估值法

这种方法的总体思路是，将公司业务价值（即可向投资者提供的实体价值）减去债务价值以及其他优于普通股的投资者要求（如优先股等），即得到

表 7-48　　　　　　　　　　东航自由现金流的估算　　　　　　　　单位：百万元

年　份	2005	2006	2007	2008
主营业务收入	24 546	28 856	33 577	38 613
减：主营业务成本	21 140	23 787	28 245	32 206
减：主营业务税金及附加	736	866	1 007	1158
减：营业费用	1 699	2 115	2 460	2 830
减：管理费用	1 278	1 387	1 507	1 636
减：财务费用	8	9	10	11
未含利息收支的税前经营利润 EBIT	-315	692	347	773
未含利息收支的税前经营利润之税负	414	405	293	431
加：递延税金增长	-90	-8	-8	-9
扣除调整税的净营业利润（NOPLAT）	-820	279	45	333
折旧和摊销	3 518	3 970	4 460	4 600
毛现金流量	2 699	4 249	4 505	4 933
流动资金的增加	469	-719	2 771	-2 081
资本支出	1 073	6 065	1 548	2 377
其他资产的增加，负债的净额	-966	-1 775	-1 011	-1 003
总投资	575	3 570	3 308	-708
自由现金流量	2 123	679	1 197	5 641

普通股股东可享有的价值。公司业务价值和债务价值等于各自折现的现金流，折现率中要反映其相应的风险。我们在资产负债表和利润表等数据的预测基础上，估算出东方航空公司未来4年的自由现金流量，如表7-48所示。

在这种方法中，折现率通常是依据权重资本成本（WACC）。我们这里主要借用了申银万国证券研究所的计算。权益资本成本 K_e 为11.31%，债权资本成本 K_d 为4.28%。按目标资本成本结构进行估测，权益资金和负债资金之比 V_e/V 为46.13%。由此得到 WACC 为7.52%。我们估计永续增长率 g 为5.9%。计算结果见表7-49所示。

表7-49　　　　　　　权重资本成本和公司价值的估算　　　　　　　单位：百万元

权重资本成本的计算：
$K_e = 4.80\% + 1.05 \times 6.20\% = 11.31\%$（资料来源：彭博、申万研究所）
$K_d = 4.28\%$（资料来源：申万研究所）
$V_e/V = 46.13\%$
WACC = 7.52%

公司价值的估算：

2005E	2 123	0.903 1	1 974.61
2006E	679	0.865 0	587.20
2007E	1 197	0.804 5	963.16
永续价值		0.804 5	280 134.85
公司价值（合计）	283 659.82		

注：假定公司的永续增长率 $g = 5.9\%$，永续价值 = 5 641/（7.52% − 5.9%）× 804 5 = 280 134.85（百万元）

表7-50是对公司股权价值的估测。由于东航股权结构部分相对简单，没有复杂的融资工具，如可转换债券、优先股等问题，因此直接从公司价值中扣除债务价值后就可得到公司的股权价值。按发行股数为4 866.95百万股计算，得到股价为每股8.11元。

表7-50　　　　　　　公司股权价值的估算

公司整体价值（百万元）	283 659.82
债务（百万元）	244 203.76
股权价值（百万元）	39 456.06
发行股数（百万股）	4 866.95
股价（元/股）	8.11

2. 相对估值法

相对估值法是利用同类或相近企业的市场定价来估计目标企业价值的一种方法。它的假设前提是存在着一个支配企业市场价值的主要变量（如净利等）。在市场价值与该变量的比值上，各企业之间是可比的。常见的相对估值法有市净率、市盈率、市价/EBITDA等。我们这里只使用了前两个比率。

用南方航空、上海航空和海南航空公司作为比较对象，因为它们与东航的业务比较类似，具有比较大的可比性。2004年12月20日的股价和当年财务数据，可以计算出这几家航空公司的市盈率和市净率，见表7-51。我们发现，在几家航空公司中，市净率比较高的是上海航空和东方航空，市盈率比较高的是南方航空。

表7-51　　　　　　　　　　相对估值法估算参数

	股价（2004年12月20日）（元/股）	市净率	市盈率
东方航空	4.10	3.44	37.21
南方航空	4.81	1.81	200.42
上海航空	6.32	3.34	26.33
海南航空	3.63	1.85	30.25
平均值		2.61	73.55

根据三家参照公司的平均市净率值和前面预测出来的东航账面净资产，计算出来东航的股价为每股4.38元，而采用市盈率计算出来的股价为每股14.08元。

我们看到，用这两种方法粗粗估测的股价存在较大的差别。由于航空业的收益受不确定因素的影响较大，有时还会出现亏损。因此，相对于市盈率而言，利用市净率计算出的股价可能更有合理性。从当时的股价来看，估测值和股价还比较接近。

（资料来源：胡奕明：《财务分析案例》，清华大学出版社2006年版）

二、案例分析

本案例是公司财务分析的综合案例。案例中通过综合使用财务分析的基本方法，包括比率分析法、比较分析法、杜邦分析法等，对东方航空公司的偿债能力、经营能力、财务结构和盈利能力4个方面，做了综合分析与评价。在比较分析法中，通过横向比较同行业四家公司2004年年报主要财务比率指标，得出了东航在流动资产管理和每股收益方面处于同行业的中上等水平的结论；通过纵向比较东航在2001~2004年的主要财务指标，分析了东航近4年的资产、负债、所有者权益及盈利和现金流量的变动情况。案例中还通过杜邦综合分析法，得出航空公司财务状况的自身特点。

本案例的最大特色，是在财务分析的基础上，利用财务分析的数据，进行未来业绩预测和公司价值评估。在预测这一部分，先进行主营业务收入及收入影响因素分析，再分析其成本及其他财务不确定因素，最后在给出的一系列基本假设的前提下，对东航未来4年的资产负债和盈利情况进行了预测。

公司价值评估是近两年才在我国得到迅速发展的，它是公司证券分析的核心。如果一个市场不能判断一种证券的内在价值，那么投资者投资行为的意义又何在呢？传统上，财务分析对财务报表数据的运用仅体现在对资产负债表和损益表数据及其比例的解释上面，对会计数据的理解和运用还比较肤浅。公司价值评估理论的发展，对公司的财务分析数据有了更深的理解与应用。自2003年以来，从几家大的证券公司分析师的报告来看，报告的内容、格式更丰富，适用性更强了。价值评估的主要方法是现金流量折现法，其次还包括股利折现方法、会计收益法以及相对价值法等。

三、思考·讨论·训练

1. 案例中综合使用了哪些财务分析方法？这些财务分析方法分别对东航的哪些财务情况做了分析？
2. 东航未来收益都会受到哪些因素的影响？这些因素如何影响企业的收益？
3. 案例中使用了几种公司估值方法？这些方法的主要区别是什么？
4. 市盈率的意义如何？

第八章 个人财务管理

个人财务管理即个人理财规划,它是与公司理财并列的理财分支,是指运用科学的方法和特定的程序为客户制定切合实际、具有可操作性的包括现金规划、消费支出规划、教育规划、风险管理与保险规划、税务筹划、投资规划、退休养老规划、财产分配与传承规划等某方面或者综合性的方案,使客户不断提高生活品质,最终达到终生的财务安全、自主和自由的过程。

最初的理财活动主要局限于勤俭节约、精打细算等所谓的"过日子"方面,还不是真正意义上的理财活动。

现代意义上的理财规划是在人类进入"金融经济"时代产生并得到发展的。由于现代金融业的发展,金融工具大量涌现,层出不穷,个人和家庭资产中金融资产的比重越来越大。个人理财的需求在范围上不断扩展的同时,在时间跨度上也开始扩展到人的整个生命周期。因此,普通的理财服务已经不能够满足人们的需要,人们迫切需要一种专业的、全面的理财服务。

一、理财规划业务的内容

从美国等发达国家的实践来看,理财规划业务的内容主要包括证券投资规划、不动产投资规划、教育投资规划、保险规划、退休规划、税务筹划、遗产规划等。

1. 证券投资规划

在金融发达国家和地区,证券资产占个人资产的很大一部分。因此,证券投资在个人总投资中占有很高的比例。证券作为一种投资工具,根据其期限的长短、风险收益的特征与功能的不同,可分为货币市场工具、固定收益的资本市场工具、权益证券工具和衍生工具。货币市场工具的相对风险较小,投资回报率也相对较低。金融衍生工具回报率最高,但自身风险也最高。对于一般的个人或家庭来讲,往往不具备从事证券投资的专业知识和信息优势,因此,一般需要在理财规划师的指导下进行投资。理财规划师在充分了解客户风险偏好与投资回报率需求的基础上,通过合理的资产分配,使投资组合既能够满足客户的流动性要求与风险承受能力,同时又能够获得适当的回报。

2. 不动产投资规划

衣、食、住、行是人生最基本的需要，而"住"是金额或比重最大的一项。在理财规划业务中，与住相关的是不动产投资规划。根据有关法律的规定，不动产是指土地、建筑物以及附着在土地、建筑物上不可分离的部分和附带的各种权益。在理财规划业务中，不动产不仅仅代表住所，除用于个人消费，不动产还具有显著的投资价值。一般来说，人们购买不动产主要用于居住、出租获利或投机获利，在有些国家还有避税功能。基于不同的原因，人们在选择具体的不动产品种时就会有不同的考虑。理财规划师应当全面掌握所在国的不动产交易规则、不动产融资制度和惯例、税收以及影响不动产价格的各种因素，以便为客户进行不动产规划时帮助客户确定最合理的不动产购置计划。

3. 教育投资规划

与不动产投资类似，教育是消费，也是投资，是智力投资。从教育投资的受益对象看，教育投资可以是客户个人的教育投资，也可以是客户为子女的教育投资。教育投资分为基础教育投资和高等教育投资。在绝大多数国家，基础教育是义务教育，而高等教育都不属于义务教育的范围，所以，对子女的高等教育投资通常是所有教育投资项目中花费最高的一项。理财规划师通过分析客户的需求和收入状况，衡量客户教育投资资金来源与需求之间的差距，在此基础上帮助客户设计投资方案，以设法弥合客户教育投资资金来源与需求之间的差额。

4. 保险规划

"天有不测风云"，所以人们需要购买保险来满足自己的安全需要。广义上的保险除商业保险之外，还包括由政府社会保障部门所提供的社会保险，比如，社会养老保险、社会医疗保险、社会失业保险等。狭义保险则仅仅指商业保险。理财规划师意在通过对客户经济状况和保险需求的深入分析，帮助客户选择合适的保险产品并确定合适的金额。

5. 税收筹划

纳税是强制性义务，不履行纳税义务将受到法律的制裁。但是，人们往往都希望多收入，少支出，尤其是纳税支出，往往希望将自己的税负合理地减到最小。所谓"合理"就是在合法的前提下尽量减少税负。税务筹划，是在充分了解所在国税收制度和税收优惠的基础上，充分运用各种税收筹划策略，帮助客户合法地减少税收负担。

6. 退休规划

人在退休之后，作为收入主要部分的工资薪金收入便停止了。所以，如何确保退休生活保持一定的水平也是许多人关心的问题，只不过不同的年龄段关心的程度不同。一个刚刚工作的年轻人一般还不会考虑退休问题。但是，退休规划毕竟是个长期的过程，不可能通过在退休之前的某一日一次性解决，所以人们在退休之前的几十年就要开始确定目标，进行详细的规划，为将来退休做准备。理财规划师在办理退休规划时，不仅要分析客户的收入状况，还要分析客户的负担以及家庭成员情况，制定合理的退休计划。

7. 遗产规划

"人固有一死"，人死后的身后事如何处理也是理财规划师的业务之一。其中，遗产的继承是最重要的一项。理财规划师办理遗产规划，主要是帮助客户设计遗产转移方式以及在必要时帮助客户管理遗产，并将遗产顺利地转移到受益人的手中。

二、理财规划业务的程序

理财规划是一个评估客户各方面财务需求的综合过程，它是由专业理财人员通过明确个人客户的理财目标，分析客户的生活、财务现状，从而帮助客户制订出可行的理财方案的一种综合性金融服务。

理财规划业务的程序主要包括建立客户联系、收集客户信息、分析和评价客户财务状况、制订理财方案和执行理财方案五个步骤。

1. 建立客户联系

理财规划作为服务行业，客户是关键，没有客户，就没有理财规划服务。所以，建立客户联系是理财规划程序的第一步。建立客户联系的方式有多种，例如，与客户面谈、电话交谈、网络联系等。在建立客户联系的过程中，理财规划师应充分了解客户的想法，同时也应向客户解释理财规划的作用和内容、理财规划师个体及所在机构的情况，最终代表所在机构与客户签署理财规划服务合同。

2. 收集客户信息

在建立客户联系，代表所在机构与客户签署理财规划服务合同后，理财规划师即应着手收集客户信息，包括客户的理财目标。客户信息主要包括客户个人信息和社会经济信息。客户个人信息由客户财务信息和非财务信息两部分组成，需要理财规划师通过要求客户填写数据调查表的方式予以取得。与理财规划相关的社会经济信息，可以通过有关部门公布的数据和资料取得。

3. 分析和评价客户财务状况

建立客户联系后，就要分析和评价客户的财务状况。客户现行的财务状况是达到未来财务目标的基础，理财规划师在提出具体的理财规划之前必须客观地分析客户的现行财务状况。为正确分析和评价客户的财务状况，应指导客户记录自己的财务收支和资产负债项目，然后再进行详细分析和评价。在对客户的财务收支进行初步分析后，理财规划师需要与客户进一步交流和沟通，确定客户的目标与期望。一旦发现客户的目标存在缺陷或者不具有可行性，理财规划师应当及时指出，并给出有针对性的专业意见。

4. 制订理财方案

在完成对客户财务状况分析后，理财规划师即应着手起草和制订理财方案，帮助客户形成合理的投资决策。对于起草的理财方案，不应急于向客户交付，应征询其他理财规划师或所在机构的高级理财规划师的意见，并根据该意见进行适当的修改。此外，在向客户正式交付理财规划方案前，应将草案交客户审阅，征询客户的意见，核实其中的内容是否符合客户的具体情况，并根据客户的意见对草案进行适当修改，之后才能向客户交付正式理财方案。

5. 执行理财方案

仅有一份书面的理财方案本身是没有意义的，特别是在客户不具备专业知识的情况下，理财规划师协助客户执行理财方案则尤为重要。在实施理财方案过程中，理财规划师不仅应指导客户如何实施，还要根据实际情况的变化和需要对理财方案做出适当调整，以便理财方案能更符合客户的理财目标和实际状况。在实施理财方案过程中和理财方案实施完毕后，理财规划师还应对实施情况进行评估，并撰写评估报告。

案例 8-1　君子爱财，取之有道；君子爱财，更当治之有道

一、案例介绍

美国联邦储备委员会主席艾伦·格林斯潘堪称全世界最重要的"财神爷"。持掌美国经济决策大权的他，给人的印象是相当谨慎，拥有远见卓识的他为美国的经济繁荣做出了不可磨灭的贡献。但在个人财产方面，他始终称不上大富翁，而他的独特理财经却值得人称道。

据称，格林斯潘的投资，从1998年的250万～640万美元增长到1999年的340万～700万美元之间。格林斯潘的主要收入来源是薪水。他的年薪为13.67万美元。这比他1987年以前担任私人经济顾问的报酬要少得多。格林

斯潘的主要资产是四种价值 50 万～100 万美元的美国政府短期国库券，其余资产则是退休账户和金融市场账户。他的发言人解释说，格林斯潘之所以不涉足股市，是为了避嫌，因为他负责制定利率政策，对股市"牛"或"熊"具有决定性的影响力。

在家庭开销方面，格林斯潘从不一掷千金。他本人不怎么爱花钱，也不在意衣着打扮，总是戴一副大大的老式眼镜，穿白衬衫，黑西服。但他是个爱好广泛的人，他喜欢音乐和网球，热衷于旅游，他的花费主要用于这方面。此外，格林斯潘善于交往，从年轻时开始就舍得把大量钱财用于交友送礼上。

格林斯潘的家财是与妻子共同积累的，格林斯潘的第一任妻子是画家琼·米歇尔。1952 年，她帮助格林斯潘以 10.5 万美元买下了第一套住宅，这笔费用几乎耗尽了格林斯潘当时所有的财产。

年轻时，格林斯潘与合伙人开了家咨询公司，经营有方，进项日增。格林斯潘将每笔开支都记下了流水账，发现一年的开支竟达到六七万美元，信用卡透支了，没有为孩子储备未来上大学的钱。于是，他决定调整支出。

首先，改变消费观。他与妻子尽量减少在外用餐次数。他的妻子决定亲自烹饪，这样可以省去一大笔请保姆的费用。

其次，尽可能减少赠送礼物和外出旅游的费用，直到还清信用卡透支额为止。

1974 年，格林斯潘担任白宫首席经济学家后，收入大增，投资也开始增加，并逐渐形成了一套自己独有的理财观：一是假如在三年内要使用这笔钱，就不要把它投向证券市场。二是每月用来付分期付款的钱不能超过收入的 50%。三是找一个善于理财的伴侣。四是要有规律而系统地投资。

1997 年，已经 71 岁的格林斯潘与 50 岁的国家广播公司高级记者安德内尔·米切尔喜结连理。米切尔是一位理财能手，尤其在股票投资上十分了得。她在 1997 年把大约 59 万～100 万美元的资产投资股市，一年后增加到 92 万～200 万美元。

世界首富比尔·盖茨敛财的速度快得惊人，仅用 13 年时间就积累了富敌数国的庞大资产，美国的传媒常常不由自主地将他神化。盖茨究竟有什么投资秘方呢？他是如何打理这份巨额资产的呢？

组合投资：不将鸡蛋放在一个篮子里。如同一般美国人一样，盖茨也在进行分散风险的投资。盖茨拥有股票和债券，并进行房地产的投资。同时还有货币、商品和对公司的直接投资。据悉，盖茨把两个基金的绝大部分资金都投资在了政府债券上。在他除了股票以外的个人资产中，美国政府和各大公司的债券所占比例高达70%。其余部分的10%直接贷给了私人公司，10%投到了其他股票上，10%则投到了商品和房地产上。实际上，按照"分散风险"的原则，盖茨把他的绝大部分资产都押在微软一家上，似乎也犯了比例失调的大忌。鸡蛋几乎都放在一个篮子里，一旦篮子出现意外，所有的鸡蛋就很难幸免于难。事实上，自微软股票上市以来，他每季平均卖掉了25 600万股的股票，总值达到50多亿美元。此外，他还捐出7 600万股微软的股票，这样使得他在微软的持股量从过去的44.8%下降至今天的18.5%。

（资料来源：陈作新：《留出你过冬的粮食》，中国时代经济出版社2006年版）

二、案例分析

通过了解格林斯潘和比尔·盖茨的理财经验，我们应该明确人生需要规划、钱财需要打理，具有正确的理财观念一生受益。有人说理财规划是有钱人的事，我不过是个工薪阶层，每个月的薪水都是固定的，对我来说，不存在理财规划的问题，因为我每月的衣食住行就把所有的工资都花完了，就等着下个月的工资过生活了，哪能比那些大把大把赚钱的富翁，他们才会存在理财规划的问题。

其实，这种看法是错误的。例如，你虽然目前在打工，但是有没有考虑过你自己的职业生涯？什么样的职业最适合你的发展？或者你有没有想过自己努力去开创一番属于自己的事业？如果这个问题仍然嫌大的话，那么你有没有计算，你现在每月花1 000元租了一套房子住，而你租住十年以后，仍然没有属于自己的住房？如果换一种方式，用分期付款的方式买一套房屋，每个月可能仍然是交1 000元的还款，而十年以后这套房子就是属于自己了！

实际上，理财规划非常个性化，和每一个人的特殊情况有着密切的关系，而和一个人是穷人还是富人并没有关系。况且良好的理财规划可以帮助你创造财富；而缺乏理财规划，即使你拥有很多的金钱和财富，也仍然可能会陷入破产的境地。

不善于理财者，即使已经拥有很多金钱，或者获得一笔意外的横财，也仍会陷入财务困境。而善于理财者，则可以靠时间的积累来逐渐获得财富。所以，香港财神李嘉诚曾经深有体会地说：致富的过程是马拉松，第一个一百万很难，但是挖掘到了第一桶金以后，财富的积累和增长速度就会很快。

三、思考·讨论·训练

1. 如何理解格林斯潘四条理财经？它们是否具有现实意义和可操作性？

2. 比尔·盖茨自微软股票上市以来不断卖出其拥有的微软股份，持股量从44.8%下降至18.5%，对于他的"不将鸡蛋放在一个篮子里"的投资理念，您赞同吗？

案例8-2 刘德华卖红山半岛，亏损470万元

一、案例介绍

刘德华，20世纪80年代无线五虎将之一，90年代香港歌坛娱乐圈"四大天王"之一，香港歌影视红星，于香港电视广播有限公司（TVB）的艺员训练班受训之后，1980年在电视剧《杨门女将》中首次亮相，已获好评；之后在《猎鹰》里首次担任主角走红，并出演了个人的首部电影《彩云曲》，大受欢迎！曾主演过一百多部电影，并获得香港金像奖最佳男主角以及一百多项流行歌曲奖项，也是一个世界吉尼斯纪录。曾当选为世界杰出青年（个人进步及成就）以及香港十大杰出青年。他在第23届香港电影金像奖取得最佳男主角奖，这是他第二度取得这个奖项。在第41届台湾金马奖获最佳男主角奖（《无间道三·终极无间》），现在仍然在娱乐界书写着天王的不老传说！

刘德华不但唱歌拍片，还喜欢投资房地产，而且通过投资房地产给自己带来了巨大的利润。据了解，刘天王仅在香港的豪宅，就有十处之多！不过，刘天王也有失手的时候，刘德华早于1995年以2150万港元，购入香港大潭红山半岛一个面积2880尺的单位，但据地产界人士透露，刘德华近日以1680万元售出该单位，账面共亏了470万元。

（资料来源：《新明日报》编辑：冯玉君）

二、案例分析

港岛南区红山半岛豪宅，在1991年落成后共建有250多座洋房及10幢分层大厦，全部沿海岸而建，景观甚佳，为富豪和艺人理想居所。刘德华等钱用而急于将楼盘套现，亏损近百万。由此我们可以推断，刘天王可能在资金周转方面出现了问题，在为刘德华此次操作惋惜的同时，我们也对他的个人资产现金规划提出了质疑。

现金规划是个人或家庭理财规划中的一个重要内容，也是核心的部分，能否做好现金规划将对其他理财规划产生重要影响。

现金规划是为满足个人或家庭短期需求而进行的管理日常的现金及现金等价物和短期融资的活动。现金规划中所指的现金等价物是指流动性比较强的活期储蓄、各类银行存款和货币市场基金等金融资产。

在个人或家庭的理财规划中，现金规划既能够使用所拥有的资产保持一定的流动性，满足个人或家庭支付日常家庭费用的需要，又能使流动性较强的资产保持一定的收益。

一般来说，个人或家庭之所以进行现金规划是出于以下几个动机：

（1）交易动机。个人或家庭需要现金及现金等价物是为了进行正常的交易活动。由于收入和支出在时间上不是同步的，因而个人或家庭必须有足够的现金及现金等价物来支付日常生活需要的开支。个人或家庭出于交易动机所拥有的货币量决定于收入水平、生活习惯等因素。一般来说，个人或家庭的收入水平越高，交易数量越大，从而为应付日常开支所需要的货币量就越大。

（2）谨慎动机或预防动机。谨慎动机或预防动机是指为了预防意外支出而持有一部分现金及现金等价物的动机，如个人为应付事故、失业、疾病等意外事件而需要事先持有一定数量的现金及现金等价物。如果说现金及现金等价物的交易需求产生于收入与支出间缺乏同步性，则现金及现金等价物的谨慎动机或预防动机产生于未来收入和支出的不确定性。一般来说，个人或家庭对现金及现金等价物的预防需求量主要取决于个人或家庭对意外事件的看法，但预防需求量也和收入有很大的关系。

除了以上两个动机之外，投机动机也构成个人或家庭持有现金及现金等价物的原因。所谓投机动机是指人们为了抓住有利的购买有价证券的机会而持有的一部分现金及现金等价物的动机。

当然，对于金融资产，通常来说其流动性与其收益率是呈反方向变化的，高流动性也意味着收益率较低。现金及现金等价物的流动性较强，因此其收益率也相对较低。由于货币的时间价值的存在，持有收益率较低的现金及现金等价物的同时也就意味着丧失了持有收益率较高的投资品种的货币时间价值，因此，持有现金及现金等价物存在机会成本。

三、思考·讨论·训练

1. 请对刘德华这次失败的房地产投资进行评价，您对他的资产现金规划有哪些好的建议？

2. 个人现金规划需要考虑的因素有哪些？

案例 8-3 别再追问房价的高低

一、案例介绍

上海1999年之前尤其是1996、1997、1998、1999这四年，上海的房地产市场完全是一个买方市场，据上海地产人士介绍，那个时候，上海地产商公司不仅组织看房专车，同时还需要推出看房送礼物，诸如雨伞、记事本，等等。打折就更是司空见惯，九折、八折，最为甚者，推出外销房、侨汇房五折、四折。

即便如此，受大环境影响，那时上海的楼盘签约率还是很低，并且房价涨到4 100元/平方米就卖不动了。"那时候，地产商每年售房面积不足5万平方米，主要是自住客户，以炒股票赚了钱的上海人、做各种生意的外地人、去日本打工回来的上海人这三类为主。"而到2003年，上海地产商全年销售房屋面积已经达到20万平方米，最高售价已高达1.2万元/平方米，这一项目同样位于上海地产商的老根据地闵行区。

数字更为惊人：如今，上海房地产市场每年能完成3 000万平方米的销量，这一数字是北京、广州、深圳三地市场年销售量的总和。

我们见证了上海地产市场从火爆走向低迷，也再度见证了从低迷快速成长到顶峰的全过程。1999年后，早期进入房地产行业的从业者开始愉悦体验黄金时代："卖房第一批几十套后，第二批该如何推出？售价该调高多少呢？有人在问当前的房价是高还是低呢？买房投资保赚不赔吗？"

1980~1997年前，香港房地产只升不跌，由20世纪80年代的1万元/平方米，升至1997年前的10万/平方米。然后六年的调整，到2003年跌至3万元/平方米，2005年稳定在5万元/平方米。香港房地产，比高峰时回调了五成。

日本从20世纪70年代、80年代到90年代初期是高峰，东京的地段升至20万元/平方米。调整了10年，在2005年稳定在8万元/平方米，比高峰时，回调了六成。财富在几年来蒸发掉一半。

（资料来源：陈作新：《留出你过冬的粮食》，中国时代经济出版社2006年版）

二、案例分析

一朝被蛇咬，十年怕井绳。现在香港年轻的一代，都害怕投资房产。怕重复父母一辈的错误，变为负资产。什么是负资产呢？举例说，房产购买时是

300万元，付了50万元首期，借贷250万元。若房价回调了50%，房价现在只能卖150万元，但还银行房贷250万元，变成"资不抵债"，还要20年内还清，还款还得很辛苦。

那么，房价何时是合理价钱，何时是危险的房价，我们可以用"收租回报率"指标衡量。该指标在5%以上是合理的。

(1) 合理价钱。当"收租回报率"在5%~7%之间，房价是合理的价钱。举个例子说明，投资某处地产，买一套130平方米的房子，2000年初用1万元/平方米买，购买价人民币130万元。现出租给租客，2001年可以租1万元/月，2005年租金回落至5 000元/月，2005年的房价市值约为1.3万元/平方米左右。

分析：2001年的收租回报率 = 1万元 × 12月 ÷ 130万元 = 10%/年（收租率）

结论：10%收租回报率显示购买是有利润的，购买价超值。收10年租已归本，物有所值，因为一般房子可用30年，余下的20年收租是利润。

(2) 假如客户在2005年才买，用1.3万元/平方米，需动用人民币170万元，收租即只有5 000元/月。

分析：2005年的收租回报率 = 5 000元 × 12月 ÷ 170万元 = 3.5%/年（收租率）

结论：房价已到达不合理水平，按现时收租率，要30年收租才归本。房子太老也不值钱。为尽快卖掉，价钱已达到不理智地步。

在香港及日本房地产高峰期，收租回报率只有1%，大家炒房地产到了疯狂阶段，人们已经失去了理智；那么今天面对节节攀升的房价，炒房者是否通过本案例多一份防范风险的意识呢！

三、思考·讨论·训练

1. 香港和日本的房地产梦魇对上海当前的住房消费或住房投资有哪些启示？
2. 收租回报率在客户制定住房消费方案中有何指导作用？

参 考 文 献

1. 刘桂英、邱丽娟：《财务管理案例实验教程》，经济科学出版社、中国铁道出版社 2005 年版。
2. 汤谷良：《财务管理案例研究》，中国广播电视大学出版社 2002 年版。
3. 胡奕明：《财务分析案例》，清华大学出版社 2006 年版。
4. 祝锡萍：《财务管理基础》，人民邮电出版社 2005 年版。
5. 袁建国：《财务管理》，东北财经大学出版社 2005 年版。
6. 王建华：《MBA 现代财务管理精华读本》，安徽人民出版社 2002 年版。
7. 张向青：《企业卓越理财》，中国广播电视出版社 2003 年版。
8. 姚海鑫：《财务管理》，清华大学出版社 2007 年版。
9. 李岚：《财务管理实务》，清华大学出版社 2005 年版。
10. 朱清贞：《财务管理案例教程》，清华大学出版社 2006 年版。
11. 全国高校管理案例库研究编写组编：《管理案例库教程》，中国科学技术出版社 2004 年版。
12. 钱海波、贾国军：《公司理财》，人民邮电出版社 2003 年版。
13. 艾伦·C. 夏皮罗：《跨国公司财务管理》，中国人民大学出版社 2005 年版。
14. 财政部注册会计师考试委员会办公室编：《财务成本管理》（注册会计师考试辅导教材），经济科学出版社 2006 年版。
15. 黄虹：《现代企业财务管理》，华东理工大学出版社 2004 年版。
16. 刘文臻：《如何做好财务主管》，企业管理出版社 2003 年版。
17. 陈超：《公司财务管理案例》，人民邮电出版社 2005 年版。
18. 李梦玉、代桂霞：《公司理财》，北京大学出版社 2005 年版。
19. 刘仲康、郑明身：《企管概论》，武汉大学出版社 2005 年版。
20. 谷祺、刘淑莲：《财务管理》，东北财经大学出版社 2004 年版。
21. 谢培苏：《成本会计实务》，高等教育出版社 2004 年版。
22. 江希和：《成本会计》，高等教育出版社 2004 年版。
23. 吴大军、牛彦秀、王满：《管理会计》，东北财经大学出版社 2005

年版。

24. 潘云良、苏芳雯：《海尔管理教程》，中央党校出版社 2007 年版。

25. 王建、熊筱燕：《会计管理与案例评析》，立信会计出版社 2007 年版。

26. 黄财勇：《浅析企业财务管理的目标》，《财会月刊》2001 年第 14 期。

27. 严成根、李传双：《财务管理教程》，清华大学出版社、北京大学出版社 2006 年版。

28. 吕宝军、张远录：《财务管理》，清华大学出版社 2006 年版。

29. 中国就业培训技术指导中心编：《国家职业资格培训教程——理财规划师基础知识》，中国财政经济出版社 2007 年版。

30. 中国就业培训技术指导中心编：《国家职业资格培训教程——助理理财规划师专业能力》，中国财政经济出版社 2007 年版。

31. 张颖：《个人理财教程》，对外经济贸易大学出版社 2007 年版。

32. 闻景：《个人理财》，上海财经大学出版社 2006 年版。

33. 周伟：《金融理财》，清华大学出版社 2006 年版。

34. 中国银行业从业人员资格认证办公室编：《个人理财》，中国金融出版社 2006 年版。

35. 张鹤、李石华：《成功理财的 16 堂课》，机械工业出版社 2006 年版。

36. 田文锦：《金融理财》，机械工业出版社 2006 年版。

37. 吕斌、李国秋：《个人理财——理论、规划与实务》，上海大学出版社 2006 年版。

38. 陈作新：《留出你过冬的粮食》，中国时代经济出版社 2006 年版。

39. 余凯成：《管理案例学》，四川人民出版社 1987 年版。

40. 张丽华：《管理案例教学法》，大连理工大学出版社 2000 年版。

41. 梅子惠：《现代企业管理案例分析教程》，武汉理工大学出版社 2006 年版。

42. 里德著，徐德任、曾剑秋译：《哈佛第一年：商学院的真实经历》，中国建材出版社 1998 年版。

43. 刘新哲：《哈佛学不到，海尔是课堂》：《青岛日报》1998 年 3 月 31 日。

44. 徐凤菊：《上市公司典型理财案例》，武汉理工大学出版社 2004 年版。

45. 秦志敏：《财务管理习题与案例》，东北财经大学出版社 2007 年版。

46. 王化成：《财务管理教学案例》，中国人民大学出版社 2005 年版。

47. 胡奕明：《财务分析案例》，清华大学出版社 2006 年版。

48. 王红征：《现代金融投资工具》，清华大学出版社 2005 年版。

49. 汤谷良：《汤博士点评中国财务案例》，中华工商联合出版社 1999 年版。

50. 于玉琳：《成本控制是中小企业财务管理的重点》，《内蒙古科技与经济》2006 年第 14 期。

51. 中央广播电视大学编：《审计原理习题册》，中央广播电视大学出版社 2004 年版。